W0039359

Franz Herre

Wilhelm II.

Monarch zwischen den Zeiten

WILHELM HEYNE VERLAG
MÜNCHEN

HEYNE SACHBUCH
19/580

Ungekürzte Taschenbuchausgabe
im Wilhelm Heyne Verlag GmbH & Co. KG, München
Copyright © 1993 by Verlag Kiepenheuer & Witsch, Köln
Printed in Germany 1998
Umschlagillustration: Archiv für Kunst und Geschichte, Berlin
Umschlaggestaltung: Atelier Adolf Bachmann, Reischach
Gesamtherstellung: Presse-Druck Augsburg

ISBN: 3-453-13202-5

Inhalt

Der Soldatenprinz

Wilhelm II. als Prinz. Photographie 1877.

Junker oder Gentleman

DER PRINZ, der ein Monarch zwischen den Zeiten wurde, kam am 27. Januar 1859 in eine Welt, die am Scheideweg zwischen der alten Route der Königsherrschaft und einem Pfad in Richtung Volksherrschaft stand.

Der Hohenzoller, der sich für eine populistisch verbrämte Monarchie entschied, wurde zu einer Zeit geboren, in der sich ein Mittelweg zu öffnen schien. König Friedrich Wilhelm IV., der die ihm von der Achtundvierziger Revolution abgerungene Verfassung am liebsten wieder aufgehoben hätte, war durch ein Gehirnleiden regierungsunfähig geworden. Sein Bruder Wilhelm, der am 7. Oktober 1858 zum Prinzregenten bestellt worden war, konnte die Konstitution nicht abschaffen, wollte sie fortentwickeln. Das Programm der »Neuen Ära« versprach eine Liberalisierung Preußens als Voraussetzung für »moralische Eroberungen« in Deutschland.

Wilhelm II. bemühte sich zeitlebens, dem 1861 als Wilhelm I. zum König von Preußen gekrönten Prinzregenten nachzueifern. Dabei hatte er weniger die »Neue Ära« vor Augen, von welcher der Großvater, kaum daß er sie ausgerufen hatte, schon wieder abgerückt war, als das von diesem hochgehaltene alte Preußen, das auf dem Tragpfeiler der Monarchie und den Stützpfeilern von Armee und Bürokratie beruhte. Der Enkel behielt die Weisung im Blick, die Fridericus Rex gegeben hatte und der von moralischen zu kriegerischen Eroberungen übergehende König Wilhelm befolgte: die Vergrößerung Preußens zur Vormacht in Deutschland.

Im Jahre 1859 wurde offenkundig, daß das die Herrschaft über Deutschland anvisierende Preußen und die nach nationaler Einheit strebenden Deutschen aufeinander angewiesen waren. Am hundertsten Geburtstag des Nationaldichters Friedrich Schiller gedachten diese ein »einzig Volk von Brüdern« zu werden, mit einem – wie es der Deutsche Nationalverein verlangte – preußischen Oberhaupt. Wie dies zu erreichen wäre, zeigten im selben Jahr die Italiener: Im Krieg gegen das übernationale Österreich errangen sie unter der

Führung der Einigungsmacht Sardinien-Piemont im Bund mit Frankreich ihren Nationalstaat.

Einer Verbindung von Altpreußentum und Neudeutschtum, der sich der Großvater verschloß, hatte sich der Vater geöffnet, der Prinz – und seit 1861 – Kronprinz Friedrich Wilhelm von Preußen. Der nachmalige Kaiser Friedrich III. suchte die Vermählung von Potsdam und Weimar vorzuleben: zwischen dem Friderizianismus, dem sein Vater Wilhelm verhaftet blieb, und dem Neuhumanismus, dem seine Mutter Augusta huldigte, eine Prinzessin von Sachsen-Weimar-Eisenach, die unter Mitwirkung Goethes herangebildet worden war. In Berlin, wo das königlich-preußische Biedermeier verblaßte und die kaiserlich-deutsche Gründerzeit sich ankündigte, blieb sie eine Außenseiterin.

Der Sohn aus dieser preußisch-weimarer Alliance vermochte sich nie ganz vom Geist von Potsdam zu lösen; dem Monarchischen blieb er im Innersten zugetan, zum Militärischen neigte er vornehmlich in Äußerlichkeiten, Uniformen, Orden, Ehrenbezeigungen. Den Geist von Weimar deutete er weniger im klassischen als im romantischen Sinn, nach Art des Bürgertums, das die weltbürgerlichen Maximen Goethes vergaß und patriotische Sentenzen Schillers nationalistisch deutete. Friedrich Wilhelm, der Sohn ungleicher Eltern und Erbe unterschiedlicher Traditionen, näherte sich den Liberalen, die einen deutschen Verfassungsstaat und ein Nationalreich erstrebten, ohne sich vom preußischen Vaterboden zu weit zu entfernen.

Seine Gemahlin Victoria sorgte dafür, daß Fortschritte ermöglicht und Rückfälle vermieden wurden. »Die alten liberalen und konstitutionellen Begriffe waren Dir weder klar noch geläufig, und dies war noch der Fall, als wir heirateten. Welch großen Sprung Du in diesen Jahren gemacht hast!« Das bescheinigte sie ihrem Gatten 1864, sechs Jahre nach ihrer Vermählung, nach zweitausend Tagen und Nächten Belehrung und Beeinflussung.

Die Princess Royal, das erste Kind der englischen Königin Victoria und des Prinzen Albert von Sachsen-Coburg-Gotha, brachte nicht nur einen Schock Badeschwämme, sondern auch eine Anzahl liberaler Grundsätze und Vorsätze mit nach Preußen, das ihr hygienisch wie politisch als ein unterentwickeltes Land erschien. Die »freigeborene Engländerin«, wie sie sich stolz nannte, glaubte den Staat ihrer Gattenwahl mit Ablegern jenes Geistes beglücken zu müssen, der ihrem Mutterland mit einer gewissen Freiheit zu Reichtum und Macht verholfen hatte.

Der Vater hatte sie dazu erzogen und dafür ausgesandt. Albert war insofern Deutscher geblieben, als er die Welt zu verbessern suchte, und insoweit Engländer geworden, daß er sie am englischen Wesen genesen lassen wollte. Dies war fortschrittlich gedacht und fair gemeint, zeugte von Achtung für sein neues und von Rücksicht auf sein altes Vaterland. Denn er setzte auf ein liberales und parlamentarisches Preußen, das den Deutschen einen nationalen Verfassungsstaat bringen sollte, woraufhin sie dann Arm in Arm mit den Engländern die Menschheit einer Ära der Freiheit und des Friedens entgegenführen könnten.

Queen Victoria respektierte diese Vision, indessen mehr aus Liebe zu ihrem Prinzgemahl als in der Hoffnung auf eine Verwirklichung. Great Britain, so wie es unter ihrer Krone dastand, war ihr immer näher als ein noch so hehres Menschheitsideal. Sie beharrte auf ihrer Meinung, daß mit diesem Preußen, wie es nun einmal war und – wie sie bald belehrt wurde – auch bleiben würde, kein freiheitlicher Staat zu machen sei.

Auch ihre Tochter mußte das erfahren und erleiden. Nach der Herrschaft ihres Schwiegervaters Wilhelm I. und der Regierung des Junkers und Royalisten Bismarck, angesichts der Machtübernahme ihres Sohnes Wilhelms II. klagte sie: Die Anläufe zu einem liberalen und demokratischen Nationalstaat seien im Morast des alten Obrigkeitsstaates und des neuen Nationalreiches steckengeblieben: »Es kann nur Unheil bringen.«

DIE GEBURT ihres ersten Kindes, eines Sohnes, der auf seinem Lebenslauf nach Meinung der Mutter einen verkehrten Weg einschlug, wurde im Jahre 1859 allseits mit Freude und Zuversicht begrüßt. Der Prinz sei ein strammer Rekrut, verkündete der alte Wrangel. Der Generalfeldmarschall, der 1848 demonstriert hatte, daß gegen Demokraten nur Soldaten hülfen, sprach aus, was sich ein rechter Preuße von einem Sprößling männlichen Geschlechts im allgemeinen und von königlichem Geblüt im besonderen versprach. Dabei legte er ein Verhalten an den Tag, das jenes, welches der neue Erdenbürger schon bald zu praktizieren begann, in gewisser Weise vorwegnahm: Wrangel, dem es nicht schnell genug gehen konnte, dem vor dem Palais harrenden Volk das freudige Ereignis mitzuteilen, nahm sich nicht die Zeit, das Fenster zu öffnen, zerschlug kurzerhand die Scheibe.

Gemessener wurde die frohe Botschaft andernorts verkündet, aber auch dort fehlte es nicht an Fingerzeigen auf die spätere Aufführung Wilhelms. Die Geburt des Hohenzollernprinzen und ersten Enkels der Queen, der sich als formidabler Monarchenmime entpuppte, wurde in Preußen wie in England auch in Theatern kundgetan. Dazu trat in Stettin ein General, in London ein Herzog auf die Bühne. Mit den Glückwünschen wurden unterschiedlichste Erwartungen an der Spree und an der Themse ausgedrückt. »Gelangst Du einst zum Herrschersitz,/ Werd' uns ein großer Friedrich«, hieß es in Berlin, wo der Alte Fritz weiterhin als Musterkönig galt. In London wurde der Nationalhymne vorübergehend ein Vers angehängt, der die Hoffnungen ansprach, die Prinzgemahl Albert in seinen Enkel, den Sohn seiner Tochter, setzte: »May he defend its laws/ Joined with Old Englands cause/ Thus win all men's applause – Möge er sein Recht verteidigen/ verbunden mit Old Englands Sache/ Und dadurch den Beifall aller Menschen gewinnen.«

Verschwiegen wurden überall die Umstände seiner Geburt, die einen Mißklang in den Applaus gebracht und Bedenken über die Entwicklung des Prinzen erweckt hätten. Beim Eintritt in das Leben war er für dessen Dauer geschädigt worden. Es war eine Steißgeburt, die damals fast immer tödlich verlief. Wilhelm kam, wie der Arzt konstatierte, »in hohem Maße scheintot« zur Welt. Der linke Arm blieb leblos, 1,5 Zentimeter kürzer als der rechte, hing nutzlos herab, war nicht zu Beschäftigungen zu gebrauchen, die für einen Soldatenprinzen besonders wichtig waren.

Der physische Schaden hatte psychische Folgen, die durch Behandlungen, mit denen er behoben werden sollte, noch verschlimmert wurden. Der Arm des Knaben wurde elektrisiert, in eine Streckmaschine gespannt oder – weil man zu modernen Methoden noch kein rechtes Zutrauen hatte – nach alter Medizinmannsart traktiert: An das verkrüppelte Glied wurden kurz vorher getötete und aufgeschlitzte Tiere gebunden, in der abwegigen Erwartung, die ihnen entströmende Lebenskraft vermöchte es zu revitalisieren.

Die einem künftigen Herrscher besonders lästige Behinderung wie die Qualen, denen er bei den vergeblichen Bemühungen einer

Beseitigung ausgesetzt wurde, blieben nicht ohne Konsequenzen für sein Verhalten. Sie konnten Gereiztheit, ja Erbitterung gegen jene auslösen, die ihn so behandelten beziehungsweise so behandeln ließen, gegen die Eltern, die ihn in diesem Zustand in die Welt gesetzt hatten. Und die Mißbildung, die er jedesmal schon beim Anziehen des Uniformrockes als äußerst störend empfand, führte zu Überreaktionen, mit denen er sie zu kompensieren suchte: durch ein übertrieben schneidiges Auftreten und durch eine überzogen forsche Gestik.

Weniger offensichtlich, doch schwerwiegender als die körperliche Abnormität schien ein anderer Geburtsfehler gewesen zu sein. Die neuere Forschung schließt nicht aus, daß bei der Steißgeburt auch das Gehirn geschädigt wurde und daraus manche Verhaltensstörung – wie Unstetigkeit oder Unkonzentriertheit – zu erklären sei. Psychiater, die Wilhelm II. noch erlebten, diagnostizierten »periodisches Gestörtsein«.

Im Jahre 1916 erklärte Dr. Paul Tesdorpf, »daß der unter dem Namen der ›Periodischen‹, das ist abwechselnd mit krankhafter psychischer Erregung und krankhafter psychischer Niedergeschlagenheit einhergehenden ›Geistesstörungen‹ bekannte Krankheitszustand« zu zahlreichen Äußerungen und Handlungen geführt habe, »die seit Jahrzehnten bis auf den heutigen Tag von Allerhöchster Stelle ausgegangen sind und das Schicksal des Deutschen Reiches und seiner Angehörigen bestimmt haben«.

Kein Geringerer als Sigmund Freud verwies auf die Folgen, die sich durch den Geburtsschaden für Sohn wie Mutter ergeben hätten: Victoria habe nicht – wie Mütter gewöhnlich in solchen Fällen – ihr behindertes Kind durch vermehrte Zuneigung zu entschädigen gesucht, sondern »sie entzog dem Kind ihre Liebe wegen seines Gebrechens«. Als dann aus dem Kind ein mächtiger Mann geworden sei, »bewies dieser durch seine Handlungen unzweideutig, daß er der Mutter nie verziehen hatte«.

Das Verhalten der Mutter wird durch die Umstände der Geburt verständlicher. Victoria heiratete mit siebzehn, gebar mit achtzehn ihr erstes Kind unter unsäglichen Schwierigkeiten. Die Etikette verlangte, daß sie dabei einen Unterrock anbehielt, wodurch alles noch komplizierter wurde. Das Chloroform, das sie stundenlang einatmete, vermochte ihre Schmerzen kaum zu dämpfen.

»Du wirst nun auch das Joch einer verheirateten Frau zu spüren bekommen, die Schattenseite, die besonders das erste und zweite Mal bitter ist«, hatte ihr die Mutter geschrieben, als sie – wenige Monate nach der Hochzeit – die Schwangerschaft angekündigt hatte. »Is it a fine boy?« fragte nun die Queen und bekam die bejahende Antwort, wie sie eine stolze Großmutter erhoffte und von einer trotz allem glücklichen Mutter kaum anders zu erwarten war. Der Vater bemerkte, daß sein Sohn auch mit nur einem zu gebrauchenden Arm ein nützliches Mitglied der Dynastie werden könnte. Als sich der einjährige Prinz die Taschenuhr eines ihn komplimentierenden Bürgerdeputierten griff, strahlte Friedrich Wilhelm: »Da sehen Sie, was ein Hohenzoller einmal in seinen Händen hat, läßt er nicht mehr los!« Zum Kommandieren hielt er ihn jetzt schon für fähig: »Aus der gewölbten Brust schnarrt eine volltönige Stimme.« Der preußische Großvater kargte mit Lob, und wenn er eines spendete, klang es zweideutig aus seinem Munde: »Der hat ja eine phänomenale Stimme – wie ein Opernsänger.« Der englische Großvater meinte eine zweifelhafte Eigenschaft wahrzunehmen, als sich der Täufling, in dem er einen künftigen Sendboten zivilen Geistes sah, vornehmlich für die Orden des Prinzgemahls zu interessieren schien.

Großeltern wie Eltern glaubten beim Heranwachsenden Eigenschaften zu erkennen, die er von ihnen geerbt habe, wobei sie dazu neigten, die guten hervorzuheben und weniger gute zu übergehen. Von der Mutter hatte er die Augen, das quirlige Temperament, die rasche Auffassungsgabe und die Vielseitigkeit der Interessen, aber auch den Hang zu Egozentrik, Rechthaberei, Herrschsucht und Launenhaftigkeit. Dem Vater ähnelte er in der äußeren Statur, welcher die innere nicht entsprach, mit einem Verstand, der den Wallungen des Gefühls nicht gewachsen war, einem Gemüt, das von der Bewegung des Augenblickes mitgerissen wurde, einem unterentwickelten Sinn für Realitäten und einer übertriebenen Neigung zu dem, was ihm als ideal erschien.

Widersprüchliches hatte er geerbt, Zwiespältiges war in ihm angelegt und machte sich schon bald bemerkbar. Dem nach bestem Wissen und Gewissen entgegenzuwirken und es nach Möglichkeit auszugleichen, wäre die Aufgabe der Erziehungsberechtigten und Erziehungsverantwortlichen gewesen. »Möge es Uns gelingen, unter

Gottes Beistand Unseren Sohn zur Ehre und zum Wohle des teuren Vaterlandes zu erziehen«, hatten die Eltern anläßlich der Taufe kundgemacht. Dies gelang höchst unvollkommen. Der Vater vernachlässigte den Zögling, die Mutter überforderte ihn, und die natürliche Zwiespältigkeit des Sohnes wurde durch eine pädagogische Widersprüchlichkeit vertieft.

Denn Prinz Friedrich Wilhelm Viktor Albert sollte – seinen preußischen und englischen Taufnamen gemäß – wie ein preußischer Junker und wie ein englischer Gentleman zugleich erzogen werden, also nach Konzepten, die sich von vorneherein entgegenstanden und letztlich unvereinbar waren.

ZUR ERZIEHUNG seines Enkels trug Prinzgemahl Albert durch aufgeklärte Maximen bei, nach denen er seine Tochter herangebildet und die er bereits der werdenden Mutter ans Herz gelegt hatte; denn es ginge »nicht nur um das Leben eines entstehenden Wesens«, sondern auch um die »Zukunft Eures Landes und Volkes, man dürfte sagen, die hierdurch mitbedingte Wohlfahrt Europas«.

Der bereits 1861 verstorbene englische Großvater konnte die empfohlene Elementarunterrichtung zur Achtung der Menschenwürde und der Volksrechte nicht mehr überwachen. Dies übernahm, ganz in seinem Sinne, die englische Großmutter, die ihre Tochter ermahnte: Heutzutage könne ein Fürst seine Stellung nicht durch Pochen auf sein Gottesgnadentum, sondern allein durch Respekt der Regierten vor seinem Charakter wahren. Daher müsse einem künftigen Herrscher von Kindesbeinen an gelehrt werden, »daß wir vor Gott alle gleich sind«.

Die Princess Royal, die es nach Preußen verschlagen hatte, mußte erfahren, daß die im Hause Hohenzollern übliche Prinzenerziehung nicht dazu angetan war, »den Bedürfnissen der Neuzeit zu genügen«. Sie nahm sich vor, dem künftigen König und mit ihm seinem Volke »Sinn für Recht, Moralität, Freiheit und Kultur, für Selbständigkeit des Individuums, Hebung des Einzelnen als Mensch und als Deutscher, Europäer und Weltbürger« beizubringen.

Schon bald schwand ihr Glaube, daß diese Botschaft von ihrem Prinzen und seinen Preußen beherzigt werden würde. Bereits ihr Vater hatte erkannt, daß dortzulande der »leider bekannte Widerwille aller höheren Klassen und Regierungen gegen Volksrechte, volkstümliche Regierungen und so weiter« es Preußen unmöglich mache, »der Champion für die Volksrechte zu sein«.

Überdies entwickelte sich der Charakter ihres Prinzen in einer Weise, die sie zunehmend an seiner Eignung zum Volksvorbild und Befähigung als Volksbildner in dem von ihr gewünschten Sinne zweifeln ließ. Mehr und mehr klagte sie über Wilhelms Selbstsucht, Hochmut und Herzenskälte, einen Mangel an »Bescheidenheit, Güte, Wohlwollen, Rücksichtnehmen auf Andere«.

Die Mutter begriff nicht, daß sie zu dieser Entwicklung nicht unwesentlich beitrug. Sie ließ es ihren Sohn nur zu deutlich spüren, daß sie sich von ihm körperlich wie geistig mehr erwartet hatte, nämlich einen strammen und keinen behinderten Jungen, einen Prinzen, der so zu werden versprach wie ihr Vater: gewissenhaft bei allen Beschäftigungen, die ihm zugewiesen wurden und die er sich selber auferlegte, ernsthaft bemüht, an dem Platz, an den ihn das Schicksal gestellt hatte, sein Bestes zu geben.

Der Sohn begann von der ihn wenig verstehenden und ihm nichts verzeihenden Mutter abzurücken – und mit ihr von ihrem Mutterland, nach dessen Erziehungsideal sie ihn modeln, nach dessen Weltanschauung sie ihn formen und zu dessen Staatsauffassung sie ihn hinführen wollte. Die persönliche Abneigung gewann später politische Bedeutung. Schon früh brachte sie eine weitere und folgenschwere Zerrissenheit in sein Wesen: ein Haß-Liebe-Verhältnis zum Englischen.

Dem Manne, der England als »perfides Albion« und die englische Verwandtschaft als »verfluchte family« bezeichnete, war als Junge die britische Insel wie ein Eldorado erschienen. Die vergoldete Erinnerung geriet mit dem sich verhärtenden Widerwillen in Konflikt. Das Ergebnis war ein Spannungsverhältnis zwischen Antipathie und Sympathie, das mit den Auswirkungen auf seinen Charakter die Beziehungen zwischen Deutschland und England belastete.

»Die frühesten Erinnerungen, die ich mir noch heute deutlich zurückrufen kann«, begann er seine Memoiren, »verknüpfen sich mit dem Schlosse Osborne auf der Insel Wight«, dem Lieblingssitz der englischen Königsfamilie. Großvater Albert pflegte das Baby »in eine Serviette zu legen und darin zu schaukeln«, was der Memoirenschreiber nicht für eine dem Preußenprinzen angemessene Behandlung zu halten schien.

Mit vier kam er im Jahre 1863 wiederum nach England, anläßlich der Hochzeit seines Onkels Bertie, des späteren Königs Eduard VII. Er erinnerte sich an den Paukenschläger der Horse Guards und die blauen Mäntel der Ritter vom Hosenbandorden. Auch wußte er noch, daß er den kleinen Dolch, den er zu seiner schottischen Tracht trug, gegen die englischen Prinzen Arthur und Leopold gezückt hatte, die ihn in der St. Georges's Chapel in Windsor zur Ruhe mahnten. Die Familie behauptete, er habe den dreizehnjährigen Arthur, der ihm den Dolch entwinden wollte, ins Bein gebissen.

Es folgten noch viele Besuche in England, das die Mutter – und der in ihrem Fahrwasser segelnde Vater – nicht oft genug ansteuern konnten. Großmutter Victoria, die der Herangewachsene als »altes Reff« bezeichnete, kam ihrem »dear Boy« fürsorglich, wenn auch gouvernantenhaft entgegen. Bei jeder passenden und auch unpassenden Gelegenheit stellte sie ihm Großvater Albert als leuchtendes Vorbild hin und ermahnte ihn, seinen Eltern gehorsam zu sein.

Mehr als ziviles Spielzeug, beispielsweise die Kinderküche im Schloßpark, interessierten ihn die ausrangierten Kanonen, mit denen bereits seine Onkel »Bum Bum« gemacht hatten, und erst recht die Geschütze auf britischen Kriegsschiffen, beispielsweise auf dem Dreidecker »St. Vincent«, wo er als »Kanonier Nr. 1« eine Abzugs-schnur zog und sich am Donner des Schusses begeisterte. Das Echo hallte in ihm lange nach. Als Kaiser ging er daran, die maritimen Träume des Prinzen zu verwirklichen und sich und seinem Volke einzureden, daß auch die Zukunft Deutschlands auf dem Wasser liege.

Preußens Vergangenheit wie Gegenwart lag auf dem Lande, gründe-te auf der »schirmenden Wehr« seines Heeres. Auch das gehörte zu Wilhelms frühesten Eindrücken. »Preußens Hauptstadt war ohne Soldaten und ohne Militärmusik nicht zu denken«, erinnerte er sich. Im Winter, wenn die Familie im Kronprinzenpalais zu Berlin wohnte, bewunderte er sonntags die »Kirchenparaden«, die das »Gott mit uns« – das heißt mit den Soldaten und ihrem Soldatenkö-nig – machtvoll demonstrierten. Nach dem Gottesdienst marschier-te die Garnison Unter den Linden an Wilhelm I. vorbei, mit einer Musik, die auch Zuschauern in die Beine fuhr.

»Der ›Furor militaris‹, der bei uns in der Familie traditionell und selbstverständlich ist«, ergriff auch den jüngsten Sproß. Da sie sich nicht sicher war, ob er bei seiner Natur und Statur davon erfaßt würde, wurden frühzeitig Ausbilder damit befaßt, ihm preußischen Schliff beizubringen.

Dies besorgte bereits das 1861 zur Gouvernante und 1862 zur Obergouvernante bestellte Freifräulein Sophie von Dobeneck mit handgreiflichen Unterweisungen. Mit sechs bekam er einen Militärgouverneur, Hauptmann Gustav von Schrötter, der ihm erste Kenntnisse über Uniformen, Waffen und Waffengattungen vermittelte. Mehr Spaß schienen ihm die Stunden beim Sergeanten Klee gemacht zu haben, der ihn das Trommeln lehrte. »Ich brachte es auch vermöge jener Begeisterung, die wohl alle deutschen Jungen diesem Musikinstrument entgegenbringen, zu einer gewissen Fertigkeit; und war die Wirkung vielleicht auch nicht immer harmonisch vollendet, so war sie doch gewiß geräuschvoll.«

An seinem zehnten Geburtstag wurde er, wie es bei den Hohenzollern der Brauch war, in die preußische Armee aufgenommen, mit der Uniform des Ersten Garderegimentes zu Fuß eingekleidet. Auf dessen Kasernenhof wurde er einexerziert: »Auf- und Hinlegen«, worin ihn sein verkrüppelter Arm behinderte, »Im Gleichschritt marsch«, wobei er mit seinen kurzen Beinen hinter den langen Gardisten herlief, Mühe hatte, in Reih und Glied zu kommen.

Zu seiner Schuldigkeit, die allzeit zu tun ihn der König ermahnt hatte, gehörte es, daß der Hohenzoller, der einst das Kommando führen sollte, zunächst das Gehorchen lernte, sich frühzeitig an militärische Disziplin und preußische Ordnung gewöhnte. Beim Exerzieren fiel das schwer, beim Paradieren leichter. Am 2. Mai 1869 marschierte er, die hohe Grenadiermütze auf dem Kopf, zum erstenmal an Wilhelm I. vorbei.

Es war für ihn »ein unvergeßlicher Tag«. Zeitlebens behielt er den Großvater als Vorbild vor Augen, als Gegenbild zu seinem Vater, bei dem die preußischen Konturen im englischen Nebel verschwammen. Bei seiner Ausbildung gewann die preußische Realität die Oberhand über die englische Idealität. Das war auch und nicht zuletzt seinem zivilen Erzieher zuzuschreiben, dem Gymnasiallehrer Dr. phil. Georg Hinzpeter, der das neuhumanistische Bildungsgut, das er sich angeeignet hatte und weiterreichen wollte, mit spartanischen Methoden einbleuen zu müssen meinte. In der entscheidenden Entwicklungsphase seines Zöglings, von 1866 bis 1877, trug er dazu bei, eine von den Eltern gewünschte liberale Erziehung zu vereiteln und Wilhelms schwachen Charakter noch mehr zu verbiegen.

Der Bielefelder Professorensohn war ein Kalvinist, Anhänger jener Reformationslehre, die davon ausging, daß der Schöpfer seine Kreaturen von Anbeginn in Auserwählte und Verworfene eingeteilt habe. Erstere erkenne man am tätigen Gehorsam gegenüber Gottes Geboten und den Gesetzen eines gottesfürchtigen Gemeinwesens, an ihrer Bewährung im Dienst und ihrer Belohnung durch Erfolg.

Einfügung in einen Gesamtwillen, nicht Betätigung des Eigenwillens – diese Forderung nützte nicht nur Calvins Genfer Gottesstaat oder dem puritanischen Gemeinwesen in Nordamerika, sondern auch dem preußischen Monarchenstaat, dessen Dynastie von Hause aus kalvinisch war. Aus seinem Erfolg, dem Aufstieg von einem deutschen Territorium zu einer europäischen Großmacht, wurde gefolgert, daß dieses Preußen im göttlichen Heilsplan vorgesehen war und der Staatsdienst gewissermaßen einem Gottesdienste gleichkam.

Jeder Preuße, ob hoch oder niedrig, sei deshalb aufgerufen, unter Hintanstellung persönlicher Wünsche und Unterdrückung eigenen Wollens, unter Verzicht auf Selbstverwirklichung der Staatsverwirklichung zu dienen – jeder an seinem Platz im Glied. Als zweckdienlichste Ausbildungsstätten galten für Fortgeschrittene die Armee, für Anfänger die Schule.

Dieser Auffassung war Hinzpeter – der Zivilist, der Militärischem nacheiferte, der Puritaner »mit der hageren dürren Figur«, der seine Freudlosigkeit den Jungen spüren ließ, der Pedant mit »dem Pergamentgesicht«, der dem Schüler das Lernen verleidete, der Spartaner, der mit rauher Hand aufkeimende Lebenslust niederhielt – mit der sich zur Sturheit auswachsenden Beharrlichkeit eines Westfalen.

Hinzpeters Pädagogik, erinnerte sich der Schüler, »war ganz auf harte, nüchterne Pflichterfüllung und auf ›Dienen‹ eingestellt: Der Charakter muß durch stetes ›Entsagen‹ gestählt werden, das Leben des Prinzen hat sich im Sinne ›altpreußischer Einfachheit‹ zu gestalten«.

Trockenes Brot gab es zum Frühstück, und wenn seine Meininger Vettern da waren, mußte er ihnen Kuchen anbieten, durfte aber selbst nichts davon nehmen. Bereits für den Siebenjährigen begann der Erziehungstag um 6 Uhr im Sommer und um sieben Uhr im Winter, dauerte zwölf Stunden lang, nur unterbrochen durch karge Mahlzeiten und anstrengende Leibesübungen.

Auf die rüde Art, mit der er dem behinderten und daher unsicheren Achteinhalbjährigen das Reiten beibrachte, war Hinzpeter besonders stolz: »Da weder Reitknecht noch Stallmeister dazu imstande waren, hob der Erzieher, seine inzwischen unbedingt gewordene moralische Autorität mit einsetzend, den weinenden Prinzen auf sein Pferd ohne Bügel und erzwang die Übung der verschiedenen Gangarten, taub gegen alles Bitten und Weinen, erbarmungslos den unaufhörlich herunterstürzenden Reiter wieder hinaufhebend, bis endlich nach wochenlanger Quälerei das nötige, schwer zu erwerbende Gleichgewicht erlangt war.«

Der Erfolg rechtfertige das Mittel, lautete die kalvinische wie preußische Maxime, nach der Hinzpeter daranging, dem Erziehungsbefohlenen eine neuhumanistische Bildung mit Methoden einzupauken, die deren Zielsetzung, den Sinn für das Wahre, Gute und Schöne zu wecken, entgegenzuwirken geeignet war. Doch weniger in der Ausrichtung auf Athen als auf Sparta und Rom sah er die Aufgabe einer altklassischen Gymnasialbildung, die er für eine zweckmäßige Ergänzung, ja sinnvolle Steigerung des Preußentums hielt.

Dies war, Unter den Linden, an Schinkels Neuer Wache zu demonstrieren, einem nachempfundenen römischen Castrum mit griechischer Säulenvorhalle, vor der sich Tag für Tag die preußische Wachparade abspielte. Und jeder Blick in ein römisches Geschichtsbuch zeigte, zu welchen Taten Menschen fähig waren, die sich an lateinische Sentenzen gehalten hatten, wie »Dulce et decorum est pro patria mori – süß und ehrenvoll ist es, für das Vaterland zu sterben«.

Auch für das Leben sei aus einer Vertiefung in die Antike zu lernen, meinte der Altphilologe. Der Schüler »sollte dort suchen die strenge Disziplin des Geistes, die der altsprachliche Unterricht des Gymnasiums allein schon imstande schien zu gewähren, er sollte suchen eine gewisse Übung in der Lösung geistiger Aufgaben und ein gewissenhaftes Streben nach wahrem Erkennen und Wissen«.

Ob der Schüler dieses Ziel erreicht beziehungsweise inwieweit er es verfehlt habe, darüber nachzusinnen bekam Hinzpeter, der bis 1907 lebte, noch reichlich Gelegenheit. Bereits am Gymnasiasten rügte er Unkonzentriertheit und Lernunfähigkeit, eine Versteifung des Charakters, den »fast krystallinisch hart gefügten Egoismus«, der »den innersten Kern seines Wesens« ausmache. Auf den Gedanken, daß er daran mitschuldig sein könnte, schien der Pädagoge, der sich im Besitze der richtigen Erziehungsmethode glaubte, nicht gekommen zu sein.

Rückblickend klagte Wilhelm II., freudlos wie sein Wesen sei die Pädagogik Hinzpeters gewesen, »und freudlos die Jugendzeit, durch die mich die harte Hand des ›spartanischen Idealisten‹ geführt hat«. Das Hindurchquälen »durch 1000 Seiten Grammatik«, das Hineinknien in das Römertum und in das Hellenentum habe nicht den richtigen Segen »für die Förderung des Germanentums« und die Weltgeltung Deutschlands gebracht.

Selbst die Geschichte, die seiner Phantasie Anregung und Auslauf hätte bieten können, wurde ihm in einer Weise vermittelt, die das Interesse daran zu dämpfen vermochte. Der Trojanische Krieg, dessen Gestalten ihn fesselten, verlor an Faszination, wenn die Ereignisse zur Einübung der griechischen oder lateinischen Syntax herzuhalten hatten.

Der Unterricht in deutscher Geschichte kam über das Jahr 1648 kaum hinaus, endete mit der tiefsten Erniedrigung des Heiligen Römischen Reiches Deutscher Nation. Dessen mittelalterliche Kaiser, vornehmlich Otto der Große und Friedrich Barbarossa, entflammten seine Begeisterung. Sie wurde weniger vom Lehrer, der hauptsächlich an Caesar und Augustus dachte, sondern vom Vater geschürt, der ein Reichsromantiker war. Er pflegte den Sohn ein Prachtwerk über die alten Reichskleinodien bewundern und an seiner Hoffnung teilhaben zu lassen, daß Barbarossa eines nicht zu fernen Tages aus dem Kyffhäuser auferstehen und das Reich in Macht und Herrlichkeit erneuern würde.

Dies wurde zum prägendsten Erlebnis der Knabenzeit des späteren Kaisers: die Renovatio imperii durch die Hohenzollern, die Errichtung des Deutschen Reiches durch und für Preußen.

Ein Generalist

DIE VORENTSCHEIDUNG für eine preußische, das heißt militärische, obrigkeitliche und machtstaatliche Lösung der deutschen Frage fiel 1862, als Wilhelm drei Jahre alt war: durch den Verzicht seines liberal gestimmten Vaters Friedrich Wilhelm, die Nachfolge des regierungsmüden Wilhelm I. anzutreten, und die Berufung des konservativ eingestellten Otto von Bismarck zum Ministerpräsidenten.

In einer Monarchie wie der preußischen, hatte der Großvater im Geburtsjahr Wilhelms erklärt, dürfe der militärische Gesichtspunkt nie anderen untergeordnet werden, »denn die europäische Stellung des Staates, von der wieder so vieles andere abhängt, beruht darauf«. Deshalb ließ sich Wilhelm I. bei der von ihm angestrebten zahlenmäßigen Verstärkung und monarchischen Ausrichtung des Heeres weder von finanziellen Bedenken noch von parlamentarischen Einwänden vom Königswege abbringen.

Das preußische Abgeordnetenhaus bot ihm die Stirn. Mit dem Konflikt um die Heeresreform begann ein Kampf um die Verfassung, in dem die Liberalen an Boden gewannen. Schon hatte der in seinen monarchischen Gefühlen verletzte fünfundsechzigjährige Wilhelm I. die Abdankungsurkunde aufgesetzt, doch der einunddreißigjährige Kronprinz gedachte sie nicht einmal zu lesen, geschweige denn zu unterzeichnen; über einen vor dem Parlament zurückweichenden Vater hinweg wollte er nicht den Thron besteigen. Friedrich Wilhelm hörte nicht auf seine Frau, die ihn zur Übernahme der Krone drängte, weil sie sich von seiner – und ihrer – Herrschaft eine Liberalisierung Preußens und damit Deutschlands versprochen hätte. »Wenn Du es nicht annimmst, glaube ich, daß Du es einst bereuen wirst«, beschwor ihn Victoria. »Wir müssen nur an das Land denken und an unsere Kinder, die einst wiedergutzumachen haben werden, was wir verfehlen.«

Friedrich Wilhelm bekam in einer langen, allzu langen Kronprinzenzeit genug Gelegenheit, seiner Frau einzugestehen, wie recht sie gehabt hatte. Und sein Sohn Wilhelm, den er als Dreijährigen übersehen hatte, dachte als Erwachsener nicht daran, das Versäumnis des Vaters wiedergutzumachen, das Staatsruder in Richtung Liberalismus herumzuwerfen; denn er hielt – nicht nur aus angewöhntem Widerspruch zu den Eltern, sondern auch aus gewonnener Überzeugung – den Kurs für richtig, den Wilhelms I. Nothelfer, der Junker und Royalist Bismarck, eingeschlagen hatte.

Dazu hatten auch die glorreichen Ereignisse der Reichsgründungszeit beigetragen, die auf den Knaben einen unauslöschlichen Eindruck gemacht hatten. Der Fünfjährige stand 1864 am Fenster des Kronprinzenpalais, als der Großvater die Parade der in den Krieg gegen Dänemark marschierenden Truppen abnahm, die er schon bald darauf mit den eroberten Danebrogs heimkehren sah.

Zwei Jahre später – er war sieben – erlebte er den Einzug des königlichen Heeres, das im Krieg von 1866 Österreich geschlagen und den Weg für eine Einigung Deutschlands durch Preußen freigekämpft hatte. Es marschierte durch das Brandenburger Tor, über die Linden, die Via triumphalis, zum Ziel im Lustgarten, das durch eine mächtige Borussia markiert war.

Wieder vier Jahre später, im Juli 1870, wurde der Elfjährige zum Vater gerufen, der ihm eröffnete, daß er als Oberbefehlshaber einer Armee in den Krieg gegen Frankreich ziehen werde, den Erbfeind, der den Preußen die Macht mißgönne und den Deutschen die Einheit vorenthalten wolle.

»Wie habe ich über die ersten Siege gejubelt«, erinnerte sich Wilhelm II. »Wie habe ich mich über die ersten ins Neue Palais gebrachten Kriegstrophäen, einen Reiterhelm, die Fahne von Lützelstein, die Stadtschlüssel der Städte Nancy und Bar-le-Duc, sowie über die erbeuteten französischen Adler gefreut, die zum Balkon des Arbeitszimmers meines Vaters hinausgehängt wurden! Was habe ich nicht damals mit den anderen Jungen Hurra und immer wieder Hurra geschrien!«

Vom großen Sieg bei Sedan erfuhr er in Bad Homburg, wo seine Mutter ein Lazarett eingerichtet hatte. Im Nachthemd stürzte er ans Fenster, sah Fackeln tragende und die »Wacht am Rhein« singende Menschen vorüberziehen – und mußte sich ein Donnerwetter Hinzpeters wegen eigenmächtigen Aufstehens und ungehörigen Anzuges anhören.

Zur Kaiserproklamation in Versailles gratulierte er dem »lieben

Großpapa« in einem Brief, bei dem ihm Hinzpeter die Feder führte: »Es scheint nun ein großes Glück, daß Du Deutscher Kaiser geworden bist, denn jetzt sind alle kleinen deutschen Fürsten zu einem einzigen großen und mächtigen Staate verbunden. Jetzt ist endlich die kaiserlose Zeit vorbei und das deutsche Reich einig. Du kannst Dir leicht denken, wie ich mich freue, zu einem Geschlecht zu gehören, welches sich an die Spitze des deutschen Reiches emporgeschwungen hat...«

Bald darauf konnte er den Großvater »ruhmgekrönt hier als Deutschen Kaiser begrüßen«. Beim Einzug durch das Brandenburger Tor ritt der Zwölfjährige auf einem Pony dicht hinter dem Vater. Hinzpeter ließ ihn einen Aufsatz schreiben, in dem er eingestand, »daß während des ganzen Ritts die Linden herunter und während der Parade ich keine Zeit zum Denken gehabt habe; ich war zu sehr mit Staunen und Hören beschäftigt«. Der stärkste Eindruck war, daß ihm der Kaiser die Hand auf die Schulter gelegt und gesagt hatte: »Diesen Tag wird Er auch nicht vergessen.«

Er vergaß ihn nicht und gewöhnte sich daran, fasziniert durch die schimmernde Wehr und das klingende Spiel, mit dem Denken auszusetzen – der Prinz, der nun nicht nur Anwärter auf den preußischen Königsthron, sondern auch auf den deutschen Kaiserthron war.

DAS NEUE REICH wurde von einer Koalition aus konservativem Preußentum und nationalliberalem Bürgertum getragen. Dadurch wurden die Eltern in ihrer Absicht bestärkt, die im Kronprinzenpalais in höfischer Isolation begonnene Erziehung des künftigen Königs und Kaisers in einem öffentlichen Gymnasium fortsetzen zu lassen.

Friedrich Wilhelm und primär Victoria versprachen sich von einem sich unter Bürgersöhnen bewegenden Prinzen mehr Bürgernähe und von einem Thronerben, der seine Kräfte mit gesellschaftlichen Aufsteigern messen müßte, mehr Bürgersinn. Die dem modernen Geist aufgeschlossenen wie der monarchischen Tradition verhafteten Eltern bauten darauf, daß Lehrkräfte, die Freisinn mit Obrigkeitsgläubigkeit zu vereinen wußten, ihren Sohn zu jenem gouvernementalen Liberalismus hinführen könnten, der ihnen als Staatsideal vorschwebte.

Dies war ein Novum im Hohenzollernhaus, das vom Familienoberhaupt, Wilhelm I., widerwillig hingenommen wurde. Seine Gemahlin Augusta, bildungsbürgerlich erzogen und geblieben, begrüßte es, daß ihr Enkel Wilhelm in ein humanistisches Gymnasium kam, was sie sich für ihren Sohn Friedrich Wilhelm vergeblich gewünscht hatte. Der englische Großvater hatte von Anfang an auf eine Erziehung des dereinst Regierenden in Kontakt zu den von ihm zu Regierenden gedrungen, auch deshalb, daß er nicht »jenem schrecklichen preußischen Stolz und Ehrgeiz« nacheifere; denn diese »sind nicht nur an sich sehr falsch, sie untergraben auch die Zuneigung und sind in jeder Beziehung großer Fürsten – und großer Nationen – unwürdig«.

Nicht zuletzt Hinzpeter riet zur Fortsetzung der von ihm als Hauslehrer begonnenen Ausbildung in einer öffentlichen Anstalt. Wenn der Prinz mit Bürgerlichen die gleiche Schulbank drücke, würde er vielleicht von seinem hohen Roß herabsteigen, seine Überheblichkeit verlieren, die im Hinblick auf seine bisherigen und zu erwartenden schulischen Leistungen keineswegs angebracht war. Mit dem Dämpfer für Wilhelms Egoismus erhoffte sich der Pädagoge Empfänglichkeit für Altruismus, Kameradschaftlichkeit mit Mitschülern, Aufgeschlossenheit für andere Klassen. Auf Hinzpeters Programm standen »Versöhnungsdiners«, zu denen regelmäßig Vertreter niedriger Schichten eingeladen werden sollten.

Im September 1874 trat der Prinz in die Obersekunda des Gymnasiums in Kassel ein. Er kam mit seinem jüngeren Bruder Heinrich, dem Zivilgouverneur Dr. Hinzpeter und dem Militärgouverneur Generalmajor von Gottberg samt Dienerschaft, wohnte im Winter im Fürstenhof und im Sommer auf Schloß Wilhelmshöhe.

Diese Umstände waren nicht dazu angetan, Hinzpeters Rechnung aufgehen zu lassen. Wilhelms dynastischer Stolz wurde kaum gemindert; mit sechzehn erklärte er, ein neuer Friedrich der Große werden zu wollen. Sein schulischer Ehrgeiz wurde kaum gestärkt; Hinzpeter hatte weiter über Lernunlust und Nachlässigkeit zu klagen. »Ich glaube nicht, daß er klug ist, er hat nur ein vortreffliches Gedächtnis. Er glaubt aber, schon alles zu verstehen, spricht über alles und stellt Behauptungen auf mit einer Sicherheit und Rechthaberei, die einen Widerspruch völlig abschneiden«, bemerkte 1875 Hans Delbrück, der Erzieher von Wilhelms Bruder Waldemar. »Sein Hochmut ist sehr groß und nicht versteckt, sondern bewußt.«

Es war nicht der Weisheit letzter Schluß gewesen, ihn auf das Gymnasium nach Kassel zu schicken. Die Konpennäler trugen durch ihr zwischen Handküssen und Schulterklopfen schwankendes Benehmen und die Professoren durch ihr zwischen Katzbuckeln und Schulmeisterei wechselndes Verhalten dazu bei, daß er mehr über Untertanengeist als Bürgersinn erfuhr, sich noch stärker seiner Besonderheit bewußt wurde und sich noch mehr über die Allgemeinheit erhaben dünkte.

Hinzpeter sorgte überdies dafür, daß die Kluft zwischen Ansprüchen und Anlagen tiefer wurde. Er hielt ihm ständig vor, daß ihn seine hervorgehobene Stellung dazu verpflichte, ein entsprechendes Beispiel zu bieten, und er trieb ihn unablässig an, mehr zu lernen als die weniger Geforderten und bessere Noten zu erzielen als die niedriger Gestellten. Dadurch überforderte er das geistige Vermögen, überanstrengte die schwachen Nerven, überlastete den labilen Charakter des Zöglings, vertiefte er den Riß zwischen Schein und Sein.

Der Stundenplan ließ kaum Zeit für ein Verschnaufen, geschweige denn für einen Auslauf. Der Schülertag begann im Sommer mit dem Wecken um 5 Uhr, um 6 Uhr mit der Vorbereitung auf den Gymnasialunterricht, der von 8 bis 12 und 14 bis 16 Uhr dauert. Zwischen 12 und 14 Uhr wurde spazierengegangen, gefochten oder geschwommen. Um 16 Uhr begann die Repetitionsstunde bei Hinzpeter, zwischen 17 und 18 Uhr war Essenspause, an die sich der Nachhilfeunterricht anschloß, der sich oft bis 21 Uhr und noch länger hinzog.

Im humanistischen Gymnasium lag das Schwergewicht auf Griechisch und Latein, das den Schüler wie ein Bleigewicht drückte. Das poetischere Griechisch war ihm dabei immer noch lieber als das prosaische Latein. Caesars »Bellum Gallicum« gewann er manches ab, wenn ihm auch mißfiel, daß dabei fast immer die Römer siegten und die Barbaren verloren, die er für Vorfahren der Deutschen zu halten schien.

Cicero, den republikanischen Redner, mochte er nicht, aber von Demosthenes war er hingerissen, ohne später nachzuahmen, was er damals in dessen Reden beispielhaft gefunden hatte: »Klar, einfach, wahr; ohne große Prahlerei von seinen Verdiensten oder Taten, immer nur die Sache, um welche es sich handelt, im Auge; nie, auch nicht ein einziges Mal, spricht er von sich selbst.« Einen Zweck, den Demosthenes mit seiner Eloquenz verfolgte, suchte er selber zu erreichen: »Der größte Beweis dafür, daß er ein großer Redner war, ist doch wohl der, daß, nachdem er gesprochen hatte, die athenischen Heere in den Kampf, in den Tod marschierten.«

Im allgemeinen vermißte er im altklassischen Gymnasium eine Erziehung zum nationalen Realismus und staatlichen Utilitarismus. »Wenn ich in späterer Zeit englische Schüler sah und die sportlich erstarkten Knaben z. B. in Eton im Geiste mit meinen einstigen überstudierten Kameraden verglich, dann fiel dieser Vergleich nicht zu meiner Freude aus«, notierte er in seinen Memoiren. »Die jungen Briten, die von Eroberungen in den Kolonien träumten, von Expeditionen zur Erforschung neuer Länder, von Ausbreitung des Handels, und die Pioniere ihres Vaterlandes sein wollten nach dem Wort: ›Right or wrong – my country‹, sie hatten sehr viel weniger Latein und Griechisch gelernt, waren aber von dem Gedanken beseelt, Großbritannien noch größer und stärker zu machen.«

Er wurde seinen Kasseler Lehrern nicht gerecht. Wenn sie auch ihre humanistische Theorie, daß die Antike wie keine andere Epoche Beispiele privater wie öffentlicher Tugenden vorzuführen vermöge, in der schulischen Praxis mitunter konterkarierten, so war ihnen doch zuzugestehen, daß sie nicht ohne Erfolg mitwirkten, ihre Schüler zum Dienst im neuen Reich zu erziehen.

Dazu vermochten die Historiker mehr als die Philologen beizutragen. Aus der Geschichte wurde Preußens »deutscher Beruf« herausgelesen, und das mittelalterliche Imperium, das ein Universalreich gewesen war, wurde als Nationalreich hingestellt, das dank Preußens deutscher Berufsauffassung mit militärischer Macht und protestantischer Kraft erneuert worden war.

Deutschlehrer weckten ein germanisches, ein pangermanisches Bewußtsein. Unter den Sagenhelden bevorzugte Wilhelm Dietrich von Bern, an dem ihm »vornehmlich dessen persönliches Verhältnis zu seinen Waffen« gefiel, »spricht er doch sogar mit seinem Helm Hildegrimm«. Im Nibelungenlied lernte er die Nibelungentreue kennen und schätzen, an der er bis zu seinem eigenen Untergang festhalten zu müssen glaubte.

Der zeitgenössische Autor Gustav Freytag, dessen bis in die germanische Vorzeit zurückreichende »Ahnen« er verschlang, hatte befunden: Ein rechter Deutscher müsse Preuße, Protestant und Bürger sein.

Das erste war Wilhelm von Geburt an, das zweite durch die Taufe. Hinzpeter ließ ihn »nur mit Bibel und Gesangbuch aufwachsen, unter Zurückstellung aller konfessionellen und dogmatischen Fragen«. Mit diesen hatte er sich im Konfirmationsunterricht zu beschäftigen, der – worauf Wilhelm I. bestand – von einem Hof- und Domprediger erteilt wurde. Der Konfirmand lernte, wie er gelobt wurde, die protestantische Kirchenlehre vollkommen zu beherrschen. Am 1. September 1874, dem Tag seiner Einsegnung, bekannte er sich in der Friedenskirche zu Potsdam vor versammelter Gemeinde zu seinem evangelischen Glauben.

Nicht ganz so leicht fiel es ihm, das von Gustav Freytag genannte dritte Wesenselement eines rechten Deutschen anzuerkennen: das Bürgerliche. Doch nach der Reichsgründung, die vom Adel im Verein mit dem Bürgertum vollzogen wurde, und in der Gründerzeit, in der die Bourgeoisie mit ihren wirtschaftlichen und gesellschaftlichen Fortschritten auch politisch aufzusteigen begann, durfte ein Hohenzoller diese neudeutsche, wenn auch im Grunde apreußische Entwicklung nicht übersehen.

Lehrer lenkten seinen Blick auf Errungenschaften und Probleme der nun auch in Deutschland, indessen mit einiger Verspätung und beschränkten Aussichten anhebenden bürgerlichen Epoche. Hinzpeter führte den künftigen Herrscher eines Industriestaates in Berliner Fabriken, damit er mit dem Produktionsprozeß, welcher der Gesamtgesellschaft nützte, die Produktionsbedingungen kennenlernte, die dem Arbeiter zugemutet wurden. Wilhelm bemerkte, »wie die damals noch zwölfstündige Arbeitszeit mit ihrem kärglichen Lohn sein ganzes Leben auffraß«; er sah »die traurigen Wohnverhältnisse der Arbeiter und ihrer Familien«.

Daran dachte er, als er zwei Jahrzehnte später auf Arbeiterschutzgesetze drängte, weniger daran, daß ihn Hinzpeter angehalten hatte, vor Arbeitern, jedenfalls vor Meistern, den Hut zu ziehen. Auch wenn er sich erinnerte, auf die »entseelende Macht der Maschine, die den Arbeiter zum kleinen Rädchen oder noch weniger in einem riesengroßen Uhrgetriebe machte«, hingewiesen worden zu sein, so hielt er es dann doch für angebracht, nicht nur die Arbeiterschaft, sondern alle Deutschen als Teilchen einer gigantischen Staatsmaschine zu betrachten, deren Schalthebel zu bedienen er und niemand sonst berufen sei.

Die Naturwissenschaften, die den technischen Fortschritt und die industrielle Entwicklung ermöglicht hatten, blieben dem Schüler eines altsprachlichen Gymnasiums ein Buch mit sieben Siegeln. Sein Interesse daran war gering. Für Mathematik hatte er keinerlei Begabung. Für Physik und Chemie war im Lehrplan des Kasseler Gymnasiums ohnehin wenig Platz.

Im Januar 1877 bestand Wilhelm das Abiturexamen als Zehnter unter den siebzehn Schülern seiner Klasse. Das Zeugnis bescheinigte ihm die Reife für ein Universitätsstudium, was nicht bedeutete, daß er reif für das Leben geworden wäre. Seine Mutter bestritt das, und ihr pflichteten viele bei, die jetzt und später sich an seinem unfertigen Charakter stießen, mit seinen unausgegorenen Vorhaben konfrontiert wurden und seine unausgewogenen Handlungen zu ertragen hatten.

Er selbst war und blieb der Meinung, daß er spätestens mit der Vollendung seines 18. Lebensjahres die Vollreife erlangt habe. Darin wurde er durch die feierliche Erklärung seiner Volljährigkeit am 27. Januar 1877 bestärkt. Der Prinz war voller Stolz, daß er nun auch vom preußischen Großvater, Wilhelm I., »in die erlauchte Gemeinschaft der Ritter des höchsten preußischen Ordens«, des Schwarzen Adlerordens, aufgenommen wurde. Dessen Devise »Suum cuique – Jedem das Seine« nahm er sogleich für sich in Anspruch. Von der englischen Großmutter, Queen Victoria, die ihn mit dem Bathorden auszeichnen wollte, verlangte und erhielt er den Hosenbandorden, den höchsten englischen Orden, den – wie er bemerkte – »im allgemeinen nur Souveräne, hier und da auch Thronfolger« bekamen.

Souverän, nicht nur herrschaftsberechtigt, sondern auch überlegen und unabhängig fühlte er sich schon jetzt, obwohl in der Thronfolge sein sechsundvierzigjähriger Vater vor ihm stand. Immerhin war er den Beherrscher seiner Jugend losgeworden; Hinzpeter, dessen Aufgabe als erfüllt angesehen wurde, zog sich nach Bielefeld zurück. Und dem Losgesprochenen stand eine ungebundene Studentenzeit in Bonn am Rhein bevor.

IN BONN genoß er jene Burschenherrlichkeit, die von vielen besungen wurde, aber nur von einem wie er voll und ganz genossen werden konnte: einem jungen Herrn, dem alle Mittel für ein flottes Studentenleben zur Verfügung standen, das nicht durch ernsthafte Studien zur Erlangung eines akademischen Berufes beeinträchtigt wurde.

So war es kein Wunder, daß der Preuße, der sich gerne als »geborenen Berliner« bezeichnete und die Reichshauptstadt für den Nabel der Welt hielt, sein Leben lang »das vom lieblichen Rheinland eingefaßte Bild von Bonn« in goldenem Lichte sah: »Bonna soll leben!«

Oxford hätte er wohl kaum in ähnlich guter Erinnerung behalten. Der Wunsch des Masters des Balliol College, den Enkel der Queen an seiner berühmten Studienstätte zu haben, war nicht erfüllt worden. Dem Sohn der Engländerin blieb es erspart, sein ambivalentes Verhältnis zum Englischen an prominenter Stelle zu pflegen, mit dem wahrscheinlichen Ergebnis, daß – trotz einer platonischen Präferenz für britische Lehrmethoden und Lernziele – seine Zuneigung nicht stärker und seine Abneigung nicht geringer geworden wäre.

Bonn wurde gewählt, weil es in Preußen lag, seine nach Angliederung des Rheinlandes gegründete Universität als »Brückenkopf des preußischen Geistes« galt und weil der Vater dort studiert hatte.

Auf seinen Spuren trat Wilhelm in die feudalste Studentenverbindung ein, das Korps Borussia, dessen weißen Stürmer er wie einen Helm trug. Aktiv wurde er nicht, stand nicht auf Mensur, blieb »Konkneipant«, beschränkte sich auf die angenehme, wenn auch nicht unstrapaziöse Seite des Verbindungswesens.

Auch als Studiosus war er nicht ganz gefordert. Die meisten Vorlesungen hörte er nicht in der Universität, sondern privatissimum in seiner Residenz, der Villa Frank in der Koblenzer Straße. In die Staats- und Rechtswissenschaften, die er als Studiengegenstand angegeben hatte, drang er nur oberflächlich ein. Immerhin wurde er – so durch den späteren Kronsyndikus Hugo Loersch – auf das Wesen der Verfassung Preußens wie des Deutschen Reiches hingewiesen: die Sonderform einer konstitutionellen Monarchie, in der konstitutionell das Beiwort und Monarchie das Hauptwort blieb.

Daneben und dazwischen hörte er in andere Wissenschaften hinein: Nationalökonomie, Geschichte, Philosophie, Literaturgeschichte,

Kunsthistorie und sogar Experimentalphysik und Experimentalchemie. Was ein Studium generale hätte sein sollen, war der Kurzlehrgang für einen Generalisten. Zu vieles wurde einem jungen Mann vorgeführt, der sich auf weniges kaum konzentrieren konnte und ohnehin schon alles zu wissen meinte.

Das Verstehen wurde ihm buchstäblich dadurch erschwert, daß ihm Wucherungen und Eiterungen im inneren Ohr zu schaffen machten. 1879 warnte der Bonner Privatdozent Dr. Heinrich Walb: »Die Lage des Krankheitsherdes in der Tiefe des Kopfes, vom Gehirn nur durch eine nicht sehr dicke Knochenwand getrennt, der unmittelbare Zusammenhang, der zwischen den tiefen Teilen des Ohres und dem Gehirn gegeben ist, indem zahlreiche Kanäle den Knochen durchbohren, bringen es mit sich, daß Entzündungen des inneren Ohres entweder das Gehirn sehr bald in Mitleidenschaft ziehen, oder sich vom Ohr auf das Gehirn fortpflanzen können.«

Die Mutter meinte, eine Erklärung für manche Verhaltensstörung des Sohnes gefunden zu haben, seine Gereiztheit, Ruhelosigkeit und Sprunghaftigkeit, daß er nicht nachdenken könne und wenig begreifen wolle, nicht einmal Lust habe, irgend etwas anzusehen, kein Interesse an Kunstwerken zeige und eine schöne Landschaft nicht zu bewundern vermöge.

Der Vater wunderte sich, daß der Sprößling am deutschen Strom nicht wie einst er von einer zur Reichsromantik werdenden Rheinromantik ergriffen wurde. Er konnte nicht verstehen, daß der Sohn im neupreußischen Westelbien, das sich in seinen Augen vom altpreußischen Ostelbien so vorteilhaft abhob, nicht einiges von rheinischer Bürgerlichkeit und Liberalität annahm.

Der Großonkel, Friedrich Wilhelm IV., dem der spätere Wilhelm II. in physischer wie psychischer Beziehung glich, hatte die Vollendung des Kölner Doms veranlaßt, der für den Großneffen keine Offenbarung war. Im Jahre 1815, als der damalige Kronprinz zum erstenmal den Rhein hinabgefahren war, hatte er sich im Anblick der »tausend göttlichen Burgen und Felsen« ganz »matt vor Seligkeit« gefühlt. Der Großneffe schätzte den Strom primär als Wasserbahn für den Rudersport.

Sogar der Großvater Wilhelm war, als er in den fünfziger Jahren als Militärgouverneur des Rheinlandes und Westfalens in Koblenz amtierte, vom Liberalismus der Westprovinzen berührt worden, wenn auch nur vorübergehend. Großmutter Augusta hatte in der »Pfaffengasse« des Heiligen Römischen Reiches die Katholiken schätzen gelernt. Ihr Enkel konnte es nicht verstehen und nicht verzeihen, daß rheinische und westfälische katholische Adelige nicht an einer »Königlichen Jagd« bei Diez an der Lahn teilnahmen, weil sie während des Kulturkampfes gegen ihre Kirche nicht mit einem preußischen Prinzen zusammentreffen wollten.

Als er die Großmutter, die immer wieder nach Koblenz zurückkehrte, von Bonn aus besuchte, interessierte ihn wenig das ehemals kurtrierische Schloß mit den französischen Gobelins und den Porträts der Fürstbischöfe, imponierte ihm vielmehr das militärische Schauspiel, das er am Zweitwohnsitz Augustas miterlebte: die Vereidigung von Rekruten des Königin-Augusta-Garde-Grenadierregiments Nr. 4. Der Prinz stand, »umrauscht von den zerschossenen Fahnen des Regiments«, hinter dem Kaiser, neben der Kaiserin, und der Schwur der Soldaten, die drei donnernden Hurras und das »Heil Dir im Siegerkranz« klangen noch lange in ihm fort.

Das Militärische, nicht das Akademische war und blieb seine Welt. Am 29. Oktober 1879 meldete er sich nach vier Semestern Bonn bei seinem Regiment in Potsdam zurück.

DAS HEER sei die einzige Säule, auf der das Deutsche Reich stehe, erklärte Wilhelm II. Von Wilhelm I., dem Soldatenkönig, war der Soldatenprinz aufgefordert worden, sich in den Schaft einzufügen, bevor er dazu berufen werde, sich auf das Kapitell zu stellen.

Als Kasseler Gymnasiast war er zum Premierleutnant befördert worden, und bevor er den Studenten in Bonn spielen durfte, mußte er ein halbes Jahr lang Dienst in Potsdam leisten, in der 6. Kompanie des Ersten Garderegiments zu Fuß, bei der schon sein Vater gestanden hatte.

Einem Hohenzollern blieb es zwar erspart, ganz unten anzufangen, aber auch er hatte sich einer Grundausbildung zu unterziehen. Er mußte lernen, die Uniform als Ehrenkleid zu pflegen und die Waffe wie eine Braut zu behandeln. Durch Exerzieren erhielt er den Schliff, der zur Einfügung in Reih und Glied notwendig war. Bei der Parade lernte er, wie er es für richtig fand, die »Einordnung des

Einzelwillens in und unter einen die Gesamtheit repräsentierenden höheren Willen«.

Da er dazu berufen war, dereinst diesen zu vertreten, wurde ihm gleich zu Beginn das Befehlen beigebracht, zuerst »die stimmliche Technik des Kommandierens«. Das Gelernte demonstrierte er zum erstenmal am 24. März 1877, als er auf dem Lustgarten seinen Zug dem Großvater vorführte. Um vor ihm zu bestehen, gab er sich zackiger, als er eigentlich war, und er behielt diese Haltung bei, weil er Gefallen daran fand, daß sie anderen imponierte.

Als er von Bonn nach Potsdam heimgekehrt war, wurden ihm Rekruten anvertraut. Es bereitete ihm »eine hohe Freude, dies unverbildete Menschenmaterial im Laufe der Ausbildungszeit Form und Schliff gewinnen zu sehen«. Dies war eine angemessene Beschäftigung für einen preußischen Prinzen und künftigen Monarchen. Als er wegen des erzielten Ergebnisses belobigt wurde, war ihm zum erstenmal – und nicht etwa schon nach bestandenem Abitur oder absolvierter Vorlesung – voll und ganz bewußt, »was es heißt, stolz auf eigene Leistung zu sein«.

An Kaisers 83. Geburtstag wurde der 21jährige Enkel zum Hauptmann befördert. Schnellstens besorgte er sich die Sterne für die Epauletten und bewunderte sich in ihrem Glanze wie Narziß im Spiegel. Der Zauber der Montur verhexte ihn sein Leben lang. An Attributen zum bunten Rock konnte er nie genug bekommen. Neun Jahre nach dem Tode Wilhelms I. ernannte er sich posthum zu dessen Generaladjutanten, um das gekrönte »W« auf den Schulterstücken tragen zu können, das ihm bisher zu seinem Uniformglück gefehlt hatte.

Bereits der Prinz konnte Rangabzeichen an Rangabzeichen anfügen, von Kommando zu Kommando aufsteigen. 1880 wurde er Kompaniechef, 1881 Major à la suite des Ersten Garderegiments zu Fuß, anschließend zu den Gardehusaren und zu den Gardefeldartilleristen abkommandiert. 1883 übernahm er im Ersten Garderegiment zu Fuß die Führung des I. Bataillons, des »ersten Bataillons der Christenheit«. Während des Kaisermanövers 1885 wurde er zum Oberst befördert und zum Kommandeur des Garde-Husarenregiments ernannt.

Eine solche Blitzkarriere hätte auch einen gefestigteren Charakter ins Wanken gebracht; der schwankende Wilhelm geriet ins Schleudern. Der ständige Umgang mit Untergebenen, die vor ihm strammstanden, und mit Vorgesetzten, die wußten, daß sie bald vor ihm strammstehen müßten, erwies sich als nachteilig für einen künftigen Monarchen. Er hätte sich mehr unter Zivilisten als unter Soldaten bewegen sollen, kritisierte Großmutter Victoria, »da Militärpersonen gezwungen sind, zu gehorchen, und Unabhängigkeit des Charakters in ihren Reihen nicht zu finden ist«.

In einer geschlossenen Militärgesellschaft avancierte der Thronfolger, an einem Ort, in dem der Geist von gestern dominierte. Friedrich der Große schien in Potsdam immer noch präsent zu sein. Im Lustschloß Sanssouci, wo der Philosoph und Flötenspieler umging, wollte ihm Wilhelm weniger begegnen, lieber im Neuen Palais, das nach dem Siebenjährigen Krieg gebaut worden war.

Mit dem Prachtbau wollte der Alte Fritz Potsdam und der Welt zeigen, daß Preußen eine Großmacht geworden war, im Kampf gegen die österreichische Kaiserin Maria Theresia, die russische Zarin Elisabeth und die Marquise de Pompadour, die den französischen König Ludwig XV. am Bändel hatte. Die drei Damen waren vom Gegner ihrer Länder und dem Feind der Frauen dazu verurteilt worden, als Statuen auf der Kuppel die preußische Königskrone hochzuhalten, den Triumph des großen Friedrich zu demonstrieren. In nüchternem Zustand, seinem Naturzustand, nannte er sein Neues Palais eine Fanfaronnade, eine Prahlerei, einen Ausdruck dafür, daß Preußen vorgebe, eine Großmacht zu sein, die es in Wirklichkeit nicht geworden sei.

Dieses Ziel war ein Jahrhundert später mit der Ausdehnung Preußens auf Deutschland erreicht worden, ohne daß Zeitgenossen, nicht zuletzt Wilhelm, auf eine Fanfaronnade hätten verzichten wollen. Nun wurde es Mode, die Macht, die man gewonnen hatte, als noch gewaltiger hinzustellen, als sie es ohnehin schon war. Dies geschah aus überschäumendem Stolz auf das Erreichte, aber auch in der Erwartung, durch Großtun zu einem Nochgrößerwerden beizutragen, indem man sich selber anspornte und andere einschüchterte.

Mit dem alten Preußentum, das Friedrich der Große vorgelebt hatte und Wilhelm I. immer noch verkörperte, hatte dieses neue Preußentum nur noch wenig zu tun. Jenem hatte Helmuth von Moltke ein »Mehr sein als scheinen« bescheinigt. Dieses meinte durch Schein das Sein wenn schon nicht zu ersetzen, so doch glänzender und erhabener hinstellen zu sollen. Die »Renommisterei« kam hoch, die Theodor Fontane niedrig gehängt sehen wollte.

Schon schlug selbst dieser preußischste aller preußischen Dichter einen Ton an, der auf die Möglichkeit eines Zweiklanges von Altpreußentum und Neupreußentum hinwies. »Was uns obliegt, ist nicht die Lust des Lebens, auch nicht einmal die Liebe, die wirkliche, sondern lediglich die Pflicht. Wir sind dadurch vor anderen Nationen ausgezeichnet, und selbst bei denen, die es nicht begreifen oder übel wollen, dämmert die Vorstellung von unserer daraus entspringenden Überlegenheit.«

Doch Pflicht wozu? Dienst wofür? Friderizianer dachten an den Machtstaat, den es zu erhalten und auszubauen gelte, Philosophen an Hingabe an den anvisierten Idealstaat, den sie in Preußen Gestalt annehmen sahen. Wilhelm wuchs in eine Zeit hinein, die den Gehorchenden immer weniger fragen ließ, wozu er da gefordert wurde, und dem Befehlenden immer mehr eine Antwort erließ, warum er seinen Untergebenen dieses oder jenes abverlangte.

Den »Dienst an sich« lernte Wilhelm in Potsdam kennen. Am Nabel der altpreußischen Welt hätte er auch wirkliche Tugenden mitbekommen können. Die Mühle von Sanssouci gemahnte an die Gerechtigkeit, die erste Monarchenpflicht. Die Garnisonkirche gab mit ihrem klaren Grundriß und schlichten Aufbau ein Beispiel für Maßhalten, das er nicht befolgte; als Kaiser ließ er im Innern Gold auftragen. Aus dem »Üb immer Treu' und Redlichkeit« des Glockenspiels hörte er vor allem eine Aufforderung an die Untertanen heraus, für das Hohenzollernreich ihre Schuldigkeit zu tun.

Hinzpeters Schüler neigte dazu, Sittlichkeit auf Puritanismus zu verkürzen. Der Oberst verbot seinen Offizieren die Mitgliedschaft im »Union-Klub«, in dem flott und hoch gespielt wurde. Er bekam Schwierigkeiten mit höheren Stellen, die wohl der Meinung waren, daß man adeligen Gardeoffizieren, deren Dienste man in Anspruch nahm, einen standesgemäßen Auslauf zu gestatten habe.

»Mein Kampf gegen das Laster, die Schwelgerei, das Spiel, Wetten usw. bei unserer Jugend ist von einzelnen hochstehenden, bei Großpapa einflußreichen Herren mißgünstig beleuchtet, ja sogar falsch gedeutet worden«, wendete er sich an Großmama, in der Erwartung, daß sich die sittenstrenge Augusta seines Anliegens annehmen werde, »ein altpreußisches, echt christlich deutsches Offizierskorps heranzubilden«. Großpapa Wilhelm wollte weder an alten Sitten noch an alten Unsitten rütteln lassen. So mußte der Enkel warten, bis er Oberster Kriegsherr geworden war; einer seiner ersten Befehle verbot generell den Offizieren die Teilnahme an »Spiel- und Luxusklubs«.

Über die Sitten der Unteroffiziere durfte er bereits als Regiments- kommandeur wachen. Um die jungen und unverheirateten unter seinen Husaren den Kneipen fernzuhalten, richtete er ein Unterof- fizierskasino ein, versah es mit erbaulichen Büchern und Spielen, die dem Gehirntraining wie dem Zeitvertreib dienten, zum Beispiel Schach.

An Weihnachten bescherte er das ganze Regiment mit Geschenken und Ermahnungen. Die Schwadronen waren vor den mit Christbäu- men geschmückten Gabentischen angetreten. »Dann stiegen die Weihnachtslieder empor, und nach kurzer Ansprache des Regi- mentskommandeurs brauste ein dreimaliges Hurra auf den Ober- sten Kriegsherrn durch die Reitbahn.«

Er glaubte mit der Zeit zu gehen, seine Soldaten wenn schon nicht als Bürger in Uniform, so doch als Volk in Waffen zu behandeln, ihnen – wenigstens bei besonderen Anlässen – mit einer gewissen Kameradschaft entgegenzukommen. Gegenüber Gemeinen und Un- teroffizieren kam er über die Herablassung eines Gutsherrn und die Leutseligkeit eines Serenissimus nicht hinaus. Auf die adeligen Offiziere ging er einen Schritt zu, suchte sie im Schwadronieren und Bramarbasieren zu übertreffen, legte sich einen Ton zu, der außer- halb der Offizierskreise nicht angebracht war, begann sich daran zu gewöhnen, auch nichtmilitärische Fragen nach Kasinoart anzuge- hen und einer Lösung zuzuführen.

Das Bewußtsein, zum Ersten geboren zu sein, und die Einbildung, deshalb auch der Beste zu sein, wurden im Gardekorps gefördert. Der Thronanwärter war der Hahn im Korb, vergöttert von Subalter- nen und umschmeichelt von Übergeordneten. So war es wenig verwunderlich, daß ihm der Kamm schwoll, er sich aufplusterte und seinen Hühnerhof für das Paradies hielt.

In der Garnison fand er, was ihm die Familie nicht gab: Anerken- nung und Geborgenheit. Großvater Wilhelm, zu dem er aufblickte, hielt sich vorerst bedeckt, weil er sich noch nicht sicher war, ob der

Enkel dem König von Preußen oder dem Prinzgemahl von England nachschlagen würde. Der Großmutter Augusta fiel es schwer, die Unnahbarkeit, die sie ihrem Monarchenrang schuldig zu sein glaubte, im Familienkreise aufzugeben. Der Vater Friedrich Wilhelm pflegte über den Sproß, der sich nicht nach Wunsch entwickelte, hinwegzusehen. Und die Mutter Victoria meinte anläßlich seines 22. Geburtstages feststellen zu müssen, daß er niemals wirklich ihr Sohn gewesen sei.

Sein Regiment sei seine Familie, trotzte Wilhelm. Auf die Dauer konnte ihm dieser Ersatz nicht genügen. So dachte er schon früh daran, eine eigene Familie zu gründen, in der er das Oberhaupt war, von einer Frau umsorgt, die ihn verstand und ihm verzieh, von Kindern umgeben, die er anders zu behandeln gedachte, als er selber behandelt worden war.

EINE VORLIEBE für »lange Kerls« wurde Wilhelm von Bismarck in den »Gedanken und Erinnerungen« nachgesagt. Dabei überließ es der vom Kaiser gestürzte Kanzler dem Leser zu beurteilen, ob er damit einen in preußischen Augen höchst achtbaren Hang zu einer ansehnlichen Garde oder eine nach damaligen Moralbegriffen höchst verwerfliche Neigung zum gleichen Geschlecht angedeutet habe.

In Potsdam war Wilhelm in eine Männergesellschaft gekommen, in einen militärischen Männerbund. Der Gardeoffizier schwärmte von den »artigen hübschen jungen Männern« in seinem Regiment. In Rußland bewunderte er die Rekruten der Chevalier-Garde und der Garde à cheval, »besonders schön gewachsene Leute, bei denen mir das fast gänzliche Fehlen der Hüften auffiel; die weißen Koller saßen auf ihren schlanken Körpern wie angegossen«.

Auch Friedrich Wilhelm I. hätte sich beim Anblick seiner »langen Kerls« wie sein Nachfahre angesichts der russischen Gardisten begeistern können: »Leute wie aus dem Ei gepellt und schlank und gerade wie Lichter«. Daraus auf homoerotische Tendenzen oder gar homosexuelle Praktiken zu schließen, hätte beim Soldatenkönig keiner gewagt. Kaiser Wilhelm II., der zwar seine Soldaten schätzte, aber sie nicht zum Siege zu führen verstand, wurde solches zugetraut, ohne daß ein Beweis beigebracht oder auch nur eine Wahrscheinlichkeit erhärtet worden wäre.

Auch Wilhelm I. weilte lieber unter Männern als unter Frauen, umgab sich mit Adjutanten, die ihm näher standen als Minister und auf die er deshalb mehr, auf jeden Fall zunächst hörte. So war es nun einmal an dem eher einem Hauptquartier als einem Schloß gleichenden Hofe eines Militärmonarchen. So paßte es auch zu einem Staat, in dem der Mann in Uniform als der Erste galt, und in eine Zeit, die dem Manne überhaupt den Vorrang in Familie und Gesellschaft zugestand.

Niemand wäre auf den Gedanken gekommen, Wilhelm I., der sich das nicht anders hätte vorstellen können, eine über die allgemeine Wertschätzung des Mannes hinausgehende besondere Neigung zum eigenen Geschlecht nachzusagen. Überdies war nicht nur in Hofkreisen bekannt geworden, daß sein starker Trieb zum weiblichen Geschlecht, im Ehegemach nicht befriedigt, ihn zu mancher außerhäuslichen Affäre veranlaßte.

Wilhelm hatte nicht nur vom Großvater, sondern auch von seinen Eltern eine sinnliche Natur geerbt. Friedrich Wilhelm, der in dieser Beziehung dem Vater nachgeschlagen war, schien nicht nur politisch, sondern auch sexuell seiner Victoria verfallen gewesen zu sein. Sie sei eine »wilde Frau«, behauptete ihr Erzfeind Bismarck; wenn er sie ansehe, so graue ihm vor der ungebrochenen Sinnlichkeit, die aus ihren Augen spreche.

Ähnliches meinte Bismarck auch an Wilhelm bemerkt zu haben, obwohl sich dieser bemühte, es zu verschleiern. Denn er hatte sich vorgenommen, sich von »unserer sog. ›guten Gesellschaft‹« durch »einen Geist der christlichen Zucht, Sittlichkeit und Einfachheit« abzuheben, sich als mustergültigen deutschen Ehemann und Hausvater hinzustellen.

Erst viel später, nach seiner Heirat, sind auf dieses Bild einige Flecken gekommen. Es wurde offenkundig, daß er durch eine Wiener Kupplerin die Bekanntschaft einer gewissen Ella Somsics machte, die nach Berlin, in die Nähe ihres Amanten zog. 1887 folgte sie ihm, samt ihrer Freundin Anna Homolatsch, zur Jagd nach Österreich, wo sie sich im Gasthaus zu Mürzsteg trafen und dann im »König von Sachsen« zu Eisenerz die Nachtruhe der Hotelgäste störten.

Der Lärm drang bis nach Wien, wo man sich pikiert über Äußerungen des Prinzen zeigte, die angeblich beim Stelldichein gefallen waren. Er soll nicht nur über seine Frau und seine Eltern hergezogen sein, sondern auch über Kaiser Franz Joseph und Kronprinz Rudolf, deren morsches Reich am Zusammenbrechen sei, und über alle Österreicher, die er als »unbrauchbare, verweichlichte Schlemmer, die nicht mehr lebensfähig sind«, bezeichnet habe.

Dies war nicht der erste und blieb nicht der letzte politische Ausrutscher Wilhelms, doch die schlüpfrige Bahn des Fremdgehens schien er fortan gemieden zu haben. Einige Damen wurden mit Geld zum Schweigen gebracht, wodurch nicht zu verhindern war, daß lange danach ein Brief Wilhelms an die geschiedene Gräfin von Wedel-Bérard an die Öffentlichkeit gelangte. »Sie haben Ihrem früheren Gemahl alles verweigert«, hieß es darin, »würden Sie mir, adorée, wenn ich einmal mit Ihnen zusammen wäre, alles verweigern? Wenn ich betend vor Ihnen kniete?«

Platonisch verehrte er sein Leben lang einen Jugendschwarm: Elisabeth, Prinzessin von Hessen und bei Rhein, genannt Ella. Der Bonner Student war gerne zu seinen Verwandten nach Darmstadt gefahren. Großherzogin Alice, die zweite Tochter Queen Victorias und Schwester der Kronprinzessin Victoria, schien ihn besser zu verstehen als seine Mutter. Mit den vier Kusinen, die ihn »den Einzigen«, »Wilhelm den Plötzlichen« oder »Gondel-Billy« nannten, ruderte er, ritt er aus und spielte Lawntennis.

Ella war seine erste, große und einseitige Liebe. Denn sie wurde, obwohl er die um fünf Jahre Jüngere anhimmelte und ihr romantische Verse widmete, nicht erwidert. Ella heiratete den russischen Großfürsten Sergius. Ihre Photographie blieb stets auf seinem Schreibtisch und erinnerte ihn an ihr glückliches Leben und schreckliches Ende in Rußland. Die Großfürstin wurde 1918 von den Bolschewisten in Jekaterinburg ermordet, nach ihrer Schwester Alix, der Gemahlin des Zaren Nikolaus.

Auch die Frau, die er heiratete, hatte er in der englischen Verwandtschaft kennengelernt. Auguste Viktoria von Schleswig-Holstein-Sonderburg-Augustenburg, genannt Dona, war mütterlicherseits die Enkelin einer Halbschwester der Königin Victoria und die Nichte des Prinzen Christian von Schleswig-Holstein-Sonderburg-Augustenburg, der mit der dritten Tochter der Queen, Helena, verheiratet war.

Als Kind hatte er mit der um ein Vierteljahr älteren Dona im thüringischen Reinhardsbrunn, einem beliebten Treffpunkt des englisch-coburgschen Clans, gespielt. Ihre Eltern hatten die seinen oft besucht, denn sie waren nicht nur durch familiäre, sondern auch politische Beziehungen verbunden, huldigten jenem in monarchischen Maßen gehaltenen Liberalismus, den Prinzgemahl Albert in England schätzen gelernt hatte und so gerne auf das Land seiner nach Preußen verheirateten Tochter übertragen hätte.

Wilhelms Vater hatte mit Donas Vater, dem Erbprinzen Friedrich von Schleswig-Holstein-Sonderburg-Augustenburg, in Bonn studiert, wo sie sich weit mehr dem westlichen Freisinn öffneten, als es dem Hohenzollern zugestanden wurde und dem Augustenburger zustatten kam.

Als sich 1863 die Chance bot, ein von der dänischen Krone gelöstes, liberales wie nationales Schleswig-Holstein unter dem als Herzog Friedrich VIII. proklamierten Augustenburger in den Deutschen Bund aufzunehmen, scheiterten die beiden Freunde an Bismarck, der das Land 1864 gemeinsam mit den Österreichern den Dänen abnahm und es 1866, nach dem Krieg gegen Österreich, an Preußen anschloß.

Kronprinz Friedrich Wilhelm vergaß dies Bismarck nie, und Kronprinzessin Victoria konnte, wie dieser bemerkte, seit der Annexion Schleswig-Holsteins seinen Anblick kaum ertragen. Eine Ehe zwischen ihrem Sohne und der Tochter des um seinen Thron gebrachten Freundes erschien dem Kronprinzenpaar als eine Entschädigung der Hohenzollern an die Augustenburger wie als eine Möglichkeit, eine englisch-liberale Mitgift in das Hauswesen des künftigen Herrschers über Preußen und Deutschland zu bekommen.

In diesem Falle widersprach Wilhelm seinen Eltern nicht; denn ihm gefiel das Mädchen, das nicht unansehnlich war und als Frau und Mutter ihre Pflicht und Schuldigkeit zu tun versprach. Am 14. Februar 1880 fand die Verlobung, am 27. Februar 1881 die Hochzeit statt.

»Ich war damals als Hauptmann zur Leibkompanie kommandiert; es ist daher angebracht, des bedeutungsvollen Ereignisses vornehmlich unter diesem Gesichtspunkt zu gedenken«, notierte Wilhelm. »Am Tage vor meiner Hochzeit durfte ich die Kompanie durch das Brandenburger Tor die Linden entlang nach dem Schloß führen.« Hier wurde die Braut vom Vater des Bräutigams empfangen, der sie vor die Front der Grenadiere Wilhelms geleitete, »die wie die Bildsäulen unter präsentiertem Gewehr standen«, und sie ihnen »als ihre zukünftige Kompaniemutter« vorstellte.

Altpreußisches mischte sich mit Neudeutschem. Wie es der Brauch war, eröffneten die Fleischer, in Frack und Zylinder, den Brautzug. Nicht vorgesehen war ein Plakat, das für Singer-Nähmaschinen warb, aber ein gewisser Sinn war ihm nicht abzusprechen. Es verwies darauf, daß die Industriestadt Berlin und der Industriestaat Deutschland auf Absatz ihrer Industrieprodukte angewiesen waren. Und so manche Frau, die am Wege stand, wurde in moderner Form auf den Unterschied zwischen ihr und der Hochgeborenen hingewiesen; diese hatte sich ihre Aussteuer anfertigen lassen, während sie schon zufrieden gewesen wäre, wenn sie die ihre nicht mit der Hand hätte nähen müssen, sondern mit einer Maschine hätte nähen können.

Nach altem Herkommen fand nach der Trauung der Fackeltanz statt. Die Neuvermählten hatten die Gäste dem Rang und der Reihe nach durch den Weißen Saal des Berliner Schlosses zu führen, gemessenen Schrittes, nach langsamer Musik und im Flackerlicht der Fackeln, die ihnen vorangetragen wurden. Die traditionelle Verteilung des Strumpfbandes der Braut wurde in einer der neuen Zeit angemessenen rationellen Form vorgenommen. Seidenbändchen, bestickt mit Initialen, Krone und Datum, waren in entsprechender Anzahl vorgefertigt worden.

Das junge Paar zog nach Potsdam, zuerst in das Stadtschloß, das der Große Kurfürst gebaut hatte und in dem Friedrich Wilhelm I. sein soldatisches Wesen getrieben hatte, und dann in das Marmorpalais, dessen Name mehr versprach, als es hielt; denn das Interieur war ziemlich heruntergekommen.

Wilhelm, der seine spartanische Phase hatte, schien dies nichts auszumachen; er begnügte sich mit unbequemen Stühlen und einer einfachen Zinkbadewanne. Dona, die sich ein Prinzenleben komfortabler vorgestellt hatte, hüllte sich in Wolken von Parfüm, auf denen sie dem Geruch nach Moder und Stiefelwichse zu entschweben suchte, und blieb bemüht, mit pompösen Roben und federbestückten Hüten Kontrapunkte zu den sie umgebenden Uniformen und Helmen zu setzen.

Das Ehepaar stellte bald fest, daß Gegensätze, über eine gegenseitige

Anziehung hinaus, zu einer gegenseitigen Befriedigung zu führen vermögen. Der weniger aus schöpferischer Vitalität als aus seelischer Dissonanz umtriebige Mann und die mehr aus Mangel an Interesse und Initiative als aus errungener Ausgeglichenheit in sich ruhende Frau begannen sich trefflich zu ergänzen.

Dona blickte zu ihrem Manne auf, der ihr all das abnahm und entschied, womit sie sich nicht abgeben wollte und das zu beurteilen sie sich scheute. Und Wilhelm empfand Genugtuung, daß sie den Eheherrn so schalten ließ, wie er es sich als militärischer Vorgesetzter angewöhnt hatte, und sie als Hausfrau und Familienmutter in einer Weise waltete, wie sie seiner Auffassung vom Rollenverhältnis der Geschlechter entsprach.

Auch daß er schon so früh, mit Zweiundzwanzig, geheiratet hatte, erwies sich eher als Vorteil. Der Sohn Victorias und Friedrich Wilhelms, die ihm das Elternhaus verleidet hatten, besaß nun ein eigenes Heim, das zwar nicht ein ständiger Ankerplatz für den Unsteten wurde, aber doch ein Anlegeplatz, an dem er sich, nach und vor Stürmen, vorübergehend beruhigen konnte. Auch sexuell fand er Befriedigung in dieser Ehe, die ihren hauptsächlichen Zweck, dem Thronfolger zu einer stattlichen Nachkommenschaft zu verhelfen, voll und ganz erfüllte. Dona schenkte Wilhelm sechs Söhne und eine Tochter.

Geschlechtsgenossinnen, die sich emanzipiert gaben oder auch nur ihr die gute Partie neideten, hatten manches an dieser Frau auszusetzen. Sie lese keine Zeitung und beschäftige sich mit nichts, was über ihren häuslichen Kreis hinausgehe, bemerkte Prinzessin Radziwill. Die Fürstin von Pless fand sie ganz nett, aber reichlich dumm: Dona sei wie eine sanfte Kuh, die sich damit zufriedengebe, Gras zu fressen, wiederzukäuen und Kälbchen in die Welt zu setzen.

Deutsche Frauen, die sich wie sie auf die drei K – Küche, Kinder, Kirche – beschränken mußten und sich damit auch begnügen wollten, begannen die Prinzessin und spätere Kaiserin als vorbildliche Gattin und musterhafte Mutter zu achten, ja zu verehren. Nicht zuletzt ihre evangelische Frömmigkeit und ihre offensichtliche Sittsamkeit imponierten. Sie kümmerte sich um den Bau neuer Kirchen und sorgte für ein sauberes Theater: Den Intendanten der Berliner Oper, der eine leichtbekleidete Schauspielerin hatte auftreten lassen, veranlaßte sie zum Rücktritt. Sie protestierte gegen die Aufführung der »Salome« von Richard Strauß, die sie für gotteslästerlich hielt.

Deutsche Männer, Wilhelm voran, rechneten es Auguste Viktoria hoch an, daß sie sich nicht in die Politik mischte. Sich mit Politik zu beschäftigen wurde für ein wesentliches Vorrecht des starken Geschlechtes gehalten, auch wenn sich in Deutschland die meisten seiner Vertreter damit begnügten, es nur passiv und nicht aktiv auszuüben.

Dies blieb letztlich dem Staatsoberhaupt vorbehalten. Dazu war Wilhelm geboren worden, dazu erzogen wurde er allerdings nicht.

STAATSGESCHÄFTE lernte er weit weniger kennen als Militärangelegenheiten. Dies entsprach zwar den Gepflogenheiten einer Militärmonarchie, genügte aber nicht zur Heranbildung eines künftigen Herrschers, der nicht nur als Oberster Kriegsherr, sondern auch als höchste Zivilinstanz gefordert sein würde.

Der neunzehnjährige Student durfte in den Semesterferien 1878 dem Vater, der nach den Attentaten auf Wilhelm I. als dessen Stellvertreter die Regierungsgeschäfte zu leiten hatte, dabei zusehen und zuhören, ihm sogar zur Hand gehen. »Ich mußte immer zugegen sein, wenn die Chefs des Militär- und Zivilkabinetts meinem Vater Vortrag hielten und durfte ihm beim ›Regieren‹ helfen.« Da Friedrich Wilhelm zum Löschen der Tinte noch Sand benutzte, »so bereitete die Unmenge von Orders und Patenten, die er unterzeichnen mußte, nicht geringe Schwierigkeiten. Mir fiel daher die Aufgabe zu, diese zum Trocknen auszulegen und dann wieder zu ordnen.« Schließlich waren alle Tische, Stühle und noch der Fußboden mit diesen Dokumenten bedeckt; »nur zur Tür mußte ein schmaler Zugang gelassen werden«.

Die Quantität der Regierungsakten stand in einem Mißverhältnis zur Qualität der Regierungsakte des Stellvertreters. Denn er hatte nur Unterschriftsvollmacht, aber keine Entscheidungsbefugnis bekommen. Der König und Kaiser behielt auch im Krankenbett die Zügel in der Hand, weil er seinem Sohn nicht über den Weg traute. Und Friedrich Wilhelm hatte das zu unterzeichnen, was Bismarck, der preußische Ministerpräsident und deutsche Reichskanzler, aufgesetzt hatte.

So konnte, bei aller Geschäftigkeit, die er entfaltete, der Kronprinz sich nicht einer tatsächlichen Regierungstätigkeit erfreuen, auf die er schon lange gewartet hatte. Und er vermochte seinem Sohn nicht den Zugang zu einer Regierungswirksamkeit zu eröffnen, die er – und vornehmlich seine Frau – für angebracht gehalten hätten. Friedrich Wilhelm und Victoria mußten zusehen, wie Bismarck die Nationalliberalen, die nach der politischen Reichsgründung und dem wirtschaftlichen Reichsaufbau ihre Schuldigkeit getan hatten, in die Ecke drängte, sich wieder den preußischen Konservativen und sogar dem katholischen Zentrum näherte. Die Weichen zum Schutzzoll wurden gestellt, die Bahn des Freihandels verlassen und die ohnehin nur langsam vorangekommene Liberalisierung auf das Abstellgleis geschoben.

Dem Stellvertreter blieb nichts anderes übrig, als das »Reichsgesetz gegen die gemeingefährlichen Bestrebungen der Sozialdemokratie« zu unterzeichnen. Er wußte, daß Bismarck damit nicht nur die sozialer wie politischer Umsturzversuche verdächtigten Sozialdemokraten treffen wollte, sondern auch die Liberalen, die sich gegen dieses Ausnahmegesetz aus parlamentarischem Prinzip gesträubt hatten.

Die Geschäftsführung war auch zeitlich beschränkt. Am 2. Juni 1878 war Friedrich Wilhelm damit beauftragt worden, am 5. Dezember 1878 wurde er davon entbunden. Der König und Kaiser trat wieder an seinen Platz, der Kronprinz wurde in den Wartestand versetzt, und sein Sohn Wilhelm, dessen Universitätsintermezzo in Bonn ausklang, zur weiteren Militärausbildung nach Potsdam überstellt. Er war bereits Major, als er – im Winter 1882 auf 1883 – vom Oberpräsidenten der Provinz Brandenburg in die Verwaltungstätigkeit eingeführt wurde. Es war ein Schnellkurs, bei dem nicht viel hängenblieb. Die Unterweisung beschränkte sich auf zwei Stunden täglich, und der Beamte blieb sich bewußt, was er dem Prinzen abverlangen konnte und was er ihm nicht zumuten durfte. Einer einzigen Sitzung des Provinziallandtages »wohnte er bei«, wie er berichtete; schon diese Wortwahl wirft ein deutliches Licht auf die Art und Weise seiner sogenannten »Zivilausbildung«.

Diese war und blieb unzureichend. Im Winter 1887 auf 1888, als er bereits auf der Stufe zum Throne stand, durchlief er einen Kurzlehrgang im Finanzministerium; zu einer vorgesehenen Einblicknahme in die Tätigkeit des Innenministeriums kam es nicht mehr.

Für etwas wichtiger wurde eine Einweisung in die auswärtigen Angelegenheiten gehalten; denn in der Politik wurde der Außenpolitik der Primat eingeräumt. Das schien notwendig zu sein, weil das Deutsche Reich, das unter Zerstörung der mitteleuropäischen Föderativordnung und Störung des gesamteuropäischen Mächtegleichgewichts im Zentrum des Kontinents errichtet worden war, nur durch eine Partner gewinnende und Gegner abschreckende Bündnispolitik gegen Zweifrontendruck und Zweifrontenkrieg zu sichern war. Überdies erwies sich ein ständiges Pochen auf den Primat der Außenpolitik als nützlich für das preußisch-deutsche Regime, das damit die Zwangsläufigkeit einer Zusammenfassung aller Kräfte in einer starken, der monarchischen Hand rechtfertigte.

Reichskanzler Bismarck, der im Namen des Kaisers die Reichsaußenpolitik konzipierte und ausführte, schob es so lange als möglich hinaus, den Thronanwärter in seine Karten blicken zu lassen. Dazu mochte ihn nicht nur seine Meinung über die Unreife Wilhelms bewogen haben, sondern auch die mit Vorsicht gepaarte Vorsorge, sich nicht durch einen Kiebitz unerwünschte Ratschläge geben zu lassen und in ihm den Vorsatz zu wecken, nach seiner Thronbesteigung selber die Karten in die Hand zu nehmen und nach eigenem Ratschluß auszuspielen.

Schließlich blieb Bismarck nichts anderes übrig, als dem Wunsch des Thronfolgers nach einer Einführung in die auswärtigen Angelegenheiten zu willfahren. Diese Aufgabe überließ er seinem Sohne Herbert, dem Staatssekretär des Auswärtigen Amtes, der dadurch Gelegenheit erhielt, sich beim künftigen Kaiser ins rechte Licht zu setzen. Wie dieser informiert werden sollte, regelte eine Kabinettsorder vom 17. Dezember 1886. Der Kaiser verfügte auf Antrag des Kanzlers, daß der Prinz »bei ein- oder zweimaligem Besuche in der Woche über die Einrichtung des Amtes, über die Verteilung der Geschäfte unter die Beamten in den einzelnen Abteilungen unterrichtet, sowie durch Vorlage und Erläuterung einzelner Depeschen über den Gang der Politik orientiert werde«.

Dementsprechend wurde im Winter 1886 auf 1887 verfahren, in einer Jahreszeit, in der die für vorrangig gehaltene militärische Tätigkeit natürlichen Beschränkungen unterworfen war. Im folgenden Winter wurde Wilhelm zu weiterer ziviler Ausbildung ins Auswärtige Amt abkommandiert.

Dabei fiel ihm auf, daß die Außenpolitik allein von Bismarck gemacht wurde, das Auswärtige Amt »nur ein Büro des großen Kanzlers« war. Bei privaten Einladungen widerfuhr es ihm, daß er dem Patriarchen, der sich nach reichlichem Essen und Trinken auf einer Chaiselongue auszustrecken pflegte, die lange Pfeife anstecken durfte. Amtlich erfuhr er wenig, immerhin so viel, daß die Grundzüge der Bismarckschen Außenpolitik mit seinen eigenen, noch unmaßgeblichen Grundüberzeugungen übereinstimmten.

Frankreich galt auch ihm als Erbfeind und gegenwärtiger wie künftiger Erzfeind, vor dessen Verlangen, Revanche für die Niederlage von 1870/71 zu nehmen, und dessen Vorsatz, das verlorengegangene Elsaß-Lothringen zurückzugewinnen, Deutschland auf der Hut sein müsse.

Seine rosigen Kindheitserinnerungen an Frankreich waren längst verblaßt. Sieben Monate lang, von Mitte Oktober 1869 bis Mitte Mai 1870, hatte er in Cannes nicht nur das blaue Mittelmeer und die südliche Pflanzenpracht bewundert, sondern war auch neben französischen Soldaten hermarschiert, im Takt der heiteren Klänge der Clairons. Sie waren vom Geschmetter der deutschen Siegesfanfaren übertönt worden, das zeitlebens in seinen Ohren hallte.

Im Geschichtsunterricht hörte er von den Schachzügen Richelieus und den Raubzügen Ludwigs XIV. Er sprach von den Erniedrigungen, die Napoleon I. Preußen zugefügt habe, und er dachte dabei nicht nur an den Eroberer für Frankreich, sondern auch an den Vollstrecker der Französischen Revolution, die ihm, wie jedem rechten Deutschen, als die Quelle allen Übels erschien. Nun war bei Sedan Rache für Jena und Auerstedt genommen worden, und nach Napoleon III., dem Neffen des großen Kaisers, war auch die im September 1870 ausgerufene Dritte Republik besiegt worden – von den Deutschen, die auf eigenen Wegen und mit ihren Mitteln einen Nationalstaat errichtet hatten.

Im Jahre 1878 besuchte Wilhelm die Weltausstellung in Paris, das sich wieder einmal als Vorort des Fortschritts in Positur und als Hauptstadt der Zivilisation in Szene setzte. Die französischen Exponate imponierten dem Prinzen nicht, der von der industriellen Überlegenheit Deutschlands überzeugt war. »Die fiebrige Hast und Unruhe des Pariser Lebens stieß mich sehr ab. Ich habe niemals Sehnsucht gehabt, die französische Hauptstadt wieder zu besuchen.«

Nach England hingegen fuhr er noch oft, genoß die Achtung, die dem Enkel der Queen gezollt wurde, vertiefte seine Abneigung gegen die zivile Mentalität und liberale Politik im Lande der Mutter und nährte seinen Neid auf Großbritannien, das eine stolze Flotte und ein riesiges Weltreich besaß.

In Portsmouth besichtigte er die Panzerschiffe »Inflexible« und »Dreadnought«, deren Namen schon – »Der Unbeugsame« und »Der Furchtlose« – die Macht und Stärke des die Meere beherrschenden Britanniens anzeigten. In Windsor, bei den Scots Guards, wurde ihm klar, daß England auch zu Lande nicht zu unterschätzen war, zumindest was das Aussehen der Armee betraf: In ihren schönen Uniformen sei sie »die bestgekleidete der Welt« gewesen.

Im Foreign Office begegnete er dem Premierminister, der seine Königin zur Kaiserin von Indien erhoben hatte, Benjamin Disraeli, der ihm wie die Verkörperung des »perfiden Albions« erschien: »Sein Gesicht war farblos, aschfahl, fast wächsern, sein Haar pechschwarz und gelockt«, erinnerte er sich. »Seine Augen waren schwer zu erkennen, da er beim Hören wie beim Sprechen seinen Partner niemals direkt ansah.«

Mit seinem Onkel Bertie, dem späteren König Eduard VII., verstand er sich immer weniger. Der Schüler des Puritaners Hinzpeter beanstandete die leichtlebige Art des Prince of Wales, die zudem, wegen dessen Vorliebe für das Pariser Leben, politisch bedenklich erschien. Den Preußen, der sich ständig in Habachtstellung warf, störten die Lässigkeit und die Trägheit des Engländers. Dies hätte einem künftigen Deutschen Kaiser, der sich mit dem König von England messen müßte, durchaus gefallen können, wenn damit nicht zum Ausdruck gekommen wäre, daß Eduard, im Besitze eines ererbten Imperiums, sich die Anstrengungen ersparen konnte, die Wilhelm, der sich Weltmacht noch erringen mußte, zu unternehmen hatte.

Bismarck, der Kontinentaleuropäer, teilte nicht den Drang Wilhelms nach Kolonien in Übersee. Der Kanzler hatte sich zwar Erwerbungen in Afrika und im Pazifik nicht entgegengestellt, aber eine weitere Ausdehnung unterbunden, als er erkannte, daß er damit die Kreise Englands störte, das er als Karte in seinem Bündnisspiel nicht verlieren wollte. Sein Sohn Herbert drückte die

Meinung des Vaters zugespitzt aus: Die Freundschaft zum britischen Premierminister sei für Deutschland wertvoller als ganz Ostafrika.

Der alte Bismarck habe die Bedeutung der Kolonialfrage wohl nicht ganz überschaut, resümierte Wilhelm, der deren Tragweite in England erkannt zu haben meinte, im Lande seiner Mutter, von dem er ansonsten kaum etwas anzunehmen bereit war und dem er zu gegebener Zeit entgegenzutreten beabsichtigte.

Er posierte in der schottischen Tracht des königlichen Clans der Stuarts, die ihm von der britischen Verwandtschaft geschenkt worden war, und schrieb unter die Photographien, die er verschickte: »I bide my time – ich warte auf meine Zeit«. Was er damit meinte, erklärte er einem Vertrauten: »England kann sich vorsehen, wenn ich einmal etwas zu sagen habe.«

Mit den Österreichern stand er, wenigstens in der Öffentlichkeit, auf besserem Fuße. Damit befand er sich auf dem Boden der Bismarckschen Außenpolitik. Der Kanzler schloß 1879 den Zweibund mit Österreich-Ungarn, nachdem sich der Dreikaiserbund des Hohenzollern, des Romanow und des Habsburgers infolge des Berliner Kongresses von 1878 gelockert hatte, auf dem er als »ehrlicher Makler« zwischen Petersburg einerseits und Wien und London andererseits zu vermitteln versucht hatte.

Bismarck setzte auf die Donaumonarchie, weil er meinte, daß sie zur Erhaltung des Gleichgewichts in Europa und damit der Sicherheit des Deutschen Reiches unverzichtbar sei, eine Auflösung des Vielvölkerreiches alle Nachbarn gefährden würde. Denn: »Was sollte an *die* Stelle Europas gesetzt werden, welche der österreichische Staat von Tirol bis zur Bukowina bisher ausfüllt? Neue Bildungen auf dieser Fläche könnten nur dauernd revolutionärer Natur sein.«

Wilhelm schien mit dieser Ansicht, zumindest zunächst, nicht ganz übereinzustimmen. Jedenfalls entschlüpfte ihm 1887 in intimem Kreis die einem Wunschdenken entsprungene Voraussage: Österreich-Ungarn werde bald zerfallen und sein deutsches Gebiet Deutschland in den Schoß fallen. Kaiser Franz Joseph könnte dann sein Leben in Ungarn als unbedeutender Monarch fortfristen. Dem Kronprinzen Rudolf, diesem »eitlen, künstlerisch, schriftstellerisch verjudeten Popularitätshascher, ohne Charakter, ohne Tüchtigkeit«, sprach er jegliche Thronreife und Herrschaftsfähigkeit ab.

Wenn er den Habsburgern leibhaftig begegnete, kam er ihnen mit ausgebreiteten Armen entgegen, ob nun aus »Pharisäismus«, den schon Hinzpeter an ihm bemerkt hatte, oder weil er, wie so oft, die Rolle spielen zu müssen meinte, welche die anderen von ihm erwarteten.

Mit vierzehn war er zum erstenmal in Wien gewesen, wo er sich vor Kaiser Franz Joseph verbeugte, der Kaiserin Elisabeth die Schleppe trug, mit dem um ein Jahr älteren Kronprinzen Rudolf im Wiener Wald spazierenging und in der Hofburg die Reichskleinodien besichtigte. Seither trafen sie sich öfter, ohne sich näherzukommen; denn Wilhelm glaubte bemerkt zu haben, wie wenig Rudolf »innerlich dem neuen Deutschen Reiche und dem Zweibund geneigt war; vor allem die Idee des Preußentums war ihm in der Seele verhaßt«. Kaiser Franz Joseph war Kavalier genug, um sich nicht anmerken zu lassen, daß er Wilhelm für die Karikatur eines Preußen hielt. Der Staatsmann verbarg seine Sorge, was alles passieren könnte, wenn dieser zackige und laute junge Mann an die Spitze rückte. Rudolf hielt damit nicht hinter dem Berg: Der preußisch-deutsche Thronfolger, »von gottbegnadeter Beschränktheit, dabei energisch und eigensinnig wie ein Stier, sich selbst für das größte Genie haltend«, sei ganz der Mann dazu, »eine große Konfusion im alten Europa« anzurichten.

Wilhelm spürte, daß unter den österreichischen Samtpfoten spitze Krallen verborgen waren. Aber er bezweifelte, daß diese im politischen Ernstfall gezeigt würden. Die österreichischen Generäle fand er zu kommod und die österreichischen Soldaten nicht schneidig genug. Sogar das Präsentieren hatte man in der k.u.k. Infanterie abgeschafft, so daß der preußische Prinz sich damit abfinden mußte, von der Ehrenwache mit über die Schulter gehängtem Gewehr empfangen zu werden.

Strammer dünkten ihm die Russen. In Sankt Petersburg wehte eine rauhere Luft als in Wien und herrschte ein soldatischer Geist beinahe wie in Berlin. Wilhelm fühlte sich fast wie zu Hause, als er im Jahre 1884 zur Großjährigkeitsfeier des Thronfolgers, des späteren Zaren Nikolaus II., dorthin kam und als Familienmitglied wie als Allianzpartner empfangen wurde.

Wilhelms I. Schwester Charlotte hatte nach Rußland geheiratet, war die Gemahlin Nikolaus' I., die Mutter Alexanders II. und die Großmutter des seit 1881 regierenden Zaren Alexander III. geworden. Das Verwandtschaftsverhältnis wurde durch eine Bundesgenossenschaft ergänzt. Der Romanow Alexander I. und der Hohenzoller Friedrich Wilhelm III. hatten gemeinsam Napoleon I. besiegt. Wilhelm I. war von Alexander II. in zwei Kriegen der Rücken gedeckt worden: 1866 gegen Franz Joseph I. und 1870 gegen Napoleon III. Nach der Pariser Kommune, die wie ein Menetekel an den Wänden der Monarchenpaläste erschien, waren die drei Kaiser in Berlin, Petersburg und Wien zusammengerückt, hatten 1873 das Drei-Kaiser-Abkommen und 1881 den Drei-Kaiser-Vertrag geschlossen, der 1884 mit Müh und Not erneuert wurde.

Denn die gemeinsame Ideologie war nicht mehr stark genug, die unterschiedlichen Interessen, vor allem die Rivalität Rußlands und Österreichs auf dem Balkan, in Schranken zu halten. Und die familiären Bande zwischen den Romanows und den Hohenzollern, die ohnehin von Generation zu Generation schwächer geworden waren, vermochten eine zunehmende Lockerung der politischen Beziehungen zwischen Rußland und Deutschland nicht zu verhindern.

Seit dem Berliner Kongreß grollte der Zar dem Kaiser, dessen Kanzler er die Schuld gab, daß er auf einen Teil der Siegesbeute aus dem russisch-türkischen Krieg hatte verzichten müssen. Bismarck suchte sich durch den Zweibund mit Österreich-Ungarn abzusichern, ohne die Versuche aufzugeben, den Dreikaiserbund zu erhalten und darin das traditionelle Verhältnis zwischen Berlin und Petersburg besonders zu pflegen.

Deshalb hatte er darauf bestanden, daß 1884 nicht Kronprinz Friedrich Wilhelm, der notorische Freund des mit Rußland rivalisierenden England, sondern Prinz Wilhelm an den Zarenhof entsandt wurde. Vom Sohne war, schon aus Trotz gegen den Vater, zu erwarten, daß er nicht nur prorussisch auftreten, sondern auch das ausrichten würde, was ihm der Kanzler aufgetragen hatte.

Bismarcks Rechnung ging auf. Der fünfundzwanzigjährige Wilhelm zeigte sich von der russischen Macht und Pracht so tief beeindruckt, daß er, selbst wenn er andere Vorstellungen mitgebracht hätte, von der Notwendigkeit, ein solches Reich zum Freund und nicht zum Feind zu haben, überzeugt worden wäre.

Am Bahnhof in Petersburg erwarteten ihn sämtliche Großfürsten.

Im Winterpalais bezog er Räume genau unter denen, die Wilhelm I. bei seinen Besuchen als Quartier gedient hatten. Die Großjährigkeitsfeier des Zarewitsch war ein halb höfisches, halb militärisches Schauspiel, das den Soldatenprinzen begeisterte. In Kronstadt imponierten ihm die neuen Panzerschiffe, in Moskau das größte Exerzierhaus der Welt.

Alexander III. ernannte ihn zum Chef des Wiborgschen Infanterieregimentes Nr. 85. In dessen Uniform wartete er dem Zaren auf und übermittelte ihm, was ihm Bismarck aufgetragen hatte: Nicht nur der russische und der deutsche Kaiser, sondern alle drei Kaiser, einschließlich des österreichischen, müßten zusammenstehen, um eine »dreiseitige Bastion gegen die heranstürmenden Wellen der Anarchie und liberalisierenden Demokratie« zu bilden. Alexander III. habe Zustimmung bekundet, meldete Wilhelm, »allerdings ist noch eine Portion Abneigung gegen Österreich bei ihm vorhanden«.

Der Erfolg seiner diplomatischen Mission wurde von ihm hervorgehoben und von deutschen Diplomaten in Petersburg bestätigt. Botschafter Schweinitz berichtete, der Zar sei dem Kaiser dankbar dafür, daß er ihm diesen Prinzen geschickt habe, der die Dinge ganz richtig ansehe, Interesse und Verständnis für alles zeige. Legationsrat Herbert von Bismarck ergänzte: Der russische Außenminister Giers habe ihm erklärt, der Zar sei ganz und gar von Wilhelm eingenommen: »Voilà un grand triomphe du prince Guillaume«.

Der Triumph stieg ihm zu Kopfe. Der Zar hatte ihm das Du angeboten, was ihn zu Vertraulichkeiten verleitete, die auf eine persönliche Unverschämtheit wie eine politische Unbedarftheit hindeuteten und dazu geeignet waren, den ersten guten Eindruck, den Alexander III. von Wilhelm gewonnen hatte, zu verwischen.

»Laß Dich nicht erschrecken durch Dinge, die Du von meinem Vater hören wirst«, schrieb der deutsche Prinz dem russischen Zaren. »Er ist in den Händen meiner Mutter, die ihrerseits durch die Königin von England geleitet wird, und sie läßt ihn alles durch die englische Brille sehen.« Der Vater habe die Russen der Lüge und des Verrates bezichtigt, und als der Sohn sie verteidigt habe, sei er als russophil und russifiziert beschimpft worden.

Alexander III. begann sich auszumalen, was er von einem künftigen Herrscher zu erwarten habe, der sich auf solche Weise in die

Diplomatie einführte. Schon reute ihn, daß er ihm so offen entgegengekommen war, und schließlich bezeichnete er ihn als »garçon mal élevé et de mauvaise foi«, als einen »schlecht erzogenen und unzuverlässigen Buben«.

Bereits bei ihrer zweiten Begegnung, im September 1886, trat er ihm merklich kühler gegenüber. Ohnehin hatte sich das Verhältnis zwischen Rußland und Österreich-Ungarn und damit zu dessen Zweibundpartner Deutschland so verschlechtert, daß an eine im nächsten Jahre fällige Verlängerung des Drei-Kaiser-Vertrages kaum mehr zu denken war.

Diesmal wurde Bismarcks Hoffnung nicht erfüllt, daß ein von ihm präparierter Prinz Wilhelm beim Zaren ein offenes Ohr finden würde und damit zu einer Entspannung zwischen den beiden Reichen beitragen könnte. Schon der Treffpunkt verhieß nichts Gutes: die Festung Brest-Litowsk, die zur Verteidigung gegen einen Angriff aus dem Westen wie zur Deckung eines Aufmarsches in Richtung Westen geeignet war.

Der Hohenzoller wurde zwar höflich empfangen, aber als der Emissär des Kanzlers in dessen Namen Rußland freie Hand am Bosporus anbot, erklärte ihm Alexander III., wenn er Konstantinopel haben wolle, werde er es sich nehmen, wann es ihm gefalle; der Erlaubnis oder Zustimmung Bismarcks bedürfe er dazu nicht.

Der Knoten schürzte sich im Verhältnis zwischen Rußland und Deutschland wie in der Beziehung Wilhelms zu seinem Vater, der selber nach Brest-Litowsk hatte fahren wollen, doch wiederum hinter seinen Sohn zurückgesetzt worden war. Unter diesen Spannungen begann das Jahr 1887, das ein entscheidendes Jahr im Leben Wilhelms und in der Geschichte Deutschlands wurde.

Im Vorhof der Macht

WILHELM I. vollendete am 22. März 1887 sein 90. Lebensjahr. Dem ältesten europäischen Monarchen gratulierten in Berlin 85 Fürsten, das Volk feierte seinen Kaiser und König. Die göttliche Vorsehung, erklärte der Jubilar, habe seine Wege sicher geleitet und zu glücklichen Zielen geführt. Doch das Ende seines Lebensweges war abzusehen. Alle fragten sich, wie es im Hause Hohenzollern weitergehen würde, und viele sorgten sich, ob das Erreichte im Sinne des Reichsgründungskaisers zu bewahren wäre.

Sechzehn Jahre waren seit der Proklamation in Versailles vergangen; die Hauptakteure, die damals schon den Zenit ihres Lebenslaufes überschritten hatten, waren Greise geworden: Wilhelm I. zählte 90, Moltke 87 und Bismarck 72 Jahre. Die Reichsführung stand in Gefahr, zur Gerontokratie, zur Greisenherrschaft zu erstarren.

Selbst der Kronprinz war in einem Alter, in dem andere Thronerben schon längst das Zepter schwangen. Der 55jährige Friedrich Wilhelm, noch mehr seine Gemahlin Victoria, litten darunter, und mit ihnen jene Deutschen, die sich von ihrer Thronbesteigung eine Liberalisierung des Reiches erhofften.

Dazu gehörte nicht der eigene Sohn, Prinz Wilhelm. Er hielt es mit dem Großvater, Wilhelm I., der äußerte, er könne nicht Hand an sich legen, um den Weg für Friedrich Wilhelm freizumachen, überdies zu einem Ziel, das nicht das seine sei. Der Enkel neigte dazu, sich der Meinung Bismarcks anzuschließen: »Wenn es unser Herrgott mit Deutschland gut meint, dann läßt er den Kronprinzen nie zur Regierung kommen.«

Freilich, wenn der Vater Kaiser und König geworden wäre, hätte der älteste Sohn als preußischer und deutscher Kronprinz auftreten und vielleicht mithelfen können, eine Liberalisierung zu bremsen. Aufzuhalten, dachte Wilhelm, wäre sie wohl nur, wenn er selber in den Führerstand, auf den Thron gelangte. Aber der Großvater, ein erstaunlich rüstiger Methusalem, dachte nicht ans Abtreten. Und der Vater gab die Hoffnung nicht auf, bei Erreichung eines gesegneten Hohenzollernalters noch genügend Zeit für eine Verwirklichung seines Programms zu haben.

Die Perspektive war nicht rosig für den eben achtundzwanzig gewordenen Prinzen, der lieber heute als morgen das Kommando übernommen hätte. Doch Wilhelm hatte Fortune, jenes Glück, das nach Meinung Friedrichs des Großen der Preuße haben müsse. Und weil es ihm zuteil wurde, hielt er sich ein für allemal berufen, in die Fußstapfen des großen Vorgängers zu treten und das größer, zu Deutschland gewordene Preußen zu weiter gesteckten Zielen zu führen.

»Im Januar 1887 machte sich bei meinem Vater andauernde Heiserkeit störend bemerkbar«, berichtete Wilhelm. »Anfang März übernahm der Geheime Medizinalrat Professor Gerhardt in Berlin die Behandlung der Krankheit, die er als eine polypöse Verdickung des Stimmbandrandes diagnostizierte.«

Der als Kehlkopfspezialist geltende Internist versuchte die Geschwulst mit einem Ringmesser abzutragen und mit einem glühenden Platindraht wegzubrennen. Als dies nicht gelang, wandte er sich an Professor Ernst von Bergmann. Der renommierte Berliner Chirurg und preußische Generalarzt diagnostizierte Krebs, empfahl die Spaltung des Kehlkopfes und eine Entfernung der Geschwulst.

Bei dieser Operation wäre ein tödlicher Ausgang, zumindest der Verlust der Stimme nicht auszuschließen, erfuhr Wilhelm, als er sich bei Bergmann erkundigte. »Das muß man sofort dem Offizierskorps mitteilen«, befand der Prinz. Er schien es für angebracht zu halten, der Elite der Nation zu bedeuten, daß sie sich nicht mehr auf den Vater, sondern auf den Sohn auszurichten habe.

»Der eiserne Weg der Weltgeschichte bekommt eine unerwartete Wendung«, konstatierte Friedrich von Holstein, die Graue Eminenz im Auswärtigen Amt, die vieles hörte, manches spürte und alles niederschrieb. »Prinz Wilhelm vielleicht mit 30 Jahren Deutscher Kaiser. Was wird das werden?«

Aber die auf den 21. Mai 1887 festgesetzte Operation fand nicht statt. Europas führender Kehlkopfspezialist, der Engländer Morell Mackenzie, der hinzugezogen worden war, hatte sich mit seinem Einwand durchgesetzt: Bevor man eine solche Operation wage, müsse ein Beweis vorliegen, daß es sich um Krebs handele, und dieser könne nur durch eine pathologische Untersuchung erbracht werden.

Der daraufhin eingeschaltete Berliner Professor Rudolf Virchow, die Autorität der Pathologie, vermochte diesen Beweis nicht zu liefern.

Der Patient, der – wie sich schließlich herausstellte – tatsächlich Krebs hatte, siechte dahin, während die Ärzte sich nicht einigen konnten, ob und wie operiert werden sollte. Aus dem Streit unter Ärzten wurde ein Zank zwischen Nationen, die sich mit Vorurteilen gegenüberstanden und denen jeder Anlaß zupaß kam, sie bestätigt zu sehen.

Engländern mißfiel, daß ihre international anerkannte Koryphäe kein angemessenes Gehör fand. Deutsche argwöhnten, Mackenzie befolge weniger den Eid des Äskulap als die britische Parole »Right or wrong, my country«. Dies war blanker Unsinn: denn gerade von einem Engländer wäre das Menschenmögliche zu erwarten gewesen, einen Thronanwärter, der Englisches in Deutschland zur Geltung bringen wollte, am Leben zu erhalten. Aber viele Deutsche trauten dem »perfiden Albion« alles zu – und nicht nur Stammtischbrüder, sondern auch Prinz Wilhelm.

Das Eingreifen Mackenzies, das Abblasen der von deutschen Medizinern für dringend notwendig gehaltenen und rechtzeitig angesetzten Operation sei »von den verhängnisvollsten Folgen« gewesen, behauptete Wilhelm, der den Engländer beschuldigte, seine Diagnose nicht »in gutem Glauben« gestellt zu haben. Er habe deshalb nicht auf Krebs erkannt, »damit der arme Kronprinz nicht für regierungsunfähig erklärt würde«.

Regierungsfähig wollte die englische Mutter den englandfreundlichen Vater erhalten, weshalb sie den von deutschen Ärzten empfohlenen und vom Sohn gebilligten risikoreichen Eingriff ablehnte. Victoria setzte ihre Hoffnung auf die dilatorische Behandlung des englischen Arztes, die, wenn sie schon ein schreckliches Ende nicht verhindern, so doch es verzögern, vielleicht so lange hinausschieben könnte, daß das Kronprinzenpaar doch noch – und sei es nur für kurze Zeit – zur Herrschaft gelangen würde.

Dafür hatte Wilhelm wenig Verständnis. Noch mußte er sich damit begnügen, Mackenzie zu schlagen, wenn er die Eltern treffen wollte. Die Pietät, in der sich ein künftiger Monarch von Gottes Gnaden zu üben hatte, verbot es ihm, offen und direkt die Mutter und den ihr hörigen Vater anzugehen. Andererseits schien ihm die Staatsräson, so wie er sie auslegte, es nicht zu verbieten, insgeheim eine Regierungsunfähigkeit des anglophilen und liberalen Kronprinzen für nicht unzweckmäßig zu halten. Jedenfalls brannte er darauf, möglichst bald an die Regierung zu kommen, um den Ersten zu spielen und seine Vorstellungen durchzusetzen.

Insider kannten ihren Pappenheimer, muteten ihm einiges zu. Wilhelm sei »kalt wie eine Hundeschnauze«, bemerkte Herbert von Bismarck, »herzlos, oberflächlich, eitel«. Dies hielt den zum Staatssekretär des Auswärtigen Amtes avancierten Sohn des Reichskanzlers, der die Nachfolge seines Vaters anzutreten hoffte, nicht davon ab, dem Sohn des kranken Kronprinzen schon jetzt den Hof zu machen. In der »Gefühllosigkeit« sah Holstein eine der »guten Fürsteneigenschaften« Wilhelms. Für keinen positiven Wesenszug hielt dies die Mutter, die ihn »grenzenlos egoistisch« nannte. Im Verlauf der Krankheit ihres Mannes wurde diese Meinung voll und ganz bestätigt.

»Himmel, Himmel, wie wird das nur werden, wenn Prinz Wilhelm schon jetzt herankommt?« stöhnte Leo von Caprivi, der Chef der Admiralität. Doch mit fortschreitender Krankheit Friedrich Wilhelms kam er der Herrschaft immer näher. Während der Vater vergeblich Heilung, zumindest Linderung suchte, begann der Sohn seine eigene Regierungsfähigkeit zu demonstrieren, Regentenpflichten auszuüben und Regentenrechte zu genießen.

Im Juni 1887 nahm er an der Seite des Großvaters in Kiel an der Grundsteinlegung zum Kaiser-Wilhelm-Kanal teil. »Am Schluß der Feier schiffte der Kaiser sich mit uns und seinem Gefolge an Bord der ›Pommerania‹ ein. Von der Torpedobootsdivision meines Bruders« – des Prinzen Heinrich – »geleitet, dampfte sie langsam die im Hafen vor Anker liegenden Schiffe entlang, die über die Toppen geflaggt hatten«, berichtete er. »Die Hurras der Mannschaften wurden an Land von dem zahlreich versammelten Publikum stürmisch aufgenommen. Alles befand sich in gehobener Stimmung.« Diejenige Wilhelms wurde noch gesteigert, als ihn der Kaiser an diesem Tage à la suite des I. Seebataillons stellte. Sogleich besorgte er sich eine Marine-Infanterieuniform, die er anlegte, als er sich schließlich an Bord des von Kapitän Alfred Tirpitz befehligten Aviso »Blitz« begab. Von der ersten Division der Torpedobootsflotille begleitet, dampfte er im Juni 1887 nach England, um an den Feierlichkeiten zum 50. Regierungsjubiläum der Königin Victoria, seiner Großmutter, teilzunehmen und dem die Meere beherrschenden Britannien anzuzeigen, daß ein Rivale aus dem vom Land auf die See drängenden Deutschland im Anmarsch war.

Es war das erstemal, daß eine deutsche Torpedobootsdivision in geschlossenem Verband die Nordsee überquerte. Und das erstemal, daß Wilhelm es aller Welt zeigen durfte, daß ein nicht nur seetüchtiger, sondern auch herrschaftstauglicher Prinz als König und Kaiser im Kommen war. Denn nicht den erkrankten Vater, der angeblich der Schonung bedurfte, sondern den kerngesunden und kraftstrotzenden Sohn hatte der altersschwache Großvater als seinen Stellvertreter beim Londoner Monarchenfest vorgesehen.

Mit dieser Nachricht hatte Wilhelm seine Mutter überrascht, die davon ausgegangen war, daß ihr Mann und sie mit der Familienbeziehung ein deutsch-englisches Einvernehmen demonstrieren sollten. »Ich finde es nicht sehr schön von Wilhelm, sich in den Vordergrund rücken zu lassen«, schrieb die Kronprinzessin, sich englischen Understatements bedienend, der Queen. »Aber er hat ein ausgezeichnet arbeitendes System, sich nur dem Kaiser allein verantwortlich zu betrachten, um mit ihm alles zu besprechen, als ob wir überhaupt nicht auf der Welt wären.«

Wilhelm I. wurde daran erinnert, daß sein Sohn noch da war, dem er es dann doch nicht abschlagen wollte, ebenfalls nach England zu gehen, indessen mit der Maßgabe, sich zu schonen und dem Enkel mit der Stellvertretung verbundene Strapazen zu überlassen.

Die Jubilarin, Queen Victoria, war darüber nicht entzückt, und sie sorgte dafür, daß Wilhelms Bäume nicht in den Himmel wuchsen. Er erhielt wenig Gelegenheit, sich in ihrer Nähe zu sonnen. Beim Bankett nach dem großen Hofball wurde er an die Seite der Schwester des Königs Kalakaua von Hawaii gesetzt. Am Jubiläumstag durfte er im Festzug vor der Kutsche der Königin reiten, inmitten der 32 Fürsten, die als Familienmitglieder dieser Ehre teilhaftig wurden.

Nicht er, sondern sein Vater zog die Blicke auf sich – freilich Blicke des Mitleides und der Trauer. Seine hohe, von der Uniform der Pasewalker Kürassiere gehobene Gestalt konnte nicht darüber hinwegtäuschen, daß er sich auf einen letzten Ritt begeben hatte. Das sei Lohengrin, riefen englische Damen. Nein, entgegnete ein Londoner Arzt, das sei der Komtur aus »Don Giovanni«, der »steinerne Gast«. Alle ahnten, daß der Vorhang bald fallen würde.

»Es sollte das letztemal sein, daß ich ihn hoch zu Roß sah«, resümierte Wilhelm, der seinen Fuß bereits im Steigbügel hatte und es kaum erwarten konnte, sich in den Sattel zu schwingen.

KRONPRINZ FRIEDRICH WILHELM näherte sich unaufhaltsam dem Grabe, dem Ende der Hoffnungen, die seine englische Frau und seine liberalen Anhänger in ihn gesetzt hatten.

Die ersten Stationen des Leidensweges lagen im Ausland, denn die Kronprinzessin wollte weder dem Generalarzt Bergmann noch dem Sohn begegnen, der auf diesen setzte. Von der Insel Wight ging es nach Schottland, dann nach Toblach in Tirol, dessen Klima zu rauh war, und nach Venedig, wo alles an Vergänglichkeit gemahnte. Im Oktober 1887 kam der Patient nach Baveno am Lago Maggiore, wo er seinen 56. Geburtstag beging, den letzten, wie sich herausstellen sollte.

Als Gratulanten kamen – mit Ausnahme von Charlotte – alle Kinder: Heinrich, Victoria, Sophie und Margarethe, an der Spitze der Älteste, der mit den übrigen den Vater durch Klavierspielen, Singen und die Aufführung von kleinen Theaterstücken zu erheitern suchte. Die Villa Clara, erinnerte sich Wilhelm, »lag in einem schönen großen Park voll südlicher Vegetation mit dem zauberhaften Blick auf den See«.

Den Lago Maggiore vermochte der Kronprinz weiterhin zu genießen, was er jedoch dabei empfand, konnte er schon bald nicht mehr aussprechen. Die Heiserkeit begann sich zur Stimmlosigkeit zu steigern. Von der milderen Luft der italienischen Riviera versprach man sich eine Besserung. Anfang November 1887 wurde die Villa Zirio in San Remo bezogen.

Der herbeigeeilte Dr. Mackenzie entdeckte am 6. November im Kehlkopf Friedrich Wilhelms eine bösartige Geschwulst. Nun schloß auch der Engländer Krebs nicht mehr aus. Telegraphisch wurden aus Berlin weitere Kehlkopfspezialisten angefordert. »Das ist ein harter Schlag, den die Vorsehung aussendet«, klagte der uralte Kaiser. Und schickte seinen Enkel aus, um in San Remo nach dem Rechten zu sehen.

»Er ist eben angekommen, nicht auf unseren Wunsch, und gerade jetzt ist er uns eher recht im Wege«, bemerkte die Mutter am 9. November. Zunächst wollte sie ihm die Tür nicht öffnen. »Unten an der Treppe stehend, mußte ich ihre Vorhaltungen über mich ergehen lassen und ihre entschiedene Weigerung vernehmen, mich zum Vater zu lassen«, erinnerte sich der Sohn. Er pochte auf den Befehl des Kaisers und wurde dabei, wie Victoria bemerkte, »so roh, unangenehm und unverschämt wie nur möglich«.

Oben an der Treppe erschien Friedrich Wilhelm, arglos wie immer, und machte der Szene ein Ende. Wilhelm umarmte den Vater und zitierte dann alle Ärzte – Mackenzie, dessen Assistenten Hovell, die von diesen zugezogenen Spezialisten Schrötter und Krause, den Leibarzt Schrader und den mitgebrachten Vertrauensarzt Schmidt – in sein Hotel »Victoria«. Der Prinz forderte sie »der Reihe nach – dem Alter entsprechend – auf, ihr Urteil abzugeben«. Es lautete einstimmig: Krebs des Kehlkopfes.

»Da muß ich wohl nun mein Haus bestellen«, antwortete der Patient schriftlich. Sein Sohn und Erbe redigierte das Kommuniqué der Ärzte mit – das als Verschlußsache behandelt werden sollte. Doch wenige Tage nach seiner Rückkehr nach Berlin, am 15. November, wurde es im »Reichsanzeiger« veröffentlicht. Der Verdacht kam auf, daß dahinter derjenige stecke, dem am meisten am Ausposaunen der Hiobsbotschaft gelegen sei: Prinz Wilhelm.

Ein Beweis wurde nicht erbracht, aber kurz darauf ein Hinweis auf einen ersten Nutzen gegeben: Am 17. November 1887 erging die von Wilhelm I. gezeichnete und von Bismarck gegengezeichnete Order, mit der er als Stellvertreter des Kaisers und Königs eingesetzt wurde – »in allen Fällen, wo Ich eine Vertretung in den laufenden Regierungsgeschäften und namentlich in der Unterzeichnung von Orders zu bedürfen glauben werde«.

Ein Einfluß auf die Staatsgeschäfte wurde ihm nicht eingeräumt, doch war er als der kommende Mann bezeichnet worden. Daß man den Vater bereits abgeschrieben hatte, ging auch daraus hervor, daß er von dieser Maßnahme vorher nicht verständigt worden war. Kurz nach dem einem Todesurteil gleichenden Spruch der Ärzte mußte der Kronprinz eine Hintansetzung erfahren, die einer Absetzung nahekam.

Seine Beschwerde beantwortete Wilhelm I. gnädig: Der Prinz habe nur eine begrenzte Unterschriftsvollmacht erhalten. Bismarck redete sich heraus: Die Stellvertretung laufe nur darauf hinaus, dem Monarchen in Krankheitsfällen »geschäftsfreie Tage« zu verschaffen. Wer hinter die Kulissen blickte, ließ sich nicht täuschen. Für den Kaiser solle der Kronprinz überhaupt nicht mehr existieren, notierte Holstein, und der preußische Minister Lucius von Ballhausen bemerkte: Bismarck rechne offenbar schon nicht mehr mit Friedrich Wilhelm.

Würde auf Wilhelm I. direkt und bald Wilhelm II. folgen? Das war bei dem hinfälligen Kaiser und dem krebskranken Kronprinzen nicht auszuschließen. Immer mehr stellten sich darauf ein: Konservative, die nur zu gerne den liberalen Friedrich Wilhelm abschrieben; Opportunisten, die auf der Speckseite zu bleiben gedachten; Vertraute des Prinzen Wilhelm, die mit ihm emporsteigen wollten. Er selber ging davon aus, daß die Götterdämmerung für den uralten Großvater und den todgeweihten Vater begonnen habe und in Kürze ein neuer Gott erscheinen werde. Am 24. November 1887 bestellte Prinz Wilhelm Gardetrompeter, um sich den Marsch aus Richard Wagners »Götterdämmerung« vorspielen zu lassen, als wollte er demonstrieren, daß der Untergang wie der Neuanfang mit Marschmusik zu erfolgen habe.

Am Tage zuvor war er Unter den Linden, der preußisch-deutschen Via triumphalis, auf das Brandenburger Tor zugegangen, auf dem ihm die Siegesgöttin entgegenzufahren schien. »Es war dunkel und regnete«, erzählte sein Begleiter, Philipp Graf zu Eulenburg, der – eben weil er ihm so nahe war und ihn so gut kannte – einer baldigen Thronerhebung seines Prinzen mit gemischten Gefühlen entgegensah: »Meine Musik liebt er und meine Unterhaltung, er liebt es auch, sich gegen mich rückhaltlos aussprechen zu können. Alles im Leben aber trägt den Charakter von Perioden, auch meine Periode wird vorübergehen.«

Noch genoß Eulenburg die Gunst Wilhelms, aber er wußte, daß dies, bei dessen Sprunghaftigkeit, ein Glück war, das schnell in Scherben gehen konnte: »Es scheint der Prinz die Leute sehr richtig zu erkennen und benutzt sie, soviel es ihm nützlich oder angenehm ist. Die mit seinem Vertrauen beehrten Leute glauben an ihre festen Stellungen. Er wird sie fallenlassen, wenn sie nicht mehr in seinen Gedankenkreis passen, um die zu wählen, derer er alsdann bedarf.« Zunächst und auch weiterhin bedurfte er des um zwölf Jahre älteren

Eulenburg. Er schätzte ihn weniger als einen Mentor denn als die Verkörperung einer seiner beiden Seelen, der musischen und romantischen, die er nach außen hinter der militärischen und politischen zurücktreten lassen sollte. Im Verkehr mit Eulenburg pflegte er sozusagen Umgang mit seinem anderen Ich, und als Egoist, der er war und blieb, ging er deshalb, solange es möglich war, pfleglich mit ihm um.

Bei einer Jagdgesellschaft in Ostpreußen lernte er im Frühjahr 1886 den aus einem alten Adelsgeschlecht und einer bewährten Staatsdienerfamilie stammenden ehemaligen Gardeoffizier und nunmehrigen Diplomaten kennen. Weder dessen waidmännische Fähigkeiten noch die politische Befähigung strahlten die Faszination aus, die zur Freundschaft führte. Es war die in diesen Kreisen wenig anzutreffende und noch weniger eingestandene musische Veranlagung und künstlerische Betätigung, die den Soldatenprinzen, der zu gerne auch ein Märchenprinz geworden wäre, für den Paradiesvogel unter den Militärraben und Hofgeiern einnahm.

Als Sekretär an der preußischen Gesandtschaft in München, das er als Partikularistennest verachtete und als Musentempel schätzte, begann Eulenburg nordische Balladen zu dichten und zu komponieren, besang den Frühling wie den Untergang von Atlantis, Wilhelms Lieblingsstück. Am bekanntesten wurden die »Rosenlieder« und »Skaldengesänge«.

Wilhelm, der Bayern ohne die Bayern schöner gefunden hätte, fuhr im Sommer 1886 gerne dorthin, weil er den Freund dort wußte. Der »nordische Barde Phili« bezauberte ihn in Reichenhall durch Darbietungen seiner Kunst, zeigte ihm im Münchner Atelier des eben verstorbenen Historienmalers Karl von Piloty das Gemälde »Der Tod Alexanders des Großen«, welches das preußische Kultusministerium in Auftrag gegeben hatte, aber zunächst nicht abnehmen wollte, da der Künstler den Kopf des Helden nicht mehr vollendet hatte.

In Begleitung Eulenburgs, der ein Anhänger der Kunst und ein Freund der Familie Wagners war, besuchte Wilhelm die Festspiele in Bayreuth. Er stand am Grab des 1883 in Venedig verstorbenen Meisters, lauschte mit Phili »gemeinsam den Aufführungen von ›Tristan und Isolde‹ und vor allem des ›Parsifal‹, der einen überwältigenden Eindruck auf mich machte«.

So stark beeindruckt wie der 1886 ums Leben gekommene Ludwig II. von Bayern war er bei weitem nicht. Den Wittelsbacher hatte die Musik Richard Wagners aus dem Pflichtenkreis des Monarchen in die Traumwelt eines Märchenkönigs entführt. Der Hohenzoller gab sich mit dem Eulenburgschen Aufguß des nordischen Mythos zufrieden, der nicht berauschend genug war, um ihn Macht und Herrlichkeit des realen Herrschertums vergessen zu lassen.

Mehr als das Kunstschaffen schien Wilhelm die gesellschaftliche Fertigkeit des Freundes angezogen zu haben. »Ausgezeichnet war Eulenburg durch sein Erzählertalent«, erinnerte er sich. »Er gehörte zu den glücklichen Leuten, denen stets, vornehmlich auf Reisen, etwas Komisches zustößt, und die das auch in geeigneter Form darzustellen verstehen. So erregten seine humorvollen, oft mit feiner Selbstironie gewürzten Schilderungen immer allgemeine Heiterkeit.«

Die Hoheit und später die Majestät waren dann so aufgeräumt, daß Eulenburg, dessen romantische Ader die Klarheit seines Blickes nicht trübte, auch kritische Worte plazieren durfte. Er gab sich keinen Illusionen über den Charakter Wilhelms hin, befürchtete, daß er unreif zur Regierung kommen würde, und gewahrte, daß er an der Regierung kaum reifer wurde. Einmal ging Eulenburg so weit, Wilhelm das Bild eines Frosches zu schicken, unter das er geschrieben hatte: »Der hochmütige Ausdruck des Frosches ist klassisch und predigt uns ausdrucksvoll, bescheiden zu bleiben.«

Die Verwunderung, daß der aufgeblasene Wilhelm sich derartiges gefallen ließ, löste die Vermutung aus, daß zwischen den beiden ein homosexuelles Verhältnis bestanden habe. Dies gilt als abwegig. Zwar hatte Eulenburg, wie selbst ein so zurückhaltender Historiker wie der Engländer Michael Balfour schrieb, »aller Wahrscheinlichkeit nach seine homosexuellen Phasen«. Doch Wilhelm, auch wenn seine weichen, fast femininen Züge nicht zu verkennen waren, kann solches, weil nicht nachgewiesen, nicht nachgesagt werden.

Es wäre von Eulenburg zu viel verlangt gewesen, wenn er den Einfluß, den er erlangt hatte, nicht ausgenützt hätte, um politische Meinungen anzubringen und personalpolitische Wünsche durchzusetzen. Für sich selbst verlangte er am wenigsten. Er war ein reicher Mann, seitdem seine Mutter den Besitz Liebenberg in der Uckermark und Hertefeld an der holländischen Grenze geerbt hatte.

Philipp Eulenburg war schon wer, Alfred Waldersee wollte erst etwas werden, jedenfalls mehr, als er bereits erreicht hatte. Als Militärattaché in Paris hatte der Graf 1870 eine Karriere begonnen, die ihn 1882, mit fünfzig, als Generalquartiermeister an die Seite des zweiundachtzigjährigen Generalstabschefs Moltke brachte, dessen Amt der Stellvertreter in Bälde zu übernehmen hoffte. Aber der Alte, der zur Gerontokratie des Kaisers und des Kanzlers gehörte, ging und ging nicht. Der schon nicht mehr junge Waldersee setzte auf den ganz Jungen, den Prinzen Wilhelm, um mit ihm zum Ziel zu gelangen. Obwohl um siebenundzwanzig Jahre älter als dieser, zählte er sich zu dessen Generation. Diejenige Wilhelms I. hielt er für vorweltlich, diejenige des Kronprinzen Friedrich Wilhelm für weltfremd, während er im aufsteigenden Prinzen Wilhelm den Garanten einer künftigen Weltmacht sah: »So weich, wie der Vater ist, so unbeugsam wird der Sohn sein.«

Der Umworbene und Umstrickte entdeckte Verwandtes und deshalb Bestrickendes an Waldersee, was diesem das Ränkespiel erleichterte. »Voller Tatenlust und Frische, ausgezeichnet durch Klugheit, schnelle Auffassungsgabe und ein unfehlbares Gedächtnis, war er eine sieghafte Persönlichkeit, der das Glück sich an die Fersen zu heften schien«, resümierte Wilhelm. Zu spät merkte er, daß »der Dachs«, wie Waldersee genannt wurde, selbst gegen ihn das Wühlen nicht lassen mochte.

Das konnte der Monarch ihm nicht vergeben, doch der Soldat behielt in Erinnerung, daß Waldersee ihn das Generalstabsspiel gelehrt hatte. Und er fand es nicht unvorteilhaft, daß der Generalquartiermeister maßgeblich mithalf, die Mutter und mit ihr den Vater wegen »Engländerei« zu deplazieren und dem preußischdeutschen Sohn als Quartiermacher zu dienen.

Wilhelm verkehrte gerne mit den Waldersees, dem Hausherrn, der ihm schmeichelte, und der Hausherrin, die ihm gefiel. Die Amerikanerin war eine Puritanerin, die durch Sittenstrenge Erfolge bereits in dieser Welt zu erringen trachtete, Erfolge für sich und mit ihr für ihren Mann, doch ihre Vorhaben so charmant und elegant zu verkleiden wußte, daß keine Verstimmung aufkam, eitel Zustimmung herrschte.

Im Salon der Waldersees im Generalstabsgebäude wurde parliert und gebetet. Vorbeter war Hofprediger Adolf Stoecker, Leiter der

Berliner Stadtmission, die durch Caritas die Not in den Arbeiter-
vierteln zu lindern suchte, und Gründer der Christlich-Sozialen
Partei, die mithelfen wollte, die Politik zu christianisieren und die
sozial benachteiligten Klassen an den Staat heranzuführen.

Diese gesellschaftsfähige und staatserhaltende Sozialarbeit konvenierte Wilhelm, und die antisemitischen Töne, die Stoecker in
seiner Predigt über die christliche Nächstenliebe anschlug, mißfielen ihm nicht. Ende November 1887 nahm er in Walderzees Woh-
nung an einer Sitzung teil, wo Stoecker für eine Ausdehnung der
Berliner Stadtmission auf andere Städte eintrat und Wilhelm bei-
pflichtete, der erklärte: Angesichts der »grundstürzenden Tendenzen einer marxistischen und glaubenslosen Partei« müßten die
Menschen, auch die Arbeiter, »zum Christentum und zur Kirche
und damit zu der Anerkennung der gesetzlichen Autorität und der
Liebe zur Monarchie« auf dem von Stoecker aufgezeigten Weg
zurückgeführt werden.

Als er diese, wie seine Mutter meinte, »sehr törichte Rede« hielt, war
die unheilbare Krankheit des Vaters schon bekannt und der Sohn
bereits zum Stellvertreter des Monarchen bestellt. Diesem wollte
Bismarck, der sich mehr denn je veranlaßt sah, das Staatsruder fest
im Griff zu behalten, derartige Äußerungen nicht durchgehen lassen. Indessen rügte er den Thronfolger, mit dem er zu rechnen
hatte, nicht direkt, sondern ließ ihn durch die ihm hörige »Nord-
deutsche Zeitung« rüffeln.

In seinem Zorn schlug Wilhelm zuerst den Sack. Die Presse werde
von Leuten beherrscht, denen er nach seiner Thronbesteigung das
Handwerk legen werde, eröffnete er dem preußischen Innenminister. Auf dessen Hinweis, daß dies gegen die Verfassung verstoßen
würde, entgegnete er: »Dann schaffen wir sie ab!«

Wilhelm blieb hinter der Pressestimme der soufflierende Herr nicht
verborgen. Seinem Erzieher Hinzpeter klagte er: Er verdiene diese
Behandlung nicht, zumal von einem Manne wie Bismarck, dessent-
willen er sich seit Jahren das Haus der Eltern verschlossen habe. Im
engsten Kreise wetterte er: »Er soll nicht vergessen, daß ich sein
Herr werde.« Und: »Die Macht des Kanzlers, so wie sie jetzt ist, kann
nicht dauern; er muß mal gewahr werden, daß es noch einen Kaiser
gibt.«

Waldersee, der ihm einflüsterte, Friedrich II. wäre nie der Große geworden, wenn er sich von einem Minister wie Bismarck hätte bevormunden lassen, sagte im November 1887 voraus: »Prinz Wilhelm als Kaiser aber wird dastehen wollen wie der Mann, welcher selber regiert – darum glaube ich nicht, daß es lange geht mit ihm und dem Kanzler.«

Noch stand Wilhelm im zweiten Glied, brauchte Bismarck, um in das erste Glied und dann an die Spitze zu gelangen. Er respektierte den Reichsgründer, hatte die Anhänglichkeit des alten Kaisers an seinen Kanzler zu beachten und gedachte von der Feindseligkeit des Junkers gegen die »Engländerei« seiner Eltern zu profitieren.

Doch er stand nicht an, einiges von dem, was er dachte, höflich aber bestimmt dem Manne anzuzeigen, der schon bald sein erster Diener werden könnte.

Seine Äußerungen im Stoecker-Kreis rechtfertigte er als zeitgemäßes Plädoyer für Thron und Altar, das auch den Beifall des Royalisten Bismarck finden müßte. Die Zustimmung des Preußen, der das Königreich zum Kaiserreich vergrößert hatte, suchte er mit dem Entwurf einer Proklamation für den Fall seiner Thronbesteigung zu erlangen: Er wolle zwar nicht wie sein Vater, der Zentralist, die deutschen Fürsten wie aufmüpfige Vasallen behandeln, aber selbstverständlich müßten sie dem Hohenzollern parieren, freilich besser freiwillig als gezwungen.

Die deutschen Fürsten, die sich zu dem Reich genannten Bund zusammengeschlossen hatten, seien »nicht Untertanen, sondern Bundesgenossen des Kaisers«, belehrte ihn Bismarck, und »die Sicherheit des Reiches und seiner monarchischen Institutionen« liege »in der Einigkeit der Fürsten«. Der Kanzler riet dem Prinzen, den Proklamations-Entwurf unverzüglich zu verbrennen. Wilhelm, in seinem Feuereifer getroffen, schürte die Glut gegen Bismarck, ohne sie jetzt schon aufflammen lassen zu können. Der Reichsgründer, der zum Reichserhalter geworden war, begann unter einem weiteren Alpdruck zu leiden: der Sorge vor einem am Tor der Macht stehenden Wilhelm.

Schon jetzt glaubte der zum Stellvertreter des Monarchen ernannte Prinz in Staatssachen mitreden zu dürfen. Und der am 27. Januar 1888, an seinem 29. Geburtstag, zum Generalmajor und Kommandeur der 2. Garde-Infanteriebrigade beförderte Wilhelm mischte in Militärangelegenheiten mit. Er nahm an der wichtigen Sitzung teil, in der Generalstabschef Moltke die Vorstellungen über einen vor allem vom Generalquartiermeister Waldersee geforderten Präventivkrieg – offensiv gegen Rußland, defensiv gegen Frankreich – erläuterte. Da Bismarck den Militärs in den Arm fiel, hatte sich die Kriegspartei bis auf weiteres mit einer Truppenverstärkung im Osten des Reiches und mit einem Ausbau der dorthin führenden Eisenbahnlinien zu begnügen.

In der Frage eines Präventivkrieges hielt sich Prinz Wilhelm zunächst bedeckt, vielleicht auch deshalb, weil sein Vater aus San Remo dafür plädierte. Das Ceterum censeo Waldersees, man müsse die russische Militärmacht zerschlagen, bevor sie übermächtig losschlagen könnte, überhörte er nicht, doch vorerst stieß es sich mit seinen Sympathien für das Zarenreich, wo er unlängst so freundlich empfangen und so respektvoll behandelt worden war. Er verstand Wilhelms I. traditionsbedingte Vorliebe für die Romanows und Bismarcks realpolitische Rücksichtnahme auf Rußland; dem vom Kanzler 1887 abgeschlossenen Rückversicherungsvertrag zwischen Berlin und Petersburg vermochte er indessen nur wenig abzugewinnen.

Seinen ungeteilten Beifall fand Bismarck, als er eine Heeresvermehrung durchsetzte und demonstrativ den bereits 1879 geschlossenen geheimen Zweibundvertrag des Deutschen Reiches mit Österreich-Ungarn veröffentlichte. Am 6. Februar 1888 saß er mit seiner Frau auf der Tribüne des Reichstages und hörte begeistert die Rede des Kanzlers, als deren Höhepunkt ihm jetzt und für immer der Satz galt: »Wir Deutsche fürchten Gott, aber sonst nichts in der Welt!« Den zweiten Teil des Satzes überhörte er, unterschlug ihn jedenfalls in seinen Memoiren: »Und die Gottesfurcht ist es schon, die uns den Frieden lieben und pflegen läßt.«

DAS JAHR 1888, welches das Dreikaiserjahr werden sollte, begann für das Reich mit einer Demonstration seiner Stärke und für Wilhelm mit der Gewißheit, daß sich ihm das Tor zur Macht schon bald öffnen würde.

Am 22. Februar 1888 stand er neben dem fast 91jährigen Großvater am Eckfenster des Palais Unter den Linden, nahm mit ihm die Wachparade ab und ließ sich von den Passanten feiern. Vier seiner kleinen Söhne hatte er mitgebracht, um Soldaten wie Zivilisten zu zeigen, daß die Fortdauer der Hohenzollerndynastie gesichert war –

68

auch wenn Wilhelm I., der Kaiser und König, am Rande des Grabes stand und die Tage Friedrich Wilhelms, des Kronprinzen, gezählt waren.

Die Hiobsbotschaften aus San Remo überstürzten sich. Am 17. Januar 1888, am Vorabend des Reichsgründungstages, hatte der Patient unter unsäglichen Schmerzen ein Gewebestück ausgehustet. Die Schwellungen im Kehlkopf wurden größer und gefährlicher. Als Erstickungsgefahr bestand, wurde der Luftröhrenschnitt vorgenommen. Die eingetretene physische Erleichterung war mit einer psychischen Belastung verbunden: Der Kronprinz wußte nun, daß er fortan nur noch durch eine Kanüle atmen und nie mehr sprechen könne. »Ich habe ihn nie so krank gesehen«, klagte die Kronprinzessin am 28. Februar, »das bringt mich zur Verzweiflung.«

Die Mutter wurde noch verzagter, als am 2. März der Sohn an die Tür der Villa Zirio klopfte. »Im Auftrage des Kaisers komme ich, um nach Papa zu sehen«, heischte er Einlaß. Der Vater schrieb ihm auf einen Zettel, er wäre ihm willkommen, möge sich aber nicht in seine Angelegenheiten mischen. Die Mutter, die sich an Wilhelms Geburtstag geweigert hatte, auf das Wohl des Sohnes zu trinken, traute ihm nicht über den Weg.

Wilhelm gab sich liebenswürdiger als erwartet, wohl deshalb – wie Victoria vermutete –, weil er sich an Ort und Stelle davon überzeugen konnte, daß mit dem Vater nicht mehr zu rechnen war und nur noch mit ihm selbst gerechnet werden mußte. Die starke Abmagerung, die gelbe Gesichtsfarbe, das unaufhörliche Husten des Patienten zeigten »unverkennbar den schnellen Fortschritt der Krankheit«.

Professor Waldeyer, der Vertreter Virchows, ließ ihn durch das Mikroskop blicken, zeigte ihm die winzigen Bildungen des Plattenepithelkrebses. Wilhelm bemerkte: »Also diese kleinen Körperchen, die ich da sehe, sind das, worauf es ankommt.« Generalarzt Bergmann, der entsandt worden war, um den von Wilhelm als »Judenlümmel«, »Halunken« und »Satansknochen« bezeichneten englischen Ärzten auf die Finger zu sehen, eröffnete ihm, daß der Kronprinz höchstens noch sechs Monate zu leben habe.

Mit gemischten Gefühlen kehrte Wilhelm nach Berlin zurück. Er zeigte Mitleid mit dem Vater und hegte Haßgefühle gegen die Mutter: »Sie hat mich behandelt wie einen Hund.« Ihn schauderte vor der Majestät des Todes, der er ins Auge geblickt hatte, und er registrierte, daß der Sensenmann dabei war, ihm den Weg zum Thron zu ebnen.

Den Auftrag des Kaisers, den Kronprinzen nach Berlin zurückzubringen, hatte der Prinz nicht erfüllt; die Mutter und mit ihr der Vater waren dagegen gewesen. Sie wären, was sie nicht wußten, an das Sterbebett Wilhelms I. gekommen. Seit dem 3. März kränkelte er, am 8. März verschlechterte sich sein Zustand, und am 9. März 1888 verschied der Kaiser.

So wurde dem Enkel und nicht dem Sohn die Auszeichnung zuteil, letzte Worte des Dahinscheidenden zu vernehmen, die er als Designation auffaßte und als ihm anvertrautes Vermächtnis aufnahm. Der sterbende Kaiser sprach in erster Linie von der Armee, mit der er gekämpft und gesiegt hatte, und die es in preußischer Tradition zu bewahren gelte.

Die Parole »Der König ist tot, es lebe der König!« galt in ihrer perspektivischen Passage freilich nicht ihm, sondern dem Vater, der nicht vor dem Großvater gestorben war. Aber Wilhelm wußte, daß die Herrschaft des in der Nachfolge Nächsten in Kürze beendet sein würde, und er nahm sich vor, schon während des Zwischenspiels den Ton anzugeben.

Der Zwischenmonarch, der das kronprinzliche Krankenlager in San Remo mit dem kaiserlichen Krankenlager in Berlin vertauschte, wurde nicht nur vom Wetter kühl empfangen. Bei Schneesturm kam Friedrich III. am 11. März 1888, kurz vor Mitternacht, im Bahnhof Westend an. Bismarck, der im Amt bestätigte Reichskanzler und preußische Ministerpräsident, war ihm bis Leipzig entgegengefahren, um ihn zu »instradieren«, das heißt, auf seine Bahn zu bringen. Wilhelm, nunmehr preußischer und deutscher Kronprinz, stand zum Empfang bereit. Er küßte Friedrich III. die Hand; Victoria, nun Kaiserin und Königin, wandte sich von ihrem Sohne ab.

Einen Trauerflor am Helm, marschierte Wilhelm an der Spitze der Trauergäste, die am 16. März 1888 Wilhelm I. zur letzten Ruhe im Mausoleum im Charlottenburger Schloßpark geleiteten. Er nahm es als Fingerzeig des Schicksals, daß er jetzt schon als Erster auftreten durfte. Friedrich III. konnte das Leichenbegängnis nur durch das Mittelfenster des Kuppelsaales des Charlottenburger Schlosses betrachten. Bismarck hatte sich wegen Unwohlsein entschuldigt.

Obwohl der neue Kaiser und vor allem die neue Kaiserin den antiliberalen Kanzler gerne losgeworden wären, blieb ihnen angesichts ihrer einem Interregnum gleichenden Herrschaft nichts anderes übrig, als seine Machtstellung hinzunehmen. Auch der neue Kronprinz hatte sie zu respektieren. Doch er nahm sich vor, sie jetzt schon einzuschränken und, falls dies nicht möglich sein sollte, sie beizeiten zu untergraben.

Der Kronprinz eröffnete die Operation gegen Bismarck, der in Distanz zu Friedrich III. und in Gegnerschaft zu Victoria blieb, mit einem Heranmachen, das man im Kasinojargon, den er nach wie vor bevorzugte, als Heranschmeißen bezeichnete. Zum 73. Geburtstag des Kanzlers am 1. April 1888 hielt er eine Rede, in der er das Reich mit einem Regiment verglich, den Kanzler als bewährten Träger des Reichspaniers hinstellte und ihn für unentbehrlich in einer Zeit erklärte, in welcher der alte Regimentskommandeur – Wilhelm I. – gefallen sei und der gegenwärtige – Friedrich III. – schwerverwundet im Sattel wanke.

In seiner ersten öffentlichen Ansprache als Kronprinz habe er in unzweideutiger Weise erkennen lassen, »daß Du meinen Gesundheitszustand als ein Hindernis für Ausübung meiner Pflichten betrachtest und deshalb die Aufforderung ergehen lässest, daß man sich um den ›großen Kanzler‹ scharen solle«, tadelte ihn der Monarch. Bismarck war verstimmt über das Danaergeschenk, das ihm den Umgang mit Friedrich III. nicht erleichterte. Mit wachsender Besorgnis verfolgte er, wie der Kronprinz von der Umarmungstaktik zur Verdrängungsstrategie überging. Wilhelm, der sich bereits als Regimentskommandeur fühlte, begann dem Kanzler vorzuschreiben, wie er das Reichspanier zu tragen und die Reichsgeschäfte zu führen habe.

Waldersees stete Tropfen schienen den Stein zu höhlen und Wilhelm für einen Präventivkrieg einzunehmen. Bismarck, der eben die Kriegspartei zurückgedrängt und Rußland neutralisiert zu haben glaubte, befürchtete neue Komplikationen durch den Kronprinzen, der sich bereits im Besitze der Amtsgnade wähnte und sich in auswärtige Angelegenheiten einmischte.

Rechtzeitig, schon am 9. Mai 1888, meinte der Staatsmann dem dilettierenden Außenpolitiker entgegentreten zu müssen: Er ersehe aus dessen Randbemerkungen zu diplomatischen Akten, »daß

Höchstdieselben mit der bisher nach den Intentionen des hochseligen Kaisers geführten Politik nicht einverstanden sind«, sondern mehr den Auffassungen jener Generalstäbler zuneigten, »welche im Herbst rieten, die russische Macht zu ›zertrümmern‹«. Ein Angriff gegen Rußland würde jedoch Frankreich auf den Plan rufen und Deutschland einem existenzgefährdenden Zweifrontenkrieg aussetzen.

Wilhelm, von Waldersee beeinflußt, wollte das nicht einsehen. »Der junge Herr«, bemerkte Bismarck, »will den Krieg mit Rußland, möchte womöglich gleich das Schwert ziehen. Das mache ich nicht mit.« Der Kanzler ahnte, daß es für ihn wie für das Reich unter einem Wilhelm II. nicht gut ausgehen würde. Der Dreiundsiebzigjährige seufzte: »Wehe meinen Enkeln!«

In einer Angelegenheit schien Wilhelm mit Bismarcks Außenpolitik übereinzustimmen. Aber dies geschah weniger aus wiederentdeckter Freundschaft für Rußland als aus langgehegter Feindschaft gegen seine Mutter. Je mehr er sich dem Thron näherte, um so ungehemmteren Auslauf gestattete er seinem Haß gegen die in das Hohenzollernhaus eingezogene »Engländerei«.

Als Kaiserin glaubte Victoria einen Lieblingswunsch durchsetzen zu können, dessen Erfüllung ihr als Kronprinzessin versagt geblieben war: die Verheiratung ihrer Tochter Vicky mit Alexander von Battenberg. Wilhelm I. hatte den einer morganatischen Ehe entsprossenen Sohn eines Prinzen von Hessen nicht für ebenbürtig gehalten. Bismarck befürchtete von einer Einheirat des Exfürsten von Bulgarien, der beim Zaren in Ungnade gefallen war, eine Verschlechterung der eben einigermaßen eingerenkten Beziehungen zu Rußland. Und Wilhelm konnte den schönen Sandro schon deshalb nicht leiden, weil er der englischen Mutter gefiel und der englischen Verwandtschaft genehm war.

Der Battenberger hatte als Zielscheibe für Giftpfeile herzuhalten, die eigentlich der Mutter galten, die er nicht so offen angreifen konnte. Dem »verdammten Polaken« würde er am liebsten »eine Kugel vor den Kopf schießen«, und »wenn alles reißt, schlage ich den Battenberger tot«, äußerte er intern. Den Mann, den er nicht als Schwager dulden wollte, ließ er wissen: »Ich will Euer Durchlaucht keinen Zweifel darüber lassen, daß ich jeden, der zu einer solchen Verbindung mitwirkt, für alle Zeiten als einen Feind meines Hauses nicht nur, sondern auch meines Vaterlandes betrachten und dementsprechend behandeln werde.«

Gegen diesen »Reichsfeind« fuhr Bismarck, der den Heiratsplan als eine englische Intrige zur Störung der deutsch-russischen Beziehungen anzusehen geneigt war, schweres Geschütz auf: Er drohte mit seinem Rücktritt.

Friedrich III. konnte und wollte seine letzten Tage nicht mit dem Eklat belasten, den eine Trennung vom Träger des Reichspaniers bedeutet hätte. Kaiserin Victoria mußte auf den erwünschten Schwiegersohn verzichten. Prinzessin Victoria tröstete sich mit Adolf zu Schaumburg-Lippe. Wilhelm hatte es allen gezeigt, daß er schon jetzt der Herr im Hause Hohenzollern war und in der Familienangelegenheit, einer Staatsaffäre, im Einvernehmen mit dem Kanzler stand, der die Kontinuität der Reichsführung verkörperte.

Die Princess Royal, die es nach Berlin verschlagen hatte, jammerte der Mutter, Queen Victoria, die Ohren voll: Über Bismarck, der die Innenpolitik preußisch-konservativ beherrsche und die Außenpolitik antibritisch und prorussisch gestalte; und über ihren Sohn, der sich noch zu Lebzeiten seines unglücklichen Vaters, vom Kanzler gestützt und benützt, von den Morgenluft witternden Hofschranzen ermuntert und getrieben, schon als Kaiser ausgebe, sich als »absoluter und autokratischer« Monarch aufführe.

»Wilhelm mit seiner undankbaren Frau sollte auf Reisen gehen«, riet die Queen der Kaiserin. »Schicke sie beide oder wenigstens ihn nach Indien«, oder auch nach Kanada, »damit er die Welt sieht. Er würde da gleich ein anderer Mensch werden und sein Gleichgewicht finden.«

Ihn wegzuschicken war eine schiere Unmöglichkeit, und zu erwarten, daß er ein ausgeglichener Mensch werde, eine vergebliche Hoffnung. Seine Welt, die preußisch-deutsche, galt ihm als die beste aller Welten. Zu deren Führung, Erhaltung und Vergrößerung berufen, hielt er sich für den Wichtigsten, ein Schwergewicht, das in sich selbst ruhe und keiner Ausbalancierung bedürfe.

Die »Kaiserin von Hindostan«, wie er seine Großmutter abschätzig nannte, kam am 24. April 1888 nach Berlin, um zu sehen, was dort zu Ende ging und sich anbahnte. Die Hoffnung auf ein innenpolitisch wie außenpolitisch westlich orientiertes Reich erlosch mit dem

Leben ihres Schwiegersohnes, und mit ihrem Enkel stieg eine Herrschaft empor, in der sich Altpreußisch-Militärisches mit Neudeutsch-Imperialistischem potenzierte.

Vor der Herrin einer Armee – über die Bismarck spottete, wenn sie auf dem Kontinent erschiene, würde er sie von Gendarmen verhaften lassen – ließ Wilhelm, stolz, schneidig und überheblich, das 4. Garderegiment zu Fuß und das Regiment der Gardes du Corps paradieren.

Wilhelm ließ weiter marschieren. »Darf ich eventuell, wenn dies Dir Spaß machen sollte, auf dem Nachhauseweg« – vom Exerzieren in der Tegeler Heide – »die Truppen, ohne Spiel zu rühren, an Deinem Fenster vorbeiführen?« schrieb der Kronprinz und Generalmajor an Friedrich III. Dem todkranken Kaiser, der sich nicht als Oberster Kriegsherr fühlte und keine einzige Parade abgenommen hatte, machte dies natürlich keinen Spaß, aber er ließ es, wie alles andere, geschehen.

So setzte er, am 29. Mai 1888, zum erstenmal und zum letztenmal als Kaiser und König, die Pickelhaube auf, ließ sich im offenen Wagen in den Park des Schlosses Charlottenburg fahren und harrte des Vorbeimarsches, der ihm demonstrierte, daß nicht mehr er, sondern derjenige, der die Regimenter anführte, demnächst das Reich befehligen würde. Der Sohn, das war dem Vater schmerzlich bewußt, würde es in eine Richtung führen, die nicht jene wäre, die er hatte einschlagen wollen.

In den 99 Tagen seines Interregnums – Friedrich III. starb am 15. Juni 1888 – hatte er nichts bewegen können, was Deutschland seinem mit Liberalismus und Demokratie markierten Ziel nähergebracht hätte. Sein Nachfolger konnte dort anfangen, wo Wilhelm I. aufgehört hatte. Wilhelm II. wollte weiter marschieren, auf der alten monarchischen und militärischen Bahn, doch über die Ziele hinaus, die Bismarck dem in die Mitte Europas plazierten Reich in staatsmännischer Beschränkung gesetzt hatte.

Der Sonnenkaiser

Wilhelm II. im Kostüm »Großer Kurfürst«. Photographie

Die Thronbesteigung

DIE OUVERTÜRE, mit der Wilhelm II., der neue König von Preußen und Deutsche Kaiser, seine Herrschaft eröffnete, ließ ahnen, was Deutschland und die Welt von ihm zu erwarten hatten.

Den ersten Schlag führte er gegen das Andenken des Vaters und das Vermächtnis des Vorgängers. Kaum war die Standarte auf dem Sterbehaus, dem Neuen Palais in Potsdam, auf Halbmast gesunken, wurde es auf seinen Befehl durch Militär abgeriegelt. Die Räume des Vaters, der eben die Augen geschlossen hatte, und dessen trauernder Witwe wurden durchsucht, vielleicht in der Hoffnung, wie die Mutter vermutete, »liberalen Verschwörungen« auf die Spur zu kommen, jedenfalls in der Erwartung, Papiere Friedrichs III. zu finden, die aus Gründen der nun vom Sohn verbindlich interpretierten Staatsräson unter Verschluß genommen werden sollten.

Solche Papiere gab es, aber sie waren in Potsdam nicht zu finden, weil sie von den Eltern in Windsor deponiert worden waren. Es handelte sich vornehmlich um die Tagebücher aus den Jahren 1870 und 1871, in denen Kronprinz Friedrich Wilhelm freisinnige und englandfreundliche, von der damaligen wie späteren offiziellen Politik abweichende Überlegungen notiert hatte.

Die Pietätlosigkeit, mit der Wilhelm im Trauerhaus vorging, brachte Mutter, Schwestern und die ganze englische Verwandtschaft gegen das neue Haupt der Familie Hohenzollern auf. Die Erfolglosigkeit der von ihm kaum guten Gewissens befohlenen Operation steigerte die Erbitterung des Deutschen Kaisers gegen die englische Sippschaft und das »perfide Albion«.

Entgegen der Verfügung des Vaters und des Einspruchs der Mutter ordnete er die Obduktion des Verblichenen an, um den offiziellen Beweis zu erhalten, daß der Vater an Kehlkopfkrebs gestorben war, und um die Beschuldigung erheben zu können, daß er vom Engländer Mackenzie falsch behandelt worden war.

»Ein englischer Doktor tötete meinen Vater und ein ebensolcher verkrüppelte meinen Arm, und das verdanken wir meiner Mutter, die keine Deutschen um sich haben wollte«, erzählte er herum, wie die Kaiserinwitwe Victoria der Königin Victoria berichtete. Mutter und Tochter sahen sich in ihrer Befürchtung bestätigt, daß aus dem persönlichen Affekt eine politische Aversion gegen England und alles Englische, einschließlich Liberalismus und Parlamentarismus, folgen würde.

Der Prince of Wales, Wilhelms Onkel Bertie, bekam es zu spüren, als er am Begräbnis Friedrichs III. teilnahm. Es fand in Potsdam statt, unter Ausschluß der Öffentlichkeit, welcher der fortschrittliche Herrscher hatte entgegenkommen wollen. Der spätere König Eduard VII. vermißte den würdigen Rahmen, der einem Schwiegersohn der Queen angemessen gewesen wäre, und echte Trauerbezeugungen, die der Dulderkaiser verdient hätte. Klagen vernahm er von der Witwe, seiner Schwester, über den Verlust des seiner Frau ergebenen und dem Fortschritt aufgeschlossenen Mannes, und über die Behandlung durch den eigenen Sohn, der das Militärische am Preußentum hervorkehrte und mit ihr wie mit einer Befehlsempfängerin umsprang.

Das Benehmen der Deutschen seiner Schwester gegenüber sei eine Schmach für eine zivilisierte Nation, äußerte der Prince of Wales, der das Herz auf der Zunge hatte – auch in politischer Beziehung: Ob Friedrich III., was im Interesse des Friedens zu begrüßen gewesen wäre, wirklich daran gedacht habe, Elsaß-Lothringen an Frankreich zurückzugeben, fragte er ausgerechnet den englandfeindlichen Herbert von Bismarck, der dies sogleich dem neuen Kaiser meldete.

Wilhelm II. ergriff die Gelegenheit, um dem Engländer eins auszuwischen und den Deutschen zu zeigen, daß nun ein Monarch auf dem Throne saß, von dem keine Schwächeanfälle zu erwarten wären.

»Es gibt Leute, die sich nicht entblöden zu behaupten, daß Mein Vater das, was er mit dem seligen Prinzen gemeinsam mit dem Schwert erkämpfte, wieder herausgeben wollte«, tönte er am 16. August 1888 in Frankfurt an der Oder bei der Enthüllung eines Denkmals für Prinz Friedrich Karl, einen Armeeführer der deutschen Einigungskriege. »Ich glaube, daß wir sowohl im III. Armee-Korps wie in der gesamten Armee wissen, daß darüber nur eine Stimme sein kann, daß wir lieber unsre gesamten 18 Armee-Korps und 42 Millionen Einwohner auf der Walstatt liegen lassen, als daß wir einen einzigen Stein von dem, was Mein Vater und der Prinz Karl errungen haben, abtreten.«

Zum erstenmal wurde lautstark dem Land und der Welt kundgetan, daß der neue Deutsche Kaiser unbeugsam in seinen Ansprüchen, jedenfalls maßlos in seinen Sprüchen war.

Das Echo war geteilt. Es gab Aufschreie im Ausland und Geflüster in seiner Umgebung. »Ich rechnete auf das Verdampfen der Leutnantsnebel«, äußerte Philipp zu Eulenburg. »Leider verdampften sie nicht früh genug. Der Prinz wurde noch in diesem Nebel Kaiser.« Ob er sich lichten werde, müsse abgewartet werden, meinte der Liberale Franz von Roggenbach. »Der junge Herr wird Zeit brauchen, bis er schweigen am rechten Ort gelernt hat.«

Frakturreden, jetzt und jederzeit, hielten jedoch viele Deutsche für eine notwendige und begrüßenswerte Eigenschaft des Herrschers einer Nation, die ihre Einheit durch das Faustrecht errungen hatte und mit der Panzerfaust zu verteidigen gewillt war. Viele Deutsche schätzten sich glücklich, nach einem schwachen wieder einen starken Kaiser bekommen zu haben, der zu wissen schien, was er sich und seinem Volke schuldig war.

Zum Sprecher der Machtdeutschen machte sich wieder einmal der Historiker Heinrich von Treitschke, der als Herold der Reichsgründung aufgetreten war und sich nun als Hüter der Reichsgröße in Szene setzte. Das Dreikaiserjahr, verkündete er, habe mit Trauer über Wilhelm I. begonnen, Besorgnisse wegen Friedrich III. gebracht und ende durch Wilhelm II. mit neuer Hoffnung.

Unter einem länger regierenden Friedrich III., erklärte Treitschke, wären die Liberalen nach oben gekommen, »die Mehrheit der Berliner, einzelne in die Politik verschlagene Gelehrte, die Kaufmannschaft einiger unzufriedener Handelsplätze und die allerdings ansehnliche Macht des internationalen Judentums«. Doch »hinweg mit diesen finstern Bildern«, triumphierte Treitschke, »die Geschichte ist über sie hinweggeschritten«, und im Anmarsch sei mit dem jungen Kaiser ein Garant dafür, »daß der gute Geist der wilhelminischen Zeiten dem Reiche unverloren bleibt«.

Mit Friedrich III. sei die letzte Hoffnung auf deutsche Freiheit beerdigt worden, meinte der Philosoph Friedrich Nietzsche, und selbst Wilhelms Freund Eulenburg befand: »Die Konzession an die

Zeit wurde mit Kaiser Friedrich zu Grabe getragen.« Die Ära Wilhelms I., ja die längst vergangenen Zeiten Friedrichs des Großen schienen wiederauferstanden zu sein. Im Jahre seiner Thronbesteigung verwies Wilhelm II. ostentativ auf die drei Säulen wilhelminischer und friderizianischer Macht: Monarchie, Militär und Adel.

In seiner ersten Verlautbarung nach der Thronbesteigung beschwor der Hohenzoller »die lange Reihe ruhmvoller Vorfahren«, deren Namen »hell in der Geschichte leuchten« und deren »Augen aus jener Welt auf Mich herniedersehen«. Er habe das Zepter wie eine Stafette von den Vorfahren übernommen und müsse es weitertragen: Im Sinne Friedrichs des Großen, der die absolute Monarchie mit weltlichen Mitteln gefestigt, und im Glauben Wilhelms I., der das Gottesgnadentum eines Königs von Preußen betont hatte.

In seinem ersten Tagesbefehl an die Streitmacht, die auf ihn eingeschworen wurde, wandte er sich an die Hauptstütze des preußischen Königs wie des Deutschen Kaisers: »So gehören wir zusammen – Ich und die Armee –, so sind wir füreinander geboren, und so wollen wir unauflöslich fest zusammenhalten, möge nach Gottes Willen Friede oder Sturm sein.« Da er einst seinen siegreichen Vorfahren »Rechenschaft über den Ruhm und die Ehre der Armee abzulegen haben werde«, nahm er sich vor, die Truppe als den ersten Stand und den Soldaten als den ersten Mann im Staate zu behandeln.

Zu seinen ersten und liebsten Amtshandlungen gehörte die Teilnahme – nun als Oberster Kriegsherr – an den Manövern des 5. Armee-Korps in Posen und des Garde-Korps bei Müncheberg sowie an Flottenmanövern bei Wilhelmshaven. Das Heer erfüllte seine Erwartungen, nicht die Marine. Sie galt es gewaltig zu verstärken, bevor sie – wovon er stets geträumt hatte – der Seemacht England Paroli bieten könnte.

Der Alte Fritz hatte seine Nachfolger ermahnt: »Der Gegenstand der Politik des Herrschers in diesem Staate ist es, den Adel zu schützen.« Der junge Fritz versprach, nach diesem Vermächtnis zu verfahren. Dabei dachte er nicht nur an den Nutzen für seine materielle Macht durch adelige Offiziere und Beamte, denen Führungspositionen in Armee und Verwaltung vorbehalten waren, sondern auch an einen immateriellen Gewinn für das Heil des Kaisers und des Reiches.

»Die großen Aufgaben, welche Mir auf dem Gebiete der inneren

Entwicklung Meines Volkes obliegen, vermag Ich nicht allein durch die staatlichen Organe zu lösen«, erklärte er im Sommer 1888 vor Rittern des Johanniter-Ordens. »Zur Hebung und moralischen sowie religiösen Kräftigung und Entwicklung des Volkes brauche Ich die Unterstützung der Edelsten desselben, Meines Adels.«

Mit Hilfe der Adeligen in Armee und Bürokratie hatten die Hohenzollern Geschichte gemacht. Es war und blieb seine Überzeugung, daß »ihre Rollen den Völkern von der Willensrichtung und den daraus resultierenden Handlungen der sie führenden Männer vorgeschrieben« werden. Als Beispiel stand ihm seine Dynastie vor Augen: »Die Hohenzollern bauten Brandenburg-Preußen und durch Preußen das Deutsche Reich wieder auf, und zwar gegen den energischen Widerstand eines großen Teiles des von seinen Fürsten mißleiteten Deutschen Volkes.«

Dessen Rolle bestehe primär in der Akklamation des Monarchen, nicht in der Präsentation des Volkswillens und schon gar nicht in der Bildung einer Volksrepräsentation, die Anspruch auf Mitregierung oder gar auf Alleinregierung erhebe. Dementsprechend behandelte er den Reichstag bei der Eröffnung am 25. Juni 1888, zehn Tage nach seinem Machtantritt.

Die Abgeordneten waren in das Berliner Schloß befohlen worden, in dem Wilhelm II. seine Hauptresidenz aufschlug, im Unterschied zu Wilhelm I., der sich mit dem schlichten Palais Unter den Linden begnügt hatte. Im Weißen Saal stand der neue König und Kaiser erhöht vor seinem Thron, angetan mit Bekleidungsstücken, die Essentials des Hohenzollerntums demonstrierten: dem roten Mantel mit dem Kreuz der Johanniter, das einen Ordensritterauftrag über der Militäruniform bekundete, und dem Helm der Gardes du Corps, auf dem der Preußenadler prangte und drohte.

Unter dem Monarchen stand Reichskanzler Otto von Bismarck, der – einer Tendenz der Zeit entgegenkommend – dafür gesorgt hatte, daß die deutsche Volksvertretung zwar demokratisch gewählt wurde, der aber – die Tendenz auf halbem Wege aufhaltend – darauf bestanden hatte, daß der Reichstag keine Kompetenzen erhielt, welche die Waage zuungunsten der Monarchensouveränität sinken und zugunsten der Volkssouveränität steigen ließ.

Letzteres war kaum zu befürchten. Schon im äußeren Bild der Eröffnungsfeier überwogen die Uniformen die Zivilgewänder. Die

Konservativen, die vornehmlich den Adel und dessen Anhang vertraten, scharten sich um den König, die Nationalliberalen um den Kaiser, und die Linksliberalen waren zwar zum Monarchenstaat, aber nicht zum Nationalstaat auf Distanz gegangen. Die Zentrumspartei war nach beendetem Kulturkampf auf dem Weg nach rechts, und die Sozialdemokraten, der Verfolgung ausgesetzt, fielen noch wenig ins Gewicht.

Weit wichtiger als der Reichstag war der Bundesrat, dessen Vertreter, die deutschen Bundesfürsten, sich im Weißen Saal versammelt hatten. Zu den Trägern der Bundesgewalt gehörte auch der größte und stärkste unter ihnen, der König von Preußen, der als Deutscher Kaiser dem Reich präsidierte und die Nation repräsentierte.

Wilhelm II., der als Prinz von Bismarck, dem Schöpfer und Hüter der Reichsverfassung, auf deren föderalen Charakter hingewiesen worden war, schien diesen als Kaiser, wie seinen ersten Reden zu entnehmen war, respektieren zu wollen. Aber schon bald schrieb er schwungvoll in das Gedenkbuch der bayerischen Hauptstadt München: »Suprema lex regis voluntas – Das oberste Gesetz ist des Königs Wille.« Da vor kurzem ein König von Bayern, Ludwig II., im Wahnsinn geendet hatte und der neue König, Otto I., im Irrenhaus saß, wurde das Machtwort in Bayern als Anmaßung gedeutet, daß der König von Preußen auch über das weiß-blaue Königreich das Zepter zu schwingen gedenke.

In Deutschland wurde ein Wort Ciceros zitiert: »Salus publica suprema lex – Oberstes Gesetz ist das Gemeinwohl«. Soweit er selber bestimmen könne, was dies bedeute, wie es anzuwenden sei und wer es auszuführen habe, stimmte Wilhelm mit Cicero überein. Mit einer Interpretation im Sinne des römischen Republikaners nach dem Motto »Senatus Populusque Romanus« wäre jedoch der preußisch-deutsche Monarch ganz und gar nicht einverstanden gewesen.

Deutschen Staatsbürgern, die sich von Friedrich III. wenn schon nicht eine Demokratisierung, so wenigstens eine Liberalisierung versprochen hatten, und Berliner Stadtbürgern, die dem Hoffnungsträger, der in ihrer Mitte aufgewachsen und dahingegangen war, besonders nachtrauerten, zeigte es Wilhelm II. bei der ersten Gelegenheit, daß sich unter dem neuen Herrn der Wind gedreht hatte.

Als vier Monate nach seinem Regierungsantritt ihm eine Deputation einen vor dem Hohenzollernschloß aufzustellenden Brunnen als Geschenk der Reichshauptstadt antrug, herrschte er sie an: Er verbiete sich den Ton, den Berliner Zeitungen gegen ihn anschlügen. Dem liberalen Oberbürgermeister Forckenbeck gab er nicht die Hand – dem Herrn des »Roten Rathauses«, das er weniger seiner Ziegelfarbe als der in ihm anzutreffenden Fortschrittsgesinnung wegen verabscheute.

Er baute darauf, daß die Berliner mehr von ihrem Monarchen als von ihrem Magistrat hielten. Als er nach seiner Thronbesteigung vierspännig durch das Brandenburger Tor in seine Reichshauptstadt einfuhr, waren »die Linden so schwarz von jubelnden Menschen wie bei des Großvaters Begräbnis« von trauernden Menschen, notierte die Baronin von Spitzemberg, die Gemahlin des württembergischen Gesandten in Berlin.

»Für uns Alte ist ja des jungen Herrn Regierungsantritt nur der letzte Akt der Tragödie, die, mit Kaiser Friedrichs Krankheit beginnend, über des alten Herrn Tode und die kurze Regierung des unseligen Friedrich zum jungen Herrn führt«, notierte die Baronin fünfundzwanzig Jahre später, beim Silbernen Regierungsjubiläum Wilhelms II., als offenkundig geworden war, daß mit seinem Regierungsantritt die eigentliche Tragödie erst begonnen hatte.

DAUERND UNTERWEGS war er seit dem ersten Jahre seiner Herrschaft, aber weniger, um an Ziele zu gelangen, als einer Seßhaftigkeit zu entgehen, Rastlosigkeit anzuzeigen und die Unrast zu genießen.

Er habe kein Sitzfleisch, wurde dem Prinzen nachgesagt, und der Kaiser bald der Reisekaiser genannt. Wollte er nur einer geregelten Tätigkeit entfliehen, den Schreibtisch umgehen, von dem aus Wilhelm I. regiert hatte und Franz Joseph I. weiterhin sein Österreich-Ungarn verwaltete? Oder lief er vor sich davon, weil er mit sich selbst nichts anfangen konnte, sich nicht einer Auseinandersetzung mit seiner problematischen Persönlichkeit stellen wollte? Oder war der Drang, ständig den Ort – wie auch die Uniform – wechseln zu müssen, von einem Wesenszug bestimmt, den ein ungarischer Porträtmaler an ihm wahrnahm: »Nix freit ihm lange.«

Der »Fliegende Hohenzoller« versuchte seiner Ruhelosigkeit eine positive Deutung zu geben. »Wer jemals einsam auf hoher See auf der Schiffbrücke stehend, nur Gottes Sternenhimmel über sich, Einkehr in sich selbst gehalten hat, der wird den Wert einer solchen Fahrt nicht verkennen«, antwortete er Deutschen, die sich fragten, ob ein neuzeitlicher Kaiser, der nicht wie ein mittelalterlicher Kaiser gezwungen war, seine Regierungstätigkeit ambulant auszuüben, nicht besser und länger in seiner Reichshauptstadt geblieben wäre. »Manchem von Meinen Landsleuten möchte Ich wünschen, solche Stunden zu erleben, in denen der Mensch sich Rechenschaft ablegen kann über das, was er erstrebt und was er geleistet hat. Da kann man geheilt werden von Selbstüberschätzungen und das tut uns allen not.«

Doch diese nahmen zu – bei einem Volke, das zu wenig, und bei einem Kaiser, der zu viel reiste. Das dauernde Unterwegssein förderte keineswegs, verhinderte vielmehr Selbsterkenntnis und Selbstbeschränkung.

»Wochenlang«, erkannte Eulenburg auf einer Nordlandreise, »mit dem lieben Herrn in Kontakt zu sein, öffnet ja auch dem weniger Eingeweihten die Augen – und auch dieser erschreckt über die immer mehr in Erscheinung tretende Tatsache, daß S. M. *alle* Dinge und *alle* Menschen lediglich von seinem persönlichen Standpunkt betrachtet und beurteilt. Die Objektivität ist völlig verloren, die Subjektivität reitet auf einem beißenden und stampfenden Rosse.«
Am liebsten fuhr er in den hohen Norden, zum erstenmal im Sommer 1889. Es war die Zeit, in der Germanisches in Bürgerstuben wie am Kaiserhofe fröhliche Urständ feierte. Deutsche erbauten sich an Thor, dem den Hammer gegen die Feinde schwingenden Gott des Donners und des Krieges. Und der Deutsche Kaiser fühlte sich wie Wotan in Walhall, als oberster Germanengott, der über Menschen und Götter regierte. Die nordischen Sagen lasen viele, das Erlebnis der nordischen Landschaft war nur wenigen vergönnt, vornehmlich dem Monarchen, der bis zum Nordkap kam, wo sich Europa in Nebel und Nacht verlor.

Aus der Ferne sei auf das Vaterland klarere Sicht zu gewinnen, behauptete der Reisekaiser, und auch dies sei ein Grund, warum er sich so oft aus Deutschland fortbewege. »Entrückt dem Parteigetriebe des Tages« könne er die »heimischen Verhältnisse aus der Ferne beobachten und in Ruhe einer Prüfung unterziehen«. Nicht zuletzt treibe ihn die Pflicht hinaus, »fremde Länder und Staatseinrichtungen kennenzulernen und mit den Herrschern benachbarter Reiche freundschaftliche Beziehungen zu pflegen«.

Als er dies im Frühjahr 1890 erklärte, hatte er erste Staatsvisiten hinter sich, die ihn, der sich am liebsten der Nabelschau hingab, die Umwelt kaum besser erkennen ließen, doch den Besuchten und Heimgesuchten die Augen öffneten, mit wem sie es zu tun bekamen. Kaum hatte er sich auf dem Thron niedergelassen, zog es ihn – im Juli 1888 – nach Sankt Petersburg. Es schien, als habe er nichts Eiligeres zu tun, als des Großvaters pro-russische Tradition fortzusetzen und Bismarcks vertragliche Rückversicherung durch eine persönliche Rückversicherung zu verfestigen. Doch die plumpen Vertraulichkeiten, die er sich gegenüber den verwandten Romanows erlaubte, verfingen bei Zar Alexander III. nicht. Und das sporenklirrende Auftreten, das er nicht lassen konnte und sich als Repräsentant einer militärischen Großmacht schuldig zu sein glaubte, war eher geeignet, den Verdacht, er sei ein Anhänger der Präventivkriegspartei, zu erhärten als zu zerstreuen.

Daran vermochte auch der Umstand nichts zu ändern, daß er zuerst Rußland, den verflossenen Dreibundpartner, und dann erst – im Oktober 1888 – den verbliebenen Zweibundpartner Österreich-Ungarn besuchte. Was ihm in Petersburg nichts genützt hatte, schadete ihm in Wien.

Kronprinz Rudolf, der sich bald darauf das Leben nahm, gab seiner Erwartung Ausdruck, Wilhelm II. werde »im Verlauf weniger Jahre das Hohenzollernsche Deutschland auf den Standpunkt bringen, den es verdient«, und er meinte damit nicht Aufstieg, sondern Niedergang. Kaiser Franz Joseph stellte einen Vergleich zwischen dem Enkel und dem Großvater an, der nicht zugunsten des jetzigen Herrschers ausfiel. Der Habsburger, den die Wechselfälle seiner langen Regierungszeit gelehrt hatten, bei allem, was auf ihn zukam, Fassung zu bewahren, mußte an sich halten, um nicht seine Verstimmung über einen im Befehlston vorgebrachten Wunsch Wilhelms zu zeigen: Er werde Wien erst beehren, wenn sein ungeliebter Onkel Bertie, der englische Thronfolger, die Stadt verlassen habe.

Vergebens hatte Queen Victoria erwartet, der Enkel würde die Zeit der Hoftrauer um Friedrich III. zu Hause verbringen, und gehofft, wenn es ihn schon ins Ausland dränge, er – auch aus Pietät gegenüber seinem verewigten Vater – zunächst England besuche. Wilhelm II. erwiderte: Er habe das Vermächtnis seines Großvaters zu erfüllen, der ihm auf dem Sterbebett primär die Pflege der Beziehung zu Rußland anbefohlen habe.

Der zur Beschwichtigung gedachte Hinweis, gekrönte Häupter müßten oft zusammentreffen, »um gemeinsam Ausschau zu halten nach den Gefahren, die das monarchische Prinzip von seiten der demokratischen und republikanischen Parteien in allen Teilen der Welt bedrohen«, verfehlte bei der Herrscherin einer parlamentarischen Monarchie seinen Zweck.

Sie wolle Wilhelm in diesem Jahr nicht sehen, erklärte 1889 die Großmutter. Auch dem Enkel stand nicht der Sinn nach einer Englandfahrt. Aber er kam dann doch, im August 1889. Die Queen empfing ihn so freundlich, wie sie es über das Herz brachte, und der Prince of Wales, der von seinem Neffen gekränkt worden war, wartete in der Haltung eines Gentleman auf die mit zweieinhalbstündiger Verspätung eintreffende kaiserliche Jacht.

Die Staatsräson, die englische wie die deutsche, hatte dieses Treffen zuwege gebracht. Bismarck, vom russischen Blatt enttäuscht, suchte die englische Karte ins Spiel zu bringen. Dies mißlang zwar außenpolitisch, brachte jedoch eine familienpolitische Entspannung. Seitdem, resümierte Wilhelm, »ist mein Verhältnis zu der selbst von ihren eigenen Kindern gefürchteten Königin das denkbar beste gewesen. Sie hat ihren Enkel nur noch wie einen gleichgestellten Souverän behandelt.«

Überdies hatte sie ihm den Ehrenrang eines Admiral of the Fleet verliehen. Der Gedanke, dieselbe Uniform wie Lord Nelson, des Siegers in der Seeschlacht bei Trafalgar, zu tragen, »genügt, um einen ganz schwindlig zu machen«. Mit der englischen Uniform legte er keineswegs eine englische, bürgerlich-liberale Gesinnung an, wurde jedoch in seinem schwindelerregenden Vorhaben bestärkt, sich eine der englischen ebenbürtige deutsche Flotte zuzulegen und als deutscher Großadmiral auf die gegenwärtig noch von Britannien beherrschten Meere hinauszufahren.

Noch im Jahre 1889 reiste er nach Konstantinopel, wo er gleich zwei Rivalen ins Auge blickte: England und Rußland, die sich um das Erbe des türkischen Sultans, des »kranken Mannes am Bosporus« stritten. Keiner gönnte dem anderen ein größeres Stück, und beide duldeten keinen Dritten in ihrer Domäne, schon gar nicht diesen Deutschen Kaiser, der imperialistische Töne, für die sie sich allein zuständig glaubten, anzuschlagen begann.

Vergebens hatte der Zar, der im Oktober 1889 nach Berlin gekommen war, Bedenken gegen eine Reise des Kaisers nach Konstantinopel angemeldet. Der Prince of Wales spielte mit dem Gedanken eines Beitritts Englands zu der sich anbahnenden russisch-französischen Allianz. Dessenungeachtet fuhr Wilhelm II. in den Orient, der – wie er meinte – dem Okzident gehören sollte, auch und nicht zuletzt dem Deutschen Reich.

Anfang November 1889 weilte der Kaiser mit der Kaiserin am Goldenen Horn. Er besichtigte die Hagia Sophia, die an Byzanz erinnerte, das Serail, wo er an die Sultane dachte, die weit mehr persönliche Macht als ein preußischer König und deutscher Kaiser besaßen, und bemerkte Anzeichen des Verfalls des Osmanischen Reiches, von dem Europa, einschließlich Deutschland, das einst vor ihm gezittert hatte, zu profitieren gedachte.

Der Herrscher aus dem Abendland verteilte goldene Uhren und mit Diamanten besetzte Orden in der Attitüde eines Missionars, der Silberpapier und Glasperlen an Heidenkinder verschenkt. Und er ließ eine Militärmission zurück, die preußisch-deutsche Präsenz demonstrieren, Entwicklungshilfe auf einem Gebiet, auf dem das Kaiserreich führend war, leisten und sich der Dankbarkeit eines vermutlichen Bundesgenossen, jedenfalls mutmaßlichen Erblassers versichern sollte.

Otto von Bismarck sah im Orient kein deutsches Interesse, welches auch nur »die gesunden Knochen eines einzigen pommerschen Musketiers wert wäre«. Der Reichskanzler beabsichtigte keine Einflußnahme in der Türkei und schon gar nicht eine Einmischung in den Streit um das Erbe des Sultans, die seine Schwierigkeiten, ein Mächtegleichgewicht in Europa zu erhalten, nur vermehrt hätten.

In diesem Sinne suchte Staatssekretär Herbert von Bismarck, der Reisebegleiter, auf den Monarchen einzuwirken. Wilhelm II. war von seiner »Türkenpolitik« nicht abzubringen, begann sich von Vater und Sohn Bismarck, die kein Verständnis für die Bedürfnisse des neudeutschen Imperiums wie für das Streben seines Imperators aufzubringen schienen, immer mehr abzuwenden.

Wilhelm II. fühlte sich in der Tradition des mittelalterlichen Reiches, das von ihm, wie von den Reichsgenossen, als ein nationales deutsches Imperium angesehen wurde, obwohl es ein universales, römisches und katholisches, das Sacrum Imperium gewesen war. »Mehrer des Reiches« zu sein, wozu sich die alten Kaiser verpflichtet hatten, bedeutete für den neuen Kaiser, weniger für immaterielle als für materielle Bereicherung zu sorgen.

Die Reichsromantik, von der Friedrich III. bewegt worden war, wurde mit dem Reichsrealismus Wilhelms II. verknüpft. Als Preuße neigte er zu der Auffassung Gustav Freytags, des Barden jetziger Reichsherrlichkeit: »Um die alte Kaiserei schwebte so viel Ungesundes, so viel Fluch und Verhängnis, zuletzt Ohnmacht und elender Formenkram, daß sie uns noch jetzt ganz von Herzen zuwider ist. Wir haben jetzt nur eine häufigere öffentliche Handlung, bei welcher der Kaiser vor seinem Volk in wirklicher Machtentfaltung erscheint, und das ist unsere Parade.«

Als Protestant schwebte Wilhelm II., ähnlich wie Bismarck, ein »Evangelisches Kaisertum« vor, auch wenn ihm die jüngsten Erfahrungen nahelegten, die Fehler des kulturkämpferischen Kanzlers zu vermeiden und sich mit den Katholiken, die gut ein Drittel der Reichsbevölkerung stellten, zu vertragen. Als Deutscher Kaiser hatte er indessen den Papst nur noch als geistliches Oberhaupt seiner katholischen Untertanen zu berücksichtigen, und sich nicht mehr, wie einst römisch-deutsche Kaiser, mit ihm als Mitregenten, ja als Rivalen um die Alleinherrschaft im Reiche auseinanderzusetzen.

Die Nationalstaatsbewegung, die in Deutschland zu einer vaterländischen Renovatio imperii geführt hatte, war in Italien, dem anderen Kernland des Sacrum Imperium, in direktem Konflikt mit dem Papst, dem Souverän des Kirchenstaates, siegreich gewesen. Rom war nun die Hauptstadt des Königreiches Italien. Der Papst hatte den Quirinal für den Monarchen des Nationalstaates räumen und sich in den Vatikan zurückziehen müssen, in dem er sich wie ein Gefangener fühlte.

Davon überzeugte sich der Deutsche Kaiser im Herbst 1888, als er einen seiner ersten Staatsbesuche in Rom absolvierte – beim König von Italien und nicht beim römischen Papst, der keinen Staat mehr besaß. Nach beendetem Kulturkampf hielt er es jedoch für angezeigt, Leo XIII., der zum Frieden beigetragen hatte, einen Höflichkeitsbesuch abzustatten.

Die Pracht, die der Papst dabei entfaltete, konnte nicht darüber hinwegtäuschen, daß er Macht verloren hatte. Der Kaiser schritt, von der Nobelgarde eskortiert, von der Schweizergarde salutiert, durch Höfe, Hallen und Säle, um schließlich, in einem einfenstrigen Arbeitszimmer, einen Pontifex vorzufinden, der ihm nicht imponierte. »Der Papst hat uns sehr gelangweilt; ein heuchlerischer Fastenredner; der Kaiser ist sehr desappointiert über ihn«, berichtete Herbert von Bismarck, der diesmal nicht danebenlag.

Als Leo XIII. zu sondieren suchte, ob mit deutscher Unterstützung für eine Wiederherstellung seiner weltlichen Macht zu rechnen sei, entgegnete der Kaiser: Würde Rom als Hauptstadt der italienischen Monarchie aufgegeben, käme die italienische Republik, was weder im Interesse des Königs noch des Papstes läge. Als das Oberhaupt der Kirche durchblicken ließ, eine zufriedengestellte Kurie könne auf die deutschen Katholiken in staatserhaltendem Sinne einwirken, erwiderte Wilhelm II.: Er könne allein dafür sorgen, daß die Katholiken wie alle seine Untertanen ihre Pflicht und Schuldigkeit täten.

Im Quirinal fühlte er sich willkommener als im Vatikan – beim König von Italien, der Preußens Verbündeter gegen Österreich gewesen war, bei Umberto I., den er Humbert zu nennen pflegte. Der Savoyer ließ sich vom Hohenzollern ungern auf die Schulter klopfen und in Trab halten. Die Savoyerin soll geseufzt haben: Diesem Deutschen fehle das Feingefühl der lateinischen Menschen. »Das glaube ich gerne«, bemerkte die Baronin von Spitzemberg; denn Wilhelm sei nun einmal »Urgermane, verbrämt mit englisch-welfischem Selbstbewußtsein, dazu die mächtige Persönlichkeit und fürstliche Unverfrorenheit«.

Auf Reisen neigte er dazu, noch mehr aus sich herauszugehen als daheim, wo er sich auch nicht gerade Zurückhaltung auferlegte. Was bei Deutschen, die von ihrem Herrscher gerne hörten, was sie selber fühlten und dachten, Zustimmung hervorrief, erregte bei Ausländern Ärgernis und Besorgnis.

König Umberto, der registrierte, daß Kaiser Wilhelm den Verkehr mit Militärs suchte und mit Zivilisten mied, bekam von ihm zu hören: »Wenn man bei uns in Gesellschaft einen Schwarzrock sieht und auf die Frage ›Wer ist das?‹ erfährt, daß es ein Deputierter ist, so dreht man ihm den Rücken.« Dem italienischen Botschafter

Launay bedeutete er: »Was ich nächst den Franzosen am meisten hasse, sind Diplomaten und Deputierte.«

Coram publico behauptete Wilhelm II., seine Reisen seien auch dazu da, ihn vor Selbstüberschätzung zu bewahren. Tatsächlich führten sie bei einem Egozentriker, der die Welt nie sehen konnte, wie sie war, sondern stets nur wahrnahm, wie er sie sehen wollte, lediglich zur Bestätigung von vorgefaßten Urteilen und weiteren Steigerungen seiner Überheblichkeit.

In Italien besuchte er auch Neapel. Im Museo Nazionale betrachtete er minutenlang schweigend die Skulptur Caesars. Dann erklärte er: »Ich glaube, daß ich die Mission habe, Gallien zu zerschlagen wie Julius Caesar.«

Schon im ersten Jahre seiner Herrschaft war der Würfel gefallen. Wilhelm II. zeigte an, daß er den Rubikon zu überschreiten gedenke, die von Bismarck gezogene und von Wilhelm I. respektierte Grenze zwischen Reichsbewahrung und Reichserweiterung. Ein Imperator war im Anzug, der sich auf das Beispiel des römischen Caesarismus bezog.

Und ein König und Herr war im Anmarsch, der sich für einen Neo-Absolutismus nicht allein das auf Militär und Bürokratie gestützte Königtum Friedrichs des Großen als Vorbild erkor. Vor Augen stand ihm auch die nicht als Staatsdienertum, sondern als Staatsherrentum aufgefaßte, in Glanz und Glorie erstrahlende Alleinherrschaft Ludwigs XIV., des Sonnenkönigs.

EIN SONNENKAISER wäre Wilhelm II. gerne gewesen. Sein Lieblingsschloß wurde das Neue Palais in Potsdam, das Friedrich der Große als Pendant zu Maria Theresias Schönbrunn und in Imitation von Ludwigs XIV. Versailles errichtet hatte.

Den Pomp, den der Bauherr der preußischen Staatsräson schuldig zu sein meinte, schätzte der neue Bewohner als angemessenen Aufwand für einen Monarchen, der nicht, wie der Alte Fritz, sich über sich selbst mokierte, den Herrn einer Großmacht nachäffte, sondern als Gebieter eines Großreiches posierte, das er zu einem Weltreich zu erheben gedachte.

Der Barock war ein universaler Stil, der dem imperialen Vorhaben gemäß zu sein schien, und das Rokoko, in seiner gezierten Ornamentik, war dazu geeignet, das affektierte Gebaren des neuen

Schloßherrn zu unterstreichen. Die viktorianischen Möbel, die seine Mutter aufgestellt hatte, weil sie den halb aristokratischen, halb bürgerlichen Wohnstil ihrer Heimat für ebenso repräsentativ wie kommod fand, entsprachen ihm weniger.

Eine gewisse Modernisierung hielt der Herrscher eines Reiches, das an der Spitze des technischen Fortschrittes und auf der Höhe der gegenwärtigen Zivilisation stehen wollte, für angebracht. Er ließ Wannen und Toiletten in den ehemaligen Puderkammern oder in den in die Schlafzimmer eingebauten Badekabinetten installieren, die von außen wie barocke Kleiderschränke aussahen.

Sie waren kennzeichnend für ein Reich, dessen modernes Interieur durch eine neo-barocke Fassade verkleidet war. Und typisch für einen Kaiser, der einen Industriestaat des ausgehenden 19. und des anhebenden 20. Jahrhunderts regieren sollte und ihn wie einen Agrarstaat des 18. oder gar des 17. Jahrhunderts beherrschen wollte. Nicht ein Bürgerkaiser, sondern ein Sonnenkaiser setzte sich in Szene.

»Lever« und »Coucher«, Rituale beim Aufstehen und Zubettgehen Ludwigs XIV., wurden am Hofe Wilhelms II. nicht nachvollzogen. Das Schlafzimmer im Schloß galt wie im Bürgerhaus als Privatbereich; dasjenige des Kaiserpaares war persönlich ausgestattet und schlicht gehalten.

Maîtressen spielten in Potsdam und Berlin keine Staatsrollen wie in Versailles. Auch die legale Herrin hatte sich in Staatsgeschäfte nicht einzumischen. Frauen, die das Dekorum wahrten, durften als Dekor dienen, im vorgeschriebenen Dekolleté, was nach preußischer Hofetikette freie Schulter, nicht tiefen Ausschnitt bedeutete.

Favoritinnen gab es nicht, wohl aber Favoriten. Intime Beziehungen gingen nicht über das Erzählen von Herrenwitzen hinaus, und als Exzeß war anzusehen, wenn ein Höfling als »dressierter Pudel« vorgeführt werden sollte, »hinten geschoren (Tricot), vorn langer Behang aus schwarzer oder weißer Wolle, hinten unter dem echten Pudelschwanz eine markierte Darmöffnung« und »vorne ein Feigenblatt«, wie man im Umkreis des Kaisers zur Belustigung einmal vorschlug.

Weit anstößiger waren die politischen Beziehungen zwischen dem Herrn und seiner Entourage. Denn mit Adjutanten und anderen Angehörigen des »Hauptquartiers Seiner Majestät« beliebte er wie in einem Potsdamer Kasino zu verkehren, in dem pokuliert und schwadroniert, die Welt durch das Monokel des Gardeoffiziers betrachtet und beurteilt wurde. In diesem inneren Zirkel fielen Entscheidungen, die an Verfügungen einstiger Küchenkabinette erinnerten – als ob Preußen-Deutschland nicht eine konstitutionelle Monarchie geworden, sondern eine absolute Monarchie geblieben wäre.

Allongeperücken und gepuderte Zöpfe wurden nur noch auf Kostümbällen getragen, wenn – was in dieser Militärmonarchie Plaisir bereitete – weniger das Grand siècle des Sonnenkönigs als die Heroenzeit des Großen Kurfürsten und Friedrichs des Großen nachgespielt wurde.

Zur alltäglichen Haartracht des einer Kommandozentrale ähnelnden Hofes und darüber hinaus des deutschen Mannestums wurde der wilhelminische Schnurrbart, dessen martialische Spitzen jeden Morgen künstlich hochgezwirbelt und mit einer Pomade zum Glänzen gebracht wurden, die der Hoffriseur Haby unter der Marke »Es ist erreicht« in den Handel brachte.

An einer Hofkleidung, die Papageiengefieder und Pfauenrädern glich, wie sie der Bourbone goutiert hatte, fand der Hohenzoller keinen Geschmack. Von der Wartburg aus ordnete er für Zelebritäten, die nicht den Vorzug genossen, eine Militäruniform tragen zu dürfen, eine Hoftracht an: »ein einreihiges Hofkleid von schwarzem Tuch ohne Patten, welches bis auf den halben Unterleib reicht«. Darin glichen die Zivilisten Raben, und in den seidenen Strümpfen, die zu Kniehosen getragen wurden, sahen zumindest jene, die nicht über stramme Waden verfügten, wenig vorteilhaft aus.

Das Ehrenkleid war und blieb der bunte Rock. Als »Dressman« posierte der Kaiser höchstpersönlich. Am liebsten trug er die Paradeuniform der Gardes du Corps, den Küraß aus schwarzlackiertem Eisenblech und den Helm, der ihm Schwanenritterhaftes verlieh. Auch die Paradeuniform seines Leib-Garde-Husarenregiments, die verschnürte Attila und den weißen Pelz, zog er gerne an und mit ihr Chevalreskes und Draufgängerisches. Für jede Stimmung und für jeden Anlaß fand er die passende Uniform in seinem riesigen Fundus. Als Oberster Kriegsherr hatte er das Recht, die Uniform jedes Truppenteiles zu tragen, wovon er bei Inspektionen und Paraden ausgiebig Gebrauch machte. An ausländischen Uniformen besaß er genug, um anderen Monarchen in deren Montur gegenübertreten zu können. In der britischen Botschaft erschien er in englischer Admiralsuniform, und in deutscher Admiralsuniform – so sagte man – in der Königlichen Oper, wenn der »Fliegende Holländer« gegeben wurde.

Auch zum allerhöchsten Militär-Couturier fühlte er sich berufen. Er entwarf und korrigierte Uniformmodelle, war 1904, wie der Hofmarschall seufzte, »bei der 37. Uniformänderung seit der Thronbesteigung« angelangt. Er führte friderizianische Elemente wie die Grenadiermütze oder den Ringkragen wieder ein. Und wie ein preußischer Feldwebel achtete er auf die Vorschriftsmäßigkeit des Anzuges, selbst bei fremden Monarchen, die sich aus Höflichkeit in den bunten Rock ihres Gastes respektive Gastgebers geworfen hatten. König Alfons XIII. von Spanien wurde auf der Hofjacht »Hohenzollern« unter Deck geschickt, um sich richtig zu adjustieren.

Von Kopf bis Fuß gemustert fühlten sich die zum »Salut du trône« Befohlenen. Wie Soldaten ließ sie der König und Kaiser an sich vorbeiziehen. Vorschrift war, daß »zuerst alle Damen und dann alle Herren, einzeln dem Rang nach, vor den unter dem Throne befindlichen Allerhöchsten resp. Höchsten Herrschaften defilieren und denselben dabei durch Verneigung ihre Ehrfurcht ausdrücken«.

Dem Range nach, dies bedeutete, daß ein Generalfeldmarschall vor dem preußischen Ministerpräsidenten und deutschen Reichskanzler, ein General der Infanterie oder Kavallerie vor einem Staatsminister, ein Generalmajor vor einem Bischof, ein Oberst vor dem Oberbürgermeister von Berlin, ein Major vor einem Landtagsmitglied rangierte. Reichstagsabgeordnete waren zwar im Prinzip hoffähig, in der Praxis jedoch wurden nicht alle zu Hoffesten geladen, während jeder Sekondleutnant empfangen wurde.

Zur Gewährung der Kosten für den höfischen Aufwand waren die protokollarisch zurückgesetzten Parlamentarier willkommen. Im ersten Jahr der Herrschaft Wilhelms II. wurde die Zivilliste um dreieinhalb Millionen Mark erhöht. 1889 machte die Krondotation fünf Prozent der Ausgaben des preußischen Staates aus. Das entsprach in etwa dem Anteil an den Staatsausgaben, den der französische Hof im Ancien régime beansprucht hatte.

Die Krondotation stieg im Laufe der Regierungszeit Wilhelms II. als König von Preußen von jährlich 12,2 auf 19,2 Millionen Mark. Dazu erhielt er als Deutscher Kaiser einen Dispositionsfonds von jährlich 3 Millionen Mark. Schließlich war der Etat des Hofes höher als das Budget des Reichskanzlers, des Auswärtigen Amtes, des Kolonialamtes und der Reichsjustizverwaltung zusammen.

Das »Jahrbuch des Vermögens und Einkommens der Millionäre in Berlin« schätzte 1913 das Gesamtvermögen Wilhelms II. auf über 140 Millionen Mark, das jährliche Einkommen auf 22 Millionen Mark. Somit sei der Monarch »bei weitem die reichste Person in der Stadt Berlin«. In Preußen nehme sein Vermögen erst die fünfte Stelle ein, »wenngleich das Einkommen des Kaisers von keinem anderen Einkommen erreicht wird«.

Zum Eigentum Wilhelms II. gehörten 40 Schlösser. Allein in Potsdam und Umgebung besaß er 13, in Berlin 3, das Königliche Schloß, Bellevue und Monbijou. Zum Hof zählten circa 3500 Personen, vom Oberstkämmerer bis zu den Silber-Verwaltern und Weißzeug-Aufseherinnen. Ein Beamter erinnerte sich: »Allein in der scharf umrissenen Form, in dem würdigen, zwanglos scheinenden Sichgeben, das doch ganz in den Bahnen des Vorgeschriebenen sich bewegte«, sei Berlin in der ersten Reihe der europäischen Höfe gestanden.

»Es macht mir immer einen ganz merkwürdigen Eindruck, wenn ich den Einzug des Hofes in den Weißen Saal sehe, der Kaiser bringt immer so ein Stück Mittelalter hinter sich her«, erinnerte sich ein General. »Es ist, als ob die Toten auferstehen mit Zopf und Puder.« Weniger das Mittelalter, in dem die Vasallen noch keine Höflinge waren, als das Ancien régime schien wieder in Berlin und Potsdam einzuziehen, in die Schlösser eines Monarchen, der kommandieren wollte wie Fridericus Rex und regieren wie der Sonnenkönig.

Das war, zwei Jahrhunderte später, ein unzeitgemäßes Unterfangen, das wenig Zukunft versprach und sich schon in der Gegenwart als veraltet erwies. Das Vorhaben kontrastierte und kollidierte mit der Wirklichkeit, die sich auch in Deutschland von den Voraussetzungen des Monarchismus und erst recht eines Absolutismus entfernt hatte.

Ludwig XIV., der den einheitlichen Staat, der sich über die feudalen Gewalten erhoben hatte, durch sein Amt zusammenhielt und in seiner Person verkörperte, konnte noch behaupten: »L'État c'est

Moi – Der Staat bin Ich«. Wilhelm II. jedoch war nicht mehr der Staat, sondern als Monarch weitgehend in den Staat integriert, als Staatsorgan in die Staatsverfassung eingebunden.

Dennoch gebärdete sich Wilhelm II. so, als sei sein Wille oberstes Gesetz, dessen Ausführung durch den Monarchen die Untertanen fördern müßten und nicht hindern dürften: »Diejenigen, welche Mir dabei behilflich sein wollen, sind Mir von Herzen willkommen, wer sie auch seien; diejenigen jedoch, welche sich Mir bei dieser Arbeit entgegenstellen, zerschmettere Ich.«

Ludwig XIV., der Sonnenkönig, der keine Gewalten mehr unter sich sah und keine mehr über sich duldete, konnte noch kundtun: »Un roi, une loi, une foi – ein König, ein Gesetz, ein Glaube«. Aber Wilhelm II., der sich als Sonnenkaiser fühlte, war nicht der einzige Monarch im Deutschen Reich; er hatte Bundesfürsten neben sich, die er gerne unter sich gehabt hätte, doch nicht unterdrücken konnte, im Bundesrat mitbestimmen lassen mußte.

In einer konstitutionellen Monarchie, auch wenn er das Hauptwort und nicht das Beiwort betonte, waren die Parlamente aus der Gesetzgebung nicht auszuschalten, die Parteien von der Mitverantwortung für Staat und Reich nicht fernzuhalten. Und nicht nur im Reich, auch in Preußen gab es nicht allein Protestanten, deren Summus episcopus der König in Berlin war, sondern auch Katholiken, deren geistliches Oberhaupt, der Papst, in Rom saß.

Aus den Zeiten des Sacrum imperium stammte die Katholiken wie Protestanten gemeinsame Auffassung, daß die Herrscher auf dieser Erde ihren Auftrag zur Beherrschung der Welt vom Herrn des Himmels erhalten hätten. Die Lehre vom Gottesgnadentum wurde von Wilhelm II. aufgegriffen und herausgestrichen, weil sie geeignet zu sein schien, der Dreieinigkeit »Ein König, ein Gesetz, ein Glaube« wiederum zur Geltung zu verhelfen.

Was ursprünglich Glaubenssatz gewesen war, wurde schon längst als Herrschaftsideologie aufgefaßt und als Herrschaftsinstrument eingesetzt. Friedrich Wilhelm IV., der »Romantiker auf dem preußischen Königsthron«, hatte sie romantisch zu verbrämen gewußt. Auch Wilhelm II., der Genosse einer vom Realismus geprägten Zeit, hing – wenn auch nicht so innig wie sein in der Epoche der Heiligen Allianz regierender Vorgänger – der Romantik an. Zur persönlichen Neigung kam die politische Erkenntnis, daß eine Reklamierung des

Gottesgnadentums eine Grundbedingung des angestreben Neo-Absolutismus war.

Ludwig XIV. hatte sich »Allerchristlichste Majestät« genannt, aber sich als Monarch von eigenen Gnaden gegeben. Friedrich der Große hatte nichts dagegen gehabt, wenn er von Pastoren in eine Reihe mit Gott und Luther gestellt wurde. Aber der aufgeklärte Absolutist hatte seine Herrschaft auf die eigene Vernunft, das preußische Schwert und die königliche Kasse gegründet, sich nicht als von Gott unter allen anderen Auserwählter und über alle anderen Erhobener gefühlt.

»Der Zufall, der über dem Menschengeschick waltet, entscheidet die Erstgeburt. Aber deshalb, weil man König ist, ist man noch nicht besser, als die anderen«, hatte Friedrich der Große erklärt. Er denke da anders, sagte Wilhelm II., wie Kaiser Maximilian I. An der Wand einer Tiroler Jagdhütte habe dieser die von übermütigen Junkern geschriebenen Worte gelesen: »Maximilian, Maximilian,/ Du bist nur ein Mann wie anderer Mann«. Der Habsburger habe darunter geschrieben: »Wohl bin ich ein Mann wie anderer Mann,/ Nur, daß Gott *mir* die Ehre angetan«.

Von Gott zum Herrscher berufen, mit Gnadengaben zur Ausübung des gottgegebenen Amtes ausgestattet und als Höchster in seinem diesseitigen Pflichtenkreis nur dem Allerhöchsten im Jenseits verantwortlich – so faßte Wilhelm II. sein Gottesgnadentum auf und gab es allen kund und zu wissen: dem Volke, dem Demokraten einredeten »Vox populi, vox dei«, die Stimme des Volkes sei die Stimme Gottes; den Parteien, die Ansprüche von Volksteilen zu vertreten vorgaben; und den Parlamenten, die ihm die Alleinverantwortung abstritten, Mitverantwortung verlangten.

Das Königtum von Gottes Gnaden drücke aus, erklärte er 1890, »daß Wir Hohenzollern Unsere Krone nur vom Himmel nehmen und die darauf ruhenden Pflichten dem Himmel gegenüber zu vertreten haben. Von dieser Auffassung bin auch Ich beseelt, und nach diesem Prinzip bin Ich entschlossen, zu walten und zu regieren.« 1897 verwies er auf »das Königtum von Gottes Gnaden, das Königtum mit seinen schweren Pflichten, seinen niemals endenden, stets andauernden Mühen und Arbeiten, mit seiner furchtbaren Verantwortung vor dem Schöpfer allein, von der kein Mensch, kein Minister, kein Abgeordnetenhaus, kein Volk den Fürsten entbinden kann«.

Da er das Gottesgnadentum weniger auf sein Amt als auf seine Person bezog, konnte er in Versuchung geraten, sich Gott ähnlich zu fühlen, konnten andere der Verführung erliegen, ihn Gott gleich zu halten. Der Hofprediger des Sonnenkönigs, Bischof Bossuet, hatte behauptet: »Die Könige sind nicht allein von Gott verordnet; sie sind selbst Götter.« Nun verstieg sich Prinz Heinrich, der Bruder Wilhelms, zu dem Satz: Er stehe als Missionar bereit, »das Evangelium Eurer Majestät geheiligter Person im Ausland zu künden, zu predigen jedem, der es hören will, und auch denen, die es nicht hören wollen«.

So kam es, daß Majestätsbeleidigungen beinahe wie Gotteslästerungen geahndet wurden. Ludwig Quidde, ein deutscher Historiker und Demokrat, wurde wegen seiner 1894 erschienenen Schrift »Caligula. Eine Studie über römischen Cäsarenwahnsinn«, die Anspielungen auf das neo-absolutistische Gebaren Wilhelms II. enthielt, zu drei Monaten Gefängnis verurteilt; 1927 erhielt er den Friedensnobelpreis. 1895 bekam Friedrich Wilhelm Foerster wegen eines Artikels in seiner Zeitschrift »Ethische Kultur« drei Monate Festungshaft: »Wir waren« – in der Festung Weichselmünde bei Danzig – »vier Strafgefangene: eine Klavierlehrerin, die gesagt hatte, der Kaiser sei ein grüner Junge; ein antisemitischer Redakteur, der behauptet hatte, der Kaiser sei verjudet; und ein Assessor, der seinen Gegner im Duell erschossen hatte.«

In der Aureole des Gottesgnadentums stellte sich Wilhelm II. auf sein Postament. Dabei störte ihn, daß einer, der unter ihm stehen sollte, neben ihm stand und ihm Glanz und Glorie wegnahm: Otto von Bismarck, der Reichsgründer und Reichsbewahrer, der im Ausland geehrt und in Deutschland verehrt wurde.

»Ich bin der dicke Schatten, der zwischen ihm und der Ruhmessonne steht«, erkannte Bismarck. Er erinnerte sich, daß der Sonnenkönig bestrebt gewesen war, so schnell wie möglich aus dem Schatten seines Ministers Mazarin herauszukommen. Und er machte sich darauf gefaßt, vom Sonnenkaiser, der den Sonnenplatz für sich ganz allein beanspruchte, über kurz oder lang zurückgesetzt und abgesetzt zu werden.

Streit mit Bismarck

ALS TRABANT unter Trabanten stand der Reichskanzler bei der Reichstagseröffnung am 25. Juni 1888 am Thron des neuen Kaisers. Nach der Verlesung der Thronrede, die ihm Bismarck aufgesetzt hatte, nahm er den Handkuß des ersten seiner Diener entgegen. Wilhelm I. hätte dies seinem vornehmsten Gefolgsmann nicht zugemutet. Wilhelm II. verlangte es nach dieser Huldigung, denn sie demonstrierte, daß sich alle, selbst der große Kanzler, dem Monarchen von Gottes Gnaden zu beugen hatten.

Nach der Eröffnung des preußischen Landtages durch den neuen König von Preußen kam Fürst Bismarck erschöpft nach Hause, warf die Mütze auf den Tisch und seufzte: »Im Sattel hew ick en jetzt.« Es war nicht deutlich, ob dies ein Seufzer der Erleichterung oder Besorgnis war.

Eine gewisse Genugtuung konnte Bismarck nicht verhehlen. Die Aussicht, mit einem freisinnigen und englandfreundlichen Kaiser Friedrich III. und – darauf wäre es wohl in der Praxis hinausgelaufen – der herrschsüchtigen Kaiserin Victoria länger regieren zu müssen, hatte ihn bedrückt. Der Sohn hingegen schien aus preußischem Holze zu sein. Deshalb hatte er sich Mühe gegeben, ihn so zurechtzuschnitzen, daß er sich mit den Anforderungen seiner Herrscherrolle den Vorstellungen des Regierungschefs anpaßte, der sich auch weiterhin zur Amtsleitung berufen und befähigt hielt.

Indessen wurde Bismarck den Verdacht nicht los, daß er eine Sisyphusarbeit übernommen, sich einer schweren und nutzlosen Mühe unterzogen hatte. Bereits der Prinz, der – schon aus Rücksicht auf den Großvater – dessen wichtigsten Paladin zu schätzen schien, machte ihm zu schaffen. Der Kronprinz, seiner bevorstehenden Thronbesteigung gewiß, ließ den Kanzler spüren, daß dieser schon bald der Diener eines Herrn sein würde, der sich von ihm nicht so viel wie Wilhelm I. gefallen lassen wollte.

Nun saß Wilhelm II. im Sattel. Bismarck hatte ihm die Steigbügel gehalten, in der Hoffnung, daß er dies anerkennen, aber auch mit der Befürchtung, daß er, einmal im Sattel, die Zügel ergreifen würde.

Als Prinz hatte er dem Finanzminister eröffnet: Ein paar Jahre brauche man den Kanzler noch, doch dann müßten seine Funktionen geteilt werden, »und der Monarch selbst müsse mehr davon übernehmen«. Das kam Bismarck zu Ohren, dem auch andere Auslassungen des Prinzen kaum verborgen blieben, zum Beispiel: »Im Anfange wird es ohne den Kanzler nicht gehen. Aber in Jahr und Tag wird hoffentlich das Deutsche Reich genügend konsolidiert sein, um seine, des Fürsten, Mitwirkung entbehrlich zu machen.« Der junge Herr wolle eine Politik, »wegen der ich mich wohl nach dem ersten Vierteljahr von ihm trennen werde«, seufzte der von einer zu Gewißheit sich verdichtenden Ahnung geplagte alte Kanzler. Dann wieder nahm er sich vor, sich an sein Amt und an seine Macht zu klammern: Er werde, knurrte Bismarck, »sich fest an seinen Stuhl halten und nicht gehen, selbst wenn man ihn herauswerfen wolle«.

Daran konnte der frischgebackene Monarch noch nicht denken. Vorerst ließ er sich dazu herab, mit Bismarcks Renommee die eigene Bedeutung zu heben. Wilhelm II., der angab, in die Fußstapfen Wilhelms I. – »des Großen«, wie er ihn nannte – getreten zu sein, gab vor, den Marsch zu weiterer Größe an der Seite des engsten Weggefährten des Großvaters angetreten zu haben.

Bereits wenige Wochen nach seiner Thronbesteigung besuchte er Bismarck auf dessen Besitzung Friedrichsruh, das der Kanzler zu einem Nebenregierungssitz gemacht hatte und der Kaiser für einen Nebenhof zum Hohenzollernhof zu halten begann. Wilhelm II. berichtete über seine erste Auslandsreise nach Petersburg, Stockholm und Kopenhagen. Ein paar Monate später, Ende Oktober 1888, erschien er wieder im Sachsenwald, als ob er demonstrieren wollte, daß der junge Held dem alten Recken die gebührende Reverenz nicht vorenthielt.

Aber die Gegensätze zwischen den beiden waren zu groß, als daß sie lange zu vertuschen gewesen wären. Schon der Altersunterschied trennte sie. Bismarck gehörte der Generation der Großväter, Wilhelm II. der Generation der Enkel an. Die der Väter, zu der Friedrich III. gezählt hatte, war übersprungen worden. So standen sich ein Dreiundsiebzigjähriger, der zurückschaute, und ein Neunund-

zwanzigjähriger, der nach vorne blickte, gegenüber, und ein Brük-
kenschlag wurde mit der vorrückenden Zeit immer unwahrscheinli-
cher.

Unterschiede bestanden in der Bildung. Bismarck war ein Universa-
list, der auf vielen Gebieten beschlagen war und seine Kenntnisse
entsprechend einzusetzen wußte. Wilhelm war ein Generalist, der
sich einbildete, über alles unterrichtet zu sein und daher alles
beurteilen zu können.

Verschiedenartig war ihr Charakter. Zwar trachteten beide danach,
ihren Willen unter allen Umständen durchzusetzen. Aber Bismarck
ging dabei mit Augenmaß vor, während Wilhelm, der alles ganz und
gar und hier und heute haben wollte, Umsicht und Vorsicht abgin-
gen. Der alte Kanzler wirkte am liebsten hinter den Kulissen, den
jungen Kaiser verlangte nach Beifall auf offener Bühne.

Zu politischen Konflikten führten die Differenzen in den Auffassungen über Monarchie und Staat. Bismarcks Royalismus haftete etwas
Mittelalterliches an; der »kurbrandenburgische Vasall« diente seinem Lehnsherrn, ohne seine Eigenständigkeit aufzugeben. Wilhelms Monarchismus war vom Absolutismus abgeleitet, der seine
Diener nicht mehr als Lehnsnehmer, sondern – wie er es ausdrückte
– als Handlanger des Monarchen ansah und zu benutzen beabsichtigte.

Bismarck war darangegangen, die alte Monarchie in einen modernen Staat einzugliedern. Aus dem Dilemma, in das ihn die Skrupel
des Royalisten, die Macht des Monarchen zu beschränken, und der
Wille des Etatisten, das Volk heranzuziehen und zugleich fernzuhalten, gebracht hatten, versuchte er durch eine gleichsam bonaparti-
stische Verknüpfung von Autorität und Demokratie und eine Art
plebiszitärer Diktatur des Kanzlers und Ministerpräsidenten herauszukommen.

Der neue König und Kaiser ging von einem Monarchiebegriff aus,
der die Wiedereinfügung des Staates in die Monarchie erstrebte, die
Allmacht des Monarchen zurückbegehrte und eine Übermacht des
ersten Ministers, der weniger ihm ministrieren als selber zelebrieren
wollte, prinzipiell wie praktisch ausschloß.

Wilhelm erinnerte sich daran, daß sein Großvater über die Eigenmächtigkeit Bismarcks gestöhnt und sein Vater unter dessen Über-
mächtigkeit gelitten hatte. Und er mußte die Erfahrung machen,

daß der Kanzler weiterhin nicht nur Europa, sondern auch Preußen und Deutschland »vierelang vom Bock« zu fahren gedachte. Im Bundesrat und im Reichstag gab er den Ton an, in den Reichsämtern und preußischen Staatsbehörden führte er die Zügel: »Ich erkannte mehr und mehr«, konstatierte Wilhelm, »daß ich eigentlich kein Staatsministerium zur Verfügung hatte, sondern daß sich die Herren – aus langer alter Gewohnheit – als die Beamten des Fürsten Bismarck ansahen.«

Was nicht nur eine Gewohnheit der Amtsangehörigen, sondern auch ein Anspruch des Amtsinhabers war, wollte sich der neue Monarch nicht länger bieten lassen. Bei dem Vorhaben, die Befugnisse des Kanzlers und Ministerpräsidenten im allgemeinen und die Kompetenzen Bismarcks im besonderen zu beschränken, leistete ihm dieser Vorschub, gab ihm das Stichwort.

Bismarck hatte dafür gesorgt, daß Preußen eine konstitutionelle Monarchie geblieben war und auch das Reich auf die Monarchensouveränität und nicht auf die Volkssouveränität gegründet wurde. Die Minister wie ihr Präsident und auch der Kanzler wie die Reichsbeamten wurden nicht von den Parlamenten, sondern vom König und Kaiser bestellt und waren dem Monarchen und nicht, wie in Staaten mit parlamentarischem System, der Volksvertretung verantwortlich.

Hierzulande »regiert der König selbst«, hatte Bismarck erklärt, »die Minister redigieren wohl, was der König befohlen hat, aber sie regieren nicht.« Und: »Die Aufgabe des Ministers ist es, auszuführen und vorzuschlagen. Der königliche Wille ist und bleibt allein entscheidend.« Allerdings hatte, laut Verfassung, der Kanzler mit der Gegenzeichnung und Umsetzung der kaiserlichen Verfügungen die Verantwortung dafür zu übernehmen. Bismarck stellte dies als eine Formsache hin. Denn »wenn der Kaiser einen Kanzler hat, der sich nicht in der Lage sieht, alle kaiserliche Politik gegenzuzeichnen, kann dieser ihn jeden Tag entlassen«.

Verfassungstheorie und Verfassungswirklichkeit stimmten nicht ganz überein. Was die Praxis betraf, so war Bismarck bemüht gewesen, die Konstitution auf einen starken Kanzler, auf sich selber zuzuschneiden. Bei einem Kaiser wie Wilhelm I., der sich lenken ließ, konnte er das Prinzip betonen, daß nicht er, sondern der Monarch die Zügel in der Hand hatte. Was aber, wenn man ihn beim

Wort nahm, daß »bei uns« der Monarch nicht nur herrsche, sondern auch regiere?

Genau das hatte Wilhelm II. vor. Der neue Herr wollte mit dem Reichsapfel die ganze Reichsmacht ergreifen, nicht nur als Monarch das Zepter schwingen, sondern auch Kompetenzen des Reichskanzlers und Ministerpräsidenten an sich bringen, so weit wie nur möglich alle Staatsgewalt und alle Reichsgewalt ausüben.

Bismarck hätte seine Behauptung, in Preußen und Deutschland sei allein der Monarch der Herr, gerne zurückgenommen. Dies war jedoch nicht möglich, und so verfing er sich in seinem eigenen Netz. Das ominöse Wort war vornehmlich taktisch gemeint gewesen. Mit ihm hatte er seine Eigenmächtigkeit zu bemänteln versucht: gegenüber dem Parlament, vor dem er sich, wenn er gegen parlamentarische Regeln verstieß, auf den Monarchenwillen berief; und gegenüber dem König und Kaiser, bei dem er nicht den Eindruck aufkommen lassen durfte, daß ihm ein Hausmeier erwachsen war.

Wilhelm II. wollte kein Merowinger, sondern als Hohenzoller der Herr im Hause sein beziehungsweise es wieder werden. Vor dem Volke und der Volksvertretung konnte er sich auf das Wort des bei jenem geschätzten und von dieser respektierten Kanzlers berufen. Er vermochte davon auszugehen, daß ihm Bismarck nicht allein eine Begründung für sein Vorhaben, die Macht des Monarchen wie des Kanzlers und Ministerpräsidenten in seiner Person zusammenzufassen, geliefert hatte. Der alte Machiavellist hatte auch mitgeholfen, ihm die Werkzeuge zu schmieden, mit denen der Neo-Absolutist den Versuch unternehmen konnte, eine potenzierte Macht vollstrecken zu lassen.

In allen Angelegenheiten habe sich Bismarck die Hauptentscheidung vorbehalten und dadurch die Selbständigkeit seiner Mitarbeiter gelähmt, bemerkte Wilhelm II. Was er am Kanzler kritisierte, kam dem Kaiser zugute, wenn er selber alle Entscheidungen treffen wollte. Die Beamten waren daran gewöhnt, Verordnungen jeden Verordners auszuführen, und das Militär hörte ohnehin auf das Kommando des Obersten Kriegsherrn.

Bismarck war maßgeblich daran beteiligt gewesen, monarchische Herrschaftsinstrumente zu schaffen und Hindernisse, die einer monarchischen Herrschaftsausübung im Wege standen, zu beseitigen, zumindest niedrig zu halten. Dem deutschen Reichstag wie dem preußischen Landtag blieben parlamentarische Kompetenzen vorenthalten. Das Volk war daran gewöhnt worden, sich von starken Männern führen zu lassen, und es durfte angenommen werden, daß es diese Gewohnheit vom eisernen Kanzler auf einen stählernen Wilhelm übertragen würde.

Wälze man den Felsen Bismarck weg, wurde vorausgesagt, werde nur »plattgedrücktes Gewürm« zum Vorschein kommen. Diese Aussicht schreckte Wilhelm nicht ab, sondern ermutigte ihn, den gewaltigen Block aus dem Weg zu räumen. Denn er konnte darauf bauen, daß die vorgefundenen Kreaturen auch ihm zu Diensten stünden.

»DIE ZUGLUFT, die gegenwärtig in Berlin weht, mag manchem gefährlicher dünken als ein Feldzug«, notierte die Baronin von Spitzemberg zwei Monate nach Wilhelms Regierungsantritt. Sie sah Kämpen wanken und fallen, und neue Männer nachdrängen und aufrücken. Stände nicht »unser Kanzler hinter dem jungen Draufgeher, es könnte einem ab und zu bange werden vor dem Übereifer, der allzu scharf dareinfährt«.

Bismarck erschien ihr »als letzter der Helden der großen Zeit«, nachdem Moltke abgetreten war. Der Sieger von Königgrätz und Sedan, der auf die achtundachtzig zuging, fühlte sich dem Amt des Generalstabschefs nicht mehr gewachsen und wollte es auch unter dem jungen Monarchen nicht länger ausüben, der – wie er, im üblichen Understatement, meinte – »uns noch manches zu raten aufgeben werde«. Der uralte Moltke wurde durch den nicht mehr ganz jungen Waldersee ersetzt, der dieses Manko durch husarenhaftes Gebaren auszugleichen suchte. Dies hatte ihm den Mißmut Moltkes zugezogen, doch die Gunst Wilhelms eingetragen.

Auch Bismarck betrachtete Waldersee mit Argwohn. Er befürchtete, daß der Anführer der Präventivkriegspartei eine Beseitigung des ihr im Wege stehenden Kanzlers betreiben würde. Den Günstling, der das Ohr des Kaisers hatte, wollte er nicht über seine Schwelle lassen, weil er den Verdacht hegte, Waldersee würde mit dem blauen Brief kommen oder auch nur nachsehen wollen, ob es schon Zeit wäre, den Kranz zu bestellen.

Gefahren suchte Bismarck durch ein Verhalten zu verringern, das ihm, wenn schon nicht die Gunst, so doch eine gewisse Langmut

Wilhelms einzubringen vermöchte. Dem Handkuß im Thronsaal ließ er eine Handlung folgen, von der er annahm, daß sie im Sinne des Monarchen läge. Er strengte ein Landesverratsverfahren gegen Heinrich Geffcken an. Der Studienfreund und Vertraute Friedrich Wilhelms, des späteren Friedrich III., hatte 1873 Auszüge aus dessen Kriegstagebuch 1870/71 gemacht und sie 1888, nach dem Tode des Kaisers, veröffentlicht. Er wurde der Bekanntmachung von Staatsgeheimnissen beschuldigt, nachdem die 1887 in Windsor deponierten Aufzeichnungen des Vaters Wilhelms II. nach Berlin zurückgeholt und im Hausarchiv unter Verschluß genommen worden waren.

Den Publizisten schlug er, den Tagebuchschreiber wollte er treffen. In dem im »Reichsanzeiger« veröffentlichten Immediatbericht an den Kaiser ließ Bismarck durchblicken, daß er den Vater und Vorgänger Wilhelms II. des präsumtiven Landesverrates verdächtigte. Angebliche Enthüllungen über seine, des Kanzlers Winkelzüge in der letzten Phase der Reichsgründung könnten schon deshalb nicht zutreffen, weil es vermieden worden sei, mit dem Gatten der Engländerin »über intimere Fragen unsrer Politik« zu sprechen, weil »Indiskretionen an den von französischen Sympathien erfüllten englischen Hof« zu befürchten gewesen seien.

Wilhelm genehmigte die Untersuchung gegen Geffcken, aber das Verfahren Bismarcks, der glaubte, ihm damit einen Gefallen zu erweisen, paßte ihm nicht. Er mutete dem ungeliebten Vater einiges zu, ihm jedoch einen Landesverrat zuzutrauen, hätte nicht nur diesen persönlich, sondern das Haus Hohenzollern, also auch ihn selber, in Mißkredit gebracht. Dies hatte der alte Kanzler, der nicht mehr auf der Höhe war, außer acht gelassen.

Seine Fähigkeit, Menschen richtig einzuschätzen und demgemäß zu behandeln, hatte nachgelassen. Bismarck hatte zwar Züge in Wilhelms Charakter genau erkannt: das unstete Wesen, das ungestüme Vorgehen, den Mangel an Augenmaß, der ein Hinausschießen über das Ziel zur Folge haben konnte. Aber gerade deshalb war er schwerlich für flexible Methoden zu gewinnen oder gar auf krumme Wege zu führen, die ihm zu langwierig und auch zu unehrenhaft erschienen. Bismarck verkannte einen Grundzug der Persönlichkeit Wilhelms: Er war kein Machiavellist, er war ein Nibelunge.

Nicht nur weil er allein, sondern weil er auch anders zu regieren gedachte, wollte er den Staatsmann alter Schule, der ihn an Talleyrand erinnerte, möglichst bald in Pension schicken.

In der Außenpolitik Bismarcks vermißte er deutsche Nibelungentreue. Den Rückversicherungsvertrag mit Rußland, hinter dem Rücken des Zweibundpartners Österreich-Ungarn geschlossen, hielt er für eine Rücksichtslosigkeit gegenüber dem einzigen zuverlässigen Bundesgenossen, der dem Deutschen Reich verblieben war.

Die obrigkeitliche Innenpolitik Bismarcks konvenierte zwar einem Monarchen, der möglichst absolut regieren wollte, aber er hätte sich dabei gerne auf Kräfte gestützt, die den Monarchismus im Staat mit Progressismus in Wirtschaft und Gesellschaft zu verbinden wüßten. Dabei dachte er in erster Linie an die Nationalliberalen, deren von Bismarck in die Ecke gedrängten Führer, den vom Hannoveraner zum Preußen gewordenen Rudolf von Bennigsen, den er schätzte und dessen Ausspruch er zitierte: »Wehe den norddeutschen Liberalen, falls sie unter die Führung der süddeutschen Demokraten kommen sollten, dann ist es mit dem wirklichen, echten Liberalismus zu Ende. Dann kriegen wir die verkappte Demokratie von da unten, die können wir hier nicht brauchen.«

Die internationalen Sozialisten hätte er gerne, wie Bismarck, den nationalen Grenzen ferngehalten und – weil dies nicht möglich war – unter dauernde Quarantäne gestellt. »Für mich«, erklärte Wilhelm II. am 14. Mai 1889, »ist jeder Sozialdemokrat gleichbedeutend mit Reichs- und Vaterlandsfeind.« Merke er daher, daß sich sozialdemokratische Tendenzen in Auseinandersetzungen zwischen Arbeitnehmern und Arbeitgebern »mischen und zu ungesetzlichem Widerstande anreizen, so würde Ich mit unnachsichtlicher Strenge einschreiten und die volle Gewalt, die Mir zusteht – und die ist eine sehr große – zur Anwendung bringen«.

In der Frage, wie sozialdemokratischer Agitation zu begegnen sei, unterschied er sich nicht wesentlich von Bismarck, der am 13. Februar 1889 erklärt hatte: »Das Wesen der Sozialdemokratie besteht darin, daß sie die staatliche Ordnung negiert. Daraus ergibt sich für den Staat das Recht und die Pflicht, seinerseits die Sozialdemokratie nicht nur in ihren Wirkungen, sondern in ihrer Berechtigung zur Existenz im Staate zu bekämpfen.«

Für Wilhelm wie für Bismarck stand der Feind links, und es wäre zu erwarten gewesen, daß sie Seite an Seite gegen ihn Front gemacht hätten. Doch der Kaiser begann sich in dieser Herausforderung vom Kanzler zu distanzieren und bei einer Frage, die von ihnen gemeinsam zu beantworten gewesen wäre, den Hebel anzusetzen, um den Felsen Bismarck wegzuwälzen.

Die soziale Frage war durch die Industrialisierung aufgeworfen und von der sozialistischen Bewegung aufgegriffen worden. Als sich ihr immer mehr Arbeiter anschlossen, fühlte sich der Staat bemüßigt, sich ihrer anzunehmen.

Bismarck war dabei zweigleisig verfahren. Mit dem Sozialistengesetz von 1878 hatte er die Sozialdemokratie zurückzudrängen und mit seiner Sozialgesetzgebung – Krankenversicherung 1883, Unfallversicherung 1884, Invaliditäts- und Altersversorgung 1889 – die Arbeiterschaft an den Staat heranzuführen versucht.

Weder das eine noch das andere zeitigte den gewünschten Erfolg, wie das Anwachsen der sozialdemokratischen Wählerschaft und – im Jahre 1889 – der Bergarbeiterstreik zeigte, der im Ruhrgebiet aufgeflammt war und sich bis an die Saar und nach Schlesien ausbreitete. Mit den sozialen wurden politische Forderungen erhoben. Die ersten gingen an die Substanz einer vom Kapitalismus geprägten Wirtschaft, die zweiten rührten an die Existenz eines auf Monarchie und nicht auf Demokratie gegründeten Staates.

Bismarck brachte als Großgrundbesitzer den Großindustriellen Verständnis entgegen und machte als Ministerpräsident Miene, dem Krieg, den die Arbeiterbewegung dem Staate erklärt habe, nach Regeln des Kriegsrechts zu begegnen. Wilhelm hingegen hielt es für angezeigt, die – wie er sagte – Bismarcksche »Panzerfaust« zu lockern und dem etatistischen Zweck der Sozialgesetzgebung einen altruistischen Sinn zu verleihen – wie es ihm sein Erzieher Hinzpeter empfahl und der christlich-soziale Stoecker predigte.

Wilhelm wollte zeigen, daß er ein Herz für Arme hatte und daß er mit der Zeit ging, die eine Lösung der sozialen Frage verlangte, zumindest eine Verbesserung der Lage der Arbeiter erforderte. Mit dieser Demonstration beabsichtigte er von Bismarck abzurücken, der als Junker, der sich in der industriellen Arbeitswelt nicht zurechtfand, und als Staatsmann von gestern die Zeichen des Heute, die auf Solidarität mit dem Volke standen, nicht verstand.

Andererseits konnte es Bismarck, der Royalist, kaum mit ansehen, wie sich der Monarch vom hohen Throne zu den unteren Schichten herabneigte und durch Wohltätigkeit ihr Wohlverhalten erkaufen wollte. Und der Realpolitiker vermochte der Sozialpädagogik nichts abzugewinnen, mit der Hinzpeters Schüler die Arbeiterschaft der Sozialdemokratie abspenstig zu machen suchte.

Der Hauptkampfplatz liege in der Schule, erklärte Wilhelm II. am 30. April 1889 im Kronrat. Um das sozialistische Übel an der Wurzel anzupacken, müsse auf die Jugend eingewirkt, sie darauf hingewiesen werden, »daß die sozialdemokratischen Lehren unausführbar und jedem gleich gefährlich seien«. Dem Volke müsse schon von Kindesbeinen an beigebracht werden, daß sich bereits Friedrich der Große als König der Armen gefühlt, Wilhelm der Große die Sozialversicherungsgesetze erlassen habe und er, Wilhelm II., angetreten sei, die Bildung der Arbeiterkinder zu heben, die Arbeitsbedingungen der Väter zu erleichtern und das Los der Arbeiterfamilien zu verbessern. Dabei dachte er freilich nur an mehr Arbeiterschutz, eine Beschränkung der Frauen- und Kinderarbeit, ein Verbot der Sonntagsarbeit, die Einführung von Gewerbeaufsichtsämtern und die Einberufung eines internationalen Sozialkongresses.

Als Widersetzlichkeiten empfand Wilhelm Einwendungen Bismarcks: Im Konflikt zwischen Staatsordnung und Sozialdemokratie entscheide letztlich nicht Schulbildung, sondern Gewaltanwendung. Reiche man der von den Sozialdemokraten motivierten Arbeiterklasse einen politischen Finger, würde sie bald die ganze Hand verlangen. Sozial gefördert werden könne die Arbeiterschaft mehr durch eine von Unternehmern betriebene Erhöhung des Sozialproduktes als durch eine überstürzte Weiterführung der staatlichen Sozialgesetzgebung, durch welche die Unternehmen einseitig belastet und der Unternehmungsgeist nachhaltig gelähmt werde. Vor allem sei eine Verlängerung des Sozialistengesetzes notwendig, um den evolutionären Prozeß vor revolutionären Eingriffen zu bewahren.

Er habe »die Seele des deutschen Arbeiters gewinnen«, sie vor den sozialistischen Seelenfängern retten wollen, bilanzierte Wilhelm. Was den Arbeitern »von Rechts wegen und billigerweise zukam, sollte ihnen werden, und zwar, soweit es angängig oder billig war, wo der Wille und das Vermögen der Arbeitgeber aufhörten, von seiten des Landesherrn und seiner Regierung«.

Da er seine Sozialpolitik nur mit halbem Herzen und mit halber Kraft betrieb und auf obrigkeitliche Fürsorge beschränkte, blieb ihm die Erfahrung nicht erspart, daß sich die Arbeiter zunehmend der Sozialdemokratie zuwendeten, von der er sie hatte fernhalten wollen. »Diejenigen Arbeiter«, bilanzierte er, »die blindlings den sozialistischen Führern folgten, haben mir keinen Dank für den ihnen geschaffenen Schutz und für meine Arbeit gezollt. Uns trennt der Wahlspruch der Hohenzollern: ›Suum cuique‹. Das heißt: ›Jedem das Seine‹, aber nicht, wie die Sozialdemokraten wollen: ›Allen dasselbe‹!«

Alsbald fiel Wilhelm II. in seiner andauernden Gegnerschaft zur Sozialdemokratie in Gleichgültigkeit gegenüber der ihr anhängenden Arbeiterschaft zurück. Er landete wieder dort, wo er gestartet war, nach einem mehr sozialpädagogischen als sozialpolitischen Höhenflug. Sein kurzfristiges Engagement für die Arbeiterbevölkerung war auch und nicht zuletzt taktisch bedingt: Er wollte sich von Bismarck abheben und dem Volke zeigen, daß er sich wohl oder übel von einem Staatsmann mit antisozialer Bodenhaftung trennen müsse.

Das Sozialistengesetz von 1878 war zunehmend unpopulär geworden, bei den einen, weil es gegen rechtsstaatliche Grundsätze verstieß, und bei den anderen, weil es nicht den erwarteten Erfolg gezeitigt hatte. Bismarck jedoch beharrte mit dem Starrsinn eines Alten, der oft recht behalten hatte und auch weiterhin recht zu bekommen hoffte, auf seinem Sozialistengesetz. Er verlangte sogar, daß es nicht, wie bisher, zeitlich begrenzt und verlängerungsbedürftig sein sollte, sondern auf Dauer gelten müßte. Milderungen, wie sie im Reichstag auch von regierungsfreundlichen Abgeordneten verlangt wurden, wollte er nicht gewähren.

Wilhelm erkannte, daß Bismarck dabei war, sich zu übernehmen, und er nahm sich vor, das auszunützen. Am 24. Januar 1890 erklärte er vor dem preußischen Staatsministerium: Revolutionen seien dadurch entstanden, daß man nicht rechtzeitig die nötigen billigen und vernünftigen Konzessionen gemacht habe. Eine Revolution sei auch in Deutschland zu befürchten, wenn nicht sein Arbeiterschutzprogramm dem Volke verkündet und dem Reichstag die Zustimmung zum Sozialistengesetz durch eine Abmilderung der Bismarckschen Fassung erleichtert würde.

»Bismarck widersprach immer erregter«, berichtete Landwirtschaftsminister Lucius von Ballhausen. »Er könne nicht beweisen, daß diese Nachgiebigkeit Sr. Majestät verhängnisvolle Folgen haben werde, glaube es aber nach seiner langjährigen Erfahrung.« Wenn das Sozialistengesetz keine Zustimmung finde, müsse man sich anders behelfen, notfalls mit der preußischen Ultima ratio, der Waffengewalt.

»Se. Majestät wies diese Auffassung ebenfalls erregt zurück«, berichtete Lucius von Ballhausen weiter. »Er wolle ohne den äußersten Notfall solchen Katastrophen soweit möglich durch Präventivmaßregeln vorbeugen, nicht seine ersten Regierungsjahre mit dem Blut seiner Untertanen färben.« Das Ergebnis: »Man ging mit ungelösten Differenzen, mit dem Gefühl auseinander, daß ein irreparabler Bruch zwischen Kanzler und Souverän erfolgt war. Se. Majestät bemühte sich zwar, gegen den Fürsten freundlich zu sein, aber es kochte in ihm.«

»Wenn mich ein Blitz vom Himmel erschlüge, wäre ihm ein Stein von der Seele gewälzt«, kommentierte Bismarck. Wilhelm glaubte die Belastung durch den ihm vom Großvater und Vater aufgebürdeten Kanzler nicht länger ertragen zu können. Als Monarch von Gottes Gnaden verfügte er wie der Göttervater Jupiter über den Blitz, den er auf den Kanzler, der Ihm gleich sein wollte und sich mit Ihm angelegt hatte, herabsausen ließ.

DIE BOMBE, die Bismarck selber gelegt habe, habe ihn zerrissen, meinte Lord Rosebery: die Sprengkraft seiner Behauptung, der Wille des Kaisers sei auch für den Kanzler Gesetz; und der Sprengstoff, der durch Zuwiderhandlungen gegen Willenserklärungen des dieses Wort für bare Münze nehmenden Monarchen angehäuft worden war. Die Lunte hatte er durch sein Widerstreben gegen die sozialen Vorhaben Wilhelms und durch die Vorlage seines verschärften Sozialistengesetzes angezündet.

Das von Bismarck geforderte permanente Ausnahmegesetz gegen die zum Reichsfeind erklärte Sozialdemokratie wurde vom Reichstag am 25. Januar 1890 abgelehnt; das bisherige, zeitlich begrenzte Sozialistengesetz wurde vom Parlament nach Auslaufen am 30. September 1890 nicht mehr verlängert. Der Niederlage im Reichstag folgte, am 20. Februar 1890, eine Niederlage bei den Reichstagswahlen. Das Regierungslager schrumpfte, die Opposition wuchs; die

Sozialdemokraten steigerten ihren Stimmanteil von 7,1 auf 19,7 Prozent.

In einem parlamentarischen System, in dem der Premierminister von der Volksvertretung eingesetzt wurde und dieser verantwortlich blieb, hätte Bismarck zurücktreten müssen. In der konstitutionellen Monarchie, wie er sie in Preußen vorgefunden und im Reich eingeführt hatte, fühlte sich der Monarch, dessen Vertrauen er verloren hatte, durch das Votum des Volkes und der Volksvertretung in seinem Entschluß bestätigt, Bismarck zu entlassen.

Bereits am 4. Februar 1890 wurden zwei Erlasse des Kaisers und Königs ohne Gegenzeichnung des Reichskanzlers und Ministerpräsidenten veröffentlicht, als ob es diesen schon nicht mehr gäbe: die Ankündigungen, daß auf Anordnung des Monarchen ein Arbeiterschutzprogramm ausgearbeitet, und daß auf dessen Anregung eine internationale Konferenz über Arbeiterfragen einberufen werde.

Die in den Erlassen vertretenen Anschauungen seien Utopien, kommentierte Bismarck. Wenn vom Throne aus Utopia anvisiert und nach Popularität gehascht werde, sei das monarchische Kapital bald aufgebraucht. Vorerst griff er sein eigenes machterhaltendes Vermögen an, überzog sein Konto in der letzten Auseinandersetzung mit dem machtbesitzenden Monarchen.

Bismarck zog aus dem Archiv eine Kabinettsorder Friedrich Wilhelms IV. hervor, wonach ein Minister erst nach Rücksprache mit dem Ministerpräsidenten zum Vortrag beim König ermächtigt war. Er klopfte beim Botschafter der Französischen Republik an, um diese zu einer Absage an die vom Deutschen Kaiser gewünschte internationale Sozialkonferenz zu bewegen. Und er versuchte Windthorst, den Zentrumsführer, als Koalitionär im Reichstag zu gewinnen.

Wilhelm hätte warten können, bis Bismarck sein Kapital vollends verschleudert gehabt hätte. Doch dies entsprach weder seinem Temperament noch seinem Herrscherbewußtsein.

Den König von Preußen verstimmte die Berufung auf einen Vorgänger, der anscheinend nicht gemerkt hatte, daß er sich etwas vergab, indem er seinem ersten Diener mehr Kompetenz einräumte, als diesem zustand. Der Deutsche Kaiser war entsetzt, daß sich der Reichskanzler hinter den französischen Botschafter steckte, um das patriotische Vorhaben seines Souveräns, den deutschen Arbeiter zu gewinnen, zu hintertreiben. Den Sohn der Engländerin schauderte, als er hören mußte, daß Bismarck seine Mutter um Fürsprache ersucht hatte. Und Wilhelm II. geriet außer sich, als er in der Zeitung las, daß der Kanzler die Katholiken umwarb, die ihr Heil mehr beim Papst in Rom als beim Kaiser in Berlin suchten.

Am Morgen des 15. März 1890 erschien der 31jährige Wilhelm im Reichskanzlerpalais und ließ den fast 75jährigen Bismarck aus den Federn holen. Als dieser endlich, eilends und vielleicht nicht ganz vorschriftsmäßig angekleidet, vor dem Gestiefelten und Gespornten stand, mußte er sich wie ein verspätet zum Morgenappell angetretener Rekrut von seinem Feldwebel anschnauzen lassen.

Die veraltete Kabinettsorder Friedrich Wilhelms IV., herrschte der König den Ministerpräsidenten an, müsse schleunigst zurückgezogen und durch eine neue ersetzt werden, die Wilhelm II. das monarchische Vorrecht zurückgebe, seine Minister, wann immer er wolle, zu sich zu befehlen. Andererseits habe der Kanzler dem Kaiser Meldung zu machen, wenn er diesen oder jenen Parteiführer zu empfangen gedenke.

Bismarck schürte das Feuer: Seit fünfundzwanzig Jahren sei sein Portier angewiesen, nicht nur jeden Minister, sondern auch jeden Abgeordneten vorzulassen, denn er müsse wissen, was im Parlament wie im Kabinett vor sich gehe. Um eine Einheitlichkeit der politischen Leitung zu gewährleisten, habe er darauf zu bestehen, daß die Minister mit ihm absprächen, was sie mit dem Monarchen zu besprechen vorhätten.

Der Disput erhitzte sich zudem an einem außenpolitischen Dissens. Der Kaiser vermißte Abwehrbereitschaft gegenüber Rußland, warf dem Kanzler vor, ihm Depeschen – wie jene des Konsuls in Kiew – vorzuenthalten, in denen auf Kriegsvorbereitungen des Zarenreiches, mit dem Bismarck den Rückversicherungsvertrag geschlossen hatte, den er auch zu erneuern gedachte, hingewiesen werde. Der Kanzler entgegnete, das Reich brauche »zwei Sehnen zum Bogen«, Wien wie Petersburg; ein Krieg mit Rußland bringe nichts ein und sei ein Unglück für alle.

Bismarck goß Öl ins Feuer, als hätte er es darauf angelegt, dem Monarchen die Hölle heiß zu machen, und, wenn ihm das nicht gelingen sollte, sich lieber selber zu verbrennen, als sich das Kanzlerdasein zur Hölle machen zu lassen. Er legte dem Kaiser, der so scharf darauf war, alle Depeschen zu lesen, einen Botschafterbericht vor, der eine Bemerkung Alexanders III. enthielt, die Wilhelm II. aufs äußerste reizen mußte: Der Vetter in Berlin, der so großspurig auftrete, sei nichts weiter als ein schlecht erzogener, kein Vertrauen erweckender Junge.

Wilhelm machte auf dem Absatz kehrt und verließ das Reichskanzlerpalais, in dem er diesen Reichskanzler nicht länger sehen wollte. Am 17. März 1890 ließ der Kaiser durch den Chef seines Militärkabinetts dem Kanzler ausrichten, er wünsche dessen Abschiedsgesuch endlich zu sehen.

Am Tage darauf, am 18. März 1890, hatte er es in Händen – eine Rechtfertigungsschrift Bismarcks und eine Anklageschrift gegen Wilhelm II. Der Abschied wurde genehmigt, die Veröffentlichung des Gesuches untersagt. Erst am 31. Juli 1898, einen Tag nach dem Tode des Exkanzlers, war es im »Berliner Lokal-Anzeiger« zu lesen – zu einer Zeit, als offenkundig geworden war, daß der Kaiser nach dem Fehler der Entlassung Bismarcks weitere folgenschwere Fehler begangen hatte und die Voraussage des Entlassenen einzutreffen schien, daß eine Abkehr von der mit seiner Person verbundenen Politik »alle die für das Deutsche Reich wichtigen Erfolge in Frage stellen« würde, »welche unsre ausw. Politik seit Jahrzehnten« erzielt habe.

Zunächst war ein Aufatmen durch Deutschland gegangen, daß der Felsen Bismarck, der die innere Entwicklung zu Liberalismus und Demokratie behindert hatte, aus dem Weg geräumt war. Der junge Kaiser, der dies bewerkstelligt hatte, erweckte einige Hoffnung, daß er das Reich, das unter dem alten Kanzler zu sehr in Vergangenem festgefahren war, in eine bessere Zukunft führen könnte.

Von dieser Stimmung, die freilich nicht so verbreitet und tragfähig war, wie er annahm, erhielt der Monarch, der einen Wallenstein losgeworden und aus dem Schatten eines Mazarin herausgetreten war, gewaltigen Auftrieb. Endlich allein auf der Kommandobrücke stehend, verkündete er: »Das Amt des wachhabenden Offiziers auf dem Staatsschiff ist mir zugefallen.« Der nächste Satz: »Der Kurs bleibt der alte« ließ offen, ob er damit mehr die reaktionäre innere oder die realpolitische äußere Fahrtrichtung Bismarcks meinte. Nicht nur Bewunderung für den Elan, sondern auch Zweifel an der Umsicht des neuen Wachhabenden erweckte der letzte Satz: »Volldampf voraus!«

Aber wohin würde der Monarch, der nun allein die Richtung angab, mit der ganzen Maschinenkraft, die das mit preußischen Energien und deutschen Emotionen angeheizte Reichsschiff aufzubringen vermochte, nun steuern?

Darüber herrschte keine Klarheit. Jedenfalls neigte Eulenburg dazu, Befürchtungen über eine gewisse Orientierungslosigkeit durch ein bezeichnendes Erlebnis bestätigt zu sehen. Während einer Nordlandreise erkundigte er sich nach dem Kurs der Kaiserjacht »Hohenzollern«. Weder der Kapitän noch der Erste Offizier konnten Auskunft geben, und der Steuermann antwortete auf die Frage, wohin denn die Fahrt des Monarchen gehe: »Ick fahre nur man so drauflos.«

»Das letzte Jahrzehnt des Jahrhunderts«, notierte die Baronin von Spitzemberg, »treten wir an im Zeichen der jungen Generation, die, mit ihrem stürmischen Kaiser unerwartet früh ans Ruder gekommen, mit vollen Segeln in das wild bewegte Zeitenmeer hinaustreibt. Wohin? Das werden wir an uns selbst vielleicht allzu frühe bemerken, oder besser allzu spät, wenn die Klippen drohend vor uns aufsteigen und kein erfahrener Lotse am Steuer steht.«

Ein erprobter Seemann, der das Schiff durch schwieriges Fahrwasser steuern könnte, wurde nicht nur im Inland, sondern auch im Ausland vermißt. »Der Lotse geht« stand über einem Bild der englischen Zeitschrift »Punch«, das um die Welt ging. Es zeigte Bismarck in Seemannskleidung, wie er unter dem keineswegs besorgten Blick des an Deck gebliebenen Wilhelm II. zu dem wartenden Beiboot hinunterstieg. Es war ein Gleichnis: Der entlassene Reichskanzler verließ das Reichsschiff, das er auf Stapel gelegt und vom Stapel gelassen, maßgeblich gebaut wie ausgebaut und zwei Jahrzehnte lang durch eine bewegte See geleitet, an Klippen vorbei gelotst hatte.

Wilhelm II. blieb, ein unerfahrener Seemann, der sich jedoch für befähigt hielt, zugleich als Kapitän, Steuermann und Lotse zu amtieren.

Im Ausland wurde der erfahrene Staatsmann Bismarck vermißt, der das durch die Reichsgründung gestörte europäische Gleichgewicht wieder auszubalancieren und im Lot zu halten verstanden hatte. Weniger am Willen als am Vermögen Wilhelms II. wurde gezweifelt, diese Außenpolitik fortsetzen, weiter mit alter Staatskunst fortfahren zu können, die er nicht gelernt hatte und von der er wenig zu halten schien.

Deutsche merkten bald, was sie mit Bismarck verloren hatten. Dem Reichsgründer war zugejubelt, dem Reichsbewahrer zugestimmt worden; als Konservator der alten Herrschaftsordnung hatte er sich zunehmend Kritik zugezogen. Nun begannen immer mehr Deutsche zu erkennen, daß man einen großen Mann mit großer, zum Mißbrauch verleitender Machtfülle losgeworden war, dafür jedoch einen mittelmäßigen Mann mit noch größerer Machtfülle und noch offensichtlicheren Machtversuchungen bekommen hatte.

Je mehr der Machthaber bekannte, daß er nicht nur der alleinige Schiffseigner, sondern auch der alleinige Schiffsführer sei, und je öfter er behauptete, daß sein Kurs der richtige sei und weiter gesteuert werde, um so weniger traute man ihm die Eignung zur Leitung zu und desto mehr begann man an einer glücklichen Weiterfahrt des Reichsschiffes zu zweifeln.

Der entlassene Lotse verglich Wilhelm II. mit einem Kapitän, der bei seiner Mannschaft Besorgnis errege, weil er mit brennender Zigarre auf der Pulvertonne sitze. Als er 1890 das Reichskanzlerpalais verlassen mußte, grollte Bismarck, er sehe in diesem Kaiser den sicheren Verderber des Reiches.

»Herrlichen Tagen führe ich euch noch entgegen«, rief Wilhelm II. 1892 den Deutschen zu. Dem Versprechen war seine Auffassung zu entnehmen, daß dem Volke dieses Glück nur zuteil werden könne, wenn er die alleinige Führung habe, sie nicht mit einem Kanzler oder gar mit einer Volksvertretung teilen müsse.

Die Trennung von Bismarck sei notwendig für die Monarchie und damit auch segensreich für das Volk gewesen, bilanzierte der Alleinherrscher. Seine Pflicht und Schuldigkeit hätten es verlangt, »die Person des Monarchen erst einmal an ›seinen‹ Platz zu bringen, die Ehre und die Zukunft unseres Hauses zu retten vor dem verderblichen Einfluß des Mannes, der uns unseres Volkes Herz gestohlen hatte«. So sei ihm nichts anderes übriggeblieben, als Bismarck »in den Sand zur Rettung meiner Krone und unseres Hauses« zu strecken, »die königliche Standarte fest in meiner Hand, den Schild mit dem schwarzweißen Wappen in meinem Arm und Gott über mir«.

Sein Erfolg schien sein Auserwähltsein bestätigt zu haben: »Die

Krone sendet ihre Strahlen durch ›Gottes Gnade‹ in Paläste und Hütten«, tönte er. Sein Sieg steigerte seine Überheblichkeit: »Europa und die Welt horcht auf, um zu hören, ›was sagt und was denkt der Deutsche Kaiser?‹, und nicht, was ist der Wille seines Kanzlers!« Sein Triumphgefühl grenzte an Größenwahnsinn: »Für immer und ewig gibt es nur einen wirklichen Kaiser in der Welt, und das ist der Deutsche Kaiser, ohne Ansehen seiner Person und seiner Eigenschaften, einzig durch das Recht einer tausendjährigen Tradition, und sein Kanzler hat zu gehorchen!«

Die »nichtnormale Geistesverfassung des Kaisers« habe er erkannt und sich gegen den Rücktritt gesträubt, um eine Katastrophe zu verhindern, zürnte der in den Sachsenwald verbannte Bismarck. Sein Sohn Herbert, der Staatssekretär des Auswärtigen Amtes, der mit dem Vater und Kanzler zurückgetreten war, sagte 1890 voraus: Man müsse sich – nach dem Sturze Bismarcks – auf weitere impulsive Handlungen des Monarchen gefaßt machen. »Das wird das Reich nicht aushalten und in zwanzig Jahren wird es zerfallen.«

Es dauerte dann noch achtundzwanzig Jahre, bis 1918 mit Wilhelm II. der letzte Deutsche Kaiser und König von Preußen gestürzt wurde.

Zwischen Absolutismus und Populismus

DIE SCHWIERIGKEITEN, denen sich Wilhelm II. nach dem Abgang Bismarcks und dem Antritt seines »persönlichen Regiments« gegenübersah, wurden zwar durch sein subjektives Verhalten vermehrt und verschärft, waren aber auch auf objektive Gründe zurückzuführen. Zu schaffen machten ihm Hinterlassenschaften, die jeden Erben belastet hätten und die auch von einem bedeutenderen Herrscher nur schwer zu bewältigen gewesen wären.

Nicht jede Hypothek, die auf dem Reichshaus lag, empfand er als belastend. Vornehmlich hielt er die preußische Tradition, die zunehmend anachronistisch und obsolet geworden war, für das wichtigste Pfund, mit dem er zu wuchern gedachte.

»Das Königtum«, hatte der Historiker Heinrich Leo die Auffassung der preußischen Könige von Friedrich I. bis Wilhelm I. unterstrichen, »ist der Grundstein, ist das schöpferische Motiv Preußens.«

Wilhelm wollte auf jenem weiterbauen und dieses fortführen. Aber er überzog dabei in einer Art und Weise, welche die republikanischen Tendenzen der Zeit eher zu fördern als aufzuhalten geeignet war, in Selbstzerstörung enden konnte. Mit dem Königtum aber, prophezeite Heinrich Leo, würde Preußen seine Seele verlieren und müßte sterben.

Es werde bald nur noch Royalisten, aber keine Könige mehr geben, hatte Bismarck vorausgesagt, der Junker, der in schwieriger Zeit das monarchische Panier getragen hatte. Nun sah er es sinken, weil Wilhelm II. es zu hoch hielt und zu herausfordernd schwang.

Dieser im fortgeschrittenen 19. Jahrhundert auf den Thron gelangte König tat so, als ob, wie zu Friedrich Wilhelms I. Zeiten, die Monarchensouveränität noch wie ein »Rocher de bronze« dastünde und er noch wie Friedrich der Große sagen könnte: »Der Fürst ist für den Staat, den er regiert, dasselbe, was das Haupt für den Körper ist.«

Als »Handlanger« des »erhabenen Wollens« Wilhelms I. wurde Bismarck von Wilhelm II. bezeichnet, der nicht einmal mehr eines solchen zu bedürfen, alles allein machen zu können meinte. »Meine Kräfte gehören der Welt, dem Vaterlande. Wahlspruch Wilhelms des Großen und auch der Meinige«, erklärte der Enkel, der das Haupt des Großvaters mit einer Aureole umgab, in deren Glanz er sich sonnte: »Wenn der hohe Herr im Mittelalter gelebt hätte, er wäre heilig gesprochen, und Pilgerzüge aus allen Ländern wären hingezogen, um an seinen Gebeinen Gebete zu verrichten.«

Indessen waren im ausgehenden 19. Jahrhundert die Untertanen nicht mehr so fromm wie im Mittelalter, in dem Kaiser Karl der Große heiliggesprochen worden war. Der Bund von Thron und Altar, auf den Friedrich Wilhelm III. und Friedrich Wilhelm IV. im Zeichen der »Heiligen Allianz« bauen konnten, war brüchig geworden. Wilhelm II. jedoch glaubte, auch bei fortgeschrittener Säkularisation die Monarchie noch religiös bandagieren zu können. Dazu ließ sich weniger die vom »evangelischen Kaisertum« der Hohenzollern abgerückte und durch Bismarcks Kulturkampf gekränkte römisch-katholische Kirche herbei, als die unierte Evangelische Kirche Preußens, der bewußt blieb, was sie ihrem Summus episcopus schuldig war.

Der Inhaber des landesherrlichen Kirchenregiments schätzte als

Christ den Segen und als Monarch den Nutzen, den ihm die Verbindung von Thron und Altar eintrug. Sie schien durch den Neubau des Berliner Doms neben dem Hohenzollernschloß offenkundig zu werden. Ein Miteinander wurde in Wittenberg demonstriert. Dem um 22 Meter erhöhten Turm der wiederaufgebauten Schloßkirche, an deren Portal Luther seine reformatorischen Thesen angeschlagen hatte, wurde eine der preußischen Königskrone nachgebildete Kuppel aufgesetzt.

Gott sei mit Preußen, erklärte Wilhelm und betonte seine »felsenfeste Überzeugung«, daß »unser Alliierter von Roßbach und Dennewitz« – Schlachten im Siebenjährigen und im Befreiungskrieg – auch den jetzigen König nicht im Stich lassen werde. »Er hat sich solche unendliche Mühe mit unserer alten Mark und Unserem Hause gegeben, daß wir nicht annehmen können, daß er dies für nichts getan hat.«

»Mit Gott für König und Vaterland« hieß die Devise des 1813 von Friedrich Wilhelm III. gestifteten Landwehrkeuzes. Preußische Soldaten hatten mit dem Allmächtigen und unter dem Befehl ihres Obersten Kriegsherrn für die Monarchie einzustehen. Auch Wilhelm II. berief sich auf diese Devise, aber nicht, wie Wilhelm I., mit einer Selbstverständlichkeit, die wenig Aufhebens bedurfte, sondern wie bei allem, was er sich schuldig zu sein glaubte, mit Paukenschlag und Trompetenschall.

Die ihm direkt unterstellte Armee war das wichtigste Machtinstrument des Monarchen, der ein Soldatenkönig geblieben und ein Soldatenkaiser geworden war. Er besaß die volle, nicht durch Landtag oder Reichstag eingeschränkte Kommandogewalt; Befehle, die der Monarch dem Heer oder der Marine gab, bedurften keiner ministeriellen Gegenzeichnung. Ihm kam die Entscheidung über Krieg und Frieden und die Verhängung des Ausnahmezustandes zu.

Als Wilhelm II. Königskrone und Kaiserwürde übernahm, war eine schlagkräftige und einheitlich geführte Streitmacht nicht mehr – wie unter Friedrich dem Großen und noch unter Wilhelm I. – zur Vergrößerung Preußens und zur Erreichung einer europäischen Machtstellung erforderlich. Aber sie wurde zur Verteidigung der gewonnenen Großmachtposition für notwendig gehalten, als schirmende Wehr des Deutschen Reiches, das, durch Kriege in die

Mitte Europas gesetzt, der Gefahr eines Mehrfrontenkrieges ausgesetzt war.

Deshalb – so das Ceterum censeo Wilhelms II. – müsse das Schwert scharf gehalten werden; denn »der Feind sollte es sich dreimal überlegen, bevor er mit uns anzubinden wagte«. Aber das Schwert, das er unter Getöse schliff und in der Sonne alten Schlachtenruhmes blitzen ließ, gab ausländischen Militärs zu der Befürchtung Anlaß, er könnte es jeden Moment gegen sie zücken. Und deutsche Militärs, die von Bismarck zugleich gestärkt und gezügelt worden waren, begannen darauf zu drängen, daß mit dem Schwert nicht nur gefuchtelt, sondern auch dreingeschlagen würde.

Nach preußischer Tradition war mit der militärischen die politische Macht in der Hand des Monarchen vereint. Unter Wilhelm I. hatte es Bismarck verstanden, seiner politischen Führung zu nehmen, was ihr zustand. Nachdem Wilhelm II. den starken Kanzler entlassen hatte, wollte er wieder alle Macht im Monarchenamt konzentrieren, in seiner Person potenzieren.

Der Versuch, die preußische Militärmonarchie an der Schwelle des 20. Jahrhunderts mit neuer deutscher Macht zu restaurieren, beunruhigte im Ausland und belastete die Innenpolitik mit Hypotheken der Vergangenheit, welche die Gegenwart bedrückten und sich in der Zukunft als schwer ablösbar erwiesen.

In der Verfügungsgewalt des Militärmonarchen konnte die Armee nicht nur im Kampf gegen äußere Feinde, sondern auch zur Disziplinierung, ja Unterdrückung innerer Gegner eingesetzt werden. »Gegen Demokraten helfen nur Soldaten«, hatte die gegenrevolutionäre Parole von 1848 gelautet. Inzwischen war die Zahl der Demokraten angewachsen. Wenn sie auch noch nicht Barrikaden bauten, demonstrierten sie immerhin gelegentlich auf der Straße und opponierten ständig im Parlament wie in der Presse, so daß Wilhelm II. meinte, mehr als seine Vorgänger auf dem Quivive sein zu müssen.

Im Jahre 1889, während des Bergarbeiterstreiks, hatte er Bismarcks Ruf nach der Truppe überhört, freilich mehr aus Taktik, um den Kanzler zu desavouieren, als aus Prinzip, auf dem er beharrte und das er schon bald um so lauter betonte.

»Denket daran, daß die deutsche Armee gerüstet sein muß gegen den inneren Feind sowohl als gegen den äußeren«, rief er 1891 in Potsdam Rekruten zu, nachdem sie dem Monarchen »Treue geschworen bis zum letzten Atemzuge«. Das könne bedeuten, »daß ihr eure eignen Verwandten und Brüder niederschießen oder -stechen müßt«.

»Wie eine feste Burg ragt eure neue Kaserne in der nächsten Nähe des Schlosses auf, das ihr in erster Linie zu schützen stets bereit sein werdet«, appellierte er 1901 in Berlin an das Kaiser-Alexander-Garde-Grenadierregiment bei der Einweihung dessen mit Schießscharten versehener Kaserne. Wenn es wieder, wie 1848, zu einer Auflehnung gegen den Monarchen kommen sollte, »dann, davon bin ich überzeugt, wird das Regiment Alexander alle Unbotmäßigkeit und Ungehörigkeit wider seinen Königlichen Herrn nachdrücklich in die Schranken zurückweisen« – oder gar, wie der sozialdemokratische »Vorwärts« gehört haben wollte, dazu berufen sein, »mit der Spitze eurer Bajonette die Frechen und Unbotmäßigen zu Paaren zu treiben«.

Auch seine erbittertsten Gegner merkten bald, daß Wilhelm II. martialischer zu reden beliebte als zu handeln gedachte. Er neigte dazu, Prävention einer Repression vorzuziehen, und um diese zu vermeiden, zumindest hinauszuschieben, die Armee als Schule der Nation, zur Erziehung des Volkes zu militärischer Disziplin auch im zivilen Bereich einzusetzen.

Das alte Stockpreußentum hatte bereits die preußische Reform mit neuem Idealpreußentum in Einklang zu bringen versucht. Auch Wilhelm II., der in einem neuhumanistischen Gymnasium erzogen worden war, sah in der Armee eine Wahrerin sittlicher Werte und darüber hinaus – als Genosse einer Zeit, in der die soziale Frage aufgeworfen worden war – eine Anstalt des sozialen Ausgleichs.

»Die allgemeine Wehrpflicht«, behauptete er, »wirkt in einem Maße, wie nichts anderes, sozial. Sie bringt Reiche und Arme, Söhne von Land und Stadt zusammen.« Überdies sei sie »die beste Schule für die körperliche und sittliche Ertüchtigung unseres Volkes«. Die Wehrpflichtarmee habe »freie, ihres Wertes bewußte Männer« geschaffen. »Aus diesen Männern ergänzte sich ein vortreffliches Unteroffizierskorps, und dieses wieder lieferte uns eine Beamtenschaft, wie sie in ihrer Tüchtigkeit, Unbestechlichkeit und Pflichttreue kein anderes Volk der Erde aufzuweisen hatte.«

Auf ein Volk, das im Militärdienst geschult worden war, baute Wilhelm II. nach altpreußischem Herkommen und in neudeutscher Überspitzung: auf die Offiziere, die »Erzieher und Führer des

Volkes in Waffen«; auf die Reserveoffiziere, die als höhere und die ehemaligen Unteroffiziere, die als untere Beamte die Ordnung im zivilen Sektor der Militärmonarchie aufrechtzuerhalten hatten. Und er setzte auf die Gemeinen, die, als Aktive in Reih und Glied gestellt, durch »das Gefühl, *einem* Gedanken zu dienen«, geeint wurden und als Reservisten das Eingedrillte nicht vergessen und das Eingetrichterte stets beherzigen würden.

Der gekrönte Rektor, der Schulordnung wie Lehrplan vorschrieb, schloß eine Unterweisung in Demokratie aus, die den französischen Revolutionären, welche die »Levée en masse« erfunden hatten, als Hauptfach gegolten hatte. Auch die preußischen Militärreformer, welche die Franzosen mit deren eigenen Waffen schlagen wollten, hatten die demokratische Komponente der allgemeinen Wehrpflicht betont. Statt Untertanen sollten Staatsbürger bewaffnet werden, die im Bewußtsein, nicht nur für den Monarchen, sondern auch für das Volk zu kämpfen, die Fremdherrschaft beseitigten. Als Belohnung sollte den Befreiern mehr Freiheit im eigenen Lande winken.

Die Belohnung blieb aus, die Bevormundung hielt an, und unter dem »Volk in Waffen« wurden die zum Waffendienst berufenen Untertanen des Monarchen verstanden. Wilhelm I. hatte den letzten demokratischen Rest, die Landwehr, der königlich-preußischen Linientruppe eingegliedert. Wilhelm II. übernahm diese Grundlinie und begann sie nach Epigonenart zu überziehen – in einer Zeit, da sie, über Preußen hinaus, nach Deutschland hinein verlängert worden war.

Mit Preußens militärischer Macht war das Deutsche Reich errichtet worden, und der König von Preußen, der Deutscher Kaiser war, wollte es mit militärischem Geist erfüllen und mit militärischen Mitteln erhalten.

Kommandozentrale war der Hof, der nicht kaiserlich-deutsch wurde, sondern königlich-preußisch blieb. Als Hofkleid galt die Uniform, in der Hofrangordnung waren Militärs vor Zivilisten eingereiht, die Hofmusik machten Militärkapellen, bei Hofbällen fungierten Gardeoffiziere als Vortänzer, die Hofpagen waren Kadetten, die diensttuenden Kammerherren die Flügel-Adjutanten, und überall standen Wachen mit gezogenen Säbeln und präsentierten Gewehren.

Das Militärische bestimmte das Hofleben und instrumentierte die

Monarchenmacht. Kaum auf dem Thron oder, besser gesagt, im Sattel (denn er pflegte sich auf einem Schreibtischstuhl mit Sattelsitz niederzulassen), verwandelte Wilhelm II. die »Maison militaire« Wilhelms I., die Friedrich III. übernommen hatte, in das »Hauptquartier Seiner Majestät des Kaisers und Königs«.

Es war nicht nur eine Umbenennung, sondern eine Umbesetzung. Wilhelm II. gedachte mit neuen und jungen Offizieren seines Vertrauens »die höfischen Einflüsse und Strömungen«, die »oft zum Nachteil des Offizierskorps in der alten ›Maison militaire‹ sich fühlbar machten«, zu beseitigen, einschließlich der Rolle, die dabei »die höhere Damenwelt, welche ihres Alters wegen im Kameradenkreise spottend ›trente et quarante‹ genannt wurde«, gespielt hatte. Männer in Uniform wollte der Monarch um sich haben und mit ihrer Unterstützung nicht nur die Armee kommandieren, sondern auch sein Reich regieren. Seinen Vortragenden General-Adjutanten, den Diensttuenden General-Adjutanten, die Diensttuenden Flügel-Adjutanten suchte er sich nicht nur nach ihrer Ergebenheit, sondern auch nach ihrer Erscheinung aus. »Lange Kerls« sollten sie sein, die ihm gefielen, deutsche Zivilisten beeindruckten und ausländische Militärs überragten, etwa »gegen die degenerierten Spanier vorteilhaft abstachen«, wie einer von ihnen sich nach einem Besuch in Madrid brüstete.

Der Adjutant, auf dem der gnädige Blick des Monarchen ruhte, war ein gemachter Mann. Er konnte damit rechnen, schnell befördert und einen wichtigen Posten in der Streitmacht zu bekommen und doch – à la suite – im Militärischen Gefolge seines Dienstherrn zu bleiben. Dieser genoß die Genugtuung, seinen Günstlingen zu Rang und Ansehen verholfen zu haben, und nützte den Vorteil, durch engste Vertraute seinen Einfluß auf Heer und Marine verstärken zu können. Voraussetzung eines Avancements war, daß sich der Adjutant als ergebener Gefolgsmann des Monarchen bewährt hatte. Die Nähe zu einer Persönlichkeit, die sich als hart im Geben gebärdete, doch als weich im Nehmen erwies, ließ nicht deutlich erkennen, wer wen in seinem Sinne beeinflußte und für seine Zwecke einsetzte.

Ein Zivilist wie Eulenburg, der den Militärs die unmittelbare Nähe zu Wilhelm neidete, meinte bemerkt zu haben, »daß der Kaiser sich absolut von seiner militärischen Umgebung leiten läßt«. Nicht zuletzt – bilanzierte Eulenburg – sei er an dieser Entourage gescheitert, »die ihn klug beherrschte, indem sie ihm niemals widersprach; die auch diejenigen beseitigte, die gegenüber dem Herrscher den Mut besaßen, ihm offen entgegenzutreten, wo es die Pflicht erheischte«.

Zu einem ähnlichen Schluß gelangte Admiral Tirpitz, der als Staatssekretär des Reichsmarineamtes sich an dem Militärischen Gefolge rieb, das sich zwischen ihn und den Kaiser stellte: »Man mußte den Kaiser unter vier Augen sprechen, da, wenn Dritte anwesend waren, sein eigenes wirkliches Urteil leicht abgelenkt wurde durch den von ihm stark gefühlten Drang, bei jeder eigenen Stellungnahme als Kaiser zu erscheinen. In diesem Umstand wurzelte die Macht der Kabinette.«

Wilhelm II. hatte deren drei: Das Militärkabinett, das Marinekabinett und das Zivilkabinett. Das erste war das größte und das wichtigste, das zweite wurde, wegen der Flottenambition Wilhelms, immer bedeutender, und das Zivilkabinett geriet zunehmend in den Schatten des »Kasinokabinetts« und des »Kajütenkabinetts«.

»Der Kabinettschef« – ein General oder Admiral – »wohnte den dienstlichen Vorträgen des verantwortlichen Ressortministers bei, und es war natürlich, daß nach dessen Weggang der Monarch die Angelegenheiten mit ihm unter vier Augen besprach«, bemerkte Tirpitz. »Die Kabinettschefs brauchten also nur den richtigen Augenblick abzupassen und sich auf Phantasie und Temperament des Herrschers einzustellen, um ihrer Ansicht Geltung zu verschaffen.« Die Kompetenzen des Marinestaatssekretärs wie des Kriegsministers wurden dadurch beeinträchtigt. Befugnisse des letzteren hatte bereits Wilhelm I. dem Militärkabinett übertragen. Absicht war, die Armee der ohnehin schon unzureichenden politischen Kontrolle noch weiter zu entziehen, die wichtigste Kommandogewalt aus den Händen des Ministers, der im Landtag Rede und Antwort zu stehen hatte, in die des nur dem Monarchen verantwortlichen Militärkabinetts zu legen.

Der Großvater hatte seine Kabinettsmilitärs im Griff gehabt, dem Enkel, der sie noch mehr in den Griff bekommen wollte, begannen sie zu entgleiten. Die parlamentarisch unverantwortliche Nebenregierung drohte zu einer Überregierung zu werden, die über dem alle Befehlsgewalt beanspruchenden, aber sie weitgehend seinem Militärischen Gefolge überlassenden Monarchen stand.

Ähnliches galt für den Generalstab. Auch ihn, der dem Kriegsministerium untergeordnet gewesen war, hatte Wilhelm I. direkt dem Obersten Kriegsherrn unterstellt. Sein Generalstabschef Helmuth von Moltke blieb dem Monarchen ergeben und begann gegenüber dem Politiker Bismarck den Primat des Militärischen zu betonen. Wilhelms II. erster Generalstabschef, Alfred von Waldersee, plädierte dafür, alle militärischen Angelegenheiten parlamentarischen Einmischungen zu entziehen. Sicher war, daß er dem Militär noch mehr Einfluß auf die Politik verschaffen wollte. Offen blieb, ob er die vermehrte Kommandogewalt beim Monarchen oder beim Generalstabschef zu konzentrieren gedachte. Letzteres schien Wilhelm II. anzunehmen; jedenfalls versetzte er den 1888 zum Generalstabschef ernannten Waldersee bereits 1891 als Kommandierenden General nach Altona, was einer Strafversetzung gleichkam.

Der aus hohem Stand der Gnade in tiefe Ungnade gefallene Waldersee ließ das Schmeicheln und begann zu schimpfen: »An höchster Stelle glaubt man allein regieren zu können, *alles* zu verstehen, *alles* am besten zu wissen, während man sich in Wirklichkeit über *kein* Ziel völlig klar ist, nichts wirklich gründlich versteht.«

Der Generalstabschef, der seinen Obersten Kriegsherrn nicht in seine Strategie einzubeziehen vermocht hatte, blickte neidvoll auf taktische Erfolge anderer, die geschickter vorgingen und schrittweise vorankamen. Dies traf nicht nur auf Wilhelms Adjutanten und Kabinettsmilitärs, sondern auch auf den neuen Generalstabschef zu. Unter Alfred von Schlieffen wurde die Militärbehörde, die Kriegspläne zu produzieren hatte, zu einer Maschine montiert, deren Schalthebel de jure der Monarch, de facto jedoch der Generalstabschef bediente.

Preußen sei kein Staat, der eine Armee habe, sondern eine Armee, die einen Staat besitze – das Wort des Franzosen Mirabeau schien in dem von Preußen geführten Deutschland wieder aktuell zu werden. Darauf deutete die Entscheidung Wilhelms II. hin, nach der Entlassung des uniformierten Zivilisten Bismarck einen aktiven Militär, den Kommandierenden General des X. Armee-Korps, Leo von Caprivi, zum preußischen Ministerpräsidenten und deutschen Reichskanzler zu ernennen.

Zunächst hatte er den – wie er ihn qualifizierte – »tüchtigen aber etwas eigensinnigen und von Eitelkeit nicht ganz freien General« nicht mehr in seiner Nähe haben wollen. Der Hauptgrund war, daß der von Wilhelm I. zum Vizeadmiral ernannte, als Chef der Admiralität eingesetzte Generalleutnant dieses Amt so führte, wie es der alte Kaiser, der ein Landsoldat war und blieb, von ihm erwartete.

Dem neuen Kaiser, der zwar die Landmacht nicht schwächen, aber die Seemacht stärken wollte, gefiel das nicht: Caprivi sei als alter preußischer General wie seine »Zeit- und Altersgenossen von 1864, 1866 und 1870/71« der Ansicht gewesen, »die Armee habe immer alles gemacht und so werde es weiter bleiben«. Deshalb habe er die zur Verfügung stehenden Mittel lieber seiner Stammwaffe als der ihm anvertrauten Marine zugestanden und dadurch den Neubau von Kriegsschiffen vernachlässigt.

Kurz nach seinem Regierungsantritt hatte der Flottenkaiser in spe einen Admiral, den Grafen Alexander Monts, zum Chef der Admiralität ernannt und Caprivi das Kommando über ein Armee-Korps des Heeres verliehen, den Schuster seinen Leisten zurückgegeben.

Am 20. März 1890 übertrug er Caprivi überraschend die Ämter des preußischen Ministerpräsidenten und des deutschen Reichskanzlers. Als Grund nannte Wilhelm II. coram publico: Er habe einen Mann gesucht, der Kontinuität versprach. So sei seine Wahl auf den 59jährigen Caprivi gefallen, »der während der Kriege eine leitende Stellung bekleidet und bereits ein Staatsamt unter dem Fürsten« – Bismarck – »geführt hatte«. Caprivis »Alter verbürgte, daß er einen überlegten und ruhigen Ratgeber für den ›verwaisten‹ jungen Kaiser abgeben werde«.

In petto hegte er andere Erwartungen. Er brauchte einen Mann, der an die Statur Bismarck nicht heranreichte, in militärischer Dienstauffassung gegen zivilistische Anwandlungen gefeit und als Soldat dem Oberkommandierenden zu gehorchen gewohnt war.

Caprivi folgte dem Befehl, als Ministerpräsident und Reichskanzler zu dienen, obgleich er darüber nicht glücklich war. Er kannte Wilhelm, der glaubte, alles verstehen und beurteilen zu können; deshalb war er, dem der junge Kaiser in seine Geschäftsführung hineingeredet und sich über seinen Kopf hinweg an Untergebene gewandt hatte, nicht ungern als Chef der Admiralität zurückgetreten. Nun mußte er annehmen, daß ihm Wilhelms sattsam bekanntes Verhalten in seinen weit größeren und wichtigeren Ämtern noch viel mehr zu schaffen machen würde.

Dennoch trat er seinen neuen Posten ohne Murren und Zagen an, eben ein Soldat, der zu neuen Aufgaben abkommandiert wurde. Weil ihn jedoch Pflichtgefühl und Gesetzestreue auszeichneten, war zu erwarten, daß er bestrebt sein würde, seine Schuldigkeit nicht nur gegenüber dem König und Kaiser, sondern auch gegenüber dem Landtag und Reichstag zu tun. Vorgezeichnet war sein persönlicher Konflikt zwischen den Anforderungen an den Militär und den Aufgaben des Staatsmannes wie der politische Konflikt zwischen dem Regierungschef, der seine Ämter gemäß den Verfassungen zu führen hatte, und dem Monarchen, der sich gerne über Grenzen, die ihm die Konstitutionen zogen, hinweggesetzt hätte.

Mit dem Dualismus, der in der preußisch-deutschen Form der konstitutionellen Monarchie angelegt war, wurde in erster Linie Wilhelm II. konfrontiert. Er war eben nicht nur der Oberkommandierende einer Militärmonarchie, sondern auch das gekrönte Oberhaupt eines Staates und der gekrönte Präsident eines Reiches, der als ein durch Verfassungen gebundener Monarch Volk und Volksvertreter zu berücksichtigen und als Primus inter pares eines Fürstenbundes seine Mitfürsten zu respektieren hatte.

DAS »PERSÖNLICHE REGIMENT«, das er nach altpreußischer Art und neo-absolutistischer Weise beabsichtigte, stieß auf objektive Schwierigkeiten, die in der preußischen Staatsverfassung wie in der deutschen Reichsverfassung, und auf subjektive Schwierigkeiten, die in seiner Person begründet waren.

»Ihr wißt alle gar nichts«, bedeutete er Admiralen. »Nur ich weiß etwas, nur ich entscheide«. Aber mit seinem Wissen war es nicht weit her, und Entscheidungen ließen auf sich warten. Denn er wollte sie wohl allein fällen, doch er scheute die Arbeit, die damit verbunden war. Er beanspruchte alle Verantwortung und nahm sie nicht voll und ganz wahr.

Schon am Prinzen hatte Staatssekretär Herbert von Bismarck Ausdauer vermißt: Er wolle bloß amüsiert sein, selbst am Soldatenleben interessierten ihn eigentlich nur der bunte Rock und das Durchziehen der Straßen mit Musik. Über den Monarchen klagte Hofmarschall Zedlitz-Trützschler: »Neun Monate reisen, nur die Wintermonate zu Hause! Wo aber bleibt auch da bei fortgesetzter Geselligkeit Zeit für ruhige Sammlung und ernste Arbeit?«

Wilhelm entfloh der Routine und mied das Detail. Er saß nicht gerne am Schreibtisch, nahm sich nur ungern Akten vor. Wenn dies unumgänglich war, ließ er es, sich auf seine rasche Auffassungsgabe verlassend, bei einem Überfliegen bewenden, wartete mit schnellen Urteilen auf und machte seinem Unmut, einer ungeliebten Beschäftigung nachgehen zu müssen, mit spitzen Randbemerkungen Luft.

Marginalien an von Untergebenen sorgfältig verfaßten und von Kanzlisten säuberlich geschriebenen Akten anzubringen, war ein Vorrecht des Chefs. Bismarck, von dem sich Wilhelm II. abzuheben suchte, hatte davon zurückhaltenden Gebrauch gemacht. Wilhelm I., den er stets als Vorbild hinstellte, aber sich kaum danach richtete, war davor zurückgeschreckt, in Schriftstücken anderer herumzukritzeln. Friedrich Wilhelm IV., dem er in manchem glich, konnte nicht genug Unterstreichungen und Ausrufezeichen anbringen. Friedrich der Große, dem er nacheiferte, benutzte gerne die Gelegenheit, seine Räson leuchten und seinen Esprit brillieren zu lassen.

Die Marginalien Wilhelms II. waren weniger Randbemerkungen zur Sache als Hinweise auf seinen Charakter. Was ihm spontan einfiel, gab er impulsiv wieder, salopp in der Form und arrogant in der Aussage. Die Majestät, die sich über jeden erhaben dünkte und deshalb alles zu überblicken glaubte, äußerte sich mit der Apodiktik eines Allwissenden und Allmächtigen, mit der Burschikosität eines Korpsstudenten und im Jargon eines Schleifers auf dem Kasernenhof.

An den Rand des Berichtes eines Botschafters, der meinte, die Gabe des zweiten Gesichtes gehöre dazu, die Zukunft zu entschleiern, schrieb der Kaiser: »Diese Gabe kommt vor! Bei Souveränen öfter, bei Staatsmännern selten, bei Diplomaten nie.« Selbstredend fühlte er sich als Souverän, der mit dieser Gabe begnadet war und deshalb voraussagen könne, was morgen geschehen werde, bestimmen müsse, was heute zu geschehen habe, und sich dabei von gewöhnlichen Sterblichen nicht beirren lassen dürfe: »Ich bleibe ruhig und seh herab von meinem Tier auf das Gesindel unter mir!«

Er neigte dazu, seine Untergebenen, wenn schon nicht für Gesindel, so doch für sein Gesinde zu halten. Dabei unterschied er zwischen den Militärs, die eine bevorzugte Stellung einnahmen, zur Suite gehörten, und Zivilisten, die ihm als Dienstboten erschienen, denen er ständig auf die Finger zu schauen und zu klopfen habe.

Aktenkundig wurde dies durch einschlägige Marginalien, zum Beispiel: »Was weiß der Zivilist davon!«, »Kann er gar nicht beurteilen als Zivilist!«, »Das sind Militaria, die Zivilisten, zumal Diplomaten nun einmal nicht verstehen!« oder »So ein Blech kann nur durch zivilistische Diplomaten ausgedacht werden, die von rebus militaribus keinen Dunst haben!«

Sie konnten es ihm kaum recht machen, mitunter sogar die militärischen Gefolgsleute, am wenigsten jedoch die zivile Dienerschaft, ob nun Diplomaten, Verwaltungsbeamte oder auch Minister. Beeindruckt vom Castel del Monte in Apulien pries der Hohenzollernkaiser die Leistungen des Stauferkaisers, nicht ohne hinzuzufügen: Er vermöchte ähnliches zu vollbringen, wenn er wie dieser Friedrich II. seine Diener peitschen und köpfen lassen könnte.

Dem alten Bismarck hatte man Sultanslaunen nachgesagt, nun sprach man von Cäsarenlaunen Wilhelms II. Er verfahre leichtfertig und eigenwillig, gehe jeder ernsten Arbeit aus dem Weg, mißachte den Rat sachverständiger Männer, lasse sich ausschließlich von persönlichen Antrieben leiten – so gab ein österreichischer Diplomat 1894 die Meinung in Berlin wieder.

Auch dieser Cäsar brauchte Offizianten, die seinen Willen in Verordnungen umsetzten und als Verfügungen durchsetzten. Dies war um so notwendiger, als er sich der mit der Verwirklichung seiner Eingebungen verbundenen Anstrengung ungern unterzog. Er hätte nicht nur ergebener und verständiger, sondern auch sachkundiger Räte bedurft, die ihn vor impulsiven Fehlschlüssen bewahrt, von spontanen Fehlentscheidungen abgehalten hätten und den Fehlbetrag zwischen seinem Anspruch, alles zu bestimmen, und seiner Neigung, wenig zu erledigen, einigermaßen ausgeglichen hätten.

Aber er bestellte lieber Ordonnanzen, die ihm Gewähr boten, daß sie seine Befehle unverzüglich überbrachten, und Kanzlisten, die seine Anordnungen ohne Wenn und Aber ausführten. Unstatthafte, wenn auch wohlgemeinte und sachdienliche Eingriffe in die alleinige Entscheidungsbefugnis des Souveräns glaubte er nicht hinnehmen zu dürfen.

»Frühere Herrscher«, kritisierte der wegen solcher Übergriffe entlassene Bismarck, »sahen mehr auf Befähigung als auf Gehorsam ihrer Ratgeber. Wenn der Gehorsam allein das Kriterium ist, so wird ein Anspruch an die universelle Begabung des Monarchen gestellt, dem selbst Friedrich der Große nicht genügen würde, obwohl die Politik zu seiner Zeit weniger schwierig war als heute.«

Friedrich der Große hatte sich bemüht, ein unentwegt tätiger Diener seines Staates zu sein. Wilhelm II., der sich als Herr seines Staates aufführte, überließ die Kärrnerarbeit der Dienerschaft, die sich zwar dem Fuhrunternehmer erbötig zeigte, aber als Fuhrmannschaft vom Dienst die Zügel in Händen hatte. So wurde unter Wilhelm II. die Kamarilla fast noch einflußreicher als unter Friedrich Wilhelm IV., der sich ebenfalls als Instrument des Höchsten bezeichnet hatte und ebenso von Niedrigeren instrumentiert worden war.

Das beanspruchte »persönliche Regiment« wurde schon im intimen Kabinettskreis und noch mehr durch verfassungsmäßige Institutionen und Gremien beschränkt.

Konstitutionen, wenn sie einmal da waren, zumal in einem Jahrhundert, das »Nation und Verfassung« auf sein Panier geschrieben hatte, waren nicht mehr abzuschaffen. Das hatte auch Wilhelm II. erkannt und – als Beweis, daß er die Zeichen der Zeit verstanden habe – gebührend herausgestrichen.

Bei seinem Regierungsantritt habe man ihm ein Schreiben Friedrich Wilhelms IV. ausgehändigt, »auf dessen Umschlag sich das Siegel und der Lesevermerk meines Großvaters und meines Vaters befanden«. Darin forderte der König von Preußen, der das Jahr 1848 hatte erleben müssen, seine Nachfolger auf, die ihm von der Revolution »abgezwungene Verfassung außer Kraft zu setzen und die alte Regierungsform wieder herzustellen, da diese die einzige sei, mit der man in Preußen regieren könne«.

Als er das Testament des Großonkels gelesen habe, sei ihm sofort klargeworden: Käme dieses Schreiben »in die Hände eines unerfahrenen Thronfolgers, so konnte es das größte Unheil anrichten«. Das wollte der junge König, der sich schon für erfahren genug hielt und das auch beweisen wollte, unter allen Umständen verhindern. »Ich zerriß daher kurzerhand den Brief und verbrannte ihn in meinem Kamin. Auf das Kuvert schrieb ich, mit meinem Siegel und dem Datum des Tages darunter: ›Inhalt gelesen und vernichtet.‹«

Ohne dramatische Gesten hatten Großvater und Vater das Vermächtnis Friedrich Wilhelms IV. ignoriert.

Wilhelm I. hatte die Erfahrung gewonnen, daß ein König von Preußen mit der Konstitution ganz gut leben konnte. Von seinem Ministerpräsidenten Bismarck, dem Sieger im Verfassungskonflikt mit der Volksvertretung, war ihm gezeigt worden, daß in Preußen nach wie vor der Monarch und nicht das Parlament den Ausschlag gab. Das Dreiklassenwahlrecht sorgte dafür, daß die Opposition im Abgeordnetenhaus nicht zu üppig wurde, und als Gegengewicht dienten die royalistischen Kräfte im Herrenhaus.

Friedrich III. hatte nicht einmal im Traum daran gedacht, die preußische Konstitution abzuschaffen. Vielmehr war von ihm von den einen erwartet und von den anderen befürchtet worden, daß er, wenn ihm eine längere Regierungszeit vergönnt gewesen wäre, einer Parlamentarisierung Tür und Tor geöffnet hätte.

Wilhelm II. wollte wieder auf die Linie Wilhelms I. einschwenken. Das Königsregiment glaubte er ohne den selbständigeren Bismarck und mit dem gefügigeren Caprivi führen zu können. Bald wurde deutlich, daß ihm mit dem starken Ministerpräsidenten, der zwar eigenwillig, aber im Namen und zum Nutzen des Königs regiert hatte, besser gedient gewesen wäre als mit einem schwachen Präsidenten des Staatsministeriums, der immer nach oben schaute, sich nach dem Monarchen richtete und dabei unter den Füßen im Landtag monarchischen Boden verlor.

Noch mehr als im preußischen Mutterhaus begann im deutschen Reichshaus die konstitutionelle Ausstattung einen Monarchen zu behindern, der darin als Souverän schalten und walten wollte.

Um seinen Reichsbau einzurichten, hatte Bismarck Konzessionen an den zivilen Geist und den bürgerlichen Geschmack machen und in den Fundus von Liberalismus und Demokratie greifen müssen. Aber er entnahm ihm nur so viel, daß der Hausherr einverstanden sein konnte und die Hausbewohner sich einigermaßen wohl fühlen mochten.

Doch Parteien in der Beletage, so die Nationalliberalen, begnügten sich nicht damit, wollten Moderneres haben, und Parteien im Souterrain, so die Sozialdemokraten, verlangten nach mehr Licht und Luft. Diese Forderungen hatten bereits dem Hausverwalter Bismarck zu schaffen gemacht; der neue Hausherr sah die Hausordnung gefährdet.

Wilhelm II. war von Bismarck geraten worden, sich nicht förmlich auf die Reichsverfassung vereidigen zu lassen. Der Reichskanzler hatte es längst bereut, daß er dem Reichsvolk ein demokratisches Wahlrecht zugestanden hatte, was den allgemein und frei gewählten Reichstag dazu ermutigte, mehr parlamentarische Kompetenzen, als er ihm gewährt hatte, zu fordern.

Gegen Ende seiner Kanzlerschaft hatte Bismarck einen Staatsstreich erwogen: Das Reich sei als Fürstenbund gegründet worden, und wenn der Reichstag auf dem Wege zum Parlamentarismus die Monarchensouveränität durch die Volkssouveränität zu ersetzen trachtete, müsse er aufgelöst und eine neue Reichsverfassung ohne demokratisches Wahlrecht sowie mit beschnittenen parlamentarischen Befugnissen gegeben werden.

Wilhelm II. billigte zunächst diese Argumentation nicht, aber er merkte sie sich, um bei Bedarf, wenn er den Reichstag »zum Teufel jagen« wollte, darauf zurückzukommen.

Der Kaiser behauptete, die Reichsverfassung niemals gelesen zu haben. Er schien anzunehmen, daß das, was er nicht kenne, ihn nicht berühre. Ihm genügte es, zu wissen, daß er den Reichskanzler nach eigenem Ermessen ernennen und entlassen konnte. Dieser trug zwar auch gegenüber dem Reichstag Verantwortung, aber Wilhelm blieb darauf bedacht, Kanzler zu nehmen, die sich dem Monarchen mehr als der Volksvertretung verantwortlich fühlten, und die sich nicht auf die Seite des Parlaments schlugen, wenn die verfassungsmäßige Gegenzeichnung der Erlasse des Kaisers durch den Reichskanzler zu spät oder gar nicht eingeholt wurde.

Die Reichsverfassung war von Bismarck auf einen starken Reichskanzler, auf seine Person zugeschnitten worden. Doch er blieb sich bewußt, daß er für den Monarchen einzustehen und die Monarchie zu erhalten habe. Um ganz sicher zu gehen, wollte Wilhelm II. als Kaiser auch de facto das Amt des Reichskanzlers übernehmen. Dabei übernahm er sich, überforderte seine Kräfte, verstimmte die als ausführende Organe behandelten Kanzler, forderte den Widerspruch aller Verfassungstreuen heraus und gab der Opposition Aufwind. Anstatt Nutzen aus der von Bismarck vorgezeichneten Arbeitsteilung zwischen Kaiser und Kanzler zu ziehen, schadete er der Monarchie, die er in Stärke hatte bewahren wollen.

Auf dem Wege zur angestrebten Alleinregierung blieb der Reichstag ein Hindernis, das immer höher wurde. Es half ihm nichts, daß er dessen Bedeutung herunterspielte, nach Umgehungsmöglichkeiten suchte, einmal behauptete: »Es ist mir vollständig gleichgültig, ob in dem Reichstagskäfig rote, schwarze oder gelbe Affen herumspringen.« Der Reichstag, obwohl mit Kompetenzen knapp gehalten, besaß immerhin das Budgetrecht. Die Abgeordneten konnten nicht nur Grimassen schneiden, sondern auch seine Haushaltsvoranschläge zerpflücken. An den Säulen seiner Monarchie wurde gerüttelt, wenn am Budget von Streitkräften gedeutet wurde.

Auch den Bundesrat empfand er als Bleigewicht, das seinen Höhenflug erschwerte. In diesem Reichsorgan, durch das die Bundesstaaten in Legislative wie Exekutive an der Bundesgewalt mitwirkten, saßen zwar die Vertreter von Fürsten, die an der Fürstensouveränität festhielten, aber gerade deswegen den König von Preußen, der als Deutscher Kaiser nur der Erste unter Gleichen sein sollte, nicht als Herrn und Meister über sich haben wollten.

Nachdem er sein Drohwort »Suprema lex regis voluntas« in das Gedenkbuch der Haupt- und Residenzstadt des Königs von Bayern geschrieben hatte, berichtete ihm Eulenburg, der damals preußischer Gesandter in München war, was er damit in Bayern angerichtet hatte: Die Leute – vom Prinzregenten angefangen – meinten aus der Eintragung »eine Art persönlichen kaiserlichen Willen über den bayerischen Willen herauszulesen«. Alle Parteien, ohne Ausnahme, »haben sich durch das Wort Ew. Majestät verletzt gefühlt«.

Für Schaum im Maßkrug hielt das die preußische und deutsche Majestät. Ernster nahm er die Nichtbeflaggung der bayerischen Staatsgebäude an seinem 41. Geburtstag im Jahre 1900. »Na warte Wittelsbach!« schrieb er an den Rand des Gesandtenberichtes. »Du sollst noch das Reich achten und kennen lernen!« Vorerst revanchierte er sich mit einer Marginalie: »Die Sache darf nicht durchgelassen werden. Nie wieder darf die Flagge eines Wittelsbachers eines meiner Schiffe verunzieren.«

Im übrigen, gab er weiter von sich, genierten ihn die süddeutschen demokratischen Staaten nicht; er habe 18 Armee-Korps und würde schon mit ihnen fertig werden. Wenn sich die Süddeutschen zu störrisch zeigten, würde er ihnen einmal den Krieg erklären.

Aber er hatte es mit Bundesgenossen, nicht mit Untertanen zu tun, und dieses Reichsgrundgesetz war nicht mit martialischen Sprüchen aus der Welt zu schaffen.

Nicht einmal als militärischer Oberbefehlshaber konnte er voll und ganz über das »Reichsheer« verfügen. Die bayerische Armee stand in Friedenszeiten unter dem Oberkommando des Königs von Bayern. Der als Kaiser bezeichnete Präsident des Reich genannten Bundes konnte nicht alles über die Köpfe der Bundesmitglieder hinweg entscheiden. Auf die partielle Fürstensouveränität Rücksicht zu nehmen gebot die allgemeine Monarchensouveränität, die ihm so viel galt. Und der parlamentarischen Entwicklung, die in den »süddeutschen demokratischen Staaten« weiter als in seinem Preußen fortgeschritten war, konnte er nicht »Das Ganze halt!« und schon gar nicht ein »Kehrt marsch!« befehlen.

Seinem wachsenden Unmut über die Schranken, die ihm durch die Reichswirklichkeit gezogen waren, suchte er durch verstärkte Drohworte Luft zu machen. Damit verbreiterte er nur die Kluft zwischen dem, was er wollte, und dem, was er konnte.

Dadurch verlor er zunehmend an Autorität. Wilhelm II. lebe vom royalistischen Kapital, das er heute achtlos vergeude, und das einmal seinem Sohn, »ja, wahrscheinlich in wenigen Jahren schon ihm selbst, empfindlich fehlen wird«, erkannte Holstein 1895, und die Baronin von Spitzemberg klagte: »Es ist doch etwas Schreckliches um diese Redewut und diese Prahlerei, besonders wenn es sich um Dinge handelt, die der Kaiser nie zu tun gedenkt« – weil er sie eben aus subjektiven wie objektiven Gründen nicht zu tun vermochte.

Oppositionellen ermöglichte dies eine Doppelstrategie. Einerseits bezeichneten sie ihn als das, was er sein wollte: der Generalissimus einer Militärmonarchie, auf dessen Kommando alle hören und dessen Befehle alle befolgen müßten. Andererseits stellten sie ihn so hin, wie er ihnen in der Diskrepanz zwischen Wollen und Können erschien: als »Miles gloriosus«, als »ruhmredigen Soldaten«, wie aus einem Lustspiel von Plautus entstiegen, oder als »General Bumm«, dessen Bravour im Mißverhältnis zu seiner Befähigung stand, wie ihn Offenbach auf die Operettenbühne gestellt hatte.

Nicht nur im Ausland, zunehmend auch im Inland sahen Kritiker wie in einem romanischen Straßentheater einen »Capitano«, einen Maulhelden, auf der deutschen Staatsbühne herumstiefeln, nicht mit Federhut und radgroßen Sporen, aber auch mit rasselndem Säbel und eisenfressenden Reden.

»Eine Rotte von Menschen, nicht wert, den Namen Deutscher zu tragen, wagt es, das deutsche Volk« – in der Person seines höchsten

Repräsentanten – »zu schmähen«, rief er 1895 seinen Garden zu. Wenn das gesamte Volk nicht die Kraft finde, die unerhörten Angriffe zurückzuweisen – »nun, dann rufe Ich Sie, um der hochverräterischen Schar zu wehren, um einen Kampf zu führen, der uns befreit von solchen Elementen.«

Mit der Ultima ratio der Kanonen konnten jedoch die Deutschen seiner Zeit nicht wie einst die brandenburgischen Quitzows niedergekämpft, nicht einmal eingeschüchtert werden. Die Vorstellung, ähnlich wie Ludwig XIV. und noch wie Friedrich der Große regieren zu können, war auch in einem Volk, das nicht so emanzipiert war wie die westlichen Nachbarn, keineswegs durchzusetzen.

»Ich bin der alleinige Meister – ›the sole master‹ – der deutschen Politik und mein Land muß mir folgen, wohin immer ich gehe«, bedeutete er seinem Onkel Eduard. Dem künftigen König von England, der auf sein Parlament angewiesen sein würde, wollte er zeigen, daß das Deutsche Reich ganz anders und dessen Kaiser viel bedeutender sei.

Doch das deutsche Volk war zu der Vereinigung von Nation und Demokratie unterwegs, zu der die Engländer und die Franzosen bereits gekommen waren. Dieser Weg war ihm nach dem Scheitern der Revolution von 1848/49 verlegt worden, aber die Reaktionäre konnten es nur verzögern, nicht verhindern, daß die Barriere des Monarchenstaates Stück um Stück abgebaut, Bahn für einen nationalen Verfassungsstaat geschaffen wurde.

Pionier war das Bürgertum. Auf dem Weg vom Agrarstaat zum Industriestaat war es wirtschaftlich vorangekommen, rückte gesellschaftlich auf und begann über die Mitsprache hinaus, die ihm Bismarcks Reichsverfassung eingeräumt hatte, politische Mitbestimmungsrechte in Parlament und Regierung zu verlangen. Und hinter dem Dritten Stand gewann der Vierte Stand an Boden, die Masse der neuen Industriegesellschaft, die Anschluß an die Fortschrittsbewegung finden und Anteil am Sozialprodukt wie an der Staatsgewalt haben wollte.

Durch die Reichsgründung waren zwar viele nationalstaatliche, aber nur wenige verfassungsstaatliche Wünsche befriedigt worden. In der »verspäteten Nation« war die Sehnsucht nach einem neuen Reich so stark gewesen, daß eine Mehrheit, von Bismarck vor die Wahl »Einheit oder Freiheit« gestellt, sich vordringlich für die erste entschied. Nach der Reichsgründung blieben viele Deutsche so mächtig von der Reichsromantik bewegt, daß sie über das erreichte nationale Ziel hinaus zu imperialen Zielen strebten. Sie begannen in Wilhelm II. einen Wegweiser zu sehen, den Imperator, der diesen Wunsch zu artikulieren und diesen Drang zu verkörpern schien.

Da der preußische Nationalstaat durch preußische Macht und preußische Waffen geschaffen worden war, hielten zahlreiche Deutsche Wesenselemente der Gründergewalt für Hauptelemente eines deutschen Nationalstaates – und den mit Ruhm und Ehre zum Deutschen Kaiser avancierten König von Preußen, vornehmlich den sich im Glanze der Größe präsentierenden Wilhelm II. für die Inkarnation der errungenen nationalen und den Promotor der erstrebten imperialen Macht.

Vielen deutschen Bürgern war die Potenzierung von militärischem und wirtschaftlichem zum nationalen Erfolg so zu Kopf gestiegen, daß sie – unter Verleugnung, ja Verdrängung liberaler Grundsätze, denen sie einst angehangen hatten – preußische Junker mit der Übertreibung von Parvenüs nachahmten und nordischen Sagengestalten, welche die Reichsphantasie beflügelten, nacheiferten.

Vom »friderizianisch-grimassierenden Bourgeois« sprach der Schriftsteller Hermann Bahr, vom »Bourgeois in seiner entsetzlichsten Gestalt, in der neudeutschen Aufmachung: der Bourgeois im Stechschritt, der Händler als Held, der Geschäftsreisende im Feldwebelton, der Jobber und Schnorrer mit den Gebärden Wotans.« Deutsche Bürger, die sich so aufführten, begannen in Wilhelm II. den Hauptdarsteller der altpreußisch-neudeutschen Heldenoper zu sehen.

Das Gros der Deutschen war – nach drei gewonnenen Kriegen – so militärbegeistert und militärfromm, wie es sich der Oberbefehlshaber einer Militärmonarchie nur wünschen konnte. Auch Arbeiter gehörten Kriegervereinen an, nahmen an Sedanfeiern teil und standen nicht an, zu Wilhelm II., der die Sozialdemokraten am liebsten niederkartätscht hätte, bewundernd emporzublicken, wenn er im Zauber der Montur erschien.

Ein bezeichnendes Erlebnis erzählte Friedrich Wilhelm Foerster, der drei Monate Festungshaft bekommen hatte, weil er in seiner Zeitschrift »Ethische Kultur« Wilhelms Beschimpfung der Sozialdemokraten als »vaterlandslose Rotte« kritisiert hatte: Als sein Vater,

Professor der Astronomie, eines Tages zur Universität Unter den Linden ging, kehrte eben Wilhelm II. an der Spitze seiner Truppen von der Kaiserparade zurück. Unter den Zuschauern, die begeistert ihre Hüte schwenkten, entdeckte er den Stadtverordneten Stadthagen, einen Sozialdemokraten. »Auch Sie, mein lieber Stadthagen?« fragte er ihn und bekam die Antwort: »Ja, wenn ick den zu Pferde sehe, so kann ick nich anders.«

Auf solche Deutsche versuchte Wilhelm II. zu bauen. Den absoluten Staat könne heutzutage kein vernünftiger Mensch in Deutschland wollen, meinte Holstein im Hinblick auf die Ambitionen des Monarchen. Aber könnte er nicht Emotionen von Machtpreußen und Erfolgsdeutschen ausnützen, um seinem Ziel näher zu kommen? Jedenfalls ging er – mehr unterbewußt als bewußt – daran, den erwünschten, aber zeitwidrigen Neo-Absolutismus mit Mitteln eines erfolgversprechenden, weil zeitgemäßen Populismus anzustreben. Vielleicht könnte er auf diese Weise als »einziger Meister der deutschen Politik« gelten und das Volk dazu bewegen, ihm dorthin zu folgen, wohin er gehen wollte.

EINE ÜBEREINSTIMMUNG zwischen Herrscher und Volk gewinnen zu wollen, war wegen der Stimmung eines Großteils der Deutschen kein von vornherein aussichtsloses Unternehmen. Er mußte nur auftreten, wie sie ihn sehen, das reden, was sie hören, so erscheinen, wie sie es haben wollten. Dazu bedurfte es keiner großen Anstrengung. Denn er war so, wie sie sich ihn wünschten.

Seine persönliche Pose entsprach dem Wesen einer Zeit, die mehr Wert auf den Schein als das Sein legte, und der Haltung eines Volkes, das als noch bedeutender gelten wollte, als es ohnehin schon war. Wilhelm wie seinen Deutschen konnte alles nicht groß und glänzend genug sein. Im Rückblick auf die Vergangenheit wurden die militärischen Siege Friedrichs des Großen und Wilhelms des Großen glorifiziert. In der Gegenwart schlug der Stolz auf das Erreichte in Überheblichkeit um. Und in Zukunft wollten sie ihr Reich noch mächtiger in der Politik, noch stärker in der Wirtschaft, noch entwickelter in Technik und Industrie sehen – und nicht nur das eigene Land, sondern die ganze Welt mit ihren kulturellen Hochleistungen beglücken.

»Und es mag am deutschen Wesen/ Einmal noch die Welt genesen«, auf diesen Nenner brachte der deutsche Dichter Emanuel Geibel die Gefühle vieler Deutscher. Als Wilhelm II. seinem Volk die Mission zusprach, der »Granitblock« zu sein, »auf dem unser Herrgott seine Kulturwerke an der Welt aufbauen und vollenden kann«, entgegnete der deutsche Gelehrte Max Buchner den Kritikern des Kaiserspruches: »Nur ein ungesunder, krankhafter Trieb, sein eigenes Volkstum zu erniedrigen, kann solche Worte als völkische Selbstüberhebung verketzern.«

In der Sonntagsstimmung wie in der Alltagsgewohnheit unterschieden sich viele Deutsche nur in der Quantität ihrer Möglichkeiten, aber nicht durch die Qualität ihres Verhaltens von ihrem Kaiser. Sie zwirbelten den Schnurrbart wie er, trugen Anzüge wie Uniformen und Uhrketten wie Wehrgehänge, sprachen im Kommandoton und mit Bardenstimme, ließen die Augen wie der Hohenzoller blitzen.

Wie der Monarch wollten sie, wenn schon nicht in Schlössern, so doch in Villen und Mietshäusern in repräsentativem Milieu wohnen, auch wenn sie das Gold durch Talmi und den Glanz durch Flitter ersetzen mußten. Da sie sich nicht in ererbten historischen Behausungen einrichten konnten, bauten sie sich neue, wobei sie Stile der Vergangenheit imitierten.

»Der fettsüße Makronen- und Marzipangeschmack dieser angeblich barocken, romanischen, byzantinischen und napoleonischen Sachen entzückte das Kaufmannsgeschlecht der Epoche«, meinte der Industrielle und Politiker Walther Rathenau, ein Insider, der zum Kritiker Wilhelms wie des Wilhelminismus wurde. Der Kunstgeschmack der Zeit wollte »in üppiger Hofkunst sein Abbild und Vorbild sehen, so wie die bürgerliche Prunksucht und Schwelgerei sich gern davon überzeugen ließ, daß es auch in den Höhen mit altpreußischer Einfachheit zu Ende sei und daß auch dort alle Trivialitäten des Tages und der Mode so viel galten wie in den Tiefen.«

Oben wie unten geriet Moltkes Wort »Mehr sein als scheinen« in Vergessenheit, und Bismarcks Warnung vor einem »Wirtschaften auf Prestige« wurde überhört. »Niemals zuvor«, so Rathenau, »hat so vollkommen ein sinnbildlicher Mensch sich in der Epoche, eine Epoche sich im Menschen gespiegelt« wie Wilhelm II. in der Wilhelminischen Zeit und vice versa.

Der neudeutsche Narziß bewunderte sich in einer als Spiegel vor sich hingestellten Geschichte, in der er sich selber als Bürger aus den »Meistersingern von Nürnberg« oder als Musketier in der Schlacht bei Leuthen, als Fridericus Rex und Friedrich Barbarossa erblickte. Lichtstrahlen aus der Vergangenheit fielen in die Gegenwart und aus dieser in die Zukunft, die noch größer und schöner werden sollte als alles bisher Dagewesene. Die wilhelminischen Deutschen vergoldeten die Tradition, priesen die Gegenwart und blickten mit höchsten Erwartungen den herrlichen Zeiten entgegen, in die sie Wilhelm II. zu führen versprach.

Wie das Volk schien sich der Herrscher dem zivilisatorischen Fortschritt ergeben zu haben. Die Technik erschien als Vehikel, mit dem sie in ein Zukunftsland mit unbegrenzten Möglichkeiten fuhren. Die moderne Naturwissenschaft galt als Motor der Höherentwicklung der Menschheit im allgemeinen wie der deutschen Wertsteigerung im besonderen.

Um »bei dem stets schärfer werdenden Kampf um den Weltmarkt und seine Absatzgebiete« nicht allein mitzuhalten, sondern vielmehr an die Spitze zu gelangen, hielt Wilhelm II. es für geraten, »das Wissen der Koryphäen der deutschen Wissenschaft für jene Zwecke nutzbar zu machen.« Deshalb habe er die »Kaiser-Wilhelm-Gesellschaft« gegründet, jene Forschungsinstitution, die ihren nationalen Gründungszweck erfüllte und sich internationale Anerkennung erwarb. Über den Technischen Hochschulen, die bisher im Schatten der Universitäten gestanden hatten, ließ er seine Gnadensonne leuchten. Er verhalf ihnen zu einer Vertretung im preußischen Herrenhaus und sich zu der Genugtuung, daß aus den von allerhöchster Stelle geförderten Anstalten Ingenieure hervorgingen, die »dem deutschen Namen in der Welt immer neue Ehre« und ihrem Förderer weiteren Ruhm einbrachten.

Sein Augenmerk richtete er auf die Industrie, weil sie mit der Erhöhung der deutschen Wirtschaftskraft die deutsche Weltgeltung steigerte und mit einer Verbesserung des Lebensstandards auch der arbeitenden Bevölkerung die Zustimmung zu seiner Herrschaft vermehren konnte. Am meisten interessierten ihn freilich die Werften, die Kriegsschiffe bauten, und die Fabriken, die Kanonen gossen. Friedrich Alfred Krupp gehörte zu seinen Vertrauten; im Essener Rüstungswerk fühlte er sich in Deutschlands Zukunftsschmiede versetzt.

Wissenschaftsgläubig, technikbegeistert und fortschrittsbewußt wie die meisten Zeitgenossen waren, förderte Wilhelms Image als Promotor der Moderne die Identifikation zwischen den Deutschen und ihrem Monarchen. Er konnte mit Beifall rechnen, wenn er in seiner Armee nicht nur Maschinengewehre, sondern auch Feldküchen einführte, in seinen Remisen die Kutschen durch Automobile ersetzte, mit schnellen Schiffen auf die Meere hinausfuhr und die Eroberung der Lüfte in Angriff nahm.

Ein Zukunftszeichen war der Zeppelin, zu dem Kaiser wie Volk begeistert emporschauten. Dem Erbauer des Luftschiffes, Ferdinand Graf von Zeppelin, verlieh er den Schwarzen Adlerorden, die höchste preußische Auszeichnung, und feierte ihn als »den größten Deutschen des zwanzigsten Jahrhunderts, der durch seine Erfindung uns an einen neuen Entwicklungspunkt des Menschengeschlechts geführt hat.«

Diesen Ausbruch hielten zahlreiche Deutsche für durchaus angebracht. Vielerorts wurden Zeppelin-Eichen gepflanzt. Die Nelke, die Lieblingsblume des Grafen, wurde – in natürlicher wie künstlicher Gestalt – im Knopfloch getragen. Alt und Jung verrenkten sich die Hälse, um dem Luftschiff nachzustarren. Da der Flug vom Bodensee nach Berlin an Goethes Geburtstag und kurz vor dem Sedanstag stattfand, wurde Zeppelin mit dem größten deutschen Dichter ebenso wie mit dem größten deutschen Feldherrn, Moltke, und dem größten deutschen Staatsmann, Bismarck, verglichen.

Der Kaiser dieser Deutschen dankte Gott, »daß er unser Volk für würdig erachtete«, den Grafen Zeppelin »den Unseren zu nennen.« Er sah sein Gottesgnadentum bestätigt, über ein solches Volk gesetzt worden zu sein und von diesem Volke anerkannt zu werden, das seine Begeisterung teilte und seiner Führung, unter der solche Höhenflüge möglich geworden waren, zu folgen schien.

Diese Übereinstimmung bei jeder Gelegenheit zu betonen und dadurch stets aufs neue hervorzuheben, ließ sich Wilhelm II. angelegen sein. Den Akkord zu akzentuieren schien angebracht zu sein, denn es gab Bereiche im Verhältnis von Regierendem und Regierten, in denen die Harmonie zwischen ihm, der auf der Monarchie beharrte, und seinem Volk, das mit der Morgenluft der Moderne auch günstigere Voraussetzungen für eine Demokratisierung witterte, zu wünschen übrigließ.

Um seinen Neo-Absolutismus zu erhalten, zumindest nicht zu viel davon zu verlieren, griff er zu einer populistischen Politik, die in einer Zeit untergehender Monarchensouveränität und aufsteigender Volkssouveränität eine Möglichkeit zu bieten schien, die Volksstimme durch Volksnähe zu gewinnen, ohne das Volk mitbestimmen zu lassen. Um seine Autokratie zu unterstreichen, strich er die Übereinstimmung der Mentalitäten und Verhaltensweisen heraus. Was ihm ohnehin gegeben war, übertrieb er noch: das Großtuerische, das Großsprecherische.

Der Monarch, der er von Hause aus und im Habitus war, setzte sich vor dem Publikum als Monarchendarsteller in Szene, erschien im Hermelin, setzte ein Herrschergesicht auf, nahm eine zeremoniöse Haltung an, redete vom Thron herab. In der Öffentlichkeit habe er das grimmigste und gebieterischte Gesicht gemacht, sobald er jedoch den Blicken der Zuschauer entschwunden war, sei er gelassener geworden, bemerkte sein amerikanischer Zahnarzt A. N. Davis. Auf die Frage, wie sie mit Wilhelm II. ausgekommen sei, antwortete die französische Schauspielerin Sarah Bernhardt: Ausgezeichnet, denn sie seien ja beide Komödianten.

Der gekrönte Schauspieler stand auf hohem Kothurn und gab erhabene Worte von sich, als müßte er beweisen, daß er nicht nur das Instrument, sondern auch die Stimme Gottes sei. Er öffnete alle Schleusen der Rhetorik, ließ Redeschwälle los, als wollte er sich an seinen Worten berauschen und, wie der Dichter Detlev von Liliencron sagte, »unser geduldiges Volk jeden Tag besoffen machen.« Sein unentwegter und ungehemmter Redefluß sollte die Zuhörer hinreißen und mitreißen und sie nicht zum Nachdenken über das Gerede kommen lassen.

Wilhelm schüttete aus, was ihm sein Monarchensinn eingab, was ihn immer bewegte und momentan einfiel. Er erwartete ein Echo, das in Einklang mit seinen Intentionen stand; denn er hoffte, durch seinen Ruf wie Donnerhall einen Nationalgesang von Schwertgeklirr und Wogenprall zu intonieren.

Er konnte hören, was er hören wollte. Seine Reden wurden zwar auch mit Pfiffen, aber mit noch mehr Applaus quittiert. Wilhelms Superlative kamen bei den wilhelminischen Deutschen an, die wie er zu großen Worten griffen, um zu zeigen, wie hoch sie schon gekommen waren und daß sie noch höher zu kommen gedachten.

Vieles von dem, was er vorsprach, wurde im Sprechchor wiederholt. »Der byzantinische Teil der Presse hauptsächlich, und nicht weniger hochgestellte Beamte etc. haben sich aller Mittel der Sprache bedient, um noch eine Steigerung möglich zu machen«, bemerkte der Publizist Ernst Graf Zu Reventlow. Wenn Heinrich Mann in seinem Roman »Der Untertan« den Diederich Hessling vorführte, der sich bemühte, die gleichen Töne wie Seine Majestät anzuschlagen, dann war das, wenn auch dichterisch überspitzt, ein der Wahrheit nahekommendes Konterfei des – wie der Autor sagte – »Herrenvolks aus Untertanen«.

Wilhelm rede ins Blaue hinein, meinte Holstein. Dies traf zu, wenn damit eine Impulsivität von Einfällen, eine Improvisation im Ausdruck gemeint war. Aber seine Redeweise traf oft ins Blaue, das heißt deutschen Neo-Romantikern mitten ins Gemüt. Wie ihr Schwanenritter in Kürassierstiefeln waren sie auf die Suche nach der Blauen Blume gegangen, die sie nicht mehr im Wald und auf der Heide, sondern auf dem Großmachtfeld zu finden hofften. Und blauäugig, wie sie trotz martialischem Blick geblieben waren, neigten sie wie ihr Kaiser dazu, große Worte bereits für große Taten zu halten.

Wie viele Reden er gehalten hat, war bis heute nicht zu zählen. Die von Johannes Penzler und Bogdan Krieger herausgegebene zeitgenössische Sammlung füllt vier stattliche Bände. Der Schriftsteller und Historiker Emil Ludwig gibt für 17 Regierungsjahre 577 öffentliche Reden an. Das hieße, daß Wilhelm II. durchschnittlich jeden elften Tag, manchmal viermal am Tag gesprochen hat.

Büchmanns »Geflügelte Worte«, ein Vademecum des Volkes der Dichter und Denker, das auch ein Volk der Soldaten und Techniker werden wollte, führte Kaiserworte an, die es auf diesem Wege zu beflügeln vermochten, beispielsweise: »Mit gepanzerter Faust«, »Der neue Kurs«, »Unsere Zukunft liegt auf dem Wasser«, »Schwarzseher dulde ich nicht!«

Das Bild des Mannes, der solche markigen Worte sprach, stand seinen Untertanen allerorten vor Augen. Dies war dem technischen Fortschritt zu verdanken, der Wilhelm II., der monarchische Allmacht zu erreichen suchte, die Möglichkeit zu populistischer Allpräsenz bot.

Im Zeitalter des Absolutismus war es nur wenigen Sterblichen vergönnt gewesen, ein Bild des Monarchen zu Gesicht zu bekommen. Auch jetzt noch gab es Porträtgemälde, die nur in Schlössern und Palästen zu sehen waren. Doch die modernen Reproduktionstechniken erlaubten es, diese Monarchenbilder zu vervielfältigen, in Regierungsgebäuden und Botschaften, in Amtsstuben und Schulzimmern anzubringen. Und die sich rapide entwickelnde Photographie machte es möglich, Photos des Kaisers in Bürgerwohnungen, Bauernhäuser und Arbeiterquartiere zu bringen. Schon war der Film dabei, die steifen Posen der Porträtphotographie in Bilder schneidiger Bewegung zu verwandeln. Das Tempo, in dem sie abliefen, entsprach den Erwartungen, mit dem Monarch und Volk ihre Vorhaben abzuwickeln und ihre Ziele zu erreichen suchten.

Nach der Erfindung maschineller Kopierverfahren wurden Bildpostkarten in hohen Auflagen hergestellt und verbreitet. Wilhelm II., der angehende Populist, griff zu dieser populären Selbstdarstellung. Er posierte in wechselnden Uniformen und in der gleichbleibenden Haltung, die er für majestätisch hielt. Er beschäftigte Photographen des Hofes und der Presse, bestellte sie zu Militärparaden, Staatsakten und Denkmalseinweihungen, nahm sie auf Reisen und zu Jagden mit und ließ sich im Kreise der Seinen für die Alben der Deutschen ablichten, die das allerhöchste Familienleben für vorbildlich ansahen.

Im Jahre 1905 wurde ein erster Streifen über die Hochzeit des Kronprinzen gedreht. Im Jahre 1913 erhielt Wilhelm II. von der Filmindustrie, die einem Hauptdarsteller, der keine Gage verlangte, Dankbarkeit bezeigte, den illustrierten Band »Der Deutsche Kaiser im Film«, in dem er sich einen Überblick über sein Ansehen als Medienstar verschaffen konnte.

Nicht alle Deutschen hielten dies für eine dem Monarchen angemessene und für die Monarchie vorteilhafte Wirksamkeit.

Von einem kontraproduktiven »elektrisch- journalistischen Caesaropapismus« sprach Walther Rathenau. »In stetig wechselnder Kleidung muß gefahren, geritten, gegangen, gegessen und immer wieder geredet werden. Alle Tage ist irgendwo ein Fest, alle Stunden ist irgendwo ein feierlicher Augenblick. Er wird, wie man sagt, festgehalten: photographisch, kinematographisch, telegraphisch, journalistisch, protokollarisch. Weltgeschichte wickelt sich von der Walze.« Der Glaube an das Gottesgnadentum und die Ehrfurcht vor der

Aura des Monarchen sei durch die Monarchen selbst zerstört worden, schrieb 1913 Carl Techet in seinem Buche »Völker, Vaterländer und Fürsten«. Denn die Distanz, deren diese gegenüber ihren Untertanen bedurften, sei von den nach Popularität haschenden Fürsten selber aufgehoben worden. »Das Mysterium ist zerstört worden durch die illustrierten Blätter und den Kinematographen« – aufkommenden Massenmedien, deren sich vornehmlich Wilhelm II. bediente, um bei den Volksmassen anzukommen.

Die sich abzeichnende Selbstvernichtung durch übertriebene und allgegenwärtige Selbstdarstellung wurde von Kritikern des aufsteigenden Massenzeitalters bedauert und von Monarchisten beklagt, die ihre Werte durch eine Inflation von Monarchenworten entwertet und ihre Welt in einer Flut von Monarchenbildern untergehen sahen. Selbst ein Volk, das gewohnt war, zum Throne emporzublikken und Thronreden zu beherzigen, mußte an royalistischem Glauben verlieren, wenn es den Throninhaber, so wie er wirklich war und nicht, wie es sich ihn vorstellte, ständig aus der Nähe sah, der Kaiser sich als ein »Mensch wie du und ich« entpuppte und durch unaufhörliches Gerede seine Glaubwürdigkeit gefährdete.

Die entschiedenen Liberalen und entschlossenen Demokraten wollten ohnehin nicht länger vor der Ikonenwand stehen bleiben und sich die Gesänge aus dem Allerheiligsten anhören, sondern endlich in das Zentrum der Machtzelebrierung und Herrschaftsausübung vordringen.

Das volksnahe Verhalten, durch das Wilhelm II. eine Alleinherrschaft zu erhalten suchte, mochte ihm momentan Vorteile eintragen, aber auf Dauer mußten die Nachteile überwiegen. Was er mit der einen Hand gewonnen, entglitt ihm aus der anderen. Denn ein moderner Populismus und ein monarchischer Absolutismus konnten nicht auf einen Nenner gebracht werden.

Der Gegensatz zwischen »Von Gottes Gnaden« und »Von Volkes Gnaden« war nicht zu überbrücken, auch wenn es eine Zeitlang so scheinen mochte, als könnten sich der Kaiser und seine Deutschen in der Mitte treffen.

Wenn sie dann doch nicht zusammenfanden und zusammenblieben, dann lag das auch und nicht zuletzt an Wilhelm II. Denn er konnte und wollte nicht begreifen, daß ein moderner Industriestaat, der Deutschland geworden war, nicht im Sinne und mit Mitteln eines

dem alten Agrarstaat gemäßen, nun unmodern gewordenen Monarchenstaates zu regieren war. Sollte er Kräften, welche die Industrialisierung vorangetrieben hatten und fortentwickelten, weiterhin
eine Teilhaberschaft an der Staatsgewalt vorenthalten, mußte am
Horizont die Republik auftauchen.

Innenpolitik der Widersprüche

MIT RIESENSCHRITTEN war in Deutschland die Industrialisierung vorangekommen, hatte sich eine Industriegesellschaft herangebildet. Ihre Mentalität stimmte mit der des Monarchen in vielem überein. Ihre Interessen jedoch deckten sich immer weniger mit denen der Stände, welche die Monarchie trugen.

Mit gleichem Schwung, mit dem die verspätet zur Nationalstaatsgründung angetretenen Deutschen ihr Reich gegründet hatten, gingen sie als Nachzügler der Industrialisierung daran, das Versäumte nachzuholen und die Vorhut zu überholen. An Statistiken wurde wie an Heeresberichten abgelesen, wie sich die Deutschen Zug um Zug nach vorne arbeiteten.

Frankreich, der politische Hauptrivale, war an Bevölkerungszahl und Wirtschaftskraft ins Hintertreffen geraten. Zu Beginn des 20. Jahrhunderts standen 60 Millionen Deutsche 40 Millionen Franzosen gegenüber; der Anteil des Reiches an der Industrieproduktion der Welt stieg zwischen 1870 und 1913 von 13 auf 16 Prozent, derjenige Frankreichs fiel von 10 auf 6 Prozent.

Ein ernstzunehmender wirtschaftlicher Konkurrent blieb Großbritannien. Es trat in das neue Jahrhundert zwar mit knapp 35 Millionen Einwohnern ein, aber seine ökonomische Potenz war – dank des Know-how des ältesten Industrielandes, der Rohstoffquellen und Absatzmärkte in Übersee – von herausfordernder Stärke. Doch die Deutschen, die von Hause aus schaffige Menschen waren und als Reichsdeutsche in Europa und der Welt mehr als andere gelten wollten, hatten schnell die Nase vorn.

Zwischen 1860 und 1870 war das Verhältnis des deutschen zum englischen Produktionszuwachs noch 24 zu 32 Prozent gewesen. Zwischen 1870 und 1880 hatte es sich bereits umgekehrt: 43 zu 23 Prozent. Und zwischen 1890 und 1900 lautete es 60 zu 22 für Deutschland. Weiterhin wurde in England mehr Kohle gefördert, in der Stahlproduktion jedoch wurde es überflügelt.

Der Vorsprung des Pioniers hatte sich in ein Handicap verwandelt.

Die Schlüsselindustrien waren nicht mehr, wie in den Anfangszeiten, Textil und Eisen, sondern Stahl, Elektrotechnik, Chemie und Optik, in denen der Newcomer vorne lag. Die Deutschen konnten auf Forscher wie Liebig, Hofmann und Baeyer ebenso wie auf Erfinder wie Siemens, Daimler und Diesel bauen, und auf Industriegiganten wie Siemens & Halske und Siemens-Schuckertwerke, Allgemeine Elektricitäts-Gesellschaft (AEG), die IG Farbenindustrie und die Firma Krupp setzen, die allein 1904 über 45 000 Personen beschäftigte.

Den Zusammenhang von Industriekraft und Wehrstärke verloren Deutsche, der Kaiser an der Spitze, nicht aus den Augen. Zur Eröffnung der Berliner Gewerbeausstellung am 1. Mai 1896 erhielt Wilhelm II. von den Firmen Weyerberg Solingen und Kirschbaum Berlin »ehrfurchtsvoll allerunterthänigst gewidmet« einen Miniaturehrendegen, den er aufbewahrte und dessen Inschrift auf der Klinge er gerne las, weil sie in der Tonart gehalten war, die er selber anzuschlagen beliebte:

»Wir recken das Eisen zu mannhafter Wehr
Wir geben die Waffen dem reisigen Heer
In der Esse Gluten, in Feuers Strahl
Formt Meisterhand schneidig den klingenden Stahl.
Du schweißtest in Wettern Germaniens Schwert
Du schufest das Reich im Weltall geehrt
Du schlangst um Alldeutschland ein ehernes Band
Willkommen Du Reichsschmied im bergischen Land.«

Als Eisenband, das sein Reich zusammenhielt, wie als Eisenweg, auf dem seine Armee schnell an die Grenzen befördert werden konnte, schätzte Wilhelm II. die Eisenbahn. Ihrem Ausbau habe von Anfang an seine Sorge gegolten, bilanzierte er. »Aus den Vorträgen über Landesverteidigung und den Klagen des Generalstabes sowie aus eigener Anschauung kannte ich die ganz unerhörte Vernachlässigung Ostpreußens in bezug auf Bahnen.« Die Verbindungen zu der am weitesten nach Osten vorgeschobenen Bastion des Reiches, gegen welche »die russische Flut zu branden drohte«, wurden verbessert.

Den Westen, die Front gegen Frankreich, vergaß er nicht. Neue Bahnlinien wurden gezogen, Brücken über den Rhein gebaut, und Bahnhofsgebäude entstanden, die Festungen glichen, den paramilitärischen Charakter der Eisenbahnpolitik zum Ausdruck brachten. Die Bahnbediensteten hielt er für Halbsoldaten. Anerkennung zollte er General Hermann Budde, dem früheren Chef der Eisenbahnabteilung des Generalstabes, der als preußischer Eisenbahnminister »in der Organisation und Disziplinierung des zu einem großen Heer angewachsenen Eisenbahnpersonals« sich »glänzend bewährte«.

Mit dem Minister Albert von Maybach war er nicht so zufrieden gewesen, da dieser mehr den wirtschaftlichen Nutzen als den militärischen Aspekt der Eisenbahnen berücksichtigt hatte. Das allgemeine Staatsinteresse hatte auch ihm als Richtschnur gegolten. Maßgeblich an der Verstaatlichung der Privatbahnen in Preußen beteiligt, galt ihm die Staatsbahn als »Staatsportemonnaie«, weshalb er nur Ertrag versprechende neue Linien bauen wollte.

Die Eisenbahn erwies sich weiterhin als Beförderungsmittel der Nationalökonomie. 1873 gab es 21200, 1890 42869 und 1911 61936 Kilometer Bahnnetz. Die Staatsbahnen – nicht nur in Preußen, sondern auch in anderen Bundesstaaten – führen direkt den Finanzministern hohe Gewinne ein und brachten indirekt wachsende Steuereinnahmen durch die auch und nicht zuletzt mittels der Eisenbahnen unter Dampf gesetzte Privatindustrie. Schienen mußten produziert, Lokomotiven und Waggons gebaut werden. Die Produktivitätsentwicklung im Metallgewerbe stieg zwischen 1873 und 1913 um 270 Prozent.

Diese und andere Wachstumsziffern steigerten den Stolz des Kaisers, über ein Reich zu gebieten, das nicht nur immer größer an Militärmacht, sondern auch immer reicher an Industriegütern wurde. Unter seiner Führung schien es unaufhaltsam an die Spitze zu gelangen. Dabei bedachte er nicht hinreichend Entwicklungen der Industrialisierung, die seinen persönlichen Führungsanspruch in Frage stellten.

Der wirtschaftliche Prozeß begann zu einer »Entpersönlichung der Großbetriebe« zu führen. Private Großunternehmen, die von »Captains of the industry« geschaffen und geleitet wurden, verwandelten sich zunehmend in Kapitalgesellschaften. »Der einstige Chef wird bestenfalls Direktor, und die industrielle Dynastie ist mediatisiert«, bemerkte »Die Woche«.

Als Grund führte die Zeitschrift die Schwierigkeit an, ein ständig wachsendes Unternehmen von einer Stelle aus zu übersehen und zu leiten; »auch in den Industriedynastien ist ja das Genie selten erblich.« Folgen des Trends zum Trust seien ein sich verschärfender Gegensatz zwischen Kapital und Arbeit, und: »Das patriarchalische Verhältnis Unternehmer und Arbeiter ist unwiederbringlich dahin.«

Das hätte Wilhelm II. zu denken geben müssen. Was für die Industrie galt, traf cum grano salis auch auf die Monarchie zu. Die Hohenzollern, die Preußen geschaffen und Deutschland geeint hatten, gerieten wie die industriellen Dynastien, die sich persönlich Geltung und der Allgemeinheit Güter verschafft hatten, in die Gefahr einer »Mediatisierung«, in ihrem Falle einer Aufhebung der Monarchensouveränität zugunsten der Volkssouveränität. Bestenfalls, wenn sie die Signale der Zeit richtig und rechtzeitig verstehen würden, könnten sie – wie etwa die Könige von England – »Direktoren« eines parlamentarischen Verfassungsstaates werden.

Auch ein Dynast, der mehr Genie als Wilhelm II. geerbt hätte, wäre kaum mehr in der Lage gewesen, ein sich modernisierendes Reich wie das deutsche vom Throne aus zu überblicken und zu regieren. Der Gegensatz zwischen einem Monarchen, der Alleinherrscher bleiben wollte, und den Untertanen, die Wirtschaftsbürger geworden waren und Staatsbürger werden wollten, mußte sich zunehmend verschärfen. Auch in Preußen und Deutschland war ein patriarchalisches Verhältnis zwischen Herrscher und Volk nur noch Wunsch, nicht mehr Wirklichkeit.

Das Regieren nach Gutsherrnart war im Agrarstaat möglich gewesen, der nun schon seit geraumer Zeit der Vergangenheit angehörte. Bereits 1882 – sechs Jahre vor der Thronbesteigung Wilhelms II. – betrug der Anteil der Erwerbstätigen in der Land- und Forstwirtschaft nur noch 18 Prozent; 1907 war er auf 15,9 Prozent gesunken, und die Tendenz war weiter fallend.

Die Erwerbstätigen in der Industrie waren im selben Zeitraum von 14 auf 18,2 Prozent gestiegen; mit Angehörigen waren dies 42,5 Prozent der Reichsbevölkerung, während die Erwerbstätigen in der Land- und Forstwirtschaft samt Angehörigen nur noch 28,5 Prozent ausmachten.

Mit dem Rückgang der Landbevölkerung nahm die Bedeutung des Landadels ab, der – auf seine Bauern gestützt – in Armee und Administration die Monarchie getragen hatte. Mit der Zunahme der Industriebevölkerung wuchs die Zahl derer, die eine dem Industriestaat angemessene Demokratisierung verlangten.

Aber weiterhin wurde oben so getan, als gebiete – wie weiland im Agrarstaat – ein gekrönter Patriarch mit Hilfe adeliger Gutsherren über Gutsuntertänige. Dieses »Als ob« vermochte die Unvereinbarkeit der Vorstellung Wilhelms II. und der Wirklichkeit seines Reiches nicht zu verdecken, den Widerspruch zwischen den Ansprüchen eines veralteten Systems und den Anforderungen einer neuen Gesellschaft nicht zu lösen.

Bismarck hatte einen mittleren Kurs zwischen der alten Monarchie und einem modernen Staat verfolgt. Er war der monarchischen und feudalen Tradition zugewendet geblieben, hatte sich jedoch dem liberalen und demokratischen Fortschritt angenähert. Als ihm Parlamente und Parteien aus dem Ruder zu laufen begannen, versuchte er die neue politische Klasse und die von ihr gegen die beharrenden Kräfte benützten Institutionen durch einen Vorgriff auf neue Entwicklungen in Wirtschaft und Gesellschaft zurückzudrängen. Die ökonomischen Interessen, erkannte er, bestimmten zunehmend die Politik, und die sich bildenden Interessenverbände, meinte er, seien leichter für eine die Staatsherrschaft fördernde Staatswirtschaft einzuspannen als die klassischen liberalen und konservativen Parteien. Seine Schutzzollpolitik fand die Zustimmung von Großindustriellen wie Großagrariern. Sein Vorhaben, der Volksvertretung eine Wirtschaftsvertretung gegenüberzustellen, das Projekt eines staatlich gelenkten Volkswirtschaftsrates, konnte indessen im Reich überhaupt nicht und in Preußen nur vorübergehend verwirklicht werden.

Für Wilhelm II. war der Gedanke verführerisch, durch die Förderung einer neo-merkantilistischen Nationalwirtschaft eine Unterstützung für eine neo-absolutistische Staatsherrschaft zu gewinnen. Aber er mußte erfahren, daß die ökonomischen Interessen der Industriellen und der Agrarier zwar vorübergehend, aber nicht auf Dauer unter einen Hut, seine Krone zu bringen waren.

Der Kaiser, der in die Vergangenheit wie in die Zukunft blickte, hätte sich gerne auf die alten feudalen wie auf die neuen industriellen Schichten gestützt, sich Rittergüter wie Hochöfen dienstbar gemacht. Deren politische Interessenvertreter, die Konservativen und die rechtsliberalen Parteien, hatten die Erhaltung der staatlichen Ordnung wie die Aufrechterhaltung ihrer privaten Besitztümer im

Sinn. Wenn sie zusammengefunden und zusammengeblieben wären, hätte eine Phalanx gegen die vorwärtsdrängende, Aristokratie wie Bourgeoisie gleicherweise herausfordernde Arbeiterklasse gebildet werden können.

Es gab wirtschaftliche Dissonanzen und gesellschaftliche Einklänge zwischen Landadel und Industriebürgertum. Die Annäherung machte Fortschritte. Die Aristokratie verschmähte nicht mehr Gewinne durch Gewerbebetriebe und Aktiengeschäfte. Die Bourgeoisie streckte sich in Lebensform und Verhaltensweise nach oben, kaufte Landbesitz und strebte nach Nobilitierung, hohen Orden und gehobenen Posten in Verwaltung und Armee.

Zum Sammeln der staatserhaltenden und monarchiestützenden Kräfte blies Wilhelm II., aber nicht immer traten alle geschlossen an. Es blieb ihm versagt, wie er bilanzierte, einen Zusammenschluß zwischen den Konservativen und den Nationalliberalen herbeizuführen. Weniger prinzipielle als materielle Gegensätze standen dem entgegen.

Im Zweifelsfall war dem Monarchen, dessen Vorfahren als Feudalherren aufgestiegen waren, das agrarische Hemd näher als der industrielle Rock. Blaublütigen Gutsherren und Gardeoffizieren vertraute er mehr als Schlotbaronen und Kommerzienräten, auch wenn ihm die Monarchenräson gebot, sich ihrer zu versichern und sich des Dritten wie seines Ersten Standes zu bedienen.

»Wirkliche Beziehungen« zwischen »seinem Adel« und den Industriellen lägen ihm am Herzen, erklärte Wilhelm II. So habe er deren Repräsentanten während der Kieler Woche, einem der wichtigsten gesellschaftlichen Ereignisse der Kaiserzeit, »wie Schrotkugeln in eine Trommel« geworfen. »Seine Herren«, die Adeligen, hätten dabei freilich Gesichter geschnitten, die »zum Fottegraphieren« gewesen wären.

Die »Captains of the industry«, die gute Miene zum höfischen Spiel machten, merkten sich die Geringschätzung, die sie in den Gesichtern der Aristokraten lasen, und auch das unverhohlene Vergnügen, das der Kaiser darüber empfand. Das Großbürgertum, das es aus eigener Kraft zu etwas gebracht hatte, wollte endlich gesellschaftliche Gleichbehandlung haben. Und im Bewußtsein, mehr als adelige Pfründner für das Reich zu leisten, die politischen Gestaltungsrechte bekommen, die seiner ökonomischen Stärke entsprachen.

Das Industriebürgertum war ein wirtschaftlicher Riese geworden, blieb jedoch, wenn schon nicht ein politischer Zwerg, so doch ein politischer Faktor zweiten Ranges. »Der Staat«, resümierte der Soziologe Max Weber, »blieb in den Händen privilegierter Personen und Gruppen«, deren innere Berechtigung »verbraucht« gewesen sei.

Das Großbürgertum, auch wenn es nicht im ersten Glied stand, konnte immerhin durch seine wirtschaftliche Macht zunehmend Einfluß auf das politische Geschehen gewinnen. Die große Zahl der Kleinbürger war in das dritte Glied gestellt, und die wachsende Arbeiterschaft sah sich aus der staatlichen Formation ausgeschlossen.

Als Parias des Reiches fühlten sich Arbeiter im Hinblick auf ihre soziale und politische Lage. Ein Industrieproletariat war entstanden, das am Rande des Existenzminimums lebte und durch die Beschränkungen des Dreiklassenwahlrechts in Preußen wie durch Benachteiligungen infolge der Wahlkreiseinteilung und des Mehrheitswahlrechtes auf Reichsebene im Staat noch nicht Fuß zu fassen vermochte.

Die sozialen Vertretungen der Arbeiterschaft, die Gewerkschaften, die eine Verbesserung der Arbeitsbedingungen und Lebensverhältnisse, und die Sozialdemokratische Partei, die darüber hinaus politische Rechte verlangte, gewannen zunehmend an Boden. Bei den allgemeinen und gleichen Reichstagswahlen erzielten 1893 die Sozialdemokraten 23,3 Prozent, 1903 31,7 Prozent und 1912 34,8 Prozent der Stimmen; kurz vor dem Weltkrieg wurden sie, der Stimmenzahl nach, die stärkste Partei, blieben aber mit nur 28 Prozent der Sitze in ihrem Einfluß beschränkt.

Mirabeau hatte seinerzeit Ludwig XVI. empfohlen, sich mit dem emporkommenden Bürgertum gegen den absinkenden Adel zu verbinden. Wilhelm II. wurde geraten, sich mit der aufsteigenden Arbeiterschaft gegen Kapitalisten wie Feudalisten zusammenzutun.

»Das gänzlich Ungesunde unserer Zustände liegt in dem schroffen Gegensatz von Reich und Arm«, bemerkte der aus dem christlichsozialen Stoecker-Kreis kommende General Alfred von Waldersee. »Die ungleiche Verteilung des Geldes mit allen ihren Konsequenzen muß zu einer Katastrophe führen.« Der evangelische Pastor Friedrich Naumann, der Gründer des »Nationalsozialen Vereins«, warb für ein demokratisches Kaisertum. Ein »nationaler Sozialismus« sei das Gebot der Zeit. Der Feudalismus müsse endlich beseitigt und der Kapitalismus bald überwunden werden, damit das Reich mit zeitgerechten Mitteln und die Monarchie mit zeitgemäßen Kräften gestärkt würde.

Der Monarch zwischen den Zeiten wollte vom Alten nicht lassen und konnte das Neue nicht fassen. Er liebäugelte mit einem Abgehen vom unternehmerfreundlichen Kurs Bismarcks und einem Entgegenkommen an die Arbeiterschaft, weckte Hoffnungen, die er nicht erfüllte, weil er seinen persönlichen Widerspruch zwischen traditionellem Gottesgnadentum und modernem Caesarismus nicht zu lösen und keinen politischen Ausgleich zwischen den herkömmlichen Gewalten im Staat und den hochkommenden Mächten in Wirtschaft und Gesellschaft zu finden vermochte.

»Mancher Wunsch der Arbeiter hatte seine Berechtigung und hätte zum mindesten wohlwollender Prüfung unterzogen werden sollen, sowohl seitens der Arbeitgeber, wie der Behörden«, meinte Wilhelm II. Doch sein Wohlwollen schlug in Mißfallen um, als Arbeiter zunehmend ihr Geschick selber in die Hände nahmen, sich mit wachsendem Erfolg politisch betätigten, ihre berechtigten Forderungen im Parlament geltend machten oder gar auf der Straße durchsetzen wollten.

Gegen die gefährlichsten äußeren Feinde wurde er kaum so ausfallend wie gegen die Sozialdemokraten, die er für seine schlimmsten inneren Gegner hielt. »Ehe nicht die sozialdemokratischen Führer durch Soldaten aus dem Reichstag herausgeholt und füsiliert sind, ist keine Besserung zu erhoffen«, meinte er 1899, und 1900, während eines Streiks der Berliner Trambahner, erwartete er, »daß beim Einschreiten der Truppe mindestens 500 Leute zur Strecke gebracht werden«.

Intern ließ er sich gehen, öffentlich äußerte er sich nicht so überspitzt, aber immer noch scharf genug gegen die sozialdemokratisch organisierte und agitierende Arbeiterklasse. Dabei heischte er nach Beifall der anderen, auf Gesetz und Ordnung bedachten Gesellschaftsschichten: des Adels, der hinter dem Bürgertum einen neuen, gefährlicheren Gegner sich formieren sah; der Bauern, die – jedenfalls in Ostelbien – von ihren Gutsherren manipuliert wurden und sich – überall in Deutschland – an den Kirchen orientierten, die gegen einen atheistischen Sozialismus predigten und die soziale Frage nach ihren Geboten zu lösen suchten.

Das Bürgertum war gespalten. Die Kleinbürger, die Mehrzahl, befanden sich zwischen den Lagern. Von der Arbeiterklasse, von deren Lebensbedingungen sie nicht allzuweit entfernt waren, suchten sie sich im Lebensstil abzuheben und sich Verhaltensweisen der höheren Stände anzupassen, vor allem in der Achtung der gesellschaftlichen Ordnung und im Gehorsam gegenüber staatlichen Gesetzen.

Im kleinbürgerlichen Milieu fand der Kaiser am meisten Zustimmung, doch weniger seiner Beschwörungen einer glorreichen Vergangenheit wegen als seiner Versprechungen einer besseren Zukunft für alle. An deren Gestaltung wollte das sich zum Mittelstand verbreiternde Kleinbürgertum in wachsendem Maße teilhaben. Wenn ihm dies dauernd verwehrt bliebe, war mit zunehmender Unzufriedenheit mit dem vom Kaiser verkörperten System zu rechnen.

Auch und vor allem die Großbürger wollten sich nicht mit dem, was sie erreicht hatten, länger begnügen: wirtschaftlicher und damit indirekter politischer Macht. Sie verlangten immer ungeduldiger ihren direkten Anteil an der staatlichen Gewalt. Je länger er ihnen vorenthalten wurde, desto mehr wuchs ihre Kritik an der Monarchie und umgekehrt der Widerwille des Monarchen gegen die nach Geldherrschaft strebenden Geldmänner.

Wenn die Unbotmäßigkeit überhandnähme, zu einer Revolution ausufere, würde er damit schon fertig werden, erklärte er Vertrauten: Er würde alle Sozialdemokraten zusammenschießen, aber erst, nachdem sie »ordentlich Juden und Reiche geplündert« hätten, denn er habe »Rache zu nehmen für '48 - Rache!!!«.

Die Revolution von 1848 hatte Friedrich Wilhelm IV. gezwungen, eine Zeitlang auf die deutsche Nationalversammlung in Frankfurt zu hören und Preußen eine ständige Verfassung zu geben. Wilhelm II. konnte diese nicht mehr zurückziehen, aber er schien eine Gelegenheit herbeizusehnen, sich an jenen zu rächen, die den Hohenzollern damals eine konstitutionelle Monarchie aufgedrängt hatten und nun diese zu einer parlamentarischen Monarchie fortentwickeln wollten, schon eine demokratische Republik anvisierten.

Anstatt eine Bestand versprechende monarchische Verteidigungsfront von Aristokratie und Bourgeoisie gegen den Vierten Stand zustande zu bringen, förderte Wilhelm II. – mehr durch Unterlassungen als durch planvolle Handlungen – eine antimonarchische Angriffsfront von bürgerlichen Liberalen, katholischem Zentrum und Sozialdemokraten.

Dieser war der Sieg beschieden, auch wenn es zeitweise so schien, als wäre ein modernes Kaisertum unter diesem aus dem 19. in das 20. Jahrhundert schreitenden Kaiser nicht auszuschließen.

DAS NEUE REICHSTAGSGEBÄUDE in Berlin wurde am 5. Dezember 1894 eingeweiht. Der Kaiser erschien – wie ein Berichterstatter bemerkte – »hoch aufgerichtet, stattlich und schön, im weißen Koller seiner Gardes du Corps, mit dem gelben Bande des Schwarzen Adlers um die Brust, den Stahlhelm auf dem Haupte«. Der Reichstagspräsident von Levetzow hatte die Uniform eines Landwehrmajors angelegt. Wilhelm II. ergriff den Hammer, rief »Pro gloria et patria!« und schlug dreimal auf den Schlußstein.

Eigentlich hätte am Portal die Inschrift »Dem Deutschen Volke« als das dem Nationalparlament angemessene Motto angebracht werden sollen. Diese demokratische Widmung war zwar geplant gewesen, wurde dann aber weggelassen und erst 1916, als der Reichsbau bereits wankte, dem Reichstagsgebäude hinzugefügt.

Architektonisch hielt Wilhelm II. vom Werk des Geheimen Baurats Paul Wallot – obwohl dessen Grandeur und Gepränge seinem persönlichen Stil entsprach – nicht allzu viel; er bezeichnete es als »Gipfel der Geschmacklosigkeit«. Sein ästhetisches Urteil wurde dadurch getrübt, daß ihm der Reichstag als Gegenpol zum Kaiserschloß erschien, das Parlament als Gegenspieler des Monarchen mißfiel.

Als böses Omen hatte er einen Vorfall auf der Fahrt zur Einweihung angesehen. Ausgerechnet beim Passieren des Brandenburger Tores, der Triumphpforte der Hohenzollern, waren zwei Reiter der eskortierenden Kürassierschwadron gestürzt.

Die sozialdemokratischen Reichstagsabgeordneten waren nicht zur Feier erschienen. Berliner bezeichneten den Wallot-Bau als einen »Leichenwagen 1. Klasse«. Damit spielten sie nicht nur auf den architektonischen Pomp an, sondern drückten auch ihre Besorgnis aus, daß in diesem Reichstag der Parlamentarismus eher zum Tode als zum Leben befördert werden würde.

Doch die meisten Deutschen wollten die Hoffnung nicht fahren lassen, daß in diesem Reichstagsgebäude, das von ihnen als Paradestück moderner Baukunst angesehen wurde, auch eine Modernisierung des Reichsbaues in Angriff genommen werden könnte.

Im 1893 neu gewählten Reichstag saßen neben 72 Konservativen, 28 Freikonservativen und 53 Nationalliberalen, die mehr oder weniger nach rechts tendierten, 96 Abgeordnete des Zentrums, und die Linke war durch 37 Linksliberale und 44 Sozialdemokraten vertreten, von den grundsätzlich in Opposition stehenden 19 Polen und 8 Elsaß-Lothringern ganz zu schweigen.

Auch in diesem Reichstag blieb sich eine Mehrheit bewußt, was sie der bewaffneten Macht des Kaisers schuldig war. Sie stimmte der Vorlage zu, die Friedenspräsenzstärke des Landheeres für fünf Jahre um 66 000 Mann auf 552 000 Mann zu erhöhen, nachdem statt der dreijährigen die zweijährige Dienstzeit für die Fußtruppen zugestanden worden war.

Wilhelm II. gefiel diese Konzession nicht, aber er mußte den Kompromiß hinnehmen und konnte mit ihm leben. Denn die »schirmende Wehr«, die ihm angesichts wachsender äußerer wie innerer Bedrohungen wichtiger denn je erschien, war beträchtlich verstärkt worden und das Zugeständnis der Verkürzung der Dienstzeit fiel kaum ins Gewicht; schon bisher waren die meisten Wehrpflichtigen nach zwei Jahren entlassen worden.

Gegen den Strich ging es ihm, daß der Reichstag zunehmend in Militärangelegenheiten mitbestimmte, das wichtigste Vorrecht des Monarchen, über die bewaffnete Macht allein zu bestimmen, de facto ausgehöhlt wurde. Er trauerte den Zeiten nach, als Wilhelm I. mit Unterstützung Bismarcks aufsässigen Abgeordneten den Kampf angesagt, ihn standhaft durchgefochten und einen Sieg der Königsherrschaft über die Parlamentsherrschaft davongetragen hatte.

Doch diese Zeiten waren unwiederbringlich dahin. Der Enkel hatte nicht mehr wie der Großvater die monarchische Macht und auch nicht mehr die persönliche Kraft, wie der Großvater einen Verfassungskonflikt zu beginnen und gar zu gewinnen. Er spielte zwar mit dem Gedanken eines Staatsstreiches, eines die Reichsverfassung aufhebenden Gewaltaktes, zumindest einer Abschaffung des demokratischen Wahlrechtes, wodurch der Kaiser vielleicht einen gefügigeren Reichstag bekommen könnte. Aber er wurde daran erinnert, daß selbst ein Bismarck über ein ähnliches Sandkastenspiel nicht hinausgelangt war.

Kämpferische Worte blieben ihm, mit denen er seine Gegner einzuschüchtern und sich selbst darüber hinwegzutäuschen suchte, daß er nicht hoch zu Roß in einen innenpolitischen Kampf ziehen konnte. Zudem mußte er mit ansehen, wie seine parlamentarischen Hilfstruppen immer mehr ins Hintertreffen gerieten und ihre Moral darunter zu leiden begann.

Die entschiedensten Gegner des Obersten Kriegsherrn waren die Sozialdemokraten. Ein prinzipieller Pazifismus wie die grundsätzliche Ablehnung eines militärischen Absolutismus waren mit parteipolitischer Taktik verbunden; denn die Kritik an den hohen Rüstungsausgaben fand bei ihrem Wählerpotential stets ein zustimmendes Echo.

Gegen diesen dreifachen Gegner – Pazifisten, Antimilitaristen und Marxisten – beließ er es nicht beim Abfeuern rhetorischer Salven. Nachdem er am 6. September 1894 in Königsberg ausgerufen hatte: »Auf zum Kampfe für Religion, für Sitte und Ordnung, gegen die Parteien des Umsturzes!«, wies er den Reichskanzler in Berlin an, Kampfmaßnahmen »gegen die anarchisch-sozialdemokratische Bewegung« in die Wege zu leiten.

Caprivi war nicht für einen Staatsstreich, lediglich für eine maßvolle »Umsturzvorlage« zu haben, eine Strafrechtsnovelle, die geringfügige Einschränkungen des Versammlungs- und Presserechtes vorsah. Aber auch dafür war der Reichstag nicht zu gewinnen, die Vorlage wurde abgelehnt, und der Kaiser mußte sich wieder einmal mit scharfen Worten begnügen: »Es bleiben uns somit noch die Feuerspritzen für gewöhnlich, und die Kartätschen für die letzte Instanz übrig!«

Was im Reiche mißlungen war, wurde in Preußen versucht. Aber das 1897 vorgelegte »kleine Sozialistengesetz«, das die Polizei ermächtigen sollte, Vereine und Versammlungen aufzulösen, »die den öffentlichen Frieden oder die Sicherheit des Staates« gefährdeten, fand im Abgeordnetenhaus keine Mehrheit.

Im Reich wurde ein neuer Anlauf genommen. Ausgangspunkt war die Tatsache, daß in Deutschland seit 1890 3750 Streiks mit 450 000 Beteiligten gezählt worden waren. Das Stichwort gab Wilhelm II. am 6. September 1898 in Oeynhausen: Den »Schutz der deutschen

Arbeit«, den Schutz desjenigen, der arbeiten wolle, habe er versprochen, und ein entsprechendes Gesetz »naht sich seiner Vollendung und wird den Volksvertretern noch in diesem Jahre zugehen, worin jeder – er möge sein, wer er will, und heißen, wie er will –, der einen deutschen Arbeiter, der willig ist, seine Arbeit zu vollführen, daran zu verhindern versucht, oder gar zu einem Streik anreizt, mit Zuchthaus bestraft werden soll«.

Der »Zuchthausrede« folgte die »Zuchthausvorlage«, der Entwurf eines Gesetzes zum »Schutz des gewerblichen Arbeitsverhältnisses«. Als der zuständige Staatssekretär dessen Einbringung hinauszuzögern suchte, wurde ihm vom Kaiser befohlen, den Entwurf unverzüglich vorzulegen. Seine Befehlsgewalt reichte in die Reichsbehörden, nicht in den Reichstag, der im Jahre 1899 mit großer Mehrheit ein »Zuchthausgesetz« ablehnte.

Der Nimbus eines arbeiterfreundlichen Monarchen, in dem er zu Beginn seiner Regierung geglänzt hatte, war schnell verschwunden. Wilhelm II. hatte sich vorgenommen, einen Beitrag zur Lösung der sozialen Frage zu leisten, war jedoch von diesem guten Vorsatz abgegangen, als er merkte, daß die Arbeiterschaft ihre Interessen besser von der Sozialdemokratie als von der Monarchie vertreten sah. Nun geriet er in Verdacht, daß er sich nur arbeiterfreundlich gebärdet habe, um gegenüber Bismarck, dem reaktionären Kanzler, als reformfreudiger Kaiser dazustehen und Beifall einzuheimsen, wenn er sich von diesem trennte. Jetzt war er da angelangt, wo Bismarck aufgehört hatte: beim Griff nach obrigkeitlichen Maßnahmen und beim Ruf nach militärischem Eingreifen.

Gegenüber dem aufmüpfigen Fußvolk der Industrialisierung blieb er unerbittlich, Industriebossen und Handelsherren kam er entgegen. Sie standen ihm näher, konnten seinem Regime nützen, und Aktivitäten in dieser Richtung waren geeignet, wenigstens in dieser Beziehung seiner Person den Leumund eines fortschrittlichen Kaisers zu erhalten.

Die Handelsverträge, die das Deutsche Reich mit Österreich-Ungarn, Italien, Belgien, der Schweiz, Rumänien und schließlich auch mit Rußland schloß, zielten darauf, den Export deutscher Industrieerzeugnisse zu erleichtern. Im Gegenzug mußte das Reich die Einfuhrzölle für landwirtschaftliche Produkte, vor allem Getreide, senken. Die Abwendung vom Schutzzoll und die Hinwendung zum

Freihandel entsprach den Interessen eines Industriestaates, der auf Export angewiesen war, widersprach jedoch den Interessen der Nachhut des Agrarstaates, der ostelbischen Grundbesitzer. Von billigen Getreideimporten befürchteten sie mit einer Abnahme ihrer Einkünfte auch eine Minderung ihres Einflusses.

Das Verständnis, das ihnen Wilhelm II. als »der größte Grundbesitzer in unserm Staate« entgegenzubringen geneigt war, schlug in Ungnade um, als sich die Landadeligen in einem agrarischen Interessenverband, dem 1893 gegründeten »Bund der Landwirte« zusammenschlossen und Miene machten, eine Fronde gegen ihren Monarchen, der die Handelsverträge gebilligt hatte, zu bilden.

Einem ihrer Anführer, dem Grafen Hans von Kanitz, drohte er mit dem Entzug der Hofstellung, wenn er im Parlament gegen seinen Monarchen stimmen sollte. Bei einem Festmahl in Königsberg, das nicht wie ein Liebesmahl verlief, herrschte er am 6. September 1894 die Vertreter der Provinz Ostpreußen an: »Eine Opposition preußischer Adliger gegen ihren König ist ein Unding«; sollte er, wie mancher seiner Vorfahren, »Irregeleiteten eines einzelnen Standes zum Wohl des Ganzen gegenübertreten müssen«, so würde er dies ohne Zögern tun.

Nicht einmal aus dem grünen Holz seines Ersten Standes erwuchs ihm hinreichend Hoffnung auf eine Durchsetzung seines monarchischen Willens. Agrarische Interessen begannen die royalistische Loyalität zu überwuchern. Konservative Abgeordnete im preußischen Landtag, die als verlängerter Arm des »Bundes der Landwirte« agierten, widersetzten sich dem Bau des Mittellandkanals, der Elbe und Rhein verbinden sollte.

Diese Querverbindung lag nicht nur im Interesse des einen weiteren Verkehrsweg verlangenden Gewerbes, sondern auch in der Räson des preußischen Staates, der in ost-westlicher Richtung über die Stromsysteme hinweg geschaffen worden war und dem ein zusätzliches Band zwischen Ostelbien und Westelbien hätte willkommen sein müssen.

Wilhelm II., der den Kanalplan gebilligt hatte, sah sich von seinem Adel in Stich gelassen. Der agrarischen und konservativen Opposition paßte die Richtung nicht: die Hinwendung zum Westen, in dem Industrialisierung und mit ihr die Liberalisierung am weitesten fortgeschritten war. Durch den Binnenschiffahrtsweg, befürchteten sie, könnten die Frachtraten nicht nur für Industrieprodukte, sondern auch für ausländisches Getreide verbilligt werden.

Der König von Preußen war über die Renitenz aufgebracht, kehrte jedoch bald zu seiner Grundauffassung zurück, daß die Existenz seines Hauses von einer Übereinstimmung zwischen Monarch und Junkern in der konservativen Ideologie wie in den ökonomischen Interessen abhängig war. Der Mittellandkanal blieb auf die Strecke zwischen Hannover und dem Rhein, auf neupreußisches Gebiet beschränkt. Im Jahre 1903 wurden die Einfuhrzölle für die wichtigsten Getreidesorten erhöht, eine Forderung der Agrarier erfüllt.

Zwischen den alten Ufern des Agrarstaates und den neuen Ufern des Industriestaates wurde laviert, nach Kompromissen gesucht, die einmal mehr den Konservativen, ein andermal mehr den Liberalen entsprachen, aber auf die Dauer keiner der beiden Seiten genügten. Nach englischem Vorbild wurde im Jahre 1891 in Preußen die Einkommensteuer eingeführt. Sie ersetzte die Klassensteuer; die Steuerzahler waren in Klassen eingeteilt, in denen jeweils die gleiche Steuer zu entrichten war. Nun begann der progressive Steuersatz mit 0,62 Prozent für Jahreseinkommen von 900 bis 1050 Mark und stieg bis zu 4 Prozent für Jahreseinkommen über 100 000 Mark.

Die treibende Kraft war Finanzminister Johannes von Miquel, der sich von einem Achtundvierziger Demokraten zu einem Nationalliberalen entwickelt und dabei das Staatsinteresse im Auge behalten hatte.

Miquel erfreute sich der Wertschätzung Wilhelms: der Mann, der nicht im Büchmann nachzuschlagen brauchte, um mit treffenden Zitaten seine glänzenden Reden zu würzen; der Hannoveraner, der das Reich gewollt hatte und Preußen für die Erfüllung seines Wunsches verpflichtet blieb; der Fortschrittler, der die Monarchie durch Erneuerung zu erhalten suchte. Es schien, als bewunderte ihn Wilhelm, weil er in ihm eine Art Doppelgänger sah, und beneidete ihn, weil dieser seine Ziele folgerichtiger und erfolgversprechender als er selber anzugehen verstand.

Die Steuerreform, die weit mehr Geld als bisher in die Staatskasse brachte, habe Preußen »auf eine gesunde Basis gestellt und ihm mit zu seiner Blüte verholfen«, bilanzierte der König. Die neue Finanzverfassung war die Grundlage eines modernen Staates und der Ausgangspunkt für eine Entwicklung, die mehr dem Gemeinwohl als dem Monarchenwohl zugute kam. Sie förderte den Prozeß einer Eingliederung des Herrschers in den Staat, dessen Anforderungen er zunehmend entsprechen mußte. Und sie führte dazu, daß er mehr und mehr Beschlüsse anderer Staatsorgane – des Staatsministeriums und des Landtages – hinzunehmen hatte.

Weiterhin besaß er das Vorrecht, wie den Reichskanzler so auch die preußischen Minister nach seinem Gutdünken zu ernennen und zu entlassen. Aber bereits im Jahre 1895 mußte er es sich gefallen lassen, daß er den ihm genehmen Innenminister Ernst von Köller, den er als ausgewiesenen Sozialistengegner unter allen Umständen behalten wollte, auf Druck von dessen Kollegen im Staatsministerium entlassen mußte.

Er habe Wilhelm II. »nie erregter, aber auch niemals deprimierter gesehen«, bemerkte Eulenburg. Entweder gebe es einen Sturm, der die Welt erschrecke, oder es komme zu einem Zustand, der mehr zu fürchten sei: »der Verlust des Selbstvertrauens«.

Die ihm abgezwungene Entlassung eines Ministers seines Vertrauens dürfe nicht als Präzedenzfall angesehen werden, bemerkte der Monarch und erließ eine Kabinettsorder: »Es ist aber Mein Wille, die durch Geschichte und Verfassung begründeten Rechte Meiner Krone ungeschmälert zu erhalten und dereinst ungemindert auf Meine Nachkommen zu übertragen.«

Was ihm politisch entglitt, suchte er pädagogisch aufzuhalten. Durch eine Schulreform gedachte er einen Thron und Altar zugeneigten Nachwuchs heranzuziehen. Bereits am 1. Mai 1889 richtete Wilhelm II. einen Erlaß an das preußische Staatsministerium, eine erste Verlautbarung seines Schulprogramms: Die höheren Lehranstalten müßten der sozialistischen Idee entgegenwirken und der preußisch-deutschen Staatsidee dadurch dienen, daß sie nicht nur in Gymnasien klassische Bildung vermittelten, sondern auch in Realschulen der Reichsjugend »zur Erkenntnis dessen, was wahr, was wirklich und was in der Welt möglich ist«, verhülfen.

Am Ende gestand er ein: »Die Reform ist leider nicht so geworden, wie ich sie erhoffte, und hat nicht zu dem Ergebnis geführt, das ich erwartet hatte.« Das lag nicht nur an Widerständen von Schulmännern und Ministerialbeamten, die das neuhumanistische Gymnasium überbewerteten, sondern auch an der inneren Widersprüchlichkeit des monarchischen Schulreformers.

Denn Wilhelm II. wollte sowohl Neuhumanisten behalten, die den Staatstugenden der Römer nacheiferten, wie Realisten bekommen, die im eigenen Land und draußen in der Welt für die wirtschaftliche und damit machtpolitische Geltung seines Reichs wirkten. Und er wollte Preußen haben, die friderizianisch für die »Nation prussienne« eintraten, und Deutsche, die sich auf ihr Germanentum besannen und einen Pangermanismus anvisierten.

In einem konkreten Fall bewies er seine Neigung, denen recht zu geben, die ihm gerade Vortrag hielten. Zunächst billigte er den preußischen Volksschul-Gesetzentwurf, der Forderungen der katholischen Kirche entgegenkam, weil er das Zentrum nicht nur für einen gemeinsamen Kampf gegen Atheismus und Sozialismus, sondern auch und vor allem als Befürworter seiner Militärpolitik zu gewinnen suchte. Als nach der Einbringung der Vorlage im Abgeordnetenhaus Anfang 1892 Freisinnige aller Couleurs dagegen Sturm liefen, der von ihm besonders geschätzte Staatsminister Miquel zurücktreten wollte, legte er sein Veto gegen das Schulgesetz ein.

Der verantwortliche Kultusminister Zedlitz-Trützschler trat zurück. Caprivi, der preußische Ministerpräsident, der ebenfalls vom Monarchen desavouiert worden war, legte dieses Amt nieder, blieb jedoch deutscher Reichskanzler.

Zwei Jahre später konnte auch dieser Militär, der das Gehorchen gelernt hatte, die unaufhörlichen und dazu noch widersprüchlichen Eingriffe des Kaisers in das Amt des Reichskanzlers nicht länger ertragen. Zum Bruch kam es wegen der »Umsturzvorlage«, des Versuchs eines neuen Ausnahmegesetzes gegen die Sozialdemokratie. Wilhelm II. und der neue Ministerpräsident Botho Graf zu Eulenburg waren dafür, Reichskanzler Caprivi dagegen. Sein Rücktrittsgesuch wurde zunächst nicht angenommen, weil der Monarch der Meinung war und blieb: »Ich sage meinen Ministern, wenn sie zu gehen haben, nicht sie mir.«

Er ließ ihn dann doch gehen, genau gesagt, er schickte Caprivi, der sich durch eine gemäßigte Haltung gegenüber der Arbeiterschaft sowie seine industriefreundliche Handelspolitik den Zorn der Agrarier und Konservativen zugezogen hatte, als Sündenbock in die Wüste. Wilhelm sandte ihm die Verwünschung nach: Er habe sich von diesem »unseligen Menschen« trennen müssen, weil er sich von ihm nicht länger »hofmeistern« lassen wollte. Caprivi reagierte anders als Bismarck: Er bäumte sich nicht auf, schlug nicht zurück, blieb stumm, bis er 1899 starb, »an gebrochenem Herzen«, wie die Baronin von Spitzemberg meinte.

Als neuen Reichskanzler und preußischen Ministerpräsidenten suchte sich Wilhelm II. einen Mann aus, der ihm die Gewähr zu bieten schien, daß er schon im Amt und nicht erst im Ruhestand nicht widersprach, alles hinnahm – wenn schon nicht aus Mangel an Selbstbewußtsein, so doch aus Ruhebedürftigkeit.

Chlodwig Fürst zu Hohenlohe-Schillingsfürst war bereits fünfundsiebzig, wurde in einem Alter berufen, in dem Bismarck, nicht zuletzt aus Altersgründen, entlassen worden war. Der Franke hatte bereits ein erfülltes Arbeitsleben hinter sich. In der Reichsgründungszeit, 1866 bis 1870, war er als Ministerpräsident im Königreich Bayern für dessen Angliederung an den von Preußen geführten Norddeutschen Bund eingetreten. Der Dank des preußisch-deutschen Vaterlandes hatte ihm zunächst nur zweitrangige Posten eingetragen: Botschafter in Paris und Statthalter von Elsaß-Lothringen.

Nun, 1894, wurde er an die Spitze der höchsten Staatsämter Preußens und Deutschlands gestellt. Der Fürst aus altem Geschlecht, hoffte der Monarch, würde von den Konservativen besser angenommen werden als Caprivi, der »Mann ohne Ar und Halm«, der erst 1891 in den Grafenstand erhoben worden war. Vom »Onkel Chlodwig«, wie ihn der Kaiser wegen dessen Verwandtschaft mit der Kaiserin nannte, erwartete er mehr Verständnis für seine Herrscherart, vom Grandseigneur mit den vollendeten Umgangsformen und dem alten, abgeklärten Herrn mehr Nachsicht für seine Herrscherlaunen.

Der »vornehme Mann, dem man sofort seine Abstammung ansieht« – wie ein Journalist bemerkte –, und der erfahrene Mann von Welt war denn auch – wie ein Diplomat beobachtete – darauf bedacht, den Monarchen nicht, wie Caprivi oder gar Bismarck, durch »sofortigen, resoluten Widerspruch« zu reizen, sondern sein Vertrauen durch »Mitempfindung, Mühe und Sorgfalt« zu gewinnen und zu erhalten. Die Langmut Hohenlohes wurde strapaziert. Bald hüllte er sich »in eine Rhinozeroshaut«, nahm sich fest vor, sich über nichts mehr zu ärgern. »Wollte ich es anders machen, so müßte ich wöchentlich mindestens einmal den Abschied einreichen.«

»Onkel Chlodwig« hielt es sechs Jahre, bis 1900 aus, erstaunlich lang für den kleinen, zerbrechlich wirkenden Aristokraten, der sich mit einer robusten neuen Zeit konfrontiert und einem Herrscher gegenüber sah, der ihr durch Kraftakte zu entsprechen suchte. Die größer werdende Arbeitslast, die immer heftiger werdenden Auseinandersetzungen mit den Parteien hätten den hochbetagten Herrn veranlaßt, den Abschied zu nehmen, kommentierte der Kaiser. Nicht der unwichtigste Grund war jedoch, daß er die Monarchenlaunen nicht länger ertragen konnte und die Monarchenbefehle nicht länger hinnehmen wollte.

»Ich bin nicht Kanzleirat, sondern Reichskanzler und muß wissen, was ich zu sagen habe«, empörte sich einmal Hohenlohe. Doch der Kaiser, der sein eigener Reichskanzler, und der König, der sein eigener Ministerpräsident sein wollte, hielt nach wie vor die obersten Regierungsorgane für Sprachrohre des Monarchen.

Der Reichskanzler war doppeltem Druck ausgesetzt: von oben durch den Kaiser, von dem er abhängig blieb, und von unten durch den Reichstag, der seine Verantwortlichkeit gegenüber der Volksvertretung einforderte.

Der Reichskanzler war überfordert, und der Kaiser übernahm sich. Er wollte den Regierungsapparat mitübernehmen, den Bismarck auf seine eigene Person hin konstruiert, aber selbst er nur noch unvollkommen zu bedienen verstanden hatte. Wilhelm II. war dazu von vornherein nicht in der Lage. Abgesehen von den wachsenden Widerständen, die sich mit fortschreitender Zeit gegen eine Einmannherrschaft erhoben, und den sachlichen Schwierigkeiten, die sich aus der immer komplizierter werdenden Regierungsmaterie ergaben, besaß Wilhelm II. weder die Befähigung noch die Ausdauer, alles in die Hand zu nehmen und das Ganze zu dirigieren.

Immobilismus drohte, wenn oben nichts geschehen konnte und unten nichts geschehen durfte. Der Reichsapparat mußte jedoch weiterlaufen. Wenn ihn der Monarch nur ungenügend und der Kanzler, wegen ständiger Eingriffe des Kaisers, nur unvollkommen steuern konnten, fiel diese Aufgabe nachgeordneten Maschinisten zu.

Die Staatssekretäre, die an der Spitze der Reichsressorts standen, wurden immer bedeutender, beispielsweise Admiral Tirpitz, der Staatssekretär des Reichsmarineamtes. Ähnliches galt für die preußischen Minister, die – der Fuchtel Bismarcks entronnen – auf die in der preußischen Verfassung verankerte Verantwortlichkeit der Ressortinhaber pochten.

Die Ungereimtheiten der Politik der Wilhelminischen Zeit ergaben sich nicht zuletzt aus der Gegensätzlichkeit zwischen der Vorstellung des Kaisers, Inhaber und Vollstrecker der Gewalt zu sein, und der Wirklichkeit der Machtausübung. Und die Widersprüche wurden durch die Einsprüche Bismarcks aus dem Sachsenwald verstärkt.

EINE BARRIERE glaubte Wilhelm II. mit der Entlassung Bismarcks aus der Bahn geräumt zu haben – mit dem der Vergangenheit verhafteten Junker ein Hindernis auf Deutschlands Weg in die Zukunft und mit dem mächtigen Kanzler ein Hemmnis für den jungen Kaiser, der über den Kurs in das 20. Jahrhundert selbst bestimmen wollte.

Doch der Exkanzler sah in seinem Friedrichsruh keinen Ruhesitz. Aus dem Sachsenwald, in dem er nicht nur, wie Wilhelm gehofft haben mochte, seine Bäume und seine Erinnerungen pflegte, kamen ständig Zwischenrufe, auf die das Volk mehr zu hören schien als auf Verlautbarungen seines Monarchen.

Das Schlimmste für Wilhelm war nicht einmal, daß mehr und mehr Deutsche, wenn sie die neuen Steuerleute mit dem alten Steuermann verglichen, sich den bewährten Fahrensmann zurückwünschten. Für unerträglich empfand er es, daß Bismarck, der ein Staatsmann von gestern geblieben war, nun den Deutschen vorzumachen suchte, daß eigentlich er und nicht der junge Monarch ein Mann von morgen war.

Ein Royalist war Bismarck stets geblieben. Jetzt aber erklärte er, im Blick auf Wilhelm II.: »Die unumschränkte Autorität der alten preußischen Königsmacht war und ist nicht das letzte Wort meiner Überzeugung.« Der Reichskanzler, der den Reichstag gegängelt hatte, bezeichnete ihn nun als den »Brennpunkt des öffentlichen Lebens«, sprach von der Notwendigkeit eines starken Parlaments, das die Regierung »kritisiert, kontrolliert, warnt, unter Umständen führt«. Der Exkanzler ließ sich in den Reichstag wählen, ohne freilich seinen Sitz einzunehmen.

Der europäische Staatsmann Bismarck, ein Nachfahre Metternichs, war nie ein Nationalist, schon gar nicht ein Imperialist gewesen. Nun wurde er Ehrenmitglied des Alldeutschen Verbandes, der lautstark für eine der angeblichen Überlegenheit des deutschen Volkes und der germanischen Rasse angemessene Machtstellung des Reiches in Europa und in der Welt eintrat. Der Kontinentaleuropäer Bismarck, der eine Expansion in Übersee gebremst hatte, warb nun für eine Verstärkung der Flotte und ließ sich als »kolonialer Bahnbrecher« feiern.

Auch junge Menschen, vor allem Studenten, pilgerten zum Alten im Sachsenwald, um seinen Weissagungen zu lauschen, strömten auf die Marktplätze, um dem vom Kabinettspolitiker zum Volkstribun gewordenen Bismarck zu applaudieren.

Zeitungen schrieben für den Exkanzler und gegen den Monarchen. Die Zuwendungen aus dem Reptilienfonds hatten ihm Anhänglichkeit eingetragen, die er dadurch aufzufrischen verstand, daß er Geschehnisse aus seiner Regierungszeit für sensationelle Aufmachungen preisgab. In Friedrichsruh empfing er Maximilian Harden, den Gründer der Zeitschrift »Die Zukunft«, und leerte mit ihm die Flasche »Steinberger Kabinett«, die ihm Wilhelm II. als eine erste Ankündigung, daß er Vergangenes nicht nachtragen wolle, geschickt hatte.

Dies alles hätte auch ein ruhigeres Blut in Wallung gebracht. Wilhelm geriet in höchste Erregung, vermochte seinen Zorn nicht zu zügeln. Er ließ ihm einen Lauf, der das, was er eigentlich vermeiden wollte, zu fördern geeignet war: Bismarck als einen von Wilhelm II. gegeißelten und gekreuzigten Heiland erscheinen zu lassen.

Als der Exkanzler 1892 an der Hochzeit des Exstaatssekretärs Herbert von Bismarck, seines Sohnes, in Wien teilnahm, sorgte der Monarch für einen im »Reichsanzeiger« veröffentlichten Erlaß, der den deutschen Botschafter am österreich-ungarischen Hof anwies, nicht an den Vermählungsfeierlichkeiten teilzunehmen. Als Begründung wurde angeführt: Es sei noch zu keiner Annäherung zwischen dem Fürsten und dem Kaiser gekommen, und selbst wenn eine solche erfolgte, könne sie niemals so weit gehen, »daß die öffentliche Meinung das Recht zur Annahme erhielte, Fürst Bismarck hätte wieder auf die Leitung der Geschäfte irgend welchen Einfluß gewonnen«.

»Alle Brücken sind abgebrochen«, erklärte Bismarck in Wien der Presse. Seine Heimreise wurde zu einer Triumphfahrt durch Deutschland. Die Mißfallensäußerungen gegen Wilhelm II. schwollen derart an, daß sich dieser bemüßigt fühlte, einen neuen Brückenschlag zu versuchen, Bismarck nach Berlin einzuladen.

Im Januar 1894 kam der Reichsgründer aus Friedrichsruh, seinem Kyffhäuser, in die preußische Hauptstadt, die er zur Reichshauptstadt gemacht hatte. Er fuhr durch das Brandenburger Tor, die Linden entlang, die von jubelnden Menschen gesäumt waren, fast wie damals, als er mit Wilhelms Großvater aus Frankreich zurückgekehrt war und das Kaiserreich mitgebracht hatte. Der Enkel, der weniger die Dankbarkeit teilte, die Bismarck vom Volk entgegengebracht wurde, doch an der Popularität teilhaben wollte, die dieser dadurch gewonnen hatte, empfing ihn im Hohenzollernschloß. Hinter ihnen schlossen sich die Doppeltüren, so daß niemand sah und hörte, was sich zwischen dem Kaiser und dem Exkanzler abspielte.

»Durch meine Aussöhnung mit Bismarck«, behauptete Wilhelm, sei die Atmosphäre entspannt und der Fürst milder gestimmt worden. Kein Friede, nur ein Waffenstillstand war geschlossen worden. Er wurde immer wieder gebrochen, vom weiterhin grollenden Alten im Sachsenwald wie vom Kaiser in Berlin, der zwischen abschätzigen Bemerkungen über den dreinredenden Exkanzler und versöhnlichen Gesten gegenüber dem Volkshelden schwankte.

Als erster Gratulant, sechs Tage vor dem 80. Geburtstag Bismarcks am 1. April 1895, marschierte Wilhelm II. mit zwei Schwadronen Kavallerie, einer Kompanie Infanterie und einer Batterie Artillerie in Friedrichsruh auf. Er salutierte mit 21 Kanonensalven und überreichte dem Jubilar ein Schwert, »ein Symbol jenes Instruments, das Euer Durchlaucht mit Meinem hochseligen Herrn Großvater haben schmieden, schärfen und auch führen helfen, das Symbol jener großen, gewaltigen Bauzeit, deren Kitt Blut und Eisen war, dasjenige Mittel, das nie versagt und in der Hand von Königen und Fürsten, wenn es not tut, auch nach innen, dem Vaterlande den Zusammenhalt bewahren wird, der es einst nach außen hin zur Einigkeit geführt hat.«

Bismarck hatte Wilhelm I. veranlaßt, das Schwert gegen Dänen, Österreicher und Franzosen zu ziehen, mit Eisen und Blut das preußisch-deutsche Reich zu erkämpfen; er hatte es gegen nachmalige Reichsgenossen in Bayern und Sachsen geschwungen und hätte es gerne gegen innere Reichsfeinde, streikende Arbeiter und oppositionelle Sozialdemokraten, gezückt. Dieses Mittel habe sich damals bewährt und würde auch künftig nicht versagen, meinte Wilhelm II. Doch er betonte, daß das Schwert der Ritter, der Kaiser, und nicht der Knappe, der Kanzler, zu führen habe.

Während er in Friedrichsruh, dem achtzigjährigen Bismarck vis-à-vis, diese Auffassung in Moll äußerte, griff er zwei Jahre später, am Vorabend des hundertsten Geburtstages Wilhelms I., vor dem brandenburgischen Provinziallandtag zum Dur: Bismarck sei lediglich ein »Handlanger«, ein »Werkzeug«, wie andere verstanden hatten, oder gar – wie verbreitet wurde – ein »Pygmäe« im Vergleich zu Wilhelm »dem Großen« gewesen.

Noch im selben Jahre 1897 schaute Wilhelm II. wiederum, zum letztenmal, in Friedrichsruh vorbei. Er legte Wert darauf, als Oberster Kriegsherr aufzutreten, der den Generalobersten Bismarck besuchte. Versuche des Exkanzlers, politische Fragen anzuschneiden, verhinderte der Kaiser durch unaufhörliches Erzählen von Kasinohistörchen.

Im Jahr darauf, am 30. Juli 1898, starb Otto von Bismarck. Wilhelm II. brach eine Nordlandreise ab, um an der Einsegnung in Friedrichsruh teilzunehmen. Am Andenken des als Toter noch mehr denn als Lebender in der Volksgunst stehenden Bismarck hätte er gerne teilgehabt. Die Familie lehnte ein Staatsbegräbnis in Berlin und ein Ehrengrab im Dom ab, ließ den Vater – wie er es verfügt hatte – im Sachsenwald bestatten und ihm die Grabinschrift setzen: »Fürst von Bismarck – geb. 1. April 1815, gest. 30. Juli 1898. Ein treuer deutscher Diener Kaiser Wilhelms I.«

Der Tote ließ ihm keine Ruhe. Kaum hatte er die Augen geschlossen und war sein Mund verstummt, wurde sein Entlassungsgesuch vom 18. März 1890 in der Presse veröffentlicht. Seither hatten Deutsche bestätigt gesehen, was dem Kaiser von Bismarck vorgeworfen worden war: Eine Beschneidung der Befugnisse des preußischen Ministerpräsidenten gefährde »die Einheitlichkeit der Politik«. Eine Begrenzung der »dienstlichen Berechtigungen« des deutschen Reichskanzlers untergrabe dessen verfassungsmäßige Verantwortlichkeit. Und das Reich sei bedroht, wenn die außenpolitische Strategie wie Taktik des langjährigen Leiters der Außenpolitik nicht weiter verfolgt würden.

Welche »Erfahrungen u. Fähigkeiten eines treuen Dieners Ihrer Vorfahren« Wilhelm II. nicht mehr hatte benutzen wollen und was dadurch Preußen und Deutschland verlorengegangen war, konnte Bismarcks »Gedanken und Erinnerungen« entnommen werden, deren erster und zweiter Band 1898, unmittelbar nach dem Tode des Memoirenschreibers, erschienen. Der dritte Band, eine Anklageschrift gegen Wilhelm II., konnte erst veröffentlicht werden, nachdem die Geschichte das Urteil gesprochen, der Kaiser gestürzt und das Kaiserreich untergegangen war.

Die erste Auflage von Band eins und zwei in Höhe von hunderttausend Exemplaren war im Nu vergriffen, und der Verlag kam mit der Nachlieferung der Nachfrage kaum nach. »Dabei ist es merkwürdig und noch nie dagewesen«, bemerkte die Baronin von Spitzemberg, »daß nicht nur die gebildeten Kreise aller politischen und religiösen Bekenntnisse das Buch kaufen, sondern zu Dutzenden ehrbare Handwerksmeister, Bäcker, Schlächter, die offen sagen, sie wollen Bismarcks Buch bloß im Haus haben, besitzen, lesen und verstehen könnten sie es kaum.«

Das Hausbuch seiner Untertanen war kein Erbauungsbuch für den Monarchen. »Den vernünftigen Deutschen und selbst Freunden und Bewunderern Bismarcks werden bei diesen Enthüllungen die Augen aufgehen.« Er meinte damit, daß sie Bismarck nicht mehr verklärt sehen würden, schob den Gedanken von sich, daß ihnen noch mehr als schon bisher die Augen geöffnet werden könnten, was sie mit Bismarck verloren und mit Wilhelm II. bekommen hatten.

»Veröffentlichungen dieser Art werden nur dazu beitragen, die Aufklärung der Masse zu beschleunigen«, kommentierte Wilhelm II. das Erscheinen der »Gedanken und Erinnerungen«. Er dachte dabei an die Übertreibungen, die sich der Autor in der Hervorhebung seiner Person und in der Schönfärbung seiner Politik erlaubt hatte. Aber er verkannte, daß die Legende oft wirksamer als die Wahrheit und der Mythos oft mächtiger als die Wirklichkeit sein kann. Das hatte schon für Napoleons »Mémorial de Sainte-Hélène« gegolten und sollte auch für Bismarcks Memoiren von Friedrichsruh gelten.

So geriet Wilhelm II., der als Sonnenkaiser posierte, immer mehr in den Schatten des großen Kanzlers. Der Monarch, der alles größer haben und besser machen wollte, wurde an den Maßstäben nicht nur des wahrhaftigen, sondern zunehmend an denen des legendären Bismarck gemessen: seine Person und seine Politik, in erster Linie die Außenpolitik – schon in der Zeit, in der es weiter gutzugehen schien, und erst recht nach der Katastrophe, der Deutschland wie Europa entgegentrieben.

DER IMPERATOR

Wilhelm II. in der Uniform eines Generalfeldmarschalls. Photographie um 1910.

Vom Reich zum Weltreich

BISMARCK war durch seine Entlassung der Beweisführung enthoben worden, ob er die außenpolitischen Probleme, die seine Reichsgründung aufgeworfen hatte, auch weiterhin hätte bewältigen können.

Die Einrichtung des Nationalreiches in der Mitte des Kontinents, die bis 1871 föderal und übernational organisiert gewesen war, hatte die Balance of power gestört, wenn nicht gar zerstört, wie der englische Staatsmann Disraeli meinte. Bismarck, vom Reichskrieger zum Friedenswahrer geworden, war bestrebt gewesen, das Gleichgewicht zwischen den Mächten wiederherzustellen, durch seine Bündnispolitik auszutarieren. Dies war ihm einigermaßen gelungen, auch wenn er sich dabei immer schwerer getan hatte und sich die Anzeichen vermehrten, daß selbst er an dieser Aufgabe scheitern könnte.

Denn sie glich der Quadratur des Kreises. Die Störung des Gleichgewichtes war im Grunde nicht eine zu behebende Auswirkung, sondern die nicht zu beseitigende Ursache der Errichtung eines übergewichtigen Nationalreiches im Zentrum Europas.

Die Zentralmacht, die von allen Seiten angegriffen werden konnte, sah sich veranlaßt, die Militärmacht, mit der sie geschaffen worden war, zu verstärken. Von dieser Übermacht fühlten sich Nachbarn herausgefordert, die ihrerseits ihre Streitkräfte vermehrten. Ein Rüstungswettlauf begann, der zu einem bewaffneten Konflikt führen konnte. Verantwortungsbewußte Staatsmänner – im Ausland wie in Deutschland – suchten ihn durch friedliche Konfliktlösungen aufzuhalten, ohne damit – wie sich herausstellen sollte – nachhaltigen Erfolg zu haben.

Die Quadratur des Kreises war eben nicht zu lösen. Eine starke Machtstellung war zur Behauptung des Reiches in der Mitte Europas notwendig. Eine Machtballung an dieser Stelle stellte jedoch mit dem Gleichgewicht der Mächte den Frieden in Europa permanent in Frage – und mit ihm die Fortexistenz der deutschen Großmacht, die durch ihre exponierte Lage am verwundbarsten war.

Die fatale Situation, in die Europa durch das deutsche Nationalreich gebracht worden war, wurde dadurch verschärft, daß überall, nicht zuletzt in Deutschland, neue Kräfte die alte Staatskunst, der Bismarck wie mancher ausländische Amtskollege verpflichtet geblieben waren, auszuschalten begannen.

In Rußland forderten Panslawisten die Zusammenfassung aller Slawen in einem völkischen Imperium. In Frankreich steigerte sich der durch die Niederlage von 1870/71 verletzte Nationalismus zum Chauvinismus, der Rache für Sedan verlangte. Mehr und mehr Deutsche gaben sich mit dem Erreichten nicht zufrieden, wollten außerhalb der Grenzen gebliebene Volksgenossen heim ins Reich holen. Reichsdeutsche wurden zu Pangermanen, Nationalisten zu Imperialisten, strebten nach Hegemonie in Europa und einer Expansion in der Welt.

Mit Wilhelm II. schienen sie einen Kaiser bekommen zu haben, der so war, jedenfalls sich so gab, wie ihn sich deutsche Nationalisten und Imperialisten wünschten.

Wilhelm I. hatte bei der Kaiserproklamation verkündet: »Uns aber und Unseren Nachfolgern an der Kaiserkrone wolle Gott verleihen, allzeit Mehrer des Deutschen Reiches zu sein, nicht an kriegerischen Eroberungen, sondern an den Gütern und Gaben des Friedens...« Bismarck hatte es für notwendig erachtet, den friedlichen Sinn der aus dem ersten, dem übernationalen Reich entnommenen Formel dem Ausland gegenüber zu betonen: »Deutschland hat seine Stellung im Rate der Nationen wieder gewonnen, und das deutsche Volk hat weder das Bedürfnis noch die Neigung, über seine Grenzen hinauszustreben.«

Das Reich, erklärte der Reichsgründer, sei saturiert, habe sich gesättigt, gebe sich mit der gewonnenen Machtposition und dem erreichten Gebietsumfang zufrieden.

Appetit auf mehr bekam Wilhelm II. Auf der Menükarte der »Königlichen Mittagstafel Berlin, den 18. Januar 1896« war Anton von Werners Gemälde der Kaiserproklamation in Versailles abgebildet, in der ersten Fassung, in der nicht der Kanzler, sondern der Kaiser im Mittelpunkt stand. »Aus dem Deutschen Reich ist ein Weltreich geworden«, erklärte Wilhelm II. zum 25jährigen Jubiläum der Reichsgründung. »Überall in fernen Teilen der Erde wohnen Tausende unserer Landsleute. Deutsche Güter, deutsches Wissen, deutsche Betriebsamkeit gehen über den Ozean. Nach Tausenden von Millionen beziffern sich die Werte, die Deutschland auf der See zu fahren hat. An Sie, meine Herren, tritt die ernste Pflicht heran, Mir zu helfen, dieses größere Deutsche Reich auch fest an unser heimisches zu gliedern.«

Anläßlich der Enthüllung des Denkmals für Wilhelm I. in Köln am 18. Juni 1897 deutete der Enkel die Figur Neptuns, des Meergottes mit dem Dreizack, am Postament als »ein Zeichen dafür, daß seit dem unser großer Kaiser unser Reich von neuem zusammengeschmiedet, wir auch andere Aufgaben auf der Welt haben: Deutsche aller Orten, für die wir zu sorgen, deutsche Ehre, die wir auch im Ausland aufrechtzuerhalten haben. Der Dreizack gehört in unsere Faust...«

Deutschland sollte in seinen Grenzen bleiben, sagte Bismarck kurz vor seinem Tode. Über die kontinentalen Grenzen hinaus, auf die Weltmeere und nach Übersee griff jedoch Wilhelm II., der das Werk seiner Vorfahren fortsetzen, ihre Leistungen übertreffen wollte. Friedrich der Große hatte Preußen zur Großmacht erhoben, von Wilhelm I., den er den Großen nannte, war das preußisch-deutsche Reich geschaffen worden. Wilhelm II., nach dem gleichen schmückenden und ehrenden Beiwort strebend, visierte ein Weltimperium an, über das er als Imperator gebot.

Die Erblast, die Nationalmacht in der Mitte Europas unter den gegebenen schwierigen Umständen zu erhalten, vergrößerte er durch die Zukunftsbürde der geplanten Weltmacht, deren kontinentale Basis ungesichert, deren Bauelemente unzureichend waren und deren Verwirklichungsversuche die Zahl der Gegner erhöhten, dem Reich eine Welt von Feinden eintragen mußten.

Nicht allein die Zielsetzung, die weit über die von Bismarck gezogenen Grenzen hinausgriff, war dazu angetan, das Werk des Reichsgründers zu gefährden. Auch die Methoden, die der Kaiser, der auch der führende Reichsaußenpolitiker sein wollte, dabei anwandte, waren so beschaffen, daß sie Schlimmes für die Zukunft befürchten ließen.

Vielleicht werde dieser Kaiser Deutschland »herrlichen Zeiten« entgegenführen, wahrscheinlicher sei aber, daß er es in eine Katastrophe stürzen werde, meinte bereits 1891 ein portugiesischer Diplomat: »Wilhelm II. hasardiert buchstäblich mit jenen fürchterlichen ›Würfeln aus Eisen‹, von denen einst Bismarck sprach.«

Außenpolitische Äußerungen des Kaisers wurden im Ausland aufmerksam registriert. Er fand keinen rechten Glauben, wenn er seine Friedensliebe bekundete, weil er dabei nicht nur den Ölzweig schwang, sondern auch mit dem Säbel rasselte. Wer den Frieden wolle, müsse zum Krieg gerüstet sein – dieser Spruch römischer Imperatoren wurde ein Leitwort des deutschen Imperators. »Wir Deutschen sind ein waffenfreudiges Volk und tragen unsere Rüstung leicht und gern, weil wir wissen, daß sie uns den Frieden bewahrt und erhält«, erklärte er einmal. Ein andermal beschwor er vor Deutschland und der Welt seinen Gott, er möge ihm die Kraft und die Fähigkeit verleihen, den Frieden »zu erhalten und zu bewahren und wenn es nötig ist, zu erzwingen.«

»Oderint dum metuant – mögen sie hassen, wenn sie nur fürchten«, den Wahlspruch des römischen Kaisers Caligula, hatte er eigenhändig auf eine Photographie geschrieben, die in der deutschen Botschaft in Rom zu sehen war. Auf einem 1890 von Max Koner gemalten Porträt, das in der deutschen Botschaft in Paris zur Schau gestellt wurde, posierte er martialisch im schwarzen Küraß der Gardes du Corps und mit blitzenden blauen Augen. Dieses Bild sei eine Kriegserklärung, sagte der französische General Gallifet.

Ausländische Staatsmänner ließ er seine Überlegenheit spüren. Auch wenn sie seine Marginalien nicht zu Gesicht bekamen, ahnten sie, was er von ihnen hielt. Den österreichischen Außenminister Berchtold nannte er einen fürchterlichen Quassler, den russischen Außenminister Murawjew einen Halunken, den französischen Außenminister Delcassé bezeichnete er als heimtückisch und gemein und den englischen Außenminister Grey als »sehr britisch«, was ein Understatement für hohe Verachtung war.

Ausländische Diplomaten behandelte er mit Wechselbädern von Freundlichkeit und Barschheit. Der französische Botschafter Cambon war, als er sein Beglaubigungsschreiben überreichte, über »eine sehr steife Haltung und einen strengen, wenn nicht gar abweisenden Gesichtsausdruck« des Kaisers betroffen, und erleichtert, als es anschließend zu »einer angenehmen und sogar scherzhaften Unterhaltung« kam.

Wilhelms »herzliches und liebenswürdiges Wesen«, das er wohl von seiner englischen Mutter geerbt habe, wußte der britische Botschafter Lascelles zu würdigen, und zugleich zu bemängeln, daß »bisweilen, wenn seine Laune etwas verdorben war«, ein Gespräch mit ihm »nichts weniger als ein angenehmes Erlebnis gewesen« sei. Der Brite wie seine Kollegen im diplomatischen Korps rätselten darüber, welche Verhaltensweise die für den Kaiser charakteristische sei und welche für seine Haltung gegenüber ihren Ländern ausschlaggebend werden könnte.

Seinen eigenen Diplomaten gegenüber kehrte er gerne seine schroffe Seite hervor. Wie auf dem Exerzierplatz suchte er sie in Schwung zu bringen: »Also, Diplomaten, nun mal vorwärts, und nicht mehr lange gefaselt oder geschmiert!« Mit der seit Blücher, dem »Marschall Vorwärts«, in preußischen Militärkreisen gepflegten Abneigung gegen die Federfuchser wetterte er gegen »übliches Phrasengedresch diplomatischer Neulinge und alter diplomatischer Schlappiers«. Er schien zu befürchten, daß sie mit Tinte verderben würden, was mit Blut nie mehr abgewaschen werden könnte.

Aus dem Extrem des Tadels verfiel er in das Extrem des Lobes, wenn sie seinen Intentionen »zur Nachachtung für meine Herren Diplomaten« befolgten, wenn sie ausführten, was er vorgeschrieben hatte, und ihm berichteten, was er lesen wollte. Dann mochte er Randbemerkungen machen wie: »Ein geradezu klassisches Werk!«, »Unterschreibe ich aus ganzer Seele!« oder »Gratuliere zu der meisterhaft und gut deutsch redigierten Note, mit der ich vollkommen einverstanden bin. So liebe ich den Ton dem Ausland gegenüber.«

Er schicke nur einen Botschafter, »der *Mein* Vertrauen hat, *Meinem* Willen pariert, *Meine* Befehle ausführt«, bedeutete er dem Reichskanzler, der gerne einen anderen als den vom Kaiser favorisierten Fürsten Lichnowsky nach London gesandt hätte. Einen solchen Eingriff in seine Befugnisse hätte ein Reichskanzler Bismarck kaum hingenommen, und Wilhelm I. wäre einer Auseinandersetzung auf einem Gebiet, auf dem er sich nicht kompetent fühlte, aus dem Wege gegangen. Offiziell vertraten zwar die Botschafter den Monarchen, aber Bismarck hatte darauf bestanden, daß er sich die Vertreter aussuchte und daß sie seinen Orders parierten.

»Meine Botschafter müssen einschwenken auf Kommando wie die Unteroffiziere, ohne zu wissen, warum«, hatte Bismarck betont und sich damit die Befehlsgewalt angeeignet, die nach Wilhelms II. Auffassung einzig und allein dem Monarchen zustand. Allerdings hatten Bismarcks Anweisungen im allgemeinen Hand und Fuß gehabt, was – und nicht nur vom Exkanzler – bei Anordnungen des neuen Kaisers und Ausführungen durch seine Helfer vermißt wurde.

»Es gab eben niemanden, weder in dem Auswärtigen Amte noch am Hofe, der mit der internationalen Psychologie hinreichend vertraut war, um die Wirkungen des diesseitigen Verfahrens in der Politik richtig zu berechnen«, war in den »Gedanken und Erinnerungen« zu lesen. Bismarck verschwieg, daß es ihm selber, aufgrund der zunehmend schwieriger werdenden Umstände, immer schwerer gefallen war, richtig zu kalkulieren und geschickt zu jonglieren, seine große Nummer vorzuführen.

»Mein Vorgänger hat das komplizierte Spiel mit fünf Kugeln verstanden – ich muß froh sein, wenn ich mit drei Kugeln spielen kann«, gestand Reichskanzler Caprivi in seiner persönlichen, mit seiner politischen korrespondierenden Bescheidenheit.

Nicht so bescheiden war Wilhelm II., der sich einbildete, Bismarcks Darbietung meisterhaft fortführen zu können. Er hielt sich in dieser Hinsicht für fähiger als sein Großvater, der zugegeben hatte: Bismarck sei der einzige Mann, der mit den fünf Kugeln der europäischen Großmächte zu jonglieren vermöchte, wobei mindestens zwei immer in der Luft seien: er, Wilhelm I., könne das nicht.

Auch Wilhelm II. konnte das nicht. Ihm fehlte die Kunstfertigkeit, und er bemühte sich auch nicht, sie zu erlangen. Er beanspruchte die Spielführerschaft, aber er ließ sich auf dem Spielfeld nicht immer blicken, und wenn er auftauchte, störte er durch abruptes Eingreifen mitunter das Spiel.

Auch in der Außenpolitik wurde sein »persönliches Regiment« beeinträchtigt, auf diesem Gebiet hauptsächlich von einem Mann, der sozusagen ein persönliches Sekundärregiment zu führen verstand: Friedrich von Holstein.

Unter Bismarck war er 1876 in das Auswärtige Amt gekommen, das er erst 1906 wieder verließ. Sein Einfluß war weit größer, als es seine verhältnismäßig bescheidene, jedenfalls nicht verantwortliche Amtsstellung – seit 1878 Vortragender Rat – vermuten ließ. Holstein sei, wie Wilhelm II. bemerkte, »zeitweilig zum Spiritus rector sowohl des Auswärtigen Amtes wie der auswärtigen Politik geworden.«

Dies lag zunächst an der Person der »Grauen Eminenz«. Der Hagestolz, dessen Menschenscheu seine Karriere im diplomatischen Dienst, auf Auslandsposten, behindert hatte, zog sich in die Wilhelmstraße zurück, wo er in Schreibtischarbeit Ersatz für entgangene Freuden fand und sich durch Machtausübung für all das, was ihm das Leben versagt hatte, zu entschädigen suchte.

Seine Amtsstube war seine Welt, die er nur ungern verließ. »Lange Zeit habe ich vergeblich gesucht, ihn persönlich kennen zu lernen«, erinnerte sich Wilhelm II. »Ein einziges Mal im Laufe vieler Jahre hat er sich herbeigelassen, im Auswärtigen Amt mit mir zu speisen.« Dabei erschien Holstein im Gehrock, weil, wie er sich entschuldigte, er keinen Frack besitze.

Vielleicht scheute er die Begegnung mit dem Kaiser auch deshalb, weil er befürchtete, daß er – unsicher, wie im direkten Umgang mit Menschen war – dessen Temperament nicht gewachsen gewesen, von »Wilhelm dem Plötzlichen« überfahren worden wäre. Er schickte ihm lieber Denkschriften, die – so Wilhelm – »zweifellos geistreich und bestechend« waren, »aber oft so verklausuliert und zweideutig wie die Orakel der Pythia zu Delphi. Es kam vor, daß, wenn man auf Grund ihres Inhaltes einen Entschluß gefaßt hatte, Herr v. Holstein haarscharf nachwies, daß er genau das Gegenteil von dem gemeint habe, was man herausgelesen hatte.«

Genau dies schien die Absicht Holsteins gewesen zu sein. Der Empfänger sollte ratlos bleiben, welche Entscheidung er zu fällen habe, weil diejenige des Absenders bereits feststand und er dabei war, sie aus dem Hintergrund mit den ihm zur Verfügung stehenden Mitteln durchzusetzen.

Der Einfluß des – seit 1880 – Geheimrats ergab sich aus seiner Beherrschung der Aktenlage wie der in seinem phänomenalen Gedächtnis gespeicherten Personalkenntnis. Und er war und blieb eben immer da. Die Kanzler wechselten, und wenn auch – seit 1888 – der Kaiser derselbe blieb, so konnte Holstein doch darauf bauen, daß Wilhelm II., der oft abwesend war und, wenn anwesend, nicht immer bei der Sache blieb, nicht unschwer zu handhaben war.

Mit Bismarck hatte er sich weit schwerer getan. Zunächst hatte sich Holstein, der schon im Siebzigerkrieg im diplomatischen Stab des Kanzlers gewesen war, mit der Rolle eines Büchsenspanners abgefunden. Später, als die Fähigkeit des Alten nachließ, genau zu zielen und im richtigen Moment zu schießen, hatte er mitgeholfen, daß ihm die Büchse entwunden wurde und er selber an den Drücker kam.

Kaum war der Kanzler gestürzt, wurde unter Holsteins maßgeblicher

Mitwirkung ein Eckstein aus Bismarcks außenpolitischem Gebäude gebrochen: Der Rückversicherungsvertrag mit Rußland wurde nicht erneuert.

IM VERHÄLTNIS ZU RUSSLAND wurde offenkundig, wie sich das Zusammentreffen eines Monarchen, der keinen stetigen Kurs einzuhalten vermochte, mit Beratern, die sich mehr oder weniger im klaren waren, wohin die Reise gehen sollte, verhängnisvoll auf die deutsche Außenpolitik auswirkte.

Militärs sahen in Rußland den Hauptfeind. Reichskanzler Caprivi, der General war, neigte der Auffassung seiner Kameraden zu und übernahm sie, als ihn das Auswärtige Amt, in erster Linie der die Fäden ziehende Rußland-Gegner Holstein, von deren Richtigkeit zu überzeugen wußte.

Wilhelm schwankte zwischen der preußischen Tradition, gute Beziehungen zum Zarenreich zu pflegen, und einer sich von Jahr zu Jahr verstärkenden Erkenntnis, daß der russische Imperialismus, motiviert durch die panslawistische Ideologie, die westlichen Nachbarn zunehmend bedrohte.

Zudem konnte er die Russen, die Slawen überhaupt, immer weniger leiden. Er sprach von »faulen, lügenhaften Russen«, nannte die Slawen »schlapp, lau, launig, unbestimmt, unaufrichtig« und hielt sich für einen Deutschen Ordensritter, der »mit dem Ordensschwert in der nervigen Faust auf die Sarmaten« einhauen müsse.

Zunächst war er auch deshalb für gute Beziehungen zu Rußland gewesen, weil der Vater seine Russenfeindlichkeit nicht verhehlt und der Großvater ihn ermahnt hatte, die Bande zwischen den Hohenzollern und den Romanows nicht zu lockern. Bereits zu Beginn seiner Regierungszeit trat ein anderes Moment in den Vordergrund: das gespannte Verhältnis zu dem prorussischen Bismarck.

Der Reichskanzler hatte 1887 den Rückversicherungsvertrag mit Rußland geschlossen, in dem sich die Partner gegenseitige Neutralität in einem Verteidigungskrieg Deutschlands gegen Frankreich oder Rußlands gegen Österreich versicherten. Bismarck hatte dafür einen hohen Preis bezahlt: mit der Anerkennung der von Petersburg beanspruchten Rechte auf dem Balkan und dem Versprechen, den Zaren »moralisch und diplomatisch zu unterstützen«, falls dieser sich den Zugang zum Mittelmeer öffnen wollte.

Wenn dieser geheime Vertrag bekannt geworden wäre, hätten sich zwei europäische Mächte getroffen fühlen müssen: das mit Rußland auf dem Balkan rivalisierende Österreich-Ungarn, mit dem Bismarck den Zweibund geknüpft hatte; und das mit Rußland im Nahen Osten wie in Mittelasien konkurrierende England, das mit Deutschlands Zweibundpartner Österreich-Ungarn und Italien in dem zur Eindämmung Rußlands geschlossenen Orientdreibund alliiert war.

Bismarck kannte die Schwächen seines Rückversicherungsvertrages, aber er hielt es für notwendig, den »Draht nach Petersburg« nicht abreißen zu lassen, nachdem – an den russisch-österreichischen Interessenkonflikten auf dem Balkan – der Dreikaiservertrag zwischen dem Romanow, dem Habsburger und dem Hohenzollern zerbrochen war. Die russische Karte wollte er vor allem deshalb im Spiel behalten, um ein Zusammenspiel zwischen Rußland und Frankreich und damit einen Zweifrontendruck auf Deutschland zu verhindern, zumindest hinauszuzögern.

Da er aber 1887 nicht mehr der Alte war, entwertete er den Trumpf des Rückversicherungsvertrages, indem er den diplomatischen Entspannungsbemühungen wirtschaftliche Kampfmaßnahmen folgen ließ. Durch eine rigorose Erhöhung der Agrarzölle wurde die auf Getreideexport angewiesene russische Landwirtschaft und durch ein Verbot der Reichsbank, russische Wertpapiere zu beleihen, die vom Kapitalimport abhängige russische Industrie empfindlich getroffen. Petersburg besorgte sich das benötigte Kapital in Paris.

Auf ökonomischem Gebiet begann das politische und militärische Zusammenwirken Rußlands und Frankreichs, das der unter dem »Alpdruck der Koalitionen« leidende Bismarck am meisten fürchtete. Er selber hatte einiges dazu getan, und seine Nachfolger fügten Folgenschweres hinzu.

Im Jahre der Entlassung Bismarcks, 1890, stand die Erneuerung des auf drei Jahre befristeten Rückversicherungsvertrages an. Sankt Petersburg war daran interessiert, drängte darauf, zeigte sich bereit, auf die für Berlin heikle Meerengenklausel zu verzichten, sogar damit einverstanden, ein neues, den Deutschen konvenierenderes Abkommen zu schließen.

Der russische Botschafter, Graf Paul Schuwalow, der entsprechende Vollmacht von Alexander III. erhalten hatte, hörte zunächst von

Wilhelm II., daß die Entlassung Bismarcks nichts an den Beziehungen Deutschlands zu Rußland ändern werde. Dann erhielt er den Bescheid, daß die deutsche Seite den Rückversicherungsvertrag nicht erneuern werde.

Der Kaiser war dem Rat Caprivis und des Auswärtigen Amtes gefolgt, wozu es, bei seiner grundsätzlichen Einstellung gegenüber Rußland, keiner Überredungskünste bedurft hatte. Die Gründe leuchteten ihm ein: Bismarcks Faden nach Petersburg sei zu fein gesponnen gewesen, um die Belastung eines Bündnisfalles auszuhalten; Deutschland dürfe sich nicht in einen Konflikt zwischen einem Rückversicherungspartner Rußland und seinem Zweibundpartner Österreich verwickeln lassen. Prinzipiell sei der Rückversicherungsvertrag mit den anderen Bündnisverpflichtungen des Reiches nicht vereinbar. Moralisch wäre Berlin bloßgestellt, wenn Petersburg den Vertrag veröffentlichte. Dies war ein Motiv, das bei Wilhelm, der Wert auf Nibelungentreue legte, besonders zog.

Der Nibelunge bekam Etzels Zorn zu spüren. Der Herrscher aller Reußen näherte sich der Französischen Republik, die aus einer Revolution gegen eine Monarchie hervorgegangen war. Dies hatte Wilhelm II. nicht für möglich gehalten, der davon ausgegangen war, daß alle Monarchen gegen die ihnen gemeinsam drohenden Gefahren zusammenstehen würden.

Nun klangen Zarenhymne und Marseillaise zusammen, mißtönend nicht nur für Deutsche, sondern auch für manche Russen. Wilhelm erinnerte sich an den zaristischen General, der ihn 1886 auf die seit dem Berliner Kongreß von 1878 vorhandene russische Verstimmung gegenüber Deutschland hingewiesen und vorausgesagt hatte: »Nun halten wir mit dieser verwünschten französischen Republik zusammen, die voller Haß gegen Deutschland ist und erfüllt von Umsturzideen, die uns im Falle eines Krieges mit Ihnen unsere Dynastie kosten werden.«

Ein Jahr nach der Nichterneuerung des Rückversicherungsvertrages, im Sommer 1891, besuchte eine französische Flotte den russischen Kriegshafen Kronstadt. Entblößten Hauptes hörte Alexander III. die von seinen Militärmusikern gespielte französische Nationalhymne an, die zum Kampfe gegen die gekrönten Tyrannen blies. Die Außenminister des Zarenreiches und der Französischen Republik versicherten sich schriftlich gegenseitiger Hilfeleistung im

Falle eines Angriffes auf eines der beiden Länder. 1892 wurde eine Militärkonvention zwischen ihnen abgeschlossen. 1895 waren bereits fünfeinhalb Milliarden Francs nach Rußland geflossen, hatten die Räder der Rüstung angetrieben.

Wilhelm II. sah die Gefahr, aber suchte sie durch Kraftsprüche herunterzuspielen. »Frankreich sei nun einmal eine niedergehende Nation«, erklärte er und erinnerte daran, daß es bereits, noch nicht so weit heruntergekommen, von Deutschland geschlagen worden war. Am 25. Jahrestag des Sieges bei Sedan, am 2. September 1895, verwies er »auf die mit Eichenlaub geschmückten Fahnen«, die, wie er glaubte, erneut mit deutschem Lorbeer bekränzt werden würden, wenn es das zu erhalten gelte, was damals erstritten wurde.

Als ihm 1895 Nachrichten zugingen, Frankreich beabsichtige Truppen aus Algerien an die Grenze zu Elsaß-Lothringen zu verlegen, eröffnete er dem neuen Zaren, er werde zu Gegenmaßnahmen schreiten, wenn Nikolaus II. seinen Verbündeten nicht von solchen Provokationen abhalte.

Der russische Außenminister Fürst Lobanow-Rostowski machte auf der Rückreise von Paris nach Petersburg im Jagdschloß Hubertusstock in der Schorfheide Station und erklärte im Auftrage des Zaren dem Kaiser, er brauche keine Angst vor Frankreich und vor Rußland zu haben. Aufgebracht erwiderte Wilhelm II., das Wort »Angst« käme im Wörterbuch des deutschen Offiziers nicht vor. Wenn es gegen seinen und seines Volkes Willen zum Kriege kommen sollte, so hätte er »das Vertrauen zu meinem Gott, wie zum deutschen Heer und Volk, daß Deutschland mit beiden Gegnern fertig werden würde.«

Dem starken Mann, der auf sich selber baute, blieb ein Bundesgenosse zur Seite, dessen Schwäche sein Selbstvertrauen nicht zu beeinträchtigen vermochte. Österreich-Ungarns Potenz nahm mit dem Fortschreiten der nationalen Bewegungen im Vielvölkerreich ab. Und eine Auseinandersetzung mit Rußland auf dem Balkan rückte immer näher, in die der deutsche Zweibundpartner hineingezogen zu werden drohte.

Mehr Nachteile als Vorteile versprach der Zweibund mit dem Habsburgerreich. Trotzdem befolgte Wilhelm II. die Parole, die er bei seinem Regierungsantritt ausgegeben hatte: »Ich halte an dem Bündnis mit Österreich in deutscher Treue fest, nicht bloß, weil es geschlossen ist, sondern weil Ich in diesem defensiven Bunde eine Grundlage des europäischen Gleichgewichts erblicke, sowie ein Vermächtnis der deutschen Geschichte...«

Für Bismarck war der Zweibund eher ein Notbehelf gewesen, mit dem er sich eines festen Partners hatte versichern wollen, nachdem das Band zu Rußland sich gelockert hatte. Den »Draht nach Petersburg« hatte er nicht abreißen lassen, weil er nicht durch Österreichs Balkanpolitik in einen Konflikt mit Rußland und darüber hinaus mit Frankreich verwickelt werden wollte.

Vergebens hatte der Realpolitiker, der Österreich als Bündnispartner, den Sentimentalpolitiker, der Österreich als Schicksalsgenossen ansah, gewarnt: »Sollte nach Verbrennung unserer Schiffe in der russischen Richtung Österreich unsere alleinige Stütze bleiben, dann hätte das Haus Habsburg einen analogen Einfluß auf das Deutsche Reich wiedergewonnen, wie wir ihn 1866 mit Glück beseitigt haben.«

Im nachhinein schien nicht Preußen, sondern Österreich bei Königgrätz gewonnen zu haben. Das neue Reichsschiff geriet, was Bismarck hatte vermeiden wollen, in das Fahrwasser des wurmstichigen k.u.k. Orlogschiffes.

Dessen Kapitän habe er versprochen, ein treuer Bundesgenosse zu sein, bedeutete Wilhelm II. 1890 seinen Generälen, und 1895 erklärte er dem österreichischen Botschafter: Kaiser Franz Joseph sei preußischer Feldmarschall; er könne den Marschbefehl für das deutsche Heer geben.

Österreich werde am Balkan eine gefährliche Verwicklung herbeiführen, die den Bündnisfall herausfordern und »in einem Weltkrieg endigen wird«, hatte bereits 1889 Franz von Roggenbach befürchtet. »Wir könnten uns am Zahltage dann wohl mit Österreich allein auf dem Plan befinden.«

Bismarck hatte mit Österreich und Rußland jongliert, Wilhelm II. optierte gegen Rußland und für Österreich und versuchte, womit der Kanzler begonnen hatte, England ins Spiel für Deutschland, gegen Rußland und Frankreich zu bringen. Er ging von der Überlegung aus, daß England ein Rivale Rußlands und – im Orientdreibund – ein Partner Österreichs war, daß der britische »Walfisch« und der russische »Bär« nie zu einer Symbiose gelangen würden. Einer folgerichtigen Durchführung dieses Vorhabens stand die Besorgnis Englands entgegen, durch eine Annäherung an Deutschland in dessen Auseinandersetzungen mit Frankreich hineingezogen zu werden. Gehemmt wurde ein Einvernehmen zwischen Berlin und London auch durch das ambivalente Verhalten Wilhelms II. gegenüber der Heimat seiner Mutter, dem Musterland seines Vaters wie dem Umstand, daß er das die Meere beherrschende Britannien für ein Vorbild hielt, dem er nacheiferte, und befürchtete, es nicht zu erreichen.

Bismarcks 1889 unternommener Anlauf, mit England ins Bündnisgeschäft zu kommen, war steckengeblieben. Der englische Premierminister Salisbury und der deutsche Kanzler Caprivi kamen sich entgegen. Im Jahre 1890, als Berlin den Rückversicherungsvertrag mit Petersburg nicht erneuerte, vereinbarte es mit London, die Schutzherrschaft über Sansibar und andere ostafrikanische Gebiete gegen das seit 1807 britische Helgoland einzutauschen.

Wilhelm II. begrüßte diesen Vertrag als »eine gute Gelegenheit«, um »kolonialen Reibungen mit England aus dem Wege zu gehen und uns à l'amiable mit ihm zu arrangieren.« Indem er den Vertrag jedoch im selben Atemzug »die erste Bedingung für den Ausbau der Flotte«, einer deutschen, mit der englischen konkurrierenden Kriegsflotte nannte, verstieß er gegen den guten Vorsatz und begann, die Aussicht auf ein Bündnis mit England zu verbauen.

Der Annäherung folgte ein Abrücken auf dem Fuß. Durch die deutsche Flottenrüstung fühlte sich die erste Seemacht, welche die erste bleiben wollte, herausgefordert. Zugleich entwarf der deutsche Generalstab eine neue Militärstrategie, die indirekt gegen England gerichtet war. Schlieffen plante eine Offensive zuerst gegen Frankreich, durch das neutrale Belgien, unmittelbar in das kontinentale Vorfeld des Inselreiches.

Dieses wurde in einem Augenblick provoziert, da sich Deutschland von Rußland ab- und England zuwenden wollte, ja mußte, wenn das zuungunsten der Mittelmächte verschobene Gleichgewicht wieder ins Lot gebracht werden sollte.

Die deutsche Außenpolitik stand vor der Alternative: Entweder mit England gehen, was einen Verzicht auf den von Wilhelm II. anvisierten Imperialismus vorausgesetzt hätte. Oder eine Rückwendung zu Rußland zu versuchen, wodurch der Weg zu imperialistischen Zielen gedeckt worden wäre.

Doch für eine Option für Rußland war es schon zu spät; der Helgoland-Sansibar-Vertrag zwischen Rußlands Kontinentalgegner Deutschland und Weltgegner England hatte in Petersburg letzte Zweifel an der Notwendigkeit einer Allianz mit Frankreich beseitigt. Und die Option für England brachte nichts ein, weil man den Briten zwar die Hand entgegenstreckte, ihnen aber gleichzeitig ans Schienbein trat.

Das wilhelminische Deutschland begann mit Volldampf einen Zickzackkurs zu fahren. Versuche einer Wiederannäherung an Rußland wurden durch Rücksichtnahmen auf den Zweibundpartner Österreich verhindert. Und Versuche einer Annäherung an England vereitelte vor allem der Drang des Deutschen Kaisers, mit einer nicht nur ebenbürtigen, sondern überlegenen Flotte England auf den Weltmeeren herauszufordern.

»Wilhelms einziger Gedanke ist, eine Flotte zu haben, die größer und stärker als die britische ist; das ist wirklich reiner Wahnsinn, und er wird einmal sehen, wie unmöglich und nutzlos dies ist«, schrieb 1894 seine Mutter an die Königin von England, dem der Enkel die wachsende deutsche Flottenmacht vor Augen führte.

Im Sommer 1895 dampfte er zur Regatta in Cowes mit vier Schlachtschiffen. Sein Onkel Eduard, der Prince of Wales, der das sportliche Ereignis durch Wilhelms martialisches Erscheinen gestört sah, regte sich darüber auf. Premierminister Salisbury erschien zu einer vom Deutschen Kaiser vorgeschlagenen zweiten Unterredung nicht mehr.

England begann Deutschland den Rücken zu kehren. Wilhelm II. fuhr wütend nach Hause. Es sei nun aus, wetterte er; sieben Jahre habe er sich bemüht, mit Großbritannien auf einen besseren Standpunkt zu kommen, und nun sei durch dessen Haltung alles vereitelt und vergebens.

»Der Kaiser«, bemerkte Lord Salisbury, »hat sich noch nicht vom Rausch seines Machtantritts erholt; er hat sich eher noch verstärkt.« Die Engländer mußten die Erfahrung machen, daß der Rausch einer Machterweiterung durch Seegeltung noch steigerungsfähig war.

»REICHSGEWALT BEDEUTET SEEGEWALT.« Diese Losung gab Wilhelm II. seinem Bruder Heinrich mit auf den Weg. Der Chef des 2. ostasiatischen Geschwaders fuhr im Dezember 1897 an Bord der

»Deutschland« Richtung China. Sein Auftrag, erklärte der Kaiser, sei »die erste Betätigung des neugeeinten und neuerstandenen Deutschen Reiches in seinen überseeischen Aufgaben.«

Die Bibel in der Hand, fuhr er im folgenden Jahr, im Oktober 1898, selber hinaus, um – wie er in der Befehlsausgabe für Prinz Heinrich gesagt hatte – nicht nur deutsche Kaufleute, sondern auch deutsche Priester zu beschirmen: »Die deutschen Brüder kirchlichen Berufs, die hinausgezogen sind zu stillem Wirken und die nicht gescheut haben, ihr Leben einzusetzen, um unsere Religion auf fremdem Boden, bei fremdem Volke heimisch zu machen, haben sich unter Meinen Schutz gestellt, und es gilt, diesen mehrfach gekränkten und auch oft bedrängten Brüdern für immer Halt und Schutz zu verschaffen.«

Anlaß der Reise nach dem zum Osmanischen Reich gehörenden Palästina war die Einweihung der evangelischen Erlöserkirche in Jerusalem. Mit dem Sinn, sich im Heiligen Land spektakulär als Christ zu bekennen, verband er den Zweck, deutsche Präsenz im Vorderen Orient zu demonstrieren, den Engländer, Russen und Franzosen als ihre Domäne beanspruchten.

Zum Ausdruck kamen drei Elemente des Herrschaftsanspruches Wilhelms II.: Das Gottesgnadentum, das sich der Protestant nicht im katholischen Rom, aber an den allen Christen heiligen Stätten in Palästina bestätigen lassen wollte. Die römisch-deutsche Reichstradition, die auch Mission einschloß und einen Kreuzzug nicht ausschloß. Und der neue Imperialismus, der Flaggezeigen in der Welt erforderte.

»Gepriesen sei, der da kommt im Namen des Herrn!« tönte es am 29. Oktober 1898 von den Mauern Jerusalems. Der Gepriesene zog hoch zu Roß, auf seinem »Kurfürst«, durch fünf Triumphbogen in die heilige Stadt ein. Er trug eine Tropenuniform, die er selber entworfen hatte. Türkische Militärkapellen spielten »Heil Dir im Siegerkranz«, »Tochter Zion, freue Dich!« und die »Wacht am Rhein«.

Vor Wilhelm II. sei nur ein Kaiser, der Staufer Friedrich II., nach Jerusalem gelangt, bemerkte ein Hofchronist. Der Hohenzoller sei in friedlicher Absicht gekommen, ein deutscher evangelischer Kaiser, der »mitwirken will, daß dem Heimatlande des Christentums die Güter und Segnungen wiedergebracht werden, welche die germanischen Völker ihm verdanken.«

Der Summus episcopus, der Träger des evangelischen Kirchenregiments in Preußen, näherte sich am 31. Oktober 1898, dem Reformationstag, unter den Klängen des »Pariser Einzugsmarsches« der evangelischen Erlöserkirche. Das neo-romanische Gotteshaus, dessen 45 Meter hohen Turm der kaiserliche und königliche Bauherr persönlich entworfen hatte, wurde »auf Allerhöchstihrem eigenen Grund und Boden« errichtet, wie der preußische Kultusminister Bosse hervorhob, und harrte nun, wie der Vorsitzende des Jerusalemsvereins, Graf von Zieten-Schwerin, meldete, »Euerer Majestät Befehl der Weihe.«

Im Namen des Herrn vollzog sie Oberhofprediger Dryander, der Kaiser Wilhelm und Kaiserin Auguste Viktoria als »das erlauchteste Paar der evangelischen Christenheit« ansprach. Nach dem Gottesdienst predigte der Monarch: »Von Jerusalem ist der Welt das Licht aufgegangen, das selige Licht, in dessen Glanze unser deutsches Volk groß und herrlich geworden ist.« Reichstagspräsident von Levetzow bemerkte: »Wir können Gott auf den Knien danken, daß wir einen solchen Kaiser haben.«

In der Weiheurkunde waren zwei Pronomen besonders groß geschrieben: »Sein« für den Christkönig und »Mein« für den König von Preußen und Deutschen Kaiser. Bildlich kam Wilhelms II. Auffassung, der Herrscher von Gottes Gnaden sei eine »Vermittlungspersönlichkeit zur Gottheit«, im Deckengemälde der 1910 eingeweihten evangelischen Himmelfahrtskirche auf dem Ölberg zum Ausdruck. Im Zentrum stehen zwei Figuren: Auf der einen Seite Christus inmitten der Propheten und Apostel, auf der anderen Seite der Deutsche Kaiser, umgeben von Königen und Rittern der Kreuzzüge.

Der evangelische Monarch hatte auch seine katholischen Untertanen zu berücksichtigen. Er schenkte ihnen das vom Sultan erworbene Grundstück der »Dormitio Beatae Mariae Virginis«. Auf dem Berge Sion, auf dem nach der Überlieferung das Sterbehaus der Gottesmutter stand, wurde die Kirche »Mariä Heimgang« nach Plänen errichtet, die Wilhelm II. begutachtet hatte. Das neben der Kirche erbaute Kloster überließ er den Benediktinern der Beuroner Kongregation.

Dieser Orden, bemerkte Wilhelm, »hat im Mittelalter stets in gutem Verhältnis zu den deutschen Kaisern gestanden, von denen fast keiner unterlassen hat, bei den Romreisen auch das herrlich gelegene Monte Cassino zu besuchen«. Das tat auch der preußisch-deutsche Kaiser. Der Erzabt schenkte ihm Kopien von Urkunden des Stauferkaisers Friedrich II., für die er sich mit den Werken des Hohenzollernkönigs Friedrich II. revanchierte.

Wilhelm II. berief sich auf die mittelalterliche wie auf die antike Reichstradition. Er ließ das Labarum, die Standarte Konstantins des Großen, der das Römische Reich zu christianisieren begonnen hatte, nachbilden und in der Berliner Schloßkapelle anbringen. Die Saalburg, ein Limes-Kastell bei Bad Homburg, wurde wiederaufgebaut. Bei der Grundsteinlegung am 11. Oktober 1900 huldigte die in römischen Gewändern auftretende Wiesbadener Theatertruppe dem Deutschen Kaiser als Imperator Augustus. »Dem Kaiser der Römer Titus Hadrianus Antoninus Pius« widmete »Wilhelm II., Kaiser der Deutschen« ein Denkmal. Und drückte seine Erwartung aus, daß es »dem deutschen Vaterland« beschieden sein möge, »so gewaltig, so fest geeint und so maßgebend zu werden, wie es einst das römische Weltreich war, damit es auch in Zukunft dereinst heißen möge, wie in alter Zeit ›civis romanus sum‹, nunmehr ›Ich bin ein deutscher Bürger‹.«

Einen neuen Limes glaubte Wilhelm II. in Ostpreußen errichtet zu haben. Als Hohenzoller, dessen Haus Territorien des Deutschen Ordens übernommen hatte, fühlte er sich dessen Erbe verpflichtet. Diese Kreuzzugsritter hatten ihren Kampf gegen die mohammedanischen Araber im Krieg gegen die heidnischen Preußen fortgeführt, das Evangelium mit dem Schwert verbreitet und das Eroberte im Namen Christi behauptet.

Die restaurierte Marienburg, die im 14. Jahrhundert Sitz des Hochmeisters des Deutschen Ordens gewesen war, wurde von Wilhelm II., als Residenzschloß genützt, rund fünfzigmal besucht. Am 5. Juni 1902 versammelten sich im Schloß evangelische Johanniter, aus Österreich gekommene Mitglieder des dort noch bestehenden Deutschen Ordens und als mittelalterliche Ritter verkleidete preußische Soldaten. »Die alte Marienburg, das alte Bollwerk im Osten«, rief ihnen der Kaiser zu, solle »stets ein Wahrzeichen für deutsche Aufgaben bleiben«. Jetzt sei es wieder soweit: »Polnischer Übermut will dem Deutschtum zu nahe treten, und ich bin gezwungen, mein Volk aufzurufen zur Wahrung seiner nationalen Güter.«

Zum Limes-Kastell gegen den Osten kam ein Limes-Kastell gegen

den Westen: die Hohkönigsburg bei Schlettstadt im Elsaß, die in neu-
romanischem Stil wiederaufgebaut wurde. Am 13. Mai 1908, bei der
Übergabe, erklärte Wilhelm II.: »Möge die Hohkönigsburg hier im
Westen des Reiches wie die Marienburg im Osten als ein Wahrzeichen deutscher Kultur und Macht bis in die fernsten Zeiten erhalten
bleiben.«

Im Orient, im geographisch fernen, doch des Kaisers Konfession
nahen Jerusalem erhob sich eine neue Kreuzritterburg, der mehr eine
offensive als eine defensive Aufgabe zugedacht war. Darauf verwies
bei der Einweihung des von der Himmelfahrtskirche überragten
Gebäudekomplexes der nach der Kaiserin benannten Auguste-Victo-
ria-Stiftung ein Festredner. Alle Essentials des wilhelminischen
Engagements im Orient hob Oberkonsistorialrat Lahusen hervor.
Zunächst den religiösen Beweggrund: »So sei denn dieses Haus ein
Denkmal dafür, daß Gottes Reich und Deutsches Reich auch hier
zusammengehören.« Dann das kulturmissionarische Motiv: »Wir
Deutschen wollen mitarbeiten, den Segen unserer Kultur dahin zu
bringen, von wo sie einst ausgegangen.« Und schließlich die wirt-
schaftspolitische Veranlassung: »Unser Deutsches Reich steht auch
im Orient in dem Wettbewerb der Völker in Arbeit und Handel.«

Dies hätte auch Wilhelm II. sagen können, der diesem Weiheakt im
Jahre 1910 nicht beiwohnen konnte. Bereits bei seiner Jerusalemfahrt
im Jahre 1898 waren alle drei Motive in einer imperialistischen
Melodie zusammengeklungen.

Mittelalterliche Kaiser, in deren Nachfolge sich der neue Imperator
sah, hatten die Grenzen des Sacrum Imperium zu erweitern versucht.
Römische Cäsaren hatten den ganzen Mittelmeerraum beherrscht,
ihr Reich bis in den Vorderen Orient ausgedehnt. Das Erbe Ostroms
hatte die osmanische Türkei angetreten. Sie war ein unterentwickeltes Land, das ökonomischer Zuwendung bedurfte, die nicht nur dem
Nehmer zugute kommen sollte, von der auch der Geber profitieren
wollte. Und sie war ein zerfallendes Reich, auf dessen Hinterlassen-
schaft europäische Großmächte spekulierten.

Auch die jüngste unter ihnen mußte sich, um nicht ins Hintertreffen
zu geraten, daran beteiligen. Weil sie verspätet in den Wettbewerb
eintrat, suchte sie ein Gleichziehen durch vermehrte Anstrengungen
zu erreichen. Da Deutsche am Werk waren, geschah es mit der
Überspitzung, zu der sie in allem neigten. Da sie sich in der Welt der

Gegenwart noch unsicher bewegten, hielten sie sich mehr als andere an imperialistische Beispiele der Geschichte. Und weil sie sich als Idealisten fühlten, betonten sie stärker als ihre Konkurrenten die abendländische Sendung und verfolgten entschiedener als ihre Rivalen imperialistische Ziele mit missionarischem Eifer.

Ihr Imperator war dabei Treibender wie Getriebener. »Wir denken auch noch an etwas Höheres, an unsere Religion«, erläuterte Wilhelm II., ohne dabei zu vergessen, daß es auch und nicht zuletzt um die Weltgeltung des Reiches, um machtpolitische Gewinne wie handelspolitische Vorteile ging.

Dies hatten Deutsche im Sinn, die den imperialistischen Reden ihres Kaisers applaudierten und ihn zu imperialistischen Taten anspornten. Die Reichsgründung, erklärte der Sozialwissenschaftler Max Weber, sei ein Jugendstreich gewesen, den die Deutschen besser unterlassen hätten, wenn er nicht der Auftakt einer Politik sei, die Deutschland zur Weltmacht erhebe. »Was ist Nationalismus?« fragte Friedrich Naumann und gab die Antwort: »Es ist der Trieb des deutschen Volkes, seinen Einfluß auf die Erdkugel auszudehnen.«

»Selbstverständlich gibt es keine Ausdehnungspolitik ohne große Gefahr; ohne solches Risiko gibt es überhaupt keine politische Größe«, meinte Friedrich Naumann, und bekannte: »Ich bin gleichzeitig Christ, Darwinist und Flottenschwärmer.«

Auf die erste Bezeichnung legte auch der Jerusalempilger und auf die letzte der Flottenbauer Wilhelm II. Wert, der betonte: »Bitter not tut uns eine starke deutsche Flotte«, denn auf dem Ozean und in Übersee dürfe »ohne Deutschland und ohne den Deutschen Kaiser keine große Entscheidung mehr fallen.«

Ein Darwinist war Wilhelm II. nicht, kein Anhänger jener biologischen Lehre vom Kampf ums Dasein, in dem natürlicherweise der Stärkere über den Schwächeren siegt. Auf die Weltpolitik übertragen, hieß das: Ein Volk habe seine Lebenskraft im erfolgreichen Ringen mit politischen Gegnern und wirtschaftlichen Gegenspielern zu beweisen.

Prestigebedürfnis und Sendungsbewußtsein charakterisierten den Imperator, der sich politischen, ökonomischen und sozialen Motiven des europäischen Imperialismus im allgemeinen und des deutschen Imperialismus im besonderen nicht verschloß.

Die Epoche des Imperialismus hatte in den achtziger Jahren des 19. Jahrhunderts begonnen. Europäische Machtpolitik, die sich primär auf die kontinentale Balance of power konzentriert hatte, weitete sich zur Weltmachtpolitik. In Übersee, in erster Linie im noch zu verteilenden Afrika, setzte ein Wettlauf um Kolonialbesitz und ein Wettbewerb um Rohstoffquellen und Absatzmärkte ein.

»Erzeugnisse, welche umwälzend wirken auf dem Gebiete des national-ökonomischen Lebens der Völker«, wie es Wilhelm ausdrückte, schufen Voraussetzungen für die globale Politik. Verkehrswege wurden durch das Dampfschiff verkürzt, Nachrichtenverbindungen durch den Telegraphen verbessert.

Die Ausbreitung in der Welt diente der Machterweiterung wie der Wirtschaftsexpansion. Kolonialbesitz und die zu seinem Erwerb und für seinen Erhalt notwendige Flottenstärke galten als Status-symbol und Existenznachweis einer Großmacht. Die wachsende Industrie war zunehmend auf in anderen Kontinenten zu findende Ausgangsmaterialien und auf Verkauf von Endprodukten in direkt oder indirekt abhängigen Ländern außerhalb Europas angewiesen. Das reichlich vorhandene Kapital suchte nach neuen Anlageobjekten und Gewinnchancen in Plantagen, Bergwerken, im Eisenbahnbau und in Hafenanlagen. Vor allem in Deutschland spielte auch ein gesellschaftliches Motiv eine Rolle: Die Obrigkeit hoffte durch ein Ablenken ihr gefährlich werdender Kräfte nach außen soziale Spannung und politische Opposition im Innern zu entschärfen.

»Die ganze Kolonialgeschichte ist ja Schwindel«, hatte Bismarck gesagt, »aber wir brauchen sie für die Wahlen.« Auch er hatte mit der wachsenden Zahl jener Deutscher zu rechnen, denen das Nationalreich nicht genügte, die ein Weltreich verlangten. Er mußte auf die sich einem Wirtschaftsimperialismus zuwendenden Wirtschaftskreise Rücksicht nehmen, auf die er auch und nicht zuletzt sein Regime stützte. Und auch er schien sich der Hoffnung hinzugeben, daß durch eine die Ökonomie ankurbelnde Kolonialpolitik die Gefahr von Wirtschaftskrisen und damit die Bedrohung durch zu Staatskrisen sich steigernde Sozialkrisen verringert werden könnte.

So kam selbst der Kontinentaleuropäer Bismarck nicht darum herum, nach Übersee zu blicken und – in den Jahren 1884 und 1885 – dem deutschen Handel die deutsche Flagge folgen zu lassen, Kolonien zu erwerben: Deutsch-Südwestafrika, Kamerun, Togo,

Deutsch-Ostafrika und im Pazifik das Kaiser-Wilhelms-Land (Nordost-Neuguinea), den Bismarck-Archipel, ferner Salomon- und Marshallinseln.

Dennoch fühlte sich der Reichsgründer nicht zum Weltreichgründer berufen. Für den Reichskanzler blieb Kolonialpolitik eine Fortsetzung seiner europäischen Gleichgewichtspolitik in weiterem Rahmen. Er sah Spielmöglichkeiten durch die in Übersee zwischen England und Frankreich wie zwischen England und Rußland aufgetretenen Rivalitäten. Aber er verzichtete auf weitere Erwerbungen, erklärte auch das deutsche Kolonialreich für saturiert, als er merkte, daß er England, das er als Bündniskarte im Spiel behalten wollte, nicht durch weitere überseeische Aspirationen herausfordern durfte.

Immerhin war Deutschland – freilich in weitem Abstand hinter England und Frankreich – die drittgrößte Kolonialmacht geworden. Da die Welt bereits verteilt war, konnte Wilhelm II., der Weltmacht wie Seemacht anvisierte, nicht viel dazugewinnen: im Pazifik die Karolinen und Marianen sowie Samoa und an der Küste Chinas das Pachtgebiet von Kiautschou.

Das Kolonialreich machte Deutschland größer und verwundbarer; ökonomisch wurde es ein schlechtes Geschäft. Wilhelms Erwartung »auf eigene Rohstoffversorgung ohne Vermittlung des Auslandes« erfüllte sich nur unzulänglich; lediglich der Bedarf an Hanf und Phosphaten wurde einigermaßen gedeckt, der von Rohgummi und Kakao nur zu einem Fünftel. Weniger als 2 Prozent des deutschen Außenhandels – 1913 mit einem Wert von nur 15 Millionen Mark – wurden mit den eigenen Kolonien getätigt; das Kolonialbudget erreichte dagegen die Summe von 100 Millionen Mark. Als Siedlungsgebiete, in die man den Auswanderungsstrom hätte lenken können, waren sie nicht geeignet. 1913 gab es in den Kolonien lediglich 23 000 Deutsche, davon die Hälfte in Südwestafrika, und über 3000 Soldaten und Polizisten. In die Vereinigten Staaten von Amerika war zwischen 1887 und 1906 eine Million Deutsche ausgewandert.

Gewinnbringender, aber bei weitem nicht wie erhofft, erwiesen sich Unternehmungen, durch wirtschaftliche Mittel andere Länder in eine gewisse politische Abhängigkeit zu bringen. Während sich deutsches Kapital bei Investitionen in den deutschen Kolonien zurückhielt, lieber Gelder in englischen Gebieten Afrikas und Asiens anlegte, engagierte es sich beim Bau der Bagdad-Bahn in der Türkei sowie bei verschiedenen Objekten in Österreich-Ungarn und in den Balkanstaaten.

Je mehr sich der »Platz an der Sonne«, den Wilhelm II. für sich und seine Deutschen errungen zu haben glaubte, als Schattenplatz erwies, um so stärker stieß er in das imperialistische Horn – zur Genugtuung tonangebender Kreise in Deutschland und zum Mißvergnügen anderer Großmächte, vor allem der Weltmacht England.

Die 1897 gelungene Besetzung und 1898 erfolgte Erwerbung Kiautschous durch Pachtvertrag mit China hatte der Kaiser – nach der Ermordung zweier katholischer Missionare in Schantung – mit einer Order an das Auswärtige Amt eingeleitet: »Ich bin fest entschlossen, unsere hypervorsichtige, in ganz Ostasien bereits als schwach angesehene Politik nunmehr aufzugeben und mit voller Strenge und wenn nötig mit brutalster Rücksichtslosigkeit den Chinesen gegenüber endlich zu zeigen, daß der Deutsche Kaiser nicht mit sich spaßen läßt und es übel ist, denselben zum Feind zu haben.«

Der prestigebedürftige Monarch und der sich zum Wahrer deutscher Ehre und Beschützer des Christentums berufen fühlende Imperator hatte gesprochen, und der Imperialist fügte in der Order an den Chef des nach Ostasien auslaufenden Geschwaders hinzu: »Es soll unter dem schützenden Panier unserer deutschen Kriegsflagge unserem Handel, dem deutschen Kaufmann, den deutschen Schiffen das Recht zuteil werden, was wir beanspruchen dürfen... Sollte es aber je irgendeiner unternehmen, uns an unserem guten Recht zu kränken oder schädigen zu wollen, dann fahre darein mit gepanzerter Faust!«

Mit »Mailed fist« übersetzten Engländer die »Gepanzerte Faust«, um mit diesem Wort des Kaisers, das mehr Großsprecherei als Drohgebärde war, fortan die Gemeingefährlichkeit des Teutonen zu belegen. Die Engländer fühlten sich als die neuen Römer und sahen sich durch die neuen Punier, die Deutschen, herausgefordert. »Carthago delenda est«, das Gegenreich sei zu zerstören, meinte 1897 die »Saturday Review«.

Das durch eine wirtschaftliche Depression nervös gewordene England begann der imperialistischen Ambition Deutschlands zu begegnen, die indessen in der Rhetorik des Kaisers bedrohlicher klang, als sie in Wirklichkeit war. Auch die sogenannte »Krüger-Depesche« vom

3. Januar 1896, welche die Briten besonders verdroß, war mehr das Produkt eines diplomatischen Dilettantismus als ein Signal außenpolitischer Aggressivität.

In der Burenrepublik Transvaal in Südafrika lagen Goldfelder. Zu ihrer Ausbeutung wurden vor allem britische Arbeitskräfte herangezogen, denen die Buren, die nicht in die Minderheit geraten wollten, das Wahlrecht verweigerten. Zur Unterstützung ihrer Landsleute fielen Ende 1895 – von der britischen Kap-Kolonie aus – 800 Engländer unter Führung von Dr. Jameson in Transvaal ein. Die Buren schlugen die Eindringlinge und nahmen sie gefangen.

In London versicherte Lord Salisbury dem deutschen Botschafter, daß seine Regierung mit dem »Jameson Raid« nichts zu tun habe. Dennoch hielt es Wilhelm II. für angebracht, den Engländern eine Lektion zu erteilen.

Von Admirälen begleitet, erschien der Kaiser beim Reichskanzler, verlangte die Mobilmachung der Marine-Infanterie und die Entsendung der Besatzung des in der Delagoa-Bai liegenden Kreuzers »Seeadler« nach Pretoria, visierte ein deutsches Protektorat über Transvaal an. Dies könnte Krieg mit England bedeuten, antwortete Hohenlohe. »Aber nur zu Lande«, erwiderte Wilhelm. Staatssekretär Marschall schlug einen Kompromiß vor: Ein Telegramm, in dem der Deutsche Kaiser dem Burenpräsidenten Ohm Krüger zum Sieg über die Eindringlinge gratulierte.

»Ich spreche Ihnen meinen aufrichtigen Glückwunsch aus«, hieß es darin, »daß es Ihnen, ohne an die Hilfe befreundeter Mächte zu appellieren, mit Ihrem Volke gelungen ist«, die »Unabhängigkeit Ihres Landes gegen Angriffe von außen zu wahren«.

Wilhelm II. erntete Zustimmung bei Buren wie bei burenfreundlichen und englandfeindlichen Deutschen – und Verstimmung bei den Briten. Als Mißton empfanden sie vor allem das Wort »Unabhängigkeit«; denn London hatte zwar den Burenrepubliken Transvaal und Oranjefreistaat die innere Autonomie zugestanden, betrachtete sie aber weiterhin als Mitglieder des Britischen Empire.

Das Wurfgeschoß gegen England erwies sich als ein Deutschland treffender Bumerang. »Nach den Erfahrungen, die wir jetzt gemacht haben, über die Stimmung von Kaiser und Volk in Deutschland«, bemerkte der Berliner Korrespondent der »Times«, »wird die englische Regierung geneigt sein, viel weiter zu gehen, als das bisher in ihren Absichten lag, um durch Konzessionen, selbst durch erhebliche Opfer, ihre Beziehungen zu Frankreich besser zu gestalten.« Offiziere des englischen Dragoner-Regiments, dessen Chef Wilhelm II. war, hingen das ihnen geschenkte Kaiserporträt mit dem Gesicht zur Wand. In wenigen Jahren sollte Deutschland mit dem Rücken zur Wand stehen – nicht nur von Franzosen, die feindselig blieben, und von Russen, deren man sich nicht rückversichert hatte, sondern auch von Engländern, die das Reich gegen sich aufbrachte, an die Wand gedrückt.

Alle drei fühlten sich von einer Rede Wilhelms II. betroffen, die er im imperialistischen Überschwang seiner Orient-Reise am 8. November 1898 in Damaskus hielt: »Möge der Sultan und mögen die 300 Millionen Mohammedaner, die, auf der Erde zerstreut lebend, in ihm ihren Kalifen verehren, dessen versichert sein, daß zu allen Zeiten der Deutsche Kaiser ihr Freund sein wird!«

Mohammedaner lebten nicht nur im Reich des »kranken Mannes am Bosporus«, aus dem sich Engländer, Franzosen und Russen Stücke herausgeschnitten hatten, sich noch weitere anzueignen gedachten und daher den neu hinzutretenden Konkurrenten mit scheelen Blicken verfolgten. Alle drei Kolonialmächte geboten über Millionen von Mohammedanern, an die nun Wilhelm II. appellierte – der Protektor des christlichen Jerusalems, der bereits in Palästina über eigenen Grund und Boden verfügte, der deutsche Imperialist, der erklärt hatte: »Denn wo der deutsche Aar Besitz ergriffen und die Krallen in ein Land hineingesetzt hat, das ist deutsch und wird deutsch bleiben.«

Von seiner Orientreise im Jahre 1898 brachte er nicht nur Erinnerungsstücke mit, so eine Bibel, in deren Deckel aus Olivenholz, das angeblich vom Ölberg stammte, ein Bild der Erlöserkirche geschnitzt war. Sein Interesse an Weltpolitik war gewachsen, sein Wille, an eine Deutschland nützende Lösung der orientalischen Frage heranzugehen, gestärkt worden.

Sah er, daß er damit die Mächte, die vorher in dieser Weltgegend Fuß gefaßt hatten, gegen Deutschland aufbrachte? Er war und blieb überzeugt, daß es sein Recht, ja seine Pflicht sei, in vorderster Linie an der zivilisatorischen Entwicklung und kulturellen Europäisierung Asiens und Afrikas mitzuwirken.

Erkannte er, daß er die Gegnerschaft, die seinem Reich in Europa entgegengebracht wurde, durch sein Ausgreifen in die Welt verstärkte, nicht allein Frankreich und Rußland, sondern auch England und bald schon die Vereinigten Staaten von Amerika und Japan gegen Deutschland einnahm? Diese Einsicht war durch seine Auffassung verstellt, daß das kontinentale Gleichgewicht durch ein interkontinentales Gleichgewicht ergänzt werden müßte, daß durch eine weltpolitische Balance of power die Sicherheit des Reiches gewährleistet und der Frieden gewahrt werden könnte.

Die Gefahr, durch eine Weltpolitik in Weltkonflikte und schließlich in einen Weltkrieg hineingezogen zu werden, schien Wilhelm II. nicht gesehen zu haben. Das potenzierte Risiko, das nach der Störung des europäischen Gleichgewichtes durch die Großmacht Deutschland mit einer Beeinträchtigung des Weltgleichgewichtes durch eine Weltmacht Deutschland entstehen würde, schien ihm nicht bewußt geworden zu sein. Und wenn, dann hätte er es vermutlich mit Friedrich Naumann gehalten, der meinte, daß es ohne Risiko keine politische Größe gebe.

Aber konnte er, abgesehen von den für ihn typischen Übertreibungen und Entgleisungen, überhaupt anders denken, reden und handeln? »Nie wird sich eine große Nation von Leuten führen lassen können, deren Zuverlässigkeit in der Machtfrage nicht absolut ist«, erklärte Friedrich Naumann. Auch Deutsche wollten, wie Engländer und Franzosen, ihre nationale Vitalität draußen in der Welt beweisen. Reichsgenossen sahen – wie es der Kolonialpionier Carl Peters ausdrückte – in der Kolonialbewegung »die natürliche Fortsetzung der deutschen Einheitsbestrebungen«. Auch Deutschland war von der Dynamik des zum imperialistischen eskalierenden industriellen Zeitalters erfaßt, wollte – wie es Carl Peters formulierte – »an den Vorteilen materieller Art, welche eine Herrschaftsentfaltung im großen Stil noch zu allen Zeiten geboten hat«, teilhaben.

Von der Weltpolitik konnte sich das Deutsche Reich als europäische Großmacht nicht ausschließen. Weil es sich aber dazu entschloß, entschließen mußte, machte es – ohne die gesteckten Ziele in Übersee zu erreichen – seine ohnehin prekäre Situation auf dem heimischen Kontinent noch unsicherer. Die Art und Weise, in der Wilhelm II. und seine Deutschen Weltpolitik betrieben – vehement, weil verspätet, ungeduldig und ungebärdig wie stets – vermehrte und verstärkte die Front der in Übersee herausgeforderten Gegner

Deutschlands in Europa, führte zu Isolation und Einkreisung des in der Mitte des Kontinents gelegenen, auf allen Seiten verwundbaren Reiches.

»Solange ich Reichskanzler bin, treiben wir keine Kolonialpolitik. Wir haben eine Flotte, die nicht fahren kann, und wir dürfen keine verwundbaren Punkte in fernen Weltteilen haben.« Das hatte Bismarck gesagt, der dann doch, wenn auch in Maßen, Kolonialpolitik betrieben hatte und, wenn er länger am Ruder geblieben wäre, im anhebenden Zeitalter des Imperialismus sich einer Weltpolitik schwerlich hätte entziehen können.

Wilhelm II. wollte Kolonialpolitik großen Stils und mit hohem Einsatz treiben. Und weil Weltmacht eine Seemacht voraussetzte, baute er eine Kriegsflotte zur Durchsetzung imperialistischer Interessen.

Jahrhundertwende

»UNSERE ZUKUNFT liegt auf dem Wasser«, erklärte Wilhelm II. am 23. September 1898 bei der Eröffnung des neuen Stettiner Hafens. »Der Ozean ist unentbehrlich für Deutschlands Größe«, betonte er bei der Taufe des Linienschiffes »Wittelsbach« in Wilhelmshaven am 3. Juli 1900.

Mit Volldampf fuhr er in das 20. Jahrhundert. »Auf dem Wasser schaukelte der Kranz der Unsterblichkeit«, kommentierte Theodor Wolff, Chefredakteur des »Berliner Tageblatts«, die sich zur Flottenmanie steigernde Flottenpolitik des Kaisers. »Auf dem Meere war noch die alles überstrahlende Tat zu vollbringen. Wer Deutschland aus der europäischen Engigkeit herausführte, ihm Geltung auf allen Meeren der Welt verschaffte, seine Flagge am Kap Hoorn und an den fernsten Küsten zeigte, erwarb sich doch gewiß einen Ruhm, neben dem beinahe das Gestirn Bismarcks verblich.«

Am Beginn des 20. Jahrhunderts beförderte sich der Hohenzoller zum Großadmiral der Kaiserlichen Marine. Diesen Rang hatte es bisher nicht gegeben. Er trug ihm nicht nur einen vierten Ärmelstreifen an der Marineuniform und einen versilberten und vergoldeten Großadmiralstab ein. Er schenkte ihm auch die Genugtuung, daß er neben dem Heeresreformer Wilhelm I. als Flottenorganisator Wilhelm II. in die Geschichte eingehen würde, und erweckte in ihm die Hoffnung, daß er als Weltpolitiker dem Kontinentalpolitiker Bismarck den Rang ablaufen könnte.

»Wie Mein Großvater für sein Landheer«, erklärte er am 1. Januar 1900 vor Offizieren der Berliner Garnison, »so werde auch Ich für Meine Marine unbeirrt in gleicher Weise das Werk der Reorganisation fort- und durchführen, damit auch sie gleichberechtigt an der Seite Meiner Streitkräfte zu Lande stehen möge und durch sie das Deutsche Reich im Auslande in der Lage sei, den noch nicht erreichten Platz zu erringen.«

Mehr auf die Seemacht als auf die Landmacht war er fixiert. Der Kaiser habe »nichts wie Marine im Kopf«, bemerkte Staatssekretär Marschall. »Ceterum censeo naves esse aedificandas« war seine immer wieder geäußerte Meinung und vorgebrachte Forderung. Tag und Nacht schien er an nichts anderes zu denken, als Kriegsschiffe zu bauen.

»Ohne den Kaiser«, stellte Admiral von Tirpitz, der Staatssekretär des Reichsmarineamtes fest, »wäre die Entfremdung Deutschlands von der See und den mit ihr verbundenen Interessen und Kulturaufgaben nicht überwunden worden; das bleibt sein geschichtliches Verdienst.« Der Flottenkaiser hat die Reichsmarine unter Dampf gesetzt und sie imperialistischen Zielen entgegengesteuert. Auch bei dieser seiner persönlichsten Leistung stimmte er mit den wilhelminischen Deutschen überein, die in der Seemacht eine Bedingung der Weltmacht erblickten.

Die Flagge Schwarz-Weiß-Rot wollten sie stolz auf allen Meeren wehen, deutsche Kriegsschiffe an allen Küsten aufkreuzen sehen. Die Deutschen seien nicht nur »das tüchtigste Volk auf allen Gebieten des Wissens und der schönen Künste«, befand der alldeutsche Publizist Fritz Bley, sondern auch »die besten Seeleute«. Der Marinemaler Hans Bohrdt meinte: »Keine Statue wird den dröhnend daherschreitenden Kriegsgott ähnlich versinnbildlichen, wie es ein aus allen Schloten rauchendes, Berge von Wasser aufwühlendes, die furchtbaren Geschosse, deren Energie die Kräfte ganzer Armeen früherer Zeiten aufwiegt, nach allen Richtungen schleuderndes Panzerschiff unserer Tage im Stande ist.« Der Schriftsteller Felix Dahn widmete dem »Allgemeinen Deutschen Kongreß zur Förderung überseeischer Interessen« ein Gedicht:

»Noch war die Welt nicht ganz verteilt!
Noch manche Flur auf Erden
Harrt gleich der Braut: die Hochzeit eilt!
Des Starken will sie werden.
Noch manches Eiland lockt und lauscht
Aus Palmen und Bananen:
Der Seewind braust, die Woge rauscht,
Auf! freudige Germanen!«

Einer »besonderen Passion für die Marine« rühmte sich Wilhelm noch, nachdem mit der Meuterei der Matrosen in Kiel die Revolution begonnen und sich ein Teil seiner Kriegsflotte in der Bucht von Scapa Flow versenkt hatte. Als er wie ein Kapitän das untergehende Schiff des Kaiserreiches verließ, nahm er in das holländische Exil Bilder mit, die ihn an verflossene Flottenpracht erinnerten, so Willy

Stöwers »Deutscher Panzerkreuzer im Gefecht« und Hans Bohrdts »Panzerkreuzer S. M. S. Hindenburg«.

Vom Meer war schon der Junge fasziniert gewesen, und Schiffe, namentlich Kriegsschiffe, hatten seine Phantasie beschäftigt. Mit vier, im Jahre 1863, posierte er im Matrosenanzug, der im meerbeherrschenden England bereits Kindermode war. Später, als er als Kaiser darangegangen war, seine Passion in die Ambition umzusetzen, mit Britannia zur See gleichzuziehen, wurde der Matrosenanzug die Uniform deutscher Bürgerkinder, angehender Seekadetten.

Der Prinz, der als Junge Marinebücher verschlungen hatte, erhielt mit fünfundzwanzig die Gelegenheit, beim Marinemaler Carl Saltzmann »Seebilder malen zu lernen«. Weit schien er es in dieser Kunst zu seinem Bedauern nicht gebracht zu haben. Als ein Marinebild gelobt wurde, in der irrigen Annahme, es stamme von ihm, bemerkte der Monarch: Wenn er dieses Talent hätte, wäre er Marinemaler und nicht Kaiser geworden.

Als solcher bekam er jedoch Mittel in die Hand, seine maritimen Träume weitgehend zu verwirklichen. Er erteilte nicht nur Order zum Bau von Kriegsschiffen, er verfertigte auch Skizzen und Pläne. Der Hohenzoller, der gerne nicht nur Marinemaler, sondern auch Marineingenieur geworden wäre, versuchte ein Idealschiff zu entwerfen, »welches schwer gepanzert, schnell und mit vielen Torpedorohren armiert wäre«, wie Tirpitz berichtete, dessen Reichsmarineamt weniger mit den Flottenbauherrn als mit dem Schiffskonstrukteur Schwierigkeiten bekam. »Abgesehen davon, daß Schnelligkeit und schwere Panzerung bei einem großen Schiff in starkem Wettbewerb stehen, hätte die unter Wasser anzulegende Torpedoarmierung die Maschinen- und Kesselräume großenteils weggenommen.«

»Homunculus«, wie die Marinefachleute das Lieblingsprojekt des Kaisers nannten, wurde nicht gebaut, weil er schließlich deren Einwände akzeptierte. Es blieb der Eindruck, daß Wilhelm II. selbst bei einer Sache, der er sich so ernsthaft und beständig, wie es seine Sprunghaftigkeit erlaubte, zu widmen verstand, von Dilettantismus nicht frei war: im Kleinen, wenn es um technische Details, wie im Großen, wenn es um den taktischen Zweck und den strategischen Sinn einer mächtigen deutschen Schlachtflotte ging.

»The Kaiser's toy«, das Spielzeug des Kaisers, nannten Engländer seine Marine. Es gab auch Deutsche, die meinten, Wilhelm II. habe die Flotte nicht so sehr aus imperialistischen Beweggründen geschaffen; sie sei vor allem ein Produkt seines unruhigen Geistes, ein Resultat seiner Geltungssucht und ein Ergebnis seines Ehrgeizes gewesen, in Deutschland etwas zu schaffen, was vordem niemand zustande gebracht hatte.

Engländern verging das Spotten, als sie merkten, daß das vermeintliche Hobby des Deutschen ein ernstzunehmendes Konkurrenzunternehmen war, das Riesenspielzeug sich als Rivalitätswaffe entpuppte. In Deutschland wurde vermerkt, daß der Schlachtflottenbau weit mehr als ein privates Steckenpferd, nämlich eine Angelegenheit war, die in der Logik der Reichsräson wie im Interesse der Nationalökonomie lag. So wurde die Flottenpolitik Wilhelms II. von der Mehrheit seines Volkes mitgetragen, das in einer starken Kriegsmarine nicht nur ein Instrument der Weltgeltung, sondern auch ein Vehikel des Fortschritts sah.

Ein modernes Panzerschiff, von leistungsstarken Maschinen angetrieben und mit treffsicheren Waffen bestückt, das unter stolzer Flagge mit voller Kraft seinem Ziel entgegendampfte, schien ein Sinnbild der Progression zu sein, mit der die Deutschen in das 20. Jahrhundert eintraten und sich darin weiterbewegen wollten.

An jener Jahrhundertwende schien der Fortschritt von technischen Neuerungen und industriellem Wachstum abhängig zu sein und angetrieben zu werden. Im Schiffbau war beides sinnvoll und zweckmäßig gekoppelt. Der Erfindungsgeist der Ingenieure war gefordert, das Kapital erhielt Anlageobjekte, die vollbeschäftigten Werften brachten den Unternehmern Gewinn und Arbeitern Lohn und Brot. Der Industriestaat entwickelte sich – ein Deutschland kam voran, dem die Zukunft gehören würde.

»Ihrem Allerhöchsten Protektor«, Wilhelm II., entbot die Schiffbautechnische Gesellschaft am 5. Dezember 1899 ihren Dank. Als ausgerechnet im Jahre 1900, da man frohgemut und erwartungsvoll das 20. Jahrhundert begrüßte, eine Wirtschaftskrise einsetzte, ersuchte der unter maßgeblicher Mitwirkung von Großindustriellen wie Krupp und Stumm-Halberg zur Propagierung des Flottengedankens 1898 gegründete Deutsche Flottenverein das Reichsmarineamt, den Bau von Kriegsschiffen »in möglichst beschleunigtem Tempo herbeizuführen«. Denn dadurch »würden viele Industriezweige neue Aufträge erhalten«, könnten ihre Arbeiter weiterbeschäftigen. Wichtig sei, »daß durch den Auftrag neuer Kriegsschiffe u. die dadurch herbeigeführte Belebung von Handel und Industrie die betreffenden Börsen-Kurse steigen, viele Werte gerettet u. eine Konsolidierung des Marktes eintreten würde«.

Die Industrie über Wasser zu halten, mehr noch, sie auf dem Wasser zu prosperierendem Handel und Wandel zu führen – das war nicht der geringste Beweggrund für den Flottenbau. Zum wirtschaftspolitischen kam ein sozialpolitisches Motiv: Im Vorantreiben der »allgemeinen Seeinteressen«, hatte Tirpitz bereits 1895 zu bedenken gegeben, »in der neuen großen nationalen Aufgabe und dem damit verbundenen Wirtschaftsgewinn« liege »ein starkes Palliativ gegen gebildete und ungebildete Sozialdemokraten«. Mit seinem Admiral teilte der Kaiser die Hoffnung, ein Flottenbauboom könnte soziale Probleme entschärfen, durch eine Verbesserung der Lebensbedingungen der Arbeiter den Sozialdemokraten Wind aus den Segeln nehmen.

Vornehmlich sah Wilhelm II. in seiner Flotte ein Reichssymbol. Eine Allegorie des Kaiserreiches stellte das Wikingerschiff dar, mit dessen Ausführung die deutschen Bundesfürsten und Senate der Freien Städte Miller in München beauftragt hatten und – da es nicht rechtzeitig zum 25. Regierungsjubiläum fertig geworden war – dessen Modell sie 1913 dem Kaiser übergaben. Die Wappenschilde der 25 Bundesstaaten waren am Bord des Schiffes angebracht, über dem Bug ragte der Kopf des Reichsadlers, am Heck prangte die Kaiserkrone, und am Mast wehte die Flagge Schwarz-Weiß-Rot.

Diese Gabe erinnerte Wilhelm II. daran, daß das Reich ein Bund vieler Fürsten und einiger Städte war, und bestätigte ihm die Notwendigkeit der Verstärkung der Reichsmarine, die als eine der wenigen Reichsinstitutionen direkt der Reichsgewalt unterstand. Über das Heer gebot der König von Preußen oder der König von Bayern; es war aus Kontingenten der Bundesstaaten zusammengesetzt. »Die Kriegsmarine des Reiches«, bestimmte jedoch die Reichsverfassung, »ist eine einheitliche unter dem Oberbefehl des Kaisers.«

Einem Monarchen, der größeren Wert auf sein Kaisertum als auf sein Königtum legte, und den Zentralisten, die den Bundesstaaten weniger und der Reichsgewalt mehr Befugnisse einräumen wollten, galt die Reichsflotte als Symbol der Reichseinheit. In ihr dienten

Matrosen aus allen Gauen und Gesellschaftsschichten, die Offiziere kamen mehr aus dem Bürgertum als aus dem Adelsstand; ihr Oberbefehlshaber hatte nicht mehr Preußen, Sachsen, Bayern oder Württemberger, nur noch Deutsche unter sich.

Das junge Deutsche Reich brauche Einrichtungen, in denen der Reichsgedanke verkörpert werde, erklärte Wilhelm II., und eine solche Einrichtung sei die Flotte. Als nationaler Integrationsfaktor erschien ihm diese moderne Institution erfolgversprechender als die Berufung auf die mittelalterliche Reichstradition. Diese war ehrwürdig, aber verstaubt, Vergangenheit eben. Eine moderne Reichsflotte jedoch galt als grandioses Produkt der Gegenwart und als formidables Fortbewegungsmittel in die Zukunft.

Ein Reichsrealismus begann die Reichsromantik abzulösen. Auf deren emotionale Antriebskraft wollte Wilhelm, der sich dem Morgen zuwendete, aber dem Gestern verhaftet blieb, nicht ganz verzichten.

Ein neues Panzerschiff taufte er auf den Namen »Heimdall«. Er stamme »aus der Urgeschichte unserer Vorväter im Norden«, erklärte der Kaiser beim Stapellauf. »Du sollst den Namen erhalten des Gottes, dem als Hauptaufgabe die Abwehr übertragen war, desjenigen, dem es oblag, die goldenen Tore Walhallas vor jedem bösen Eindringling zu beschützen und zu bewahren.« Wie Heimdall »durch sein Horn Verwirrung und Verderben in die Reihe seiner Feinde brachte, so sei es auch mit dir!«

Der Flottenkaiser dachte nicht nur an Verteidigung, sondern auch an Angriff. Die Wikinger, die seetüchtige Eroberer gewesen waren, spukten als Heldengestalten in seiner Phantasie. Das Wikingerschiff als Allegorie des Reiches, dessen Modell der Kaiser 1913 von den Bundesstaaten geschenkt bekommen hatte, wurde erst 1925 fertiggestellt und 1927 dem Adressaten im Exil übergeben. Neun Jahre vorher war das Reichsschiff untergegangen, auch deshalb, weil der Kaiser seine Flotte als Instrument eines deutschen Imperialismus angesehen hatte.

»Der Wellenschlag des Ozeans«, hatte er an der Jahrhundertwende erklärt, klopfe mächtig »an unseres Volkes Tore« und zwinge es, »als ein großes Volk seinen Platz in der Welt zu behaupten, mit einem Wort: zur Weltpolitik«. Den Platz, den er sich vorstellte, hatte er noch nicht erreicht, und um ihn zu erlangen, glaubte er einer mächtigen Kriegsflotte zu bedürfen. Jedenfalls sollte sie Schutz für die vorhandenen Kolonien und Schirm für den deutschen Welthandel sein. Die imperialistischen Vorstellungen blieben vage, immerhin konkret genug, daß sich die Engländer, die sich ihre Seemachtkreise nicht stören lassen wollten, derart herausgefordert fühlten, daß sie in die Reihe der kontinentalen Gegner Deutschlands einschwenkten.

Mit seinem zwischen Bewunderung und Abneigung schwankenden und zu letzterer tendierenden Verhältnis zu England stand Wilhelm nicht allein. Viele Deutsche verfolgten die Welterfolge der Briten mit einer Mischung aus Respekt und Neid, wobei zunehmend jener in Besorgnis umschlug und dieser sich in Haß verwandelte. Die in der Welt zu spät Gekommenen, die sich immer mehr als zu kurz Gekommene fühlten, suchten einen Minderwertigkeitskomplex mit einem demonstrativen Kraftgefühl zu überspielen.

Von der Notwendigkeit, »Deutschland geistig und materiell eine selbständige Geltung neben dem die Welt polypengleich erraffenden Angelsachsentum zu erringen«, sprach Alfred von Tirpitz. Ohne Weltmacht sei das Deutsche Reich auf Sand gebaut, das deutsche Volk »zum Vegetieren als armes Kleinvolk« verurteilt. Ohne Seemacht bliebe die deutsche Weltgeltung »wie ein Weichtier ohne Schale«.

Eine Wahrnehmung der »Seeinteressen«, so Tirpitz, sei unmöglich »ohne eine der Offensive fähige Flotte«. Deshalb müsse eine Schlachtflotte gebaut werden, die einen »Schlachtkörper zwischen Helgoland und der Themse« bilden solle. Zielsetzung des Flottenplans sei die »Stärkung unserer politischen Macht und Bedeutung gegen England«.

Das war Wilhelm II. aus der Seele gesprochen, der 1897 den Konteradmiral und Kommandanten der Kreuzerdivision in Ostasien zum Staatssekretär des Reichsmarineamtes ernannte. Der Flottenschwärmer bestellte den Marinefachmann zum »Handlanger« beim Flottenbau, den er weit mehr in die eigene Hand zu nehmen gedachte, als es Wilhelm I. bei seinem Lieblingsprojekt, der Heeresreform, getan hatte. Staatssekretär Tirpitz, dem »Marine-Roon«, wollte der Enkel nicht die Selbständigkeit zugestehen, die der Großvater seinem Kriegsminister Roon gelassen hatte.

Aber Wilhelm II. war kein Mensch, den es ständig in der Werkstatt hielt, und Tirpitz kein Mann, der sich dauernd in das Metier, das er beherrschte, hineinreden ließ. Sie mochten sich nicht, aber sie brauchten einander: der Kaiser, um seine Flottenträume wahr werden zu lassen, und der Admiral, der seine Flottenpläne verwirklichen wollte.

Tirpitz war nicht, wie es Wilhelm an seinen Gehilfen schätzte, schillernd und biegsam, sondern – wie ihn der Marinekamerad Knorr qualifizierte, »ein ehrenhafter, energischer, selbständiger und ehrgeiziger Charakter, mit gewandten Formen und etwas sanguinischem Temperament, ein reger, findiger Geist mit spekulativer Richtung und idealer Auffassung der Dinge«.

Er war ein Schreibtisch-Admiral, ein Planer und Organisator, auch wenn er mit seinem zweigeteilten Barte wie ein vom Wind zerzauster Seebär aussah. »Durchaus in das industrielle Zeitalter der weiten Planung passend«, wie der Publizist Guttmann bemerkte, sei er auch »ein genauer Beobachter und Manipulant der politischen Kulisse« gewesen. Tirpitz wußte den Monarchen zu nehmen, diesen Prototyp der »deutschen Illusionsfähigkeit«, wie er ihn nannte, einigermaßen auf dem Boden des Machbaren zu halten. Er verstand es auch, den Reichstag, der das Marinebudget zu bewilligen hatte, teils zu überzeugen, teils zu überreden und auch zu überfahren.

Mit Propagandamitteln, wie sie das aufziehende Massenzeitalter verlangte, ging Tirpitz daran, die öffentliche Meinung und damit auch die Volksvertretung für sein Flottenprogramm zu gewinnen. Das Nachrichtenbüro des Reichsmarineamtes instrumentierte die Agitation des Deutschen Flottenvereins, des Alldeutschen Verbands wie der Freien Vereinigung für Flottenvorträge. Vom Katheder verkündeten Professoren das »Navigare necesse est«, Schriftsteller und Journalisten schrieben das »Schiffahrt tut not« in das Bewußtsein eines Volkes von Landratten. Maler und Zeichner lieferten plakative Bilder von Kriegsschiffen für Litfaßsäulen und Schokoladenpackungen. Ein Ohrwurm wurde das Lied:

»Michel! Horch, der Seewind pfeift,

Verstopf dir nicht die Ohren,

Wer nicht jetzt zum Ruder greift,

Hat das Spiel verloren!«

Der Flottenkaiser konnte mit seinem Flottenpropagandisten Tirpitz zufrieden sein. »Mit eiserner Energie und rücksichtslosem

Einsatz seiner Kräfte und Gesundheit wußte er bald Fluß und Schwung in die Flottenfrage zu bringen«, resümierte Wilhelm. Das Volk sei aufgewacht, habe angefangen, über den Wert von Kolonien und des Welthandels nachzudenken und sich für die Seefahrt zu erwärmen.

Gegen widrige Winde war aufzukreuzen. Denn so populär, wie es sich der Kaiser und sein Admiral wünschten, war die Flottenrüstung noch nicht. Zu den Unsummen, die das Heer verschlang, kamen die Unsummen für die Marine. Neue Steuerquellen galt es zu erschließen, möglichst solche, die den schon über die bisherigen Militärausgaben seufzenden »kleinen Mann« nicht trafen. So wurde die Sektsteuer eingeführt, was nicht unsinnig war; denn die Taufe neuer Schiffe pflegte man mit Schaumwein zu vollziehen. Sie wurde auch dann noch erhoben, nachdem die stolz vom Stapel gelaufene Flotte untergegangen war.

Im Reichstag verließ sich der Kaiser nicht nur auf die »scharfe Klinge im Gefechte«, die sein Marine-Staatssekretär zu führen wußte. Er machte sich die Mühe, »Marine-Tabellen« zu zeichnen, die das Mißverhältnis zwischen der deutschen und der englischen Flottenstärke vor Augen führten, und ließ sie im Foyer des Reichstagsgebäudes anbringen.

Wenn solcher Anschauungsunterricht nicht sogleich zum beabsichtigen Erfolg bei »den ziemlich unkundigen Reichsboten« führte, hätte er sie am liebsten nach Hause geschickt. Als er beim ersten Anlauf im Jahre 1897 auf Opposition stieß, sagte er zum Großindustriellen Stumm-Halberg, der freikonservativer Abgeordneter war, er möge dem Reichstag bestellen, daß er, wenn etwas von seiner Anforderung gestrichen werde, das Parlament auflösen, alle Minister zum Teufel jagen und einen Staatsstreich machen werde.

Der »Poltron valeureux«, wie ihn Tirpitz – freilich erst nach dem nicht zuletzt von der gemeinsamen Flottenmanie ausgelösten Reichsdebakel – nannte, der »tapfere Hasenfuß« wagte dies nicht, konnte es nicht tun.

Wilhelm I. hatte in der Auseinandersetzung um die Heeresreform in Preußen einen Verfassungskonflikt begonnen und gewonnen. Auch wenn ihm ein Bismarck zur Seite gestanden wäre, hätte dies Wilhelm II. nicht mehr vermocht. Das konstitutionelle System des Deutschen Reiches befand sich auf einem – freilich noch weiten –

Wege zu einem parlamentarischen System. Und die Bundesfürsten waren nach wie vor nicht zu umgehen.

In der Flottenfrage, »welche für das Reich eine Frage von Sein oder Nichtsein ist«, polterte der Enkel, »gibt es für Mich ebensowenig ein Zurück wie für Meinen hochseligen Herrn Großvater in der Frage der Armee-Reorganisation.« Tirpitz blieb es überlassen, mit dem Parlament fertig zu werden. Dem Marine-Staatssekretär war, anders als seinerzeit dem Kriegsminister Roon, weniger an einer Konfrontation als an einer Kooperation mit dem Parlament, jedenfalls an einer zur Durchsetzung seiner Vorhaben erforderlichen Mehrheit gelegen.

Auf diesem Kurs, den der Admiral zwischen Skylla und Charybdis, schroffen Befehlen des Kaisers und lauten Einwänden im Reichstag hindurch steuerte, kam man dem Ziele näher. Die erste Flottenvorlage wurde mit den Stimmen der Konservativen, Nationalliberalen und der Mehrheit des Zentrums am 28. März 1898 beschlossen. Das sei ein großer Tag gewesen, bilanzierte Wilhelm: »Der Bestand der deutschen Flotte war gesichert, der Flottenbau war unter Dach.« Vorgesehen war der Bau von 7 Linienschiffen, 2 großen und 7 kleinen Kreuzern, was eine Verstärkung der Kriegsmarine auf 1 Flottenflaggschiff, 18 Linienschiffe, 8 Küstenpanzerschiffe, 12 große und 30 kleine Kreuzer bedeutete. Für Wilhelm und Tirpitz war dies erst ein Anfang. Das zweite Flottengesetz vom 14. Juni 1900 sah eine weit stärkere Seestreitmacht vor: 2 Flottenflaggschiffe, 36 Linienschiffe, 16 große und 52 kleine Kreuzer. Damit hätte die deutsche zur englischen Schlachtflotte ein Verhältnis von 2:3 erreicht, was praktisch einem Gleichstand in der Nordsee gleichgekommen wäre, da ein Drittel der englischen Kampfverbände in Übersee stationiert war.

Schon als Junge habe er den Wunsch gehegt, »auch einmal eine so schöne Flotte wie die englische zu besitzen«, erklärte der 45jährige Kaiser im Juni 1904 beim Empfang des englischen Königs Eduard VII. in Kiel. Um dem Onkel zu demonstrieren, daß er drauf und dran war, seinen Jugendtraum zu verwirklichen, hatte er alle verfügbaren Kriegsschiffe zusammengezogen. Ihr donnernder Salut hallte den Engländern derart in den Ohren, daß sie alles daransetzten, im Rüstungswettlauf vorne zu bleiben.

Großbritannien baute Großkampfschiffe, die mit doppelter Tonnage und vermehrter Feuerkraft den bisherigen Linienschiffen weit überlegen waren. 1906 lief das erste Schlachtschiff des neuen Typs, die »Dreadnought«, vom Stapel. Wilhelm II. und Tirpitz erkannten, daß durch diese neue Generation die eigenen Linienschiffe, von denen man so viele für riesige Summen angeschafft hatte, »entwertet und außer Kurs gesetzt wären«, daß Deutschland nachziehen und gleichziehen müßte.

Noch im Jahre 1906 bewilligte der Reichstag eine Flottennovelle: Mittel für die Verbreiterung des für größere Schlachtschiffe zu schmalen Kaiser-Wilhelm-Kanals, eine Erweiterung des Hafens sowie eine Vergrößerung der Docks in Wilhelmshaven und den Bau von drei deutschen »Dreadnoughts«.

»Als das erste deutsche Großkampfschiff in Dienst gestellt wurde, erhob sich großer Lärm im Britenland«, berichtete Wilhelm. Der Lärm verstärkte sich mit jedem »Fürchtenichts«, der in See stach und die Engländer das Fürchten lehren sollte. Nach der Flottennovelle von 1908 sollten bis 1912 jährlich vier Schlachtschiffe gebaut werden; weitere waren vorgesehen. Innerhalb eines Jahrzehnts war die deutsche Kriegsflotte die zweitstärkste der Welt geworden. In London wurde befürchtet und in Berlin erwartet, daß es zu einem Rennen Bug an Bug kommen könnte.

Mit jedem deutschen Kriegsschiff verkleinerte sich der Vorsprung der englischen Flotte wie die Chance der deutschen Außenpolitik, England einer Annäherung an Frankreich und Rußland fernzuhalten. Wilhelm II. war vom Gegenteil überzeugt: »England kommt uns nicht trotz, sondern wegen meiner kaiserlichen Marine.« Er segelte im Kielwasser der Tirpitzschen Strategie, die sich als falsch und fatal erwies.

Zunächst wäre dem Kaiser anstatt einer Schlachtflotte eine Kreuzerflotte lieber gewesen, die in Übersee Flagge hätte zeigen können. Romantische Vorstellungen vom Kaperkrieg, die er seinen Marinebüchern entnommen hatte, verbanden sich mit dem imperialistischen Erfordernis, den gegnerischen Handel zu stören und den eigenen zu schützen.

Tirpitz verstand es, ihn von der Notwendigkeit einer Schlachtflotte zu überzeugen, für den »Risikogedanken« zu gewinnen, den Wilhelm im Sinne seines Urhebers interpretierte: »Auch die stärkste gegnerische Flotte sollte es sich ernstlich überlegen, ehe sie sich mit der deutschen einließ, aus Rücksicht auf die durch den Kampf zu befürchtenden schweren Verluste, die den Gegner in die Gefahr brachten, für andere Aufgaben zu schwach zu werden.«

Der Admiral dachte indessen nicht nur an Abschreckung, sondern auch an Angriff. Der »Risikogedanke« war mehr für den Hausgebrauch bestimmt: für den Reichstag, dem Mittel leichter für Defensivzwecke als für Offensivabsichten zu entlocken waren; für das Auswärtige Amt, dem bedeutet wurde, daß Flottenstärke das deutsche Gewicht und damit den Bündniswert bei Bündnisverhandlungen vergrößern würde; und für den Kaiser, der sich vormachen ließ, daß England, wenn überhaupt, nur durch Seemacht zu beeindrucken, zur Anerkennung der Gleichberechtigung Deutschlands zu bewegen, nur auf dem Seewege zu gewinnen wäre.

In »das Wesenhafte« spiele bei Wilhelm »das nur Dekorative« hinein, bemerkte Tirpitz. In Großadmiralsuniform stand er lieber auf der Brücke eines Schlachtschiffes als auf der eines Kreuzers. Dort fühlte er sich als Oberbefehlshaber einer Flotte, die er geschaffen hatte, wie als Alleinherrscher einer Nation, die er mit gewaltiger Maschinenkraft und mächtigem Salut den Verheißungen der Zukunft entgegenführte.

DAS 20. JAHRHUNDERT betraten Wilhelm II. und seine Deutschen voller Hoffnung. Sie verließen ein Säkulum, das die Gründung des Deutschen Reiches gezeitigt hatte, die von Lesern der »Berliner Illustrirten Zeitung« als dessen größtes Ereignis bezeichnet wurde. Sie kamen aus dem Abendrot, das sie genossen hatten, und hielten das Morgenrot für ein Anzeichen, das ihnen noch Schöneres, Besseres und Größeres versprach.

»Herrlich entfaltet nun/ Flattert am Maste/ Die Flagge des Reiches«, dichtete Ernst Scherenberg. »Gesundheit, Kraft und Ordnungssinn werden auf jedem Flecken deutschen Bodens offenbar«, bemerkte Professor Kuno Francke. Die Statistik verzeichnete Erreichtes: 540742 Quadratkilometer, 56367178 Einwohner, 21 Universitäten, 9 Technische Hochschulen, 1250 Höhere Lehranstalten und 59300 Volksschulen; unter den Rekruten waren nur noch 0,05 Prozent Analphabeten, ganze 131 Mann. Über hundert Millionen Tonnen Steinkohle wurden jährlich gefördert, fast acht Millionen Tonnen Roheisen produziert.

»Der Erfolg der Vergangenheit bürgt für den Erfolg der Zukunft«, schrieb die »Frankfurter Zeitung«. »Und so treten wir über die Schwelle des neuen Jahrhunderts, froh des Errungenen, aber auch fest entschlossen, weiterzuarbeiten im Geiste der Wahrheit, Freiheit und Gerechtigkeit zum Heile des deutschen Volkes und der ganzen Menschheit.«

Das deutsche Bürgertum begrüßte das Geschenk, das es zur Jahrhundertwende erhielt: das am 1. Januar 1900 in Kraft tretende »Bürgerliche Gesetzbuch«. Es kam mit reichlicher Verspätung; bereits am Beginn des 19. Jahrhunderts hatte der »Code civil« in Frankreich die rechtlichen Konsequenzen aus der nationalen und gesellschaftlichen Entwicklung gezogen.

Viel später als der »Erbfeind« hatte Deutschland seinen Nationalstaat, hinter der französischen Bourgeoisie herhinkend, eine Einheitlichkeit des bürgerlichen Rechts erreicht. Und das zu einer Zeit, da der Dritte Stand vom Vierten Stand herausgefordert wurde. Der sozialdemokratische Parteiführer August Bebel kritisierte am »Bürgerlichen Gesetzbuch« die »Rücksichtnahmen auf veraltete, dem modernen Geist widersprechende soziale und politische Einrichtungen« und bemerkte: »Zeiten und Zustände, die an das Ancien régime erinnern, kehren zurück.«

Das alte Herrschaftssystem und mit ihm die alte Gesellschaftsordnung war im preußisch-deutschen Reich noch weitgehend intakt. Weiterhin blieb alles auf den Staat ausgerichtet, im neuen Reich noch mehr als im alten Preußen, wie Theodor Fontane meinte: »Die Anschauung, daß nur Examen, Zeugnis, Approbation, Amt, Titel, Orden, kurzum alles das, wohinter der Staat steht, Wert und Bedeutung geben, beherrscht die Gemüter mehr denn je.«

Im Staat, auf den sich auch neue Schichten ausrichteten, beanspruchte der Adel nach wie vor die Stellung im ersten Glied. Zwar drängten im Militär wie in der Bürokratie mehr und mehr Bürgerliche nach vorne; 1913 bestand das Offizierskorps aus 70 Prozent Bürgerlichen und nur noch 30 Prozent Adeligen. Doch dies bedeutete nicht, daß in ihm ziviler Geist eingezogen wäre. Wilhelm II. ließ Offiziere wegen Ziviltragens einsperren. Dies kam nicht häufig vor; denn gerade bürgerliche Chargen bemühten sich, mit dem Rock des Königs und Kaisers auch nicht die Haltung abzulegen, die der Oberste Kriegsherr mit ihm verband.

Über eine Million Beamte, einschließlich Offiziere, Lehrer sowie Post- und Bahnbedienstete, gab es 1907 im Deutschen Reich. Den Ton gaben immer noch die adeligen Amtspersonen an, und er fand ein Echo bei bürgerlichen Bürokraten, das von Zuhörern, die noch das hohe Lied des altpreußischen Beamtentums im Ohr hatten, kritisiert wurde. »Feudale Prätentionen« gewahrte Max Weber, eine um sich greifende »Schneidigkeit«, verbunden »mit dem läppischten Mandarinenhochmut im dienstlichen Verkehr«.

Noch als Außenseiter galten die Sozialdemokraten, die – nach den Reichstagswahlen 1898 – trotz 27,2 Prozent der Wählerstimmen nur 56 von 397 Reichstagssitzen innehatten. Das seien immer noch zu viele, meinte die bürgerliche und adelige Mehrheit, obgleich die Sozialdemokraten dabei waren, vom revolutionären Internationalismus zu einem nationalen Revisionismus umzuschwenken. Sobald »das Recht der besitzenden Mehrheit aufgehört hat, ein ernsthaftes Hindernis für den sozialen Fortschritt zu bilden«, erklärte Eduard Bernstein, »wird die Berufung auf die gewaltsame Revolution zur inhaltslosen Phrase. Man kann eine Regierung, eine privilegierte Minderheit stürzen, aber nicht ein Volk.«

Auf den Weg der Evolution, zu sozialen und politischen Reformen, hatte sich das katholische Zentrum gemacht. Im Reichstag vertraten 102 Abgeordnete 18,9 Prozent der Wähler, bildeten die stärkste Fraktion. Deutschlands Glück hänge von der Erhaltung des religiösen wie des sozialen Friedens ab, erklärte der Zentrumführer Carl Trimborn; Kaiser und Papst stünden an einer Front.

Mehr mit dem König von Preußen hielten es – jedenfalls in der Theorie, wenn auch nicht immer in der Praxis – 56 Konservative, vor allem agrarisch interessierte Abgeordnete. 23 Freikonservative verstärkten die monarchische Front. Mehr für den Deutschen Kaiser traten 46 Nationalliberale ein, die liberale Nachhut der von Bismarck gebildeten Reichsgründungskoalition von Adel und Bürgertum. Links von ihnen standen 49 fortschrittlich-liberale Abgeordnete.

Auch deutsche Linksliberale bekannten sich zu Kaiser und Reich, wenngleich sie sich dieses mehr parlamentarisch und jenen weniger autoritär wünschten. Friedrich Naumann erhoffte sich Fortschrittliches durch einen Bund von »Demokratie und Kaisertum«, wie der Titel seiner 1900 erschienenen Programmschrift lautete. »Weil wir den Sozialismus politisch stärken wollen«, hieß es darin, »sind wir für Vaterland, Kaisertum und Flotte.« Denn »die arbeitende Masse« werde nur dann etwas erreichen, »wenn sie patriotisch und staatstragend auftritt«. Sie müsse »der Hort der Vaterlandsverteidigung sein, dann kann sie in Wirklichkeit der Hort der Freiheit sein. Sie muß den Großmachtgedanken tragen, dann wird sie die innerpolitische Macht gewinnen.«

Wilhelm II. hielt es für angebracht, daß auch die arbeitende Schicht das Reich mittrug, in Heer und Marine ihre Pflicht und Schuldigkeit tat, dem Kaiser diente und dem Imperator folgte. Doch die Folgerung, daß sie sich damit mehr Mitsprache verdiente oder gar für eine Machtübernahme qualifizierte, wies er von sich.

Seine Auffassung des Verhältnisses von Monarch und Volk stellte er an der Jahrhundertwende klar. In das aus diesem Anlaß von der Leipziger »Illustrierten Zeitung« herausgegebene »Goldene Buch« schrieb er mit ehernen Lettern: »Von Gottes Gnaden ist der König, daher ist er auch nur dem Herrn allein verantwortlich. Er darf seinen Weg und sein Wirken nur unter diesem Gesichtspunkt wählen.«

»Es kann der Träger der Krone und seine Organe auf die Dauer ein ganzes Land nicht vorwärts bringen, wenn nicht alle Stände desselben helfen«, fügte er bei der Einweihung der »Ruhmeshalle« in Görlitz im Jahre 1902 hinzu. Sie müßten jedoch, bei aller dem Vaterlande nützenden Entwicklung ihrer Individualität, dem Ganzen – und dem Einen – untergeordnet bleiben. »Freiheit für das Denken, Freiheit in der Weiterbildung der Religion und Freiheit für unsere wissenschaftliche Forschung, das ist die Freiheit, die Ich dem deutschen Volke wünsche und ihm erkämpfen möchte, aber nicht die Freiheit, sich nach Belieben schlecht zu regieren.«

Mit dieser Paroleausgabe eröffnete Wilhelm II. das 20. Jahrhundert. Der Kaiser und König, der Widersprüchliches verkörperte, visierte Kontradiktorisches an: einerseits Beibehaltung der überlieferten monarchischen Herrschaft und der überkommenen adelig-bürgerlichen Gesellschaft; andererseits Förderung des Fortschritts in Technik und Industrie sowie Anrufung moderner Bewegungen, die über kurz oder lang über die wirtschaftliche Entwicklung zu einer Veränderung der überholten Herrschaftsordnung und der zeitwidrigen Gesellschaftsform führen mußten.

Wilhelm II. ging in die neue Zeit in dem Bewußtsein, daß Deutschland »an der Schwelle der Entfaltung neuer Kräfte« stehe, aber auch in der Annahme, daß im Staate alles beim alten bliebe und das Volk auch fernerhin seinem Monarchen folge.

Diesen Eindruck schien ihm das Herrschaftszentrum der Reichshauptstadt zu vermitteln. Wenn er vom Hohenzollernschloß Unter den Linden zum Brandenburger Tor ritt, grüßten ihn das Zeughaus und das Palais Wilhelms I., Zeugen des Altpreußentums. Weiter unten kam er an Neubauten vorbei, die vom modernen Reichsgeist zeugten: Gebäude großer Banken, Hauptquartiere der Wirtschaftsmacht, die sich an die Seite der Monarchenmacht gedrängt hatte.

Das »Adlon«, ein Hotelpalast, markierte den Gegenpol zum Königsschloß am anderen Ende der Linden. In das Grandhotel konnte sich jeder einmieten, der genügend Geld besaß und sich an den gesellschaftlichen Kodex hielt. Selbst Wilhelm II., der in römischer Imperatorengestalt, als Büste in der Vorhalle ständig anwesend war, hätte nicht ungern dann und wann das Schloß seiner Väter mit dem neudeutschen Prachtbau vertauscht, in dem Stile der Vergangenheit zum Plaisir und zur Kommodität von Parvenüs aufpoliert worden waren.

An die alte Ordnung erinnerten ihn die Schutzleute mit Pickelhaube und Säbel, die das Publikum auf Distanz hielten, ohne die Zivilisten daran zu hindern, dem Monarchen zu beweisen, wie populär er war. Männer zogen den Hut, Frauen verbeugten sich, Kinder knicksten. »Hoch!« und »Hurra!« wurde gerufen, mitunter »Heil Dir im Siegerkranz« gesungen.

Die größte Begeisterung erweckte er, wenn er Ende Mai und Anfang September die Paraden über das Gardekorps abnahm. »Und weiter ist der Jubel gebraust«, berichtete ein Berliner Journalist, »und die Menschenwogen haben uns fortgerissen nach dem Tempelhofer Feld, über dessen linke Seite jetzt der Herrscher reitet, vorüber an einzelnen Regimentern, begrüßt von dem Morgenruf der Soldaten und den rauschenden Klängen des sich immer weiter fortpflanzenden Marsches.«

Für Zuschauer standen 6000 Tribünenplätze zu 3 bis 10 Mark zur Verfügung, wie Baedekers »Handbuch für Reisende« informierte.

Drei Hauptsehenswürdigkeiten gab es in Berlin zu beachten: erstens den Kaiser, zweitens die Wachablösung Unter den Linden, drittens die neue Metropol-Revue. »Berlin gewesen – Kaiser gesehen«, wurde zu Hause erzählt, draußen im Lande, dessen Bewohner in der Reichshauptstadt ein Reichssymbol und in Wilhelm II. die Inkarnation des Reichsgedankens erblickten.

Diese Identifikation von Kaiser und Reich und die daraus gefolgerte Identität von Herrscher und Volk kam Wilhelm II. persönlich gelegen und politisch zupaß.

»Was wollen Sie, man jubelt mir zu«, entgegnete er einmal auf Vorhaltungen seines Reichskanzlers. Applaus war für ihn ein Lebenselixier. »Eure Majestät können nicht leben, ohne daß jeden Tag Preußen, alle vier Tage Deutschland und alle neun Tage Europa Ihnen Beifall klatschen«, sagte ihm ein väterlicher Freund, der dabei untertrieb; denn jede Stunde erwartete er von jedem und allen begeisterte Zustimmung.

Von der Übereinstimmung zwischen seiner Person und seinem Volke überzeugt, hätte er – wenn ihn der Glaube an sein Gottesgnadentum nicht daran gehindert hätte – zu der Annahme neigen mögen, daß er von seinem Volk, wenn er sich einer Wahl gestellt hätte, für das Amt erkoren worden wäre, das ihm als Erbe zugefallen war.

»Nicht einen Tag lang hätte in Deutschland regiert werden können, wie regiert worden ist, ohne die Zustimmung des Volkes«, erklärte Walther Rathenau. Friedrich Naumann erläuterte: »Es gibt im gegenwärtigen Deutschland keine stärkere Macht als das Kaisertum«, eben weil den gegenwärtigen Kaiser zwar nicht alle, aber doch die meisten Deutschen für den Interpreten ihrer Meinungen und den Exekutor ihrer Vorstellungen hielten.

Eine solche, einer Wesenseinheit nahekommende Gleichsetzung von Monarch und Volk zwinge alle Monarchisten, »für den Kaiser sans phrase einzutreten«, erkannte Philipp Eulenburg. »Wenn wir nicht daran arbeiten, *Ihn* als die Personifizierung Deutschlands zu betrachten – auch wenn uns seine Eigenschaften die Arbeit schwer machen! – so verlieren wir *alles*.«

Als Identifikationsperson wie als Integrationsfaktor des Kaiserreiches erschien Wilhelm II. Die französische Nation, hatte Ernest Renan gesagt, sei ein »Plébiscite des tous les jours«. Die deutsche Nation schien jeden Tag aufs neue ihrem Monarchen zuzustimmen, dessen Person sie immer vor Augen und dessen Parolen sie stets im Ohr hatte.

Wenn Kaisertreue auf den Kaiser schauten, zu ihrem Ein und Alles emporblickten, konnten sie landsmannschaftliche Verschiedenheiten, eigenstaatliche Interessen, gesellschaftliche Unterschiede und parteipolitische Differenzen vergessen. Wilhelm II. galt nicht nur als Repräsentant des Reiches, sondern auch als Einiger einer Nation, die im Innern geschlossener und nach außen angesehener werden wollte.

Auch als Inkarnation des Weltmachtanspruches erschien ihnen der Imperator, der freilich mehr durch Worte als durch Taten sich als Imperialist gerierte. Aber auch dies entsprach dem Wesen eines Volkes, das dazu neigte, den Wunsch bereits für die Wirklichkeit zu nehmen.

Wilhelms Bedürfnis, groß und mächtig dazustehen, stimmte mit dem Verlangen vieler Deutscher überein, von der Welt mehr als bisher respektiert zu werden. »Wir sind wieder wer« und »Wir wollen noch mehr werden«, dieses Gefühl vermochte der Kaiser in seiner Person – blitzender Blick und Hand am Degenknauf – wie in seinen zündenden und donnernden Reden zu artikulieren.

Sie waren stolz auf das »Made in Germany«, das englischer Konkurrenzneid den von ihrer sich ausbreitenden Wirtschaft immer schneller und besser gelieferten Waren als Brandmal aufgedrückt hatte und das sich als weltweit anerkanntes Gütezeichen erwies. Und sie waren stolz auf ihren Kaiser, der dem »perfiden Albion« mit Imperatorengesten und in Flottenrüstung gegenübertrat – Wilhelm II., der Herrscher, den ihnen keiner nachmachte.

Die Deutschen seien die empfindlichsten Leute der Welt, und dabei komme ihnen niemals der Gedanke, daß sie möglicherweise selber beleidigend sein könnten, wiewohl sie es in Wirklichkeit sehr oft seien, bemerkte der französische Botschafter Herbette. In dieser Hinsicht, ergänzte der britische Botschafter Lascelles, sei Wilhelm II. ein typischer Deutscher: Er habe »häufig Klagen über den Mangel an Rücksicht anhören« müssen, »der dem Deutschen Reich von seiten fremder Länder im allgemeinen und Englands im besonderen zuteil werde, die es als eine quantité négligeable zu betrachten scheinen.«

Um die Waage zugunsten des Reiches auszugleichen, warf der Kaiser große und schwere Worte in die Schale, die andere als Beleidigung empfanden und als Herausforderung annahmen.

Er sei nicht der Meinung, betonte er zu Beginn des neuen Jahrhunderts, daß Deutschland vor dreißig Jahren gesiegt und geblutet habe, »um sich bei großen auswärtigen Entscheidungen beiseite schieben zu lassen. Geschähe das, so wäre es ein für allemal mit der Weltmachtstellung des deutschen Volkes vorbei, und Ich bin nicht gewillt, es dazu kommen zu lassen. Hierfür die geeigneten und, wenn es sein muß, auch die schärfsten Mittel rücksichtslos anzuwenden, ist Meine Pflicht nur, Mein schönstes Vorrecht.«

Als während des Boxeraufstandes, dem fremdenfeindlichen Aufruhr in China, die Nachricht von der Ermordung des deutschen Gesandten Ketteler eintraf, depeschierte Wilhelm II., der dies als eine persönliche Beleidigung auffaßte, seinem Reichskanzler: »Der Deutsche Gesandte wird durch Meine Truppen gerächt. Peking muß rasiert werden.«

Er setzte ein deutsches Expeditionskorps in Marsch, nicht nur, um das von den Boxern belagerte Gesandtschaftsviertel zu entsetzen und mit der deutschen die europäische Stellung zu verteidigen, sondern auch und vor allem um Vergeltung zu üben. »Die deutsche Fahne ist beleidigt und dem Deutschen Reiche Hohn gesprochen worden. Das verlangt exemplarische Bestrafung und Rache«, appellierte er am 2. Juli 1900 an die in Wilhelmshaven in Khakiuniformen angetretenen Soldaten.

Noch deutlicher und schärfer wurde er am 27. Juli 1900 in Bremerhaven bei der Verabschiedung nach Ostasien abgehender Truppen. »Kommt Ihr vor den Feind, so wird er geschlagen, Pardon wird nicht gegeben; Gefangene nicht gemacht. Wer Euch in die Hände fällt, sei in Eurer Hand. Wie vor tausend Jahren die Hunnen unter ihrem König Etzel sich einen Namen gemacht, der sie noch jetzt in der Überlieferung gewaltig erscheinen läßt, so möge der Name Deutschland in China in einer solchen Weise bekannt werden, daß niemals wieder ein Chinese es wagt, etwa einen Deutschen auch nur scheel anzusehen.«

So war es in den Lokalblättern, der »Weser-Zeitung« und dem »Wilhelmshavener Tageblatt« zu lesen. Im »Reichsanzeiger« erschien eine Fassung, die noch scharf genug klang, in der aber nichts von Hunnen stand. Dessenungeachtet ging die Ansprache als »Hunnenrede« in die Geschichte ein.

In Deutschland erhob sich Kritik in oppositionellen Blättern und auf der linken Seite des Reichstages. Das Ausland war entrüstet, aber nicht so sehr, daß es in der gemeinsamen Aktion der europäischen Großmächte sowie der USA und Japans zur Sicherung der imperialistischen Positionen in China es nicht geschätzt hätte, daß die Deutschen an die Front drängten (»Germans to the front«). Generalfeldmarschall Waldersee wurde auf Ersuchen Wilhelms II., das – wie der deutsche Diplomat Hermann von Eckardstein kritisierte – einer Bettelei nahekam, zum Oberbefehlshaber des alliierten Expeditionskorps ernannt. Der »Weltmarschall«, der Deutschlands Weltgeltung demonstrieren sollte, betrat jedoch den Schauplatz erst, nachdem Peking unter einem russischen Oberbefehlshaber eingenommen worden war.

Die »Hunnenrede« war nicht vergessen, wurde als Beweis der Barbarei der Deutschen im allgemeinen und des Deutschen Kaisers im besonderen immer wieder zitiert. Im Weltkrieg wurden sie von ihren Feinden als »the huns« und »les huns« bezeichnet.

Wilhelm II. glaubte nicht nur im Namen Deutschlands, sondern auch im Interesse ganz Europas gesprochen zu haben, als er dazu aufgerufen hatte, die Chinesen zu Paaren zu treiben, von der Notwendigkeit überzeugt, daß sich das christliche Abendland gegenüber den im Fernen Osten aufsteigenden Gefahren schützen müsse.

Zwei Tage nach der »Hunnenrede« predigte der Kaiser bei einem von ihm persönlich abgehaltenen Schiffsgottesdienst auf seiner Jacht »Hohenzollern«. Er zitierte 2. Mose 17, V. 11: »Solange Moses seine betenden Hände emporhielt, siegte Israel; wenn er aber seine Hände niederließ, siegte Amalek.« Der Summus episcopus gab dem Bibelspruch eine aktuelle Auslegung: Wiederum habe sich »heidnischer Amalekitergeist geregt im fernen Asien« und erneut sei der Befehl Gottes an seine Streiter ergangen, »sie sollen mit dem Schwerte in der Hand eintreten für unsere heiligsten Güter«. Kampf und Gebet »können noch heute die Drachenbanner in den Staub werfen und die Kreuzesbanner auf die Mauer pflanzen«.

Die Europäer und Amerikaner, die gegen China zogen, waren von einer Mischung aus Weltmachtpolitik, Wirtschaftsimperialismus und Kreuzzugsgeist motiviert. Von letzterem schien Wilhelm, zumindest seinen Reden nach, besonders bewegt zu sein. Nach der blutigen Niederwerfung der Boxer bestand er auf dem Grundsatz der »offenen Tür« in China, eines unbehinderten Handels für alle

Nationen. Noch lieber hätte er für »den Siegeszug christlicher Sitte und christlichen Glaubens« eine Bresche in die Große Mauer geschlagen. Auf jeden Fall, betonte er, müsse der Westen Abwehrbastionen gegen die »Gelbe Gefahr« errichten.

»Völker Europas, wahret Eure heiligsten Güter«, nannte er die von ihm entworfene und von Professor Hermann Knackfuß ausgeführte Zeichnung: Der Erzengel Michael – für Wilhelm der Patron der Deutschen wie aller Völker, die dem »Führer der himmlischen Heerscharen« im Kampfe gegen die »Mächte der Finsternis« folgten – verweist auf Gewitterwolken im Osten, aus denen drohend ein heidnischer Gott aufsteigt, und fordert die als Frauengestalten dargestellten europäischen Nationen auf, das Unheil gemeinsam abzuwenden.

Der Kaiser ließ diese Mahnung in den Ostasiendampfern des Norddeutschen Lloyd anbringen und schickte sie den europäischen Monarchen. Besonderen Wert legte er darauf, daß sie Zar Nikolaus II. beherzige. Das für das Abendland Heilvolle gedachte er mit dem für Deutschland Nützlichen zu verquicken: Wenn sich Rußland entschlösse, Front gegen Osten zu machen, könnte sich sein Druck auf den Westen, in erster Linie auf Deutschland und Österreich-Ungarn, verringern.

Noch mehr Sorgen als die Chinesen machten ihm die Japaner, die zwar weniger zahlreich, aber um so tüchtiger in Zivil und tapferer in Uniform waren. Nach dem Sieg Japans über China (1894/95) begann Wilhelm II. zu befürchten, daß die »Gelbe Gefahr« durch eine Einigung Ostasiens unter japanischer Führung potenziert würde.

Japan verbündete sich mit England gegen Rußland, den gemeinsamen Rivalen in Asien. Aus dem russisch-japanischen Krieg von 1904 bis 1905 ging Tokio direkt und London indirekt als Sieger hervor. Der Deutsche Kaiser war einerseits ganz froh, daß Rußland außenpolitisch und – im Gefolge der Niederlage – auch innenpolitisch geschwächt wurde. Andererseits war es ihm nicht recht, daß eine christliche einer heidnischen Macht unterlegen war.

Doch konnte er nicht umhin, den Japanern – die ihre moderne Verfassung nach preußischem Muster gestaltet und sich bei der Militärreform auch an das Vorbild des preußischen Heeres gehalten hatten – Respekt zu zollen. Der Triumph der Japaner über die Russen sei aus »Vaterlandsliebe und Kindesliebe« geboren, aus denen eine »herrliche Manneszucht« erwachse. Die Russen hingegen, mit deren Christentum es traurig bestellt sei, hätten sich durch Unsittlichkeit und Alkoholgenuß entnervt.

Nach dem Versagen Rußlands falle unter Umständen Deutschland die Aufgabe zu, der »Gelben Gefahr« entgegenzutreten, erklärte Wilhelm II. Der Deutsche habe sich dann an den Leitspruch zu halten: »Ein guter Christ, ein guter Soldat«. So könne verhindert werden, »daß Gott uns nicht einmal auch mit einer solchen Geißel züchtigen müsse«. Die Japaner wären eine Gottesgeißel wie einst Attila und Napoleon.

Den Engländern, die Sonntagspredigten hielten, nahm er es übel, daß sie im Alltagsgeschäft mit den Heiden paktierten, den Japanern im Krieg gegen die Russen den Rücken gedeckt hatten. In der Tat war es das erstemal in der Geschichte, daß sich eine europäische Macht mit einer Macht fremder Rasse verband.

Wenn Wilhelm von der »Gelben Gefahr« sprach, mischten sich in seine abendländischen zunehmend rassistische Töne. Schließlich, nachdem er im Weltkrieg einer Welt von Feinden, auch fremdrassigen und andersgläubigen, unterlegen war, meinte er: Nun müsse er sein mahnendes Bild »Völker Europas, wahret Eure heiligsten Güter« umändern: »Wir gehören ja auf die andere Seite! Wenn wir den Deutschen erst einmal beigebracht haben, daß Franzosen und Engländer gar keine Weißen, sondern Schwarze« seien, »dann werden sie schon gegen die Bande vorgehen!«

Wilhelms christliche Predigten paßten schlecht zu seinen rassistischen Kundgebungen und nicht zu seinem Pangermanismus, der auf einen besonderen Rassismus im allgemeinen westlichen Rassismus hinauslief. Pangermanen gingen davon aus, daß – wegen der Unterlegenheit anderer europäischer Völker – das germanischte Volk, das deutsche, dazu berufen sei, andere germanische Länder zu teutonisieren und nichtgermanische zu germanisieren.

»Civis germanus sum«, bekannte Wilhelm und wünschte sich, daß dies jeder Deutsche bekennen würde. »Erst 1870 hat den einheitlichen germanischen Staat uns wiedergebracht«, erklärte er, und erst durch Houston Stewart Chamberlain, den Schwiegersohn Richard Wagners, sei »das Germanentum in seiner Herrlichkeit« in den »Grundlagen des 19. Jahrhunderts« einem erstaunten deutschen Volk »klar gemacht und gepredigt worden«.

Wilhelms Wertschätzung erfreute sich Theodor Schiemann, »ein aufrechter Balte, Vorkämpfer des Deutschtums gegen slawische Überhebung«. Dem Professor für osteuropäische Geschichte an der Universität Berlin, den er »andauernd in rebus politicis und in bezug auf historische Fragen« zu Rate zog, habe er »manche Orientierung, hauptsächlich über den Osten« zu verdanken gehabt. Schiemann bestärkte ihn in seiner Auffassung, daß von den Russen als »Asiaten und Slawen« nichts Gutes für das germanische Deutschland zu erwarten sei.

Seine alljährlichen Nordlandreisen galten ihm als Pilgerfahrten zu Urquellen des Germanentums. Den Norwegern schenkte er eine Statue des Frithjof, eines nordischen Sagenhelden. Der Deutsche Kaiser legte Wert darauf, daß 1913 der König von Norwegen zur Denkmalsenthüllung in Balholm mit einem Flottenverband kam und sich seine Rede anhörte, in der er Frithjof als Repräsentanten indogermanischer Männlichkeit feierte. Wilhelm, der sich für deren Verkörperung hielt, sagte hinterher: »Wer weiß, ob nicht meine Rede einen Wendepunkt in der Geschichte bedeutet?«

Zur Jahrhundertwende, am 1. Januar 1900, wurde die Briefmarke der Reichspost mit dem Brustbild der Germania ausgegeben. Bis zum Ende des Kaiserreiches warb das Emblem, das gleicherweise Deutschland wie Germanien versinnbildlichte, für ein »einiges deutsches Vaterland und ein einiges germanisches Volk«, das Wilhelm wie seinen Wilhelminern vorschwebte.

IN DIE NEUE ZEIT schritt Wilhelm durch ein Spalier der Vergangenheit, das ihn und sein Volk daran erinnern sollte, wie es zur gegenwärtigen Größe gekommen war, und daran mahnen, daß nur auf diesem Wege die noch größeren Ziele der Zukunft zu erreichen wären.

In der Reichshauptstadt, die amtlich als »Hauptstadt des preußischen Staates und Sitz seiner höchsten Behörden, Residenz des Deutschen Kaisers« bezeichnet wurde, demonstrierte er in der Siegesallee, wem Deutschland seinen Aufstieg in der Geschichte verdankte. Der neunte König von Preußen, der als dritter seines Hauses die deutsche Kaiserwürde trug, der Hohenzoller, dessen Dynastie seit 1415 in Brandenburg-Preußen herrschte, ließ 32 Standbilder seiner Vorgänger im östlichen Tiergarten aufstellen. Die

Reihe eröffneten die Markgrafen von Brandenburg, die noch keine Hohenzollern gewesen waren. Sie wurde von den Kurfürsten aus dem in die »Streusandbüchse« des alten Reiches verpflanzten schwäbisch-fränkischen Geschlecht fortgesetzt. Es folgten, seit 1701, die preußischen Könige, deren siebter, Wilhelm I., 1871 den Titel »Deutscher Kaiser« annahm.

Am 18. Januar 1901 wurde die »200jährige Jubelfeier des Preußischen Königshauses« begangen, des Tages gedacht, an dem sich Kurfürst Friedrich III. in Königsberg als Friedrich I. zum König gekrönt hatte. Die Proklamation König Wilhelms I. zum Deutschen Kaiser, die am selben Tage vor dreißig Jahren erfolgt war, wurde als Konsequenz des großen Ereignisses der preußischen Geschichte vor zwei Jahrhunderten angesehen. Friedrich I. habe die Königskrone erworben, Friedrich Wilhelm I. das Heer geschaffen und Friedrich II., der Große, erklärte Wilhelm II., habe mit dem preußischen Degen sein Reich als Basis stabilisiert, »auf der einst Kaiser Wilhelm der Große das neue Deutsche Reich errichten konnte«.

Für das Standbild des preußischen Wegbereiters der deutschen Einheit, das in der Siegesallee in Berlin aufgestellt wurde, soll Wilhelm II. dem Bildhauer Joseph Uphues Modell gestanden haben. Der Monarch, der dem neuen Jahrhundert mit Optimismus entgegenschritt, legte Wert darauf, daß Fridericus Rex mit jugendlichen Zügen, die der kaiserliche Narziß an sich selbst zu bewundern pflegte, dargestellt wurde.

Die Vollendung der Siegesallee am 18. Dezember 1901 nahm Wilhelm II. zum Anlaß, mit seinem brandenburgisch-preußischen Traditionsbewußtsein eine traditionalistische Kunstauffassung zu demonstrieren – zu einer Zeit, in der auch in seinem Reich ein Aufbruch zu neuen Ufern im Gange war.

Als »wahre Kunst« bezeichnete er die Marmorstatuen der Siegesallee, die von akademischen Bildhauern unter der Gesamtleitung des Denkmalspezialisten Professor Reinhold Begas geschaffen worden waren. Hoch zufrieden war er mit den Hervorbringungen, die zeigten, »daß die Berliner Bildhauerschule auf einer Höhe steht, wie sie wohl kaum je in der Renaissancezeit schöner hätte sein können«.

Das Verdienst sprach er nicht zuletzt sich selber zu. Denn wie ein Renaissancefürst oder ein Barockkönig habe er den Ausführenden nicht nur die Aufträge erteilt, sondern auch die Direktiven gegeben.

Der Neo-Absolutist wollte nicht nur den Staat, sondern auch die Kunst leiten und lenken – mit einem persönlichen Geschmack, der dem Konventionellen verhaftet blieb, und mit einer politischen Orientierung, die auf Ordnung und Ordentliches ausgerichtet war.

»Die Kunst soll mithelfen, erzieherisch auf das Volk einzuwirken, sie soll auch den unteren Ständen nach harter Mühe und Arbeit die Möglichkeit geben, sich an den Idealen wieder aufzurichten«, die dem deutschen Volk – im Gegensatz zu anderen Völkern – »zu dauernden Gütern geworden sind«. »Wenn nun aber« – fuhr er in seiner Ansprache anläßlich der Vollendung der Siegesallee fort – »die Kunst, wie es jetzt vielfach geschieht, weiter nichts tut, als das Elend noch scheußlicher hinzustellen, wie es schon ist, dann versündigt sie sich damit am deutschen Volke.« Aufgabe der Kunst sei und bleibe es, zu erheben, »statt daß sie in den Rinnstein niedersteigt«.

»Eine Kunst, die sich über die von Mir bezeichneten Gesetze und Schranken hinwegsetzt, ist keine Kunst mehr«, befand der Reichskunstwart. Er verurteilte die »sogenannten modernen Richtungen und Strömungen«, pries die Schöpfer der Siegesallee, die davon »rein geblieben« seien, und forderte sie auf, mit ihm gegen die »Rinnsteinkunst« Front zu machen.

Zeitgenossen fanden in einem Moment, da Naturalismus, Impressionismus und Jugendstil sich durchzusetzen begannen und die Forderung nach Freiheit in der Kunst mit dem Verlangen nach Freiheit im Staate korrespondierte, die monarchischen Kunstanweisungen für abwegig und zeitwidrig. Die Siegesallee sei »das schwerste Hindernis, das der Kunst in den Weg gelegt wurde«, bemerkte ein Kritiker der »Herrschaftskunst«, und ein anderer erklärte, mit der Siegesallee, diesem Paradebeispiel der Hofkunst, sei »wiederum nicht Kunst als Lebensvermittlerin gebildet« worden, »sondern Dekoration und Scheinkunst zu einem politischen Zweck, zur Verherrlichung der Dynastie«.

Die Berliner Sezession entgegnete auf ihrer nächsten Ausstellung mit einem Plakat, auf dem ein reiches Kind, das einen Topf mit einer verdorrten Blume in der Hand hielt, hochmütig und verächtlich auf ein armes Kind herabblickte, das aus einem Rinnstein Rosen pflückte. Von einigen Standbildern in der Siegesallee waren ein paar Nasen abgeschlagen worden.

»Eigentlich mußte man auf solche Untaten gefaßt sein von dem

Publikum, das besonders in guter Jahreszeit den Tiergarten zum Unterschlupf nimmt«, notierte die Baronin von Spitzemberg. Wilhelm II. fühlte sich noch mehr bemüßigt, auch den unteren Klassen die Möglichkeit zu verschaffen, sich an dem, was er für »wahre Kunst« hielt, zum Schönen und Guten zu erheben und das Große und Mächtige, das die Monarchie geschaffen hatte, zu bewundern.

»Die Himmel erzählen die Ehre Gottes«, sang ein Kinderchor, als am 16. Juni 1901 unter Trompetentusch das von Reinhold Begas geschaffene Nationaldenkmal des Fürsten Bismarck enthüllt wurde – vor dem Reichstag, den der Reichsgründer nicht gemocht, in Anwesenheit des Kaisers, der den Reichskanzler entlassen hatte und sich der Denkmalseinweihung nicht entziehen konnte. Doch das, was auf dem Unterbau aus rotem Granit in allegorischen Gruppen vor Augen geführt wurde, entsprach ganz und gar seiner Reichsvorstellung: Siegfried, der Schmied des Reichsschwertes; Germania im Siegeswagen; eine die Staatsmacht symbolisierende Amazone, die den als Raubtier dargestellten Aufruhr niedertritt; ein Kaiser und Reich versinnbildlichender Atlas, der die Weltkugel auf dem Rücken trägt.

In der Baukunst schätzte Wilhelm den klassischen Stil, weil dieser »das Gesetz der Schönheit und Harmonie« vollendet zum Ausdruck bringe, so daß »wir in allen modernen Empfindungen und allem unseren Können stolz darauf sind, wenn gesagt wird bei einer besonders guten Leistung: ›Das ist beinahe so gut, wie es vor 1900 Jahren gemacht worden ist.‹«

Als er seinem alten Gymnasium in Kassel eine Fahne schenkte, ermahnte er die neue Schülergeneration: »Wenn so manche Erscheinungen der modernen Kunst und Literatur verwirrend und niederziehend wirken, so können Sie immer wieder sich emporrichten an jenen Idealen des Altertums.« Die Demokratie im alten Griechenland meinte er damit nicht. Die Gymnasiasten sollten »den Hauptwert nicht auf die Einzelheiten des politischen Lebens« legen; denn diese könnten nicht mehr auf die im Zeichen der Monarchie stehende Jetztzeit übertragen werden.

Für öffentliche Bauten zog er dem Neo-Klassizismus, der das Publikum auf dem architektonischen Stil entsprechende politische Gedanken bringen könnte, eine Nachahmung der Hochrenaissance und des Hochbarocks vor, die seinem Neo-Absolutismus angemessen waren. Als eine protestantische und preußische Peterskirche wurde 1894 bis

1905 nach Plänen von Julius und Otto Raschdorff der Berliner Dom erbaut. Die bebaute Fläche von 6270 Quadratmetern übertraf die 6166 Quadratmeter des Kölner Doms, der deutschen Katholiken als Glaubensmonument galt und Friedrich Wilhelm IV. als Nationaldenkmal gegolten hatte. In der Vorhalle am Lustgarten wies Luther den Weg. In den vier Nischen der Denkmalskirche waren in Kupfer getriebene Figuren der Herrschertugenden zu betrachten. In der Hohenzollerngruft standen 87 Särge von Mitgliedern des Herrscherhauses.

Die Kaiser-Wilhelm-Gedächtniskirche war 1891 bis 1895 im spätromanischen Stil des hochmittelalterlichen Sacrum imperium erbaut worden, das vom preußisch-deutschen Kaiserreich als Vorläufer in Anspruch genommen wurde. Den Zusammenhang betonten in der Gedächtniskapelle Mosaiken von römisch-deutschen Kaisern, Reformatoren und Hohenzollernfürsten sowie Marmorreliefs mit Darstellungen aus dem Leben Wilhelms I. Vor dem Altar erhob sich die reichgeschmückte Kaiserloge mit dem Jerusalemkreuz.

Das Mittelalter erschien Reichsromantikern als eine goldene Zeit, deren Glanz sie in einer Gegenwart nicht missen wollten, der Realismus im Lebensstil, »neue Sachlichkeit« im Baustil und ein »Zurück zur Natur« in Dichtung und Malerei angemessen gewesen wäre.

Wilhelm II., dem eine gegenwartsbezogene und erst recht eine avantgardistische Kunst ästhetisch fremd und politisch verdächtig blieb, repräsentierte auch im Kunstgeschmack die wilhelminischen Deutschen.

Der »Berliner Lokal-Anzeiger« ließ ihn 1897 den Titel eines »Erinnerungs-Blatts« zum hundertsten Geburtstag »Wilhelms des Großen« entwerfen – mit Germania, einem Ritter und sonstigen neoromantischen Figuren, mit denen Zeitgenossen ihr Reich, ihren Kaiser und sich selbst so gerne identifizierten.

Ihm und den Seinen gefielen aber auch Militärbilder, auf denen »Stiefelmaler« – allen voran Anton von Werner – preußischen Schlachtenruhm und deutsche Reichsgröße in einer pseudo-realistischen Manier glorifizierten. Zunehmend wurden Schiffsbilder beachtet; Hans Bohrdt und seine Kollegen sahen im Kaiser »den mächtigsten Schützer und Förderer der mit dem Aufblühen der deutschen Flotte eng verbundenen Marinemalerei«.

Mit den späten, zum Impressionismus tendierenden Gemälden Adolph von Menzels konnte sich Wilhelm II. nicht befreunden. Ein Bild, das Wilhelm I. auf einem Ball im Opernhaus darstellt, hätte dem auf Festivitäten erpichten Enkel gefallen können, wenn die preußischen Konturen nicht im Impressionistenlicht verschwommen wären, sich aufzulösen schienen. Weiterhin würdigte er es, daß Menzel in der bereits 1840 erschienen »Geschichte Friedrichs des Großen« dessen Taten in angemessenem Stil nachgezeichnet hatte, genau in den Einzelheiten und klar im Umriß.

Weniger den Maler als den Preußen, der sich um die Dynastie verdient gemacht hatte, zeichnete Wilhelm II. mit dem Schwarzen Adlerorden aus. Zur Trauerfeier des 1905 in Berlin verstorbenen Menzel erschien der Monarch in der Rotunde des Alten Museums, um der »Kleinen Exzellenz«, die so vortrefflich das Hohenzollerntum erfaßt hatte, die letzte Ehre zu geben.

Nach politischen, weniger ästhetischen Gesichtspunkten beurteilte er auch die Literatur. Der Kaiser schätzte den Reichspoeten Gustav Freytag und den Germanenbarden Felix Dahn. Mit dem bayerischen Heimatschriftsteller Ludwig Ganghofer ging er im Berliner Schloßgarten spazieren und ließ ihn wissen, daß ihm am »Hohen Schein« besonders »der daraus hervortönende optimistische Klang« gefallen habe. Aus dem »Schweigen im Walde« las er ein Bekenntnis zu einer heilen deutschen Welt heraus.

Die Verquickung von Hofkunst und Hohenzollerntum verkörperte Ernst von Wildenbruch, Enkel des Prinzen Louis Ferdinand von Preußen, ein ehemaliger Gardeoffizier und Legationsrat im Auswärtigen Amt, der den Figuren seiner historischen Schauspiele, wie ein Kritiker bemerkte, als »echter Sohn Preußens« keinen individuellen Willen zugestand. Aber er ließ seine Altpreußen neudeutsch auftreten, so daß das »oft tolle Geschrei und das Verletzende in der Rede« die Baronin von Spitzemberg an »Erlasse und Reden von S.M.« erinnerte. Man sage, »Willehalm«, das Festspiel zum hundertsten Geburtstag Wilhelms I., sei von Wildenbruch und Wilhelm II. gemeinsam verbrochen worden, »was den Mißerfolg erklären würde«.

Für seine Doppeltragödie »Heinrich und Heinrichs Geschlecht« erhielt Ernst von Wildenbruch den doppelten Schillerpreis, 6000 Goldmark und die Goldene Medaille. Wilhelm II. hatte sich über die Jury hinweggesetzt, deren Entscheidung auf Gerhard Hauptmanns »Hanneles Himmelfahrt« gefallen war.

»Das Theater ist auch eine Meiner Waffen«, bedeutete der Monarch den Mitgliedern der Königlichen Schauspiele und forderte sie auf, als »Werkzeug des Monarchen« mitzuhelfen, »dem Geiste des Idealismus zu dienen und den Kampf gegen den Materialismus und das undeutsche Wesen fortzuführen, dem schon leider manche deutsche Bühne verfallen ist«.

Auf den königlichen Bühnen war kein Raum für naturalistische und auch neu-romantische Dramen, nur für solche Stücke, die dem persönlichen Gusto und der politischen Intention des Monarchen entgegenkamen. Aber er konnte es nicht verhindern, daß moderne Dramen in ganz Deutschland aufgeführt wurden, selbst in unmittelbarer Nachbarschaft des Königlichen Schauspielhauses sich Opposition gegen den Regisseur des Hoftheaters einnistete.

Unter den Linden, Hausnummer 44, wurde 1901 das Kabarett »Schall und Rauch« eröffnet. Schon der Name deutete an, wogegen protestiert werden sollte: gegen die Schwülstigkeit und das Geschwafel des Wilhelminismus. In einer Serenissimus-Szene wurde Wilhelm II. als »König Liebesgott« vorgeführt, der an seine Minister Orden verteilte, wenn sie ihm zustimmten, und Hiebe austeilte, wenn sie ihm widersprachen. Im Jahr darauf gab Max Reinhardt seinem Kabarett den Namen »Kleines Theater« und begann Strindberg, Wedekind, Wilde und Gorki zu spielen.

Unweit davon, in dem unter Friedrich dem Großen erbauten Königlichen Opernhaus wurden weiterhin Werke aufgeführt, die dem Geschmack des Bühnenherrn wie des in großer Toilette erscheinenden Theaterpublikums konvenierten.

Die Lieblingsoper Wilhelms II. war »Undine« von Albert Lortzing. Zu Richard Wagner hatte er ein zwiespältiges Verhältnis. Einerseits hörte er es nicht ungern, wenn Reichsgenossen den Bayreuther als »mächtigsten nationalen Faktor auf dem Gebiete der Kunst« feierten. Andererseits störte es ihn, daß Wagner mit seiner Musik die deutsche Seele in Wallungen zu versetzen verstand, die sich der Monarch von seinen Reden erwartete.

Richard Strauß, der 1898 als Hofkapellmeister an die Königliche Oper in Berlin berufen wurde, schien er lieber zuzuhören, jedenfalls den fünf Militärmärschen, die der Meister, dem Byzantinismus kein

Mißton war, für ihn komponierte. Den »Königsmarsch« nannte ein Kritiker »ein wirkungsvolles Orchesterstück mit Rataplan und Bumbum, Hymnenansätzen und gellenden Trompeten«.

Die modernen Opern des Richard Strauß mißfielen dem Monarchen. Er bedauere es sehr, daß Strauß die »Salome« geschrieben habe, meinte er. Als sie schließlich doch – trotz der heftigen Proteste der Kaiserin Auguste Viktoria – in Berlin aufgeführt werden durfte, wurde zur Bedingung gemacht, daß über der sterbenden Salome der Stern von Bethlehem aufzugehen habe – als Andeutung, daß ihr Opfer, Johannes der Täufer, der Vorläufer Christi, letztlich über die Sünderin gesiegt habe.

Die große Oper traditionellen Stils entsprach Wilhelms Gehabe, das schlichte deutsche Volkslied seinem Gemüt. Deutsche Männer sollten »Wer hat dich, du schöner Wald« oder »Ich hatt' einen Kameraden« singen, bedeutete er Dirigenten der in Frankfurt am Main zum Wettstreit angetretenen Gesangsvereine. Auch mit seinem Appell, der »Sentimentalität, die in jeder deutschen Seele ruht«, melodischen Ausdruck zu verleihen, verband er eine politische Absicht: »Sie werden mit dem Volksliede den Patriotismus stärken, und damit das allgemeine Band, das alle umschließen soll.«

Auch dieses Band erwies sich als zu brüchig, um das Kaiserreich zusammenzuhalten. Eine Mehrheit fühlte sich weiterhin mit Wilhelm II. verbunden, der bei aller mehr äußerlichen als innerlichen Modernität, die er an den Tag legte, dem Gestern verhaftet blieb. Eine wachsende Minderheit, die vorwärts gehen wollte, begann in ihm den Monarchen zu sehen, der allem Fortschritt im Wege stand.

Die Jahrhundertwende sollte sich auch als Wendepunkt im Herrscherleben Wilhelms II. erweisen. Seine Erwartung, er werde sein Reich auf der Bahn einer bewährten Tradition einer herrlichen Zukunft entgegenführen und damit dem Führer höchsten Ruhm erringen, erfüllte sich nicht, konnte sich nicht erfüllen. Denn der Kaiser, ein Monarch zwischen den Zeiten, verlor die alte, ohne die neue zu gewinnen.

VOLLER OPTIMISMUS hatte der Kaiser und König das 20. Jahrhundert betreten, auch deshalb, weil er einen Reichskanzler und Ministerpräsidenten gefunden hatte, den er zu seiner Generation zählte, der ihn besser zu verstehen und ihm gefügiger zu folgen schien als die Vorgänger.

Bismarck hätte wie Hohenlohe sein Großvater, Caprivi sein Vater sein können. Bernhard von Bülow war einundfünfzig, als er am 17. Oktober 1900 sein Doppelamt antrat, nur zehn Jahre älter als der Monarch. »Der erste ›junge Kanzler‹, den das Deutsche Reich sah«, von dem sich Wilhelm Aufgeschlossenheit für Probleme der Gegenwart erhoffte, war jedoch Zuständen der Vergangenheit verhaftet geblieben, die er auf die Zukunft zu übertragen gedachte.

Der Vater, Bernhard Ernst von Bülow, war unter Bismarck Staatssekretär des Auswärtigen Amtes gewesen. Der Sohn hatte 1874 eine diplomatische Karriere unter dem Vater und dem ersten Reichskanzler begonnen, war in »Bismarckschen Ideen und Traditionen groß geworden«, die der Kaiser seit dem Hinscheiden des von ihm Entlassenen zunehmend zu würdigen lernte. Aber er wußte es auch zu schätzen, daß der junge Bülow zwar von diesen »stark beeinflußt« worden war, ohne jedoch – worauf er selber bedacht blieb – »unselbständig an ihnen zu kleben«.

Bernhard von Bülow war 1893 zum Botschafter in Rom und 1897 zum Staatssekretär des Auswärtigen Amtes ernannt worden. Das schnelle Avancement verdankte er nicht zuletzt seinem Freunde Philipp zu Eulenburg, durch dessen Vermittlung er – diplomatisch, wie die einen, byzantinisch, wie die anderen meinten – den Monarchen für sich einzunehmen wußte.

Den Posten des Staatssekretärs und darüber hinaus den des Kanzlers anvisierend, ließ Bülow am 23. Juli 1896 den auf ein »persönliches Regiment« Wert legenden und nach »Handlangern« Ausschau haltenden Kaiser wissen: Er würde sich »als ausführendes Werkzeug seiner Majestät betrachten, gewissermaßen als sein politischer Chef des Stabes«.

Nachdem er die erste Stufe erreicht hatte, nahm der Staatssekretär Anlauf für die zweite, die höchste, die für einen gewöhnlichen Sterblichen im Dienste des Monarchen von Gottes Gnaden zu erlangen war. Dabei bewies er wiederum eine mit Schamlosigkeit gepaarte Fähigkeit, sich durch Liebedienerei hochzudienen.

»Ich hänge mein Herz immer mehr an den Kaiser. Er ist so bedeutend! Er ist mit dem großen König und dem großen Kurfürsten weitaus der bedeutendste Hohenzoller«, schrieb er seinem »Phili« zum Weitersagen an den »angebeteten Kaiser«. Bereits mit sechzehn habe er in seine Bibel geschrieben: »Der König in Preußen voran, Preußen in Deutschland voran, Deutschland in Europa voran.« Auf diesem Wege habe er den »großen Monarchen und edelsten Menschen« schon bisher willig und helfend begleitet, »Ziele und Intentionen des teuren Herrn« verstehend, »wenn auch in der Ausführung meine Kraft oft hinter der Macht seiner Ideen zurückbleibt«.

Bülow halte für jede Maus den Speck bereit, den sie am liebsten fresse, bemerkte Axel von Varnbüler, der württembergische Gesandte in Berlin. Der Hamburger Reeder Albert Ballin resümierte: Bülow habe dem Kaiser alle Morgen Zuckerbrot zu essen gegeben und ihm dadurch den Magen verdorben. Doch Wilhelm brauchte es, als Stärkungsmittel für sein Selbstbewußtsein, wie das tägliche Brot. Und Bülow verfügte über so viele Streicheleinheiten, daß er erstaunlich lange sich der Beliebtheit des Umschmeichelten zu erfreuen vermochte.

Er war ein Herr nach dem Geschmack Wilhelms, der gerne im Reichskanzlerpalais verkehrte, das der neue Hausherr – genau gesagt die neue Hausherrin, eine geborene Prinzessin Camporeale – mit großem Aufwand renoviert hatte. Der hohe Besucher wurde »auf das gastlichste empfangen«, traf »eine Reihe interessanter Männer«, genoß »im Beisein der von sprudelndem Geist beseelten Persönlichkeit des Kanzlers« den Umgang »mit vielen Professoren, Gelehrten und Künstlern sowie Staatsbeamten aller Art« und bewunderte Bülows Unübertrefflichkeit »in der gewandten Führung der Konversation und geistvollen Behandlung der verschiedenen auftauchenden Themata«.

Für Geist hielt er, was Esprit, für Klugheit, was Schlauheit, und für Welterfahrung, was Routine war. Bülows Bildung war größer, als man es bei einem Karrieristen vermutete, und sein Horizont weiter als gemeinhin bei Höflingen. Aber die Bildung wurde vornehmlich zur Dekoration seiner Position verwandt, und die Weitsicht reichte meist nur bis zum nächsten Akt, in dem er sich in Szene zu setzen gedachte. Der Hof, der Staat, das Reich, die ganze Welt erschien ihm als Bühne, auf der er posieren und reüssieren und nicht zuletzt sich amüsieren wollte.

So war der vierte Reichskanzler der erste, der dem Ebenbilde Wilhelms II. nahe kam, und derjenige, der den Wilhelminismus am vollkommensten und unangenehmsten in diesem Amt und in seiner Person darstellte.

Der Kaiser glaubte in diesem Kanzler seinen Bismarck gefunden zu haben, das heißt einen gleichgestimmten und gleichgesinnten Helfer, der die Anweisungen des Monarchen mit den Werkzeugen der Staatskunst, die sein Metier waren, auszuführen imstande wäre.

Bülow gab sich alle Mühe, die er aufzubringen vermochte, um die Erwartungen des Kaisers zu erfüllen und sich das in ihn gesetzte Vertrauen zu erhalten. Er wußte, daß er, wenn er sich seiner Stellung so lange, wie es bei der Wetterwendigkeit Wilhelms möglich war, erfreuen wollte, ständig Fühlung mit dem Herrn und Meister halten müßte. Und ihm, wie er erkannte, keine Vorschläge machen dürfte, »die ohne jede Aussicht auf sachlichen Erfolg Allerhöchstdenselben nur an mir irre machen würden«.

»Um einen Gedanken bei ihm durchzusetzen, muß man tun, als ob der Gedanke von ihm käme«, hatte Eulenburg seinen Freund Bülow vorgewarnt. »Er gehört zu den Naturen, die ohne eine Anerkennung hin und wieder aus bedeutendem Munde mißmutig werden. Du wirst immer Zugang zu allen Deinen Wünschen haben, wenn Du nicht versäumst, Anerkennung zu äußern, wo S. M. sie verdient.«

Der neue Kanzler lobte, wenn der Kaiser es verdiente, und auch, wenn er es nicht verdiente. Wilhelm II. blickte wohlwollend auf den Subalternen seines »persönlichen Regiments« herab. Und blieb, bis zum unausbleiblichen Beweis des Gegenteils, geneigt, Bülows Selbstempfehlung für bare Münze zu nehmen: Gott habe ihn dem Kaiser »als eine Art Talisman gegeben«; denn »seitdem ich da bin, gelingt eigentlich ohne mein Zutun vieles«.

Der 1899 in den Grafenstand und 1905 in den Fürstenstand erhobene Reichskanzler und Ministerpräsident erfüllte jedenfalls eine Aufgabe, die ihm der Monarch gestellt hatte: Er verstand es, im Parlament die Politik Seiner Majestät sowohl offensiv wie – was immer häufiger notwendig wurde – defensiv zu vertreten.

Denn die Kluft zwischen den monarchischen Ansprüchen Wilhelms II. und den Forderungen nach einer dem wirtschaftlichen und gesellschaftlichen Fortschritt gemäßen Parlamentarisierung und Demokratisierung wurde immer breiter und tiefer.

Auf die Dauer waren Kompetenzen, die Volksvertretungen im Westen besaßen und in Deutschland zunehmend vermißt wurden, dem Reichstag nicht vorzuenthalten. Die Abgeordneten, denen 1906 endlich Anwesenheitsgelder bewilligt wurden, verlangten immer vernehmlicher, das Adjektiv im System der konstitutionellen Monarchie über das Substantiv zu stellen.

Die Opposition wurde größer und lauter. Im Jahre 1903 zogen in den Reichstag 81 statt 56 Sozialdemokraten ein. Arthur Graf von Posadowsky-Wehner, der Staatssekretär des Reichsamtes des Innern, dem der an Innenpolitik wenig interessierte Reichskanzler Bülow weitgehend freie Hand ließ, suchte die soziale Frage und damit die sozialdemokratische Antwort durch Fortführung der Sozialgesetzgebung zu entschärfen. So wurde die Dauer der Krankenversicherung verlängert und der Bau von Arbeiterwohnungen gefördert.

Dem Kaiser wären martialische Präventivmaßnahmen zweckmäßiger erschienen. »Erst die Sozialisten abschießen, köpfen und unschädlich machen – wenn nötig per Blutbad«, schrieb er am 31. Dezember 1905 an Bülow, »mit herzlichsten Grüßen und Wünschen zum Neuen Jahr, welches uns gesegnete Arbeit bringen möge.«

Bülow ging über diesen Ausbruch monarchischer Unbeherrschtheit hinweg zur innenpolitischen Tagesordnung über, deren geschickte Erledigung ihm weiteres Wohlwollen des Kaisers einbrachte.

»Bülow ist schließlich das große Kunststück, die Konservativen und Liberalen zusammenzubringen und dadurch den hinter der Regierung stehenden Parteien eine große Mehrheit zu verschaffen, doch gelungen«, bemerkte Wilhelm im Rückblick auf das Jahr 1906, das bis in den Dezember hinein nicht so verlaufen war, wie er es sich gewünscht hatte.

In Deutsch-Südwestafrika waren zwar die Aufstände der Hereros und Hottentotten in einem Kolonialkrieg blutig niedergeschlagen worden, aber ein Kleinkrieg schwelte weiter. 17 000 Soldaten waren zur Verstärkung der Schutztruppe aufgeboten worden. Die Kosten rissen ein Loch in die Reichskasse. Im Herbst 1906 wurde dem Reichstag ein Nachtragsetat von 29 Millionen Mark vorgelegt.

Das Zentrum, die stärkste Fraktion, die in den letzten Jahren mit der Reichsleitung zusammengearbeitet, und die Sozialdemokraten, die zweitstärkste Fraktion, die ihre Opposition fortgesetzt hatte, stimmten gemeinsam gegen die Regierungsvorlage und brachten sie zu Fall.

Ihre Sprecher hatten nicht nur Mißstände in der Kolonialverwaltung, sondern auch Grausamkeiten im Kolonialkrieg angeprangert. Der Sozialdemokrat Ledebour warf dem Befehlshaber der Kolonialtruppe vor, »daß er von den Gesetzen zivilisierter Kriegführung abgewichen ist, indem er Meuchelmordprämien aussetzte, und indem er die Frauen und Kinder in den Hungertod, in den Durtstod hineintrieb«.

Der Oberste Kriegsherr fühlte sich persönlich getroffen. Er hatte diesmal keine »Hunnenrede« gehalten, war jedoch nach wie vor der Auffassung, daß Farbige, die gegen die ihnen von Weißen im allgemeinen und die vom Deutschen Kaiser im besonderen dargebotenen Segnungen aufbegehrten, mit aller Gewalt und ohne Pardon zu bestrafen seien. Überdies hätten die Sozialdemokraten die Ehre des deutschen Soldaten befleckt, und das Zentrum, mit seiner Forderung nach einer Verkleinerung der Schutztruppe, sich einen Übergriff auf die Kommandogewalt des Kaisers erlaubt.

Der Anspruch des Imperators, auch in fernen Erdteilen zu gebieten, und die Aufgabe des Reiches, Kolonialmacht und damit Weltmacht zu sein, waren angezweifelt worden. Wer den Glanz der deutschen Krone antaste, müsse mit Knüppeln totgeschlagen werden, hatte ein alldeutscher Abgeordneter in der fraglichen Debatte der Opposition zugerufen. Wilhelm II. ließ den Reichstag auflösen, Neuwahlen ansetzen und die Wahlparole ausgeben: Für Kaiser und Reich, gegen Zentrum und Sozialdemokratie.

Nun schien es sich zu zeigen, daß doch noch eine Mehrheit des deutschen Volkes zu seinem Monarchen aufblickte und auf ihn hörte. In den sogenannten »Hottentotten-Wahlen« im Dezember 1906 gewannen die Konservativen, die – wie Wilhelm vermerkte – »durch die Nach-Bismarckianer« oppositionell geworden waren und sich endlich wieder um ihn scharten, 84 statt 75 Sitze. Liberale aller Schattierungen, die sich um Nationalgröße wie Kolonialgewinne sorgten, errangen 103 statt 87 Mandate. Ein Wermutstropfen war, daß das Zentrum um 5 auf 105 Sitze anwuchs. Der Freudenbecher blieb genußreich: Die Sozialdemokraten, die Hauptgegner, waren mit 43 statt 81 Sitzen fast halbiert worden.

»Der grenzenlose Jubel der Berliner über die Wahlniederlage der Sozialdemokraten führte zu der mir unvergeßlichen nächtlichen Demonstration vor dem Schlosse«, erinnerte sich Wilhelm, der seine Anhänger mit der Gesamtbevölkerung gleichsetzte. Sein elfenbeinfarbenes Automobil wurde von jubelnden Berlinern umlagert. Als er endlich das Schloß erreicht hatte, zeigte er sich mit der Kaiserin auf dem Balkon der Menge im Lustgarten, »um die Huldigungen entgegen zu nehmen«.

Konservative und Liberale, Vertreter agrarischer und industrieller Interessen hatten wieder zusammengefunden und begannen, wie in der Reichsgründungszeit, für Kaiser und Reich zusammenzuarbeiten. Ihre 187 Abgeordneten bildeten im Reichstag den »Bülow-Block«, an dem, wie Wilhelm II. hoffte, sich die Wogen der Opposition brechen würden.

Er sah darüber hinweg, daß die neue Regierungsmehrheit im Reichstag keine Volksmehrheit hinter sich hatte. Sie verdankte den Mandatsgewinn dem sie begünstigenden Wahlrecht; im Wählervotum war sie mit 4,96 gegenüber 5,4 Millionen Stimmen für die Opposition in der Minderheit geblieben. Sogar die Sozialdemokraten, die 38 Sitze verloren, hatten 250000 Wähler hinzugewonnen.

Dennoch fühlte sich der Kaiser vom Volke bestätigt, und der Reichskanzler ging daran, mit der neuen Reichstagsmehrheit eine dem alten Monarchenregime wie dem alten Gesellschaftssystem dienliche Politik durchzusetzen. Dies erwies sich als Sisyphusplage, die Bülow, der wenig Lust zur Arbeit und erst recht nicht für vergebliche Mühe hatte, bald leid bekam. Denn die auseinanderstrebenden Interessen der Vertreter von Landwirten und Industriellen wie der Verfechter von konservativen und liberalen Anschauungen waren nicht zusammenzuhalten.

Am ehesten stimmten sie noch in der Außenpolitik überein, brachten dem Außenpolitiker Vertrauen entgegen, in dem sie – wie der Kaiser – einen zweiten Bismarck zu sehen geneigt waren. Es hätte sie stutzig machen können, daß Bülow nicht, wie sein großer Vorgänger, in Kürassieruniform auftrat, sondern in der ihm zustehenden und zu ihm passenden Husarenuniform. Denn der vierte Reichskanzler war kein schwerer Reiter, der alles, was sich ihm in den Weg stellte, niederzureiten suchte. Bülow war und blieb ein Husar, der aus dem Busch hervorbrach, wenn leichte Beute winkte, und sich zurückzog, wenn er auf ernsthaften Widerstand stieß.

Wilhelm II., der leicht zu blenden war, blieb die Wahrnehmung nicht erspart, daß »der geschmeidigen Diplomatennatur des Grafen Bülow das ›Finassieren‹ sehr lag und ihm zur zweiten Natur geworden war«. Über kurz oder lang mußte offenbar werden, daß durch Kunstgriffe die Staatskunst nicht zu ersetzen war, deren das zunehmend in Schwierigkeiten geratende Reich mehr denn je bedurft hätte.

DURCH DIE »FREIE HAND«, die sich die deutsche Außenpolitik in Europa und in der Welt bewahren wollte, geriet das Reich mehr und mehr zwischen die Fronten, fand sich in einer Isolation wieder, die weder glänzend noch verheißungsvoll war.

Bismarck hatte die Mächte, die er für seine die Sicherheit des Reiches und den Frieden in Europa gewährleistende Balance of power brauchte, in der Hand zu behalten versucht. Weil das immer schwieriger geworden war, wurde er mit einem Jongleur verglichen. Für Bülow war ein anderes Bild zutreffender: Er ähnelte einem Seiltänzer, der sich zwischen den Mächten und Fronten mit effekthaschender Attitüde, doch offensichtlicher Unsicherheit über dem Abgrund zu halten versuchte, der sich unter ihm auftat und den man mit einem Netz zu sichern versäumt hatte.

Begonnen hatte alles mit der Nichterneuerung des Rückversicherungsvertrages, welche die Annäherung des einstigen Bündnispartners Rußland an das in Erzfeindschaft verharrende Frankreich beschleunigt hatte. Fortgesetzt wurde der Weg in die Isolierung durch die Unfähigkeit der nach-bismarckschen Diplomatie, die es erschwerte, und die unaufhaltsame Flottenrüstung, die es unmöglich machte, England als Gegengewicht zur russisch-französischen Allianz zu gewinnen oder ihr zumindest fernzuhalten.

Wilhelm II. war auf diesem Wege teils anderen gefolgt, teils hatte er ihn selber eingeschlagen. Da er sich auch als alleiniger Leiter der auswärtigen Angelegenheiten ausgab, konnte er sich der Gesamtverantwortung nicht entziehen, mußte er es erfahren, daß ihm eine Mitschuld, ja die Alleinschuld am Irrweg zugesprochen wurde.

»Die Balance of power in Europa bin ich, dem die Bestimmung über die auswärtige Politik nach der Verfassung des Reiches zufällt«, erklärte er. Die Entfremdung von England war seine persönlichste außenpolitische Fehlleistung. Was mit seinem gestörten Verhältnis zum Lande der Mutter und zum Mutterland des Liberalismus begonnen und sich in zwischen Bewunderung und Mißgunst schwankender Einschätzung Großbritanniens fortgesetzt hatte, führte durch sein Weltmachtstreben zu einer Rivalität, die Deutschlands Kräfte überforderte und schließlich zu einer Feindschaft eskalierte, die für das Reich existenzgefährdend wurde.

In der Situation, in der sich das Reich in der Mitte Europas befand, hätte es sich stets den wechselnden Lagen anpassen müssen und keine Fehler machen dürfen, erkannte Tirpitz, aber erst, als es zu spät war. Der Admiral hatte den Kaiser darin bestärkt, den schwerwiegendsten außenpolitischen Fehler zu begehen: mit dem Flottenbau sich die Möglichkeit eines angesichts der Zweifrontenbedrohung auf dem Kontinent notwendigen Arrangements mit England zu verbauen.

Das deutete sich bereits nach dem ersten Flottengesetz von 1898 an. In England, das noch in kolonialen Konflikten mit Rußland und Frankreich lag und wie stets auf der Suche nach einem Kontinentaldegen war, wurde die Ansicht geäußert, daß es angebracht wäre, Deutschland in einem Bündnis zu umarmen, auch deshalb, um es an weiteren unkontrollierten Bewegungen zur See und in Übersee zu hindern.

Der natürliche Alliierte Englands sei Deutschland, meinte der englische Kolonialminister Joseph Chamberlain und sondierte zwischen 1898 und 1901 die Möglichkeiten einer Allianz. In London fand er nicht einhellige Unterstützung und in Berlin kein Entgegenkommen. Das Auswärtige Amt meinte, sich eine »splendid isolation« leisten zu können, aus der selbst England herauszustreben begann.

Der Kaiser bestärkte die Wilhelmstraße in dieser Haltung, vor allem deshalb, weil er den Briten nach wie vor nicht über den Weg traute. Deutschland könne und wolle nicht die ihm »zugedachte Rolle des Landsknechts für Englands Interessen spielen«, lautete sein erstes und wichtigstes Argument für das Nichtergreifen der ausgestreckten Hand.

Wie immer waren persönliche Motive im politischen Spiel. Er fuhr nicht zur Feier des 80. Geburtstages der Königin Victoria, weil es die

Großmutter abgelehnt hatte, ihn mit allen ihren deutschen Urenkeln aufmarschieren zu sehen. Durch das sperrige Verhalten Englands beim Erwerb Samoas durch Deutschland fühlte er sich schwer beleidigt: »Ich kann Dir versichern«, schrieb er der Queen, »es gibt keinen tiefer gekränkten und unglücklicheren Menschen als mich, und alles das wegen einer dämlichen Insel, die für England eine Haarnadel ist im Vergleich zu den Tausenden von Quadratmeilen, die es rechts und links ohne Widerstand jedes Jahr annektiert.«

Die alte Eifersucht gegen den glücklicheren Nebenbuhler brach wieder auf, um dann wieder, wenigstens für einen Moment, von der Erinnerung an die schönen Jugendtage in England verdrängt zu werden. Als ihn 1901 die Nachricht traf, daß die Queen im Sterben liege, eilte er mitten aus der Jubiläumsfeier zum 200. Jahrestag der Erhebung Preußens zum Königreich nach Osborne, wich nicht von der Seite der »Großmama ohnegleichen«, bis sie, wie er vermerkte, »in meinen Armen sanft hinübergeschlummert« war.

Familiäre Sentimentalität verdeckte noch eine Weile die machtpolitische Rivalität. Mit seinem Onkel Bertie, nun König Eduard VII., schritt er hinter dem Sarg seiner am 5. August 1901 gestorbenen Mutter, der Tochter Queen Victorias und der Gemahlin Friedrichs III. In einem Brief an den Deutschen Kaiser drückte der König von England die Hoffnung aus, daß ihre Länder zusammenarbeiten würden, und Wilhelm II. bekräftigte »mit Freuden alles, was Du über die Beziehungen unserer beiden Länder und zwischen uns persönlich gesagt hast: sie sind vom gleichen Blut und haben das gleiche Glaubensbekenntnis und sie gehören der großen germanischen Rasse an, der der Himmel die Kultur der Welt anvertraut hat«.

Die Gemeinsamkeiten, die er beschwor, reichten nicht aus, um eine Allianz, nicht einmal ein Arrangement in Einzelfragen, wie es London gewünscht hätte, zustande zu bringen. Wilhelms alte Abneigung gegen den englischen Onkel trat wieder hervor, und Eduard VII. verlor die Geduld, die er mehr aus Phlegma als aus Nachsicht gegenüber Wilhelm II. gezeigt hatte.

»Durch seine unglaubliche Eitelkeit fällt mein Neffe auf alle Speichelleckereien der Nationalisten seiner Umgebung herein, die ihm immer wieder versichern, er sei der größte Souverän der Welt und müsse die Suprematie Deutschlands über sie errichten«, sagte Eduard VII. dem langjährigen französischen Außenminister Delcassé.

»Da aber seine Feigheit noch größer ist als seine Eitelkeit, so wird er vor diesen Schmeichlern zittern, wenn sie ihn, unter dem Druck des Generalstabs, auffordern werden, den Degen zu ziehen. Er wird nicht den Mut haben, sie zur Räson zu bringen. Er wird sich ihnen jämmerlich unterwerfen. Er wird den Krieg entfesseln, nicht aus eigener Initiative, nicht in kriegerischem Elan, sondern – aus Schwäche.«

Der englische König wandte sich vom deutschen Kaiser ab, den er für gemeingefährlich hielt, und die englische Außenpolitik suchte Bündnispartner, um sich mit ihnen gemeinsam gegen das wilhelminische Reich zu wappnen. Drei Jahre nach dem Scheitern der englisch-deutschen Koalitionsgespräche, 1904, bereinigten England und Frankreich ihre kolonialen Kontroversen in Nordafrika und schlossen die Entente Cordiale.

Ein Einverständnis, noch dazu ein herzliches, zwischen den alten Rivalen hatte man in Berlin nicht für möglich gehalten. Auch deshalb war London die kalte Schulter gezeigt worden, in der Annahme, daß nicht Deutschland England, sondern England Deutschland brauche und deshalb eines Tages um eine Allianz nachsuchen und fast jeden Preis dafür bezahlen würde.

Nun trat England, der Bundesgenosse Friedrichs des Großen und Friedrich Wilhelms III., an die Seite Frankreichs, das es so lange bekämpft hatte. Die von Wilhelm gehegte Hoffnung, die Entente Cordiale würde sich nicht so entwickeln, wie es die Bezeichnung versprach, zerstob schon bei der ersten Probe aufs Exempel: in der 1905 ausgebrochenen Marokko-Krise.

London und Paris hatten Ägypten zum englischen und Marokko zum französischen Interessengebiet erklärt. Die Franzosen begannen ein Protektorat über das nordafrikanische Land zu errichten. In der Wilhelmstraße, wo man die Entente noch nicht verschmerzt hatte, wollte man sich – wie es Holstein ausdrückte – nicht »stillschweigend auf die Füße treten« lassen, wurde auf Prestigebedürfnis und Handelsinteressen verwiesen, eine Mitsprache bei der Entscheidung über die Zukunft des nordafrikanischen Landes verlangt. Überdies hofften Bülow und Holstein, sie könnten an der Marokko-Frage den Hebel ansetzen, um Frankreich und England wieder auseinanderzubringen und eine Annäherung Frankreichs an Deutschland in die Wege zu leiten.

Durch Einschüchterung sollten die Franzosen zu einem Entgegenkommen veranlaßt werden, mit der geeignetsten Waffe, welche die
Wilhelmstraße zur Verfügung zu haben meinte: dem stets zum
Säbelrasseln aufgelegten Wilhelm II. Doch diesmal sträubte er sich,
die Rolle zu spielen, die er sonst nicht ungern übernahm. Marokko
barg, wie er meinte, »zu viel Zündstoff«; eine Explosion wollte er
nicht riskieren. Daß Bülow und Holstein nur bluffen wollten,
vermochte er nicht zu durchschauen.

So mußte er diesmal zum Jagen getragen werden: zum Besuch in
Tanger, um deutsche Präsenz und Prätention in Marokko zu demonstrieren. Ohnehin befand er sich im Frühjahr 1905 auf einer
Kreuzfahrt im Mittelmeer, die jedoch mehr dem Plaisir als der
Politik gewidmet sein sollte. Die gecharterte »Hamburg« war zu
groß, um in den marokkanischen Hafen einlaufen zu können.
Wilhelm mußte bei bewegter See in ein offenes Boot umsteigen,
wurde an Land mit »großem Geschrei« von – wie er behauptete –
französischen, spanischen und italienischen Anarchisten empfangen, mußte auf ein fremdes Pferd steigen, das ihn – wie er Bülow,
dem Urheber dieser Mißlichkeiten, vorwarf – »um ein Haar ums
Leben gebracht« hätte.

Der Tanger-Ritter contre coeur fand Lob in Deutschland und Kritik
im Ausland. Onkel Eduard nannte ihn ein »politisches enfant
terrible«, das jedes Land bei den Ohren zu fassen suche. Paris fühlte
sich provoziert, doch nicht so sehr, daß es über Widerreden hinaus
mit Waffengeklirr geantwortet hätte. Die deutsche Forderung nach
einer internationalen Konferenz über die Marokko-Frage wurde
angenommen, in der Erwartung, daß sie mit einer Niederlage für
Berlin enden würde.

So kam es dann auch. Auf der Konferenz von Algeciras (1906) setzte
sich Frankreich durch, unterstützt nicht nur von seinem Entente-
Partner England und seinem Zweibundpartner Rußland, sondern
sogar von Deutschlands Dreibundpartner Italien. Das Reich – und
in seinem Gefolge Österreich-Ungarn – war isoliert.

Bülow fiel im Reichstag in Ohnmacht, Holstein mußte das Auswärtige Amt verlassen. Wilhelm II., der sich von seinen Werkzeugen in
der Wilhelmstraße mißbraucht wähnte, unterließ es für einen Augenblick, auf sein »persönliches Regiment« zu pochen, stellte sich
als einen konstitutionellen Monarchen hin, »dem schließlich immer

die Verantwortung aufgebürdet wird«, wenn er seine harte Aufgabe, »konstitutionelles Denken und Handeln« zu praktizieren, ernst nehme.

Sein ganzer Zorn traf die »jämmerlichen, verkommenen lateinischen Völker«, in erster Linie die Franzosen und Italiener. »Wir haben nicht nur keine Freunde mehr, sondern dieses Eunuchengeschlecht des alten römischen Völkerchaos haßt uns aus vollster Seele! Es ist wie zur Zeit der Hohenstaufen und der Anjous! Alles bei den romanischen Hundsföttern verrät uns nach Rechts und Links und springt England in die geöffneten Arme, die sie gegen uns verwenden werden!«

Seine Enttäuschung, der er ausfällig Luft machte, wurde dadurch vergrößert, daß es nicht gelungen war, die slawischen Russen zu gewinnen, wenn ihm schon die romanischen Franzosen widerstanden und die germanischen Engländer nicht entgegenkamen.

Eine Chance für eine Wiederannäherung an Rußland und damit für eine Verminderung des französisch-russischen Zweifrontendrucks schien sich 1905 eröffnet zu haben. Der russisch-japanische Krieg ließ neue Bündniskombinationen als nicht unmöglich erscheinen. Rußland war über seinen englischen Rivalen in Asien aufgebracht, der sich von den Japanern die Kastanien aus dem Feuer holen ließ. Das Verhältnis zu Frankreich wurde durch dessen Entente Cordiale mit England belastet. Deutschland war zwar neutral geblieben, hatte aber unverhohlen seine Sympathie für Rußland zu erkennen gegeben. Der Kaiser feierte im Zaren den Schildhalter der weißen gegen die gelbe Rasse, und die Hamburg-Amerika-Linie versorgte die nach Ostasien auslaufende russische Flotte mit Kohlen.

Wilhelm II. ergriff die Gelegenheit, um mit Nikolaus II. eine Verständigung von Monarch zu Monarch zu erreichen. Er hatte sich von Anfang an des um neun Jahre jüngeren »Nicky« angenommen und glaubte in ihm, wenn schon nicht einen Freund, so doch einen Verehrer gefunden zu haben.

»Willy« bombardierte ihn mit englisch geschriebenen Briefen, deren Kasinoton der auf Etikette achtende Romanow wenig abgewinnen konnte und deren antifranzösische Tiraden den mit Frankreich verbündeten Zaren nicht beeindrucken durften, auch wenn der russische Monarch von Gottes Gnaden wie der preußisch-deutsche die Republikaner in Paris als »Revolutionäre de natura« betrachtete.

Nachdem der französische Außenminister Delcassé, ein Scharfmacher nach Ansicht Wilhelms, zurückgetreten war, hielt er die Stunde für gekommen, zu einem Modus vivendi mit dem Erbfeind Frankreich über ein Einvernehmen mit dessen Partner Rußland zu kommen. Im Juli 1905 trafen sich Wilhelm II. und Nikolaus II. ohne ihre Minister auf Björkö in den finnischen Schären.

»Willy« komplimentierte »Nicky« in die Kabine seiner »Hohenzollern« und legte ihm einen Vertrag vor: Rußland und Deutschland sollten sich verpflichten, im Falle des Angriffes einer »europäischen Macht« auf einen der beiden Vertragspartner dem Angegriffenen »in Europa mit allen Land- und Seestreitkräften« zur Seite zu treten. Rußland sollte Frankreich auffordern, dem deutsch-russischen Zweibund beizutreten, ihn zu einem europäischen Kontinentalbund zu erweitern.

Nikolaus II. konnte der Versuchung, den Engländern eins auszuwischen, nicht widerstehen, und »Nicky« war dem penetranten Charme »Willys« nicht gewachsen. Auf englisch, ihrer privaten Umgangssprache, erklärte er: »I quite agree« und unterschrieb.

»Mir stand das helle Wasser der Freude in den Augen«, berichtete der Kaiser seinem Kanzler. »So ist der Morgen des 24. Juli 1905 bei Björkö ein Wendepunkt in der Geschichte Europas geworden, dank der Gnade Gottes, und eine große Erleichterung der Lage für mein teures Vaterland, das endlich aus der scheußlichen Greifzange Gallien-Rußland befreit werden wird.«

Er sei ein Werkzeug in Gottes Händen gewesen, bedeutete er Bülow, doch dieser war diesmal nicht bereit, als Werkzeug des Kaisers zu dienen. Da die Beistandsverpflichtung auf Europa begrenzt sei, würde der Vertrag nichts nützen, wenn es zu einem sich auch in Übersee abspielenden Konflikt mit England käme. Deshalb könne er für ihn keine Verantwortung übernehmen und müsse um seinen Abschied bitten.

Anstatt Lob für seine, wie er meinte, welthistorische Tat zu ernten, war ihm Undank beschieden, wollte ihn sein Kanzler verlassen. Er war derart betroffen, daß er diesmal nicht ausfällig, sondern wehleidig reagierte: »Das hat mir einen solchen fürchterlichen Stoß gegeben, daß ich vollkommen zusammengebrochen bin und befürchten muß, einer schweren Nervenkrankheit anheimzufallen«, schrieb Wilhelm an Bülow. »Der Morgen nach dem Eintreffen Ihres Abschiedsgesuches würde den Kaiser nicht mehr am Leben treffen! Denken Sie an Meine arme Frau und Kinder.«

Der Kanzler blieb, nahm es in Kauf, daß der Kaiser es ihm nachtragen würde, ihn zu einem Kniefall veranlaßt zu haben. Der Vertrag von Björkö wäre auch durch ein Einlenken Bülows nicht zu retten gewesen. Die russische Regierung folgte dem Zaren nicht bei seinem Alleingang, der auf eine Beendigung der russisch-französischen Allianz hinausgelaufen wäre, die sie als politische und gegebenenfalls militärische Waffe gegen Deutschland und primär gegen das mit diesem verbündete Österreich-Ungarn nicht preisgeben wollte.

Als Dritten im Bunde gegen die Mittelmächte suchte und fand die Kontinentalmacht Rußland die Seemacht England, welche die neue Flottenmacht Deutschland für gefährlicher als den alten Kolonialrivalen Rußland zu halten begann.

»Walfisch« und »Bär« kamen zusammen, was in Berlin für unmöglich gehalten worden war. Im Jahre 1907 verständigten sich England und Rußland auf eine Abgrenzung ihrer Interessensphären in Afghanistan, Persien und Tibet. Die nach dem Muster der englisch-französischen Entente geschlossene englisch-russische Entente fügte sich in den Ring ein, der um Deutschland gelegt wurde, um das auf Ausdehnung bedachte, zumindest immer davon sprechende Reich an einem Ausbrechen zu hindern.

Wilhelm II. wurde für das Sprachrohr des deutschen Expansionismus gehalten, dessen Töne auch dann noch alarmierend klangen, wenn er sich bemühte, das Streben nach Weltmacht als friedliche Weltmission zu interpretieren.

»Wenn man dereinst vielleicht von einem deutschen Weltreich oder einer Hohenzollern-Weltherrschaft in der Geschichte reden sollte«, erklärte er 1905 in Bremen, müsse man bedenken, daß sie nicht auf Eroberungen durch das Schwert begründet sein sollte, sondern auf gegenseitiges Vertrauen der nach gleichen Zielen strebenden Nationen«. Aufgabe der Deutschen, vor allem der Jugend, werde es sein, »sich der festen Überzeugung hinzugeben, daß unser Herrgott sich niemals so große Mühe mit unserem deutschen Vaterlande und seinem Volke gegeben hätte, wenn er uns nicht noch Großes vorbehalten hätte. Wir sind das Salz der Erde...«

Im Ausland wurde ein solcher Ausbruch der Innerlichkeit für eine Camouflage des Machtverlangens gehalten. Anderen Völkern mißfiel das Gebaren des als »auserwählt« bezeichneten deutschen Volkes. Und andere Regierungen waren nicht gewillt, sich ihre eigenen Ambitionen durch derartige Ansprüche beeinträchtigen zu lassen.

Schon lange gab es die russisch-französische Militärkonvention und seit kurzem, wenn auch kein förmliches Militärbündnis, so doch gemeinsame Besprechungen der französischen und englischen Generalstäbe. Frankreich, bisher die zweitstärkste Seemacht, konzentrierte seine Streitkraft auf die Landmacht und überließ die Seerüstung der ersten Seemacht, England, die sich zunehmend von der bereits auf Platz Zwei vorgerückten deutschen Kriegsflotte herausgefordert sah.

Weiterhin war London bestrebt, in Verhandlungen mit Berlin zu Vereinbarungen über eine Begrenzung der Flottenrüstung und damit zu einer Verständigung mit dem Deutschen Reich zu gelangen, das Großbritannien immer noch – bis zu einem eindeutigen Beweis des Gegenteils – als möglichen Partner und nicht als mutmaßlichen Gegner anzusehen geneigt war.

König Eduard VII. brachte es über sich, es noch einmal mit Wilhelm II. zu versuchen, obgleich er ihn als »the most brillant failure in history« bezeichnete, für »den glänzendsten Versager der Geschichte« hielt.

Im August 1908 erschien der Onkel, den der Neffe einen »alten Pfau« und »den größten Intriganten« nannte, in Kronberg im Taunus. Der König von England kam aus Reval, wo er mit dem russischen Zaren zusammengetroffen war und die Entente zwischen ihren Mächten weniger durch große Worte als durch sein bloßes Erscheinen bekräftigt hatte. Damit verschaffte er sich kein gutes Entree beim Deutschen Kaiser, der von einer drohenden »Einkreisung« sprach, ohne sich davon ins Bockshorn jagen zu lassen. Wie Friedrich der Große, erklärte Wilhelm II. auf dem Truppenübungsplatz Döberitz, werde er mit einer Welt von Feinden fertig werden.

Auge in Auge in Kronberg, vermieden es Onkel und Neffe, das Hauptproblem zwischen ihren Ländern, den maritimen Rüstungswettlauf, anzusprechen. Charles Hardinge, Unterstaatssekretär im Foreign Office, der seinen König begleitete, übernahm es, dem Kaiser zu verstehen zu geben, daß durch eine Drosselung des deutschen Flottenbaus die Beziehungen zwischen beiden Ländern verbessert werden könnten, was die englische Seite für wünschenswert hielte.

Schon der Umstand, daß ihm das Ansinnen, seine Flotte zu verringern, nicht vom Monarchen, sondern von einem Subalternen gestellt wurde, brachte Wilhelm II. in Fahrt. Wenn England verlange, langsamer zu bauen oder gar damit aufzuhören, »dann werden wir kämpfen, denn es ist eine Sache der nationalen Ehre und Würde«, erwiderte er, wie er Bülow berichtete, dem Briten. »Und dabei sah ich ihm fest in die Augen.«

Sein Riesenspielzeug wollte er sich nicht nehmen lassen. Auf das Hauptinstrument seiner Weltpolitik gedachte er nicht zu verzichten. Über eine Rüstungsbegrenzung war mit ihm nicht zu reden. »Vereinbarungen, die auf eine Einschränkung unserer Wehrmacht hinauslaufen, sind für uns unter keinen Umständen diskutierbar. Eine Macht, die uns zu einer solchen Vereinbarung auffordert, möge sich darüber klar sein, daß eine solche Aufforderung den Krieg mit uns bedeutet«, ließ der Kanzler auf Betreiben des Kaisers den deutschen Botschaftern mitteilen.

»Wenn er diese Politik fortsetzt, ist ein Konflikt zwischen uns und Deutschland nur eine Frage der Zeit«, berichtete Hardinge seiner Regierung, die sich zu einer Verstärkung ihrer Flottenrüstung gezwungen sah. Den Preis, auf seine Flottenpläne zu verzichten, wollte Wilhelm II. für ein konfliktfreies Verhältnis zu England nicht entrichten. Aber er signalisierte, daß ihm grundsätzlich an einer Verbesserung der Beziehungen gelegen sei. Doch wie er dies tat, politisch naiv und diplomatisch dilettantisch, goß er anstatt Öl auf die Wogen Öl ins Feuer.

Am 28. Oktober 1908 stand im Londoner »Daily Telegraph« unter der Überschrift »The German Emperor and England« ein Artikel, in dem Oberst Stuart-Wortley »die Grundgedanken einer längeren Unterredung«, die er als Gastgeber mit seinem Gast Wilhelm II. auf Highcliffe Castle geführt hatte, der Öffentlichkeit bekanntgab – Gedanken, die, wie er annahm, dazu beitragen könnten, »das hartnäckige Mißverständnis über die Art der Gefühle des Kaisers für England zu beseitigen«.

Das »Daily-Telegraph-Interview« erfüllte nicht die Erwartungen des Gesprächsaufzeichners, und auch nicht die der Redaktion, die mit der Schlagzeile »Proofs of friendship« aufgemacht hatte.

Engländer wollten dem Deutschen Kaiser, der sich sonst stets als »Master« seines Volkes ausgab, die Behauptung nicht abnehmen, er sei und bleibe ein Freund Englands, auch wenn er sich mit dieser Haltung in Deutschland in der Minderheit befinde. Wenig Glauben fand seine Versicherung, die deutsche Flotte werde nicht gegen England, sondern gegen Japan und China gebaut; die »Times« verwies auf die Ansammlung von deutschen Schlachtschiffen vor Englands Küsten, die nicht genügend Kohle hätten, um bis Ostasien zu kommen. Der Stolz der Briten wurde durch die Andeutung des Deutschen verletzt, der Kriegsplan, den er Königin Victoria übermittelte, habe zur Besiegung der Buren wesentlich beigetragen.

Die Entrüstung in England wurde in Frankreich und Rußland geteilt. Die Behauptung des Kaisers, er habe Vorschläge aus Petersburg und Paris für ein gemeinsames Eingreifen zugunsten der Buren zurückgewiesen, wurde als impertinenter Störversuch der Triple-Entente bezeichnet.

Das »Daily-Telegraph-Interview« erwies sich als Rohrkrepierer, dessen Fetzen Wilhelm um die Ohren flogen und seine Reputation ernstlich verletzten. Engländer waren mehr denn je überzeugt, daß der Flottenkaiser der Hauptverantwortliche für die Verschlechterung der Beziehungen sei. Franzosen und Russen sahen sich in ihrer Bündnispolitik bestätigt und aufgefordert, gemeinsam mit den Briten den Wall um das von einem ebenso anmaßenden wie dilettantischen Imperator geführte Deutschland zu verstärken.

Noch verheerender als im Ausland wirkte sich die »Daily-Telegraph-Affäre« im Inland aus. Die deutsche Nation werde im Ausland mit Recht verachtet, weil sie sich das Regime dieses Mannes gefallen lasse, hatte Max Weber bereits zwei Jahre vorher geschrieben. Nun lief das Faß der Kritik an einem Monarchen über, der auf seinem »persönlichen Regiment« bestand, es aber nicht zu führen verstand.

IM REICHSTAG schien es keine Parteien, nur noch eine Phalanx gegen den Kaiser zu geben. Sie reichte von Links, was wenig Verwunderung, bis Rechts, was beträchtliches Aufsehen erregte.

»Man muß es ganz offen aussprechen,« erklärte der konservative Reichstagsabgeordnete Heydebrand, »daß es sich hier um eine Summe von Sorge, von Bedenken – und man kann wohl auch offen sagen – von Beunruhigung handelt, die sich seit langem aufgesammelt hat, auch in Kreisen, an deren Treue zu Kaiser und Reich bisher noch niemals gezweifelt worden ist.« Noch deutlicher wurde der nationalliberale Abgeordnete Bassermann: »Wir wünschen, soweit irgend möglich, sichere Garantien gegen das Eingreifen des persönliches Regiments.«

An diesem 10. November 1908, an dem im Reichstag die Wogen hochgingen, wurde ein kaiserlicher Befehl an die Hochseeflotte veröffentlicht, »daß das Hurrarufen innerhalb des einzelnen Schiffes absolut gleichmäßig unter Hochnehmen der Mützen zu erfolgen habe«.

Die Wellen der unisono im Reichstag ausgebrochenen Kritik erreichten den Monarchen fern von Berlin. Wilhelm II., der mit dem »Daily-Telegraph-Interview« einen kapitalen Bock geschossen hatte, weilte zur Jagd beim österreichisch-ungarischen Thronfolger Franz Ferdinand in Eckartsau. Dort war ihm das Glück hold, aber das Mißverhältnis zwischen Waidmannserfolg und Staatsmannsmißerfolg verstärkte nur das Mißbehagen.

Die Jagd war seit jeher ein Herrenrecht gewesen, das einst Klagen von Bauern über Flurschäden hervorgerufen hatte und nun den Unmut von Bürgern über den Monarchen vermehrte, der sich lieber in der Rominter oder Letzlinger Heide sowie in vielen anderen eigenen und fremden Revieren dem Jagdvergnügen hingab, als sich in Berlin einer Regierungsmühe zu unterziehen. Und auf seinen Leiboberjäger und Oberbüchsenspanner mehr zu achten schien als auf seinen Reichskanzler und Ministerpräsidenten.

Man brauche dem Kaiser nur zu sagen, hatte Bismarck doppeldeutig gesagt, »da ist ein Bock zu schießen, dem folgt er«. Auch in den Wald und auf die Heide zog er in Uniform, die er dazu eingeführt hatte: Jägerhut mit Hahnenfedern, ein graugrüner Rock, dessen linker Ärmel wegen des verkrüppelten Armes verkürzt worden war. Dem Behinderten mußte der Leibjäger als Stütze zum Auflegen der Büchse dienen, was sich, wie Eulenburg spottete, nicht alle Böcke gefallen ließen.

Dennoch war die Jagdbeute enorm. Man trieb ihm das Wild zu und ließ ihn als ersten schießen. 1901 erlegte er an einem einzigen Tag 873 Fasanen, doppelt so viele wie der nach ihm erfolgreichste Schütze. 1902 wurde am Reformationstag seine Jagdbeute in den letzten Jahrzehnten bekanntgegeben: 47443 Tiere, darunter 1596 Damhirsche, 2506 grobe Sauen und 798 Rehböcke. Die Zahl wuchs und wuchs, steigerte mit dem Stolz des Jagdherrn das Mißvergnügen von Untertanen, welche die Diskrepanz zwischen der waidmännischen und staatsmännischen Bilanz zunehmend störte, namentlich im Jahre 1908, als er während der schwersten Krise seiner Regierungszeit auf Jagdausflügen unterwegs war.

Von Eckartsau, aus der Gesellschaft des Erzherzogs Franz Ferdinand, der wie er große Worte und große Strecken liebte, zog es ihn nach Donaueschingen. Beim Fürsten Max Egon zu Fürstenberg gab es Wildschweine zu jagen. Auch andere Zerstreuungen wußte der preußische Oberstmarschall dem hohen Freund und Gönner zu bieten, so das Berliner Kabarett »Schwarzer Kater« und das Ensemble des Frankfurter Union-Theaters, die er nach Donaueschingen geholt hatte. Der Chef des Militärkabinetts, General Dietrich Graf von Hülsen-Haeseler, meinte eine besondere Nummer geben zu müssen: Im Ballettröckchen tanzte er einen Pas seul, so flott und forsch, daß er vor den Augen des Kaisers durch einen Herzschlag dahingerafft wurde.

Eigentlich war die Darbietung zur Aufheiterung Wilhelms gedacht gewesen, den die Reichstagsdebatte, in der an seinem »persönlichen Regiment« gerüttelt worden war, niedergedrückt hatte. Die Depression hielt an. Nach Potsdam zurückgekehrt, legte er sich ins Bett. »Ich war tief erschreckt über sein Aussehen«, berichtete der Kronprinz. »Das für ihn kaum Faßbare war geschehen: nach zwanzig Jahren, während derer er sich für den Abgott der Mehrheit des deutschen Volkes und seine Regierungsart für vorbildlich gehalten hatte – war ihm und seinem Wesen das Mißtrauen ganz unverkennbar ausgesprochen worden.«

Sein Zustand wurde dadurch verschlimmert, daß er, um sich einigermaßen zu salvieren, den Fehler, den er als allein verantwortlich sich fühlender Monarch gemacht hatte, als Folge eines Versäumnisses seines dem Reichstag verantwortlichen Kanzlers hinstellte. So stand er nun, des Hermelins des Neo-Absolutismus entkleidet, als ganzer konstitutioneller und schon halb parlamentarischer Herrscher da – in einer Stellung, die ihm unwürdig erschien und ihm die Freude am Monarchendasein verdarb.

Bülow sei an allem schuld, behauptete Wilhelm. Er habe den ihm zur Genehmigung vorgelegten Text des »Daily-Telegraph-Interviews«

dem Kanzler zur Prüfung übergeben und ihn von dessen Amt mit dem Vermerk zurückerhalten, daß keine Bedenken gegen eine Veröffentlichung bestünden. Er, der Kaiser, habe also verfassungsgemäß gehandelt, während Bülow, der Kanzler, sich nicht demgemäß verhalten habe.

Der Sündenbock zeigte keine Lust, sich in die Wüste schicken zu lassen, die dem Monarchen geltende Empörung auf seine Kappe zu nehmen. Er habe zwar, gegen Akten allergisch, wie er war, den Text nicht gelesen, sondern die Entscheidung einem Untergebenen überlassen, der den Monarchen nicht zu korrigieren wagte. Aber Bülow fand, daß das, was im »Daily Telegraph« stand, durchaus den Gedankengängen Wilhelms entsprach, denen er gefolgt war, so lange es einigermaßen gutgegangen war, die er aber in einer Situation nicht nachvollziehen, geschweige denn vertreten wollte, in der er, mitgegangen mit dem Kaiser, mit diesem mitgehangen worden wäre.

Vor dem Reichstag übernahm der Reichskanzler keine Verantwortung für das Vorkommnis. Bülow sprach die Erwartung aus, daß der Monarch künftig, auch in Privatgesprächen, jene Zurückhaltung üben werde, die »im Interesse einer einheitlichen Politik und für die Autorität der Krone gleich unentbehrlich ist. Wäre dem nicht so, so könnte weder ich noch einer meiner Nachfolger die Verantwortung tragen.«

Das war zu viel für den Kaiser, der sich von seinem Freund und Helfer im Stich gelassen fühlte, und zu wenig für den Reichstag, der sich einen Kanzler wünschte, der entschiedener den Willen der Volksvertretung gegenüber dem Monarchen vertrat und ihn konsequenter in der Regierung vollzog.

»Die Majorität dieses Reichstages ist mitschuldig an diesen Vorgängen«, meinte der sozialdemokratische Abgeordnete Singer, »denn sie hat die Verherrlichung des persönlichen Regimes nicht hintangehalten.« Die Mehrheit verwies auf die Verfassung der konstitutionellen Monarchie, die eine Balance der Verantwortlichkeiten zwischen Krone und Parlament verlangte, die freilich von Wilhelm II. zu seinen Gunsten verschoben worden sei und die einer Korrektur zugunsten der Volksvertretung bedürfe. Diese gab sich dann auch fürs erste mit einem Entgegenkommen des Monarchen zufrieden, auf das Bülow gedrängt hatte: Er billigte »die Ausführungen des Reichskanzlers im Reichstage« und versprach, »die Stetigkeit der

Politik des Reiches unter Wahrung der verfassungsmäßigen Verantwortlichkeiten zu sichern«.

Die konstitutionelle Monarchie war zwar bestätigt, aber zugleich die Weiche in Richtung einer parlamentarischen Demokratie gestellt worden. Denn Wilhelm II., in seinem persönlichen Selbstvertrauen und seinem monarchischen Selbstbewußtsein schwer getroffen, legte sich, wie der Kronprinz bemerkte, »mehr und mehr eine Zurückhaltung« auf, »die vielfach noch hinter den durch seine verfassungsmäßige Stellung gezogenen Grenzen zurückblieb«. Der durch die »Daily-Telegraph-Affäre« gestärkte Reichstag begann an seine Grenzen vorzurücken und gedachte sie zu überschreiten.

Weit kam er vorerst nicht. Anträge der Opposition aus Zentrum, Sozialdemokraten und Freisinnigen, der späteren Weimarer Koalition, die eine Klarstellung der Verantwortlichkeit des Reichskanzlers und eine Zustimmung des Reichstages zu Kriegserklärungen verlangten, fanden keine Mehrheiten. Immerhin bekam die Opposition die Genugtuung, daß mit den Tagen des Bülow-Blocks die Bülow-Zeit zu Ende ging.

Seitdem sich der Kaiser von diesem Kanzler verraten glaubte, wartete er auf eine Gelegenheit, sich von ihm zu trennen. Leicht fiel ihm dies nicht. »Ich hatte mich an die liebenswürdigen Formen des Fürsten so gewöhnt, daß die mir jetzt zuteil gewordene Behandlung mir unverständlich war«, bilanzierte Wilhelm. »Ich stellte den persönlichen Verkehr mit dem Kanzler ein und beschränkte mich auf den amtlichen und offiziellen.« Da ihn dieser nur Mühe kostete, ohne daß er durch das Vergnügen jenes entschädigt wurde, vermehrte dies die ihm durch die »Daily Telegraph-Affäre« zugefügte Unbill.

Es wurde einsam um ihn. Er fühlte sich von seinem Volke mißverstanden und von Freunden verlassen. Einer nach dem anderen ging ihm verloren. Bereits das Jahr 1907 hatte ihm »seelisch unendlich vielen und schweren Kummer gebracht«. Denn »ein trauter Freundeskreis« sei »durch jüdische Frechheit, Verleumdung und Lüge« gesprengt worden.

Ein jüdischer Journalist, Maximilian Harden, hatte einen Angriff gegen die Kamarilla und mit ihr gegen den Kaiser eröffnet. Wilhelm behauptete zwar, was ein Schafskopf in einer Zeitung schreibe, interessiere ihn nicht. Aber die Artikel der Zeitschrift »Die Zukunft« erzwangen seine Aufmerksamkeit, setzten ihm zu, ließen ihn nicht nur um den guten Ruf von Freunden, sondern auch um seine eigene Reputation bangen.

Auch die Vermutung, daß Harden alias Witkowski alte Rechnungen mit dem Hof begleichen wollte, brachte kaum Entlastung. Der ebenso brillante wie bissige Journalist schien es Wilhelm nicht vergessen zu haben, daß ihn der junge Monarch vergebens hatte antichambrieren lassen, jedenfalls es ihm nachzutragen, daß er mehrmals wegen Majestätsbeleidigung angeklagt und zu Gefängnisstrafen von insgesamt einem Jahr verurteilt worden war.

Harden hielt nicht ohne Grund das »persönliche Regiment« des Kaisers für das Hauptproblem des Reiches, zeigte sich jedoch geneigt, dem Hauptschuldigen – was diesen noch mehr beleidigte – mildernde Umstände zuzubilligen, weil angeblich in diesem Regiment weniger der Oberst als die Adjutantenclique das Sagen hätte.

Hauptzielscheibe war Philipp zu Eulenburg, der erste und beste Freund Wilhelms, den er im Jahre 1900 in den Fürstenstand erhoben hatte. Harden hielt ihn für den Souffleur des neo-absolutistischen Akteurs, wobei er überhörte beziehungsweise es nicht zu seinen Ohren drang, daß es gerade Eulenburg war, der Wilhelm Warnungen vor falschen Tönen und gewagten Schritten zuflüsterte. »Hätte mein König mehr auf mich gehört, es wäre manches anders gekommen«, bemerkte Eulenburg kurz vor seinem Tode im Jahre 1921. Wilhelm hatte auf ihn immer weniger geachtet, ihn schließlich fallenlassen, nachdem er von Harden öffentlich der Homosexualität verdächtigt worden war.

Diese Beschuldigung blieb ohne Beweis. Die Prozeßserie, die deswegen geführt wurde, konnte wegen Verhandlungsunfähigkeit Eulenburgs, dessen Gesundheit wie Leumund durch den Skandal ruiniert worden waren, nicht zu Ende geführt werden. Aber schon die Verdächtigung war für Wilhelm Anlaß genug, sich von seinem Paladin zu distanzieren.

Es blieb ihm nichts anderes übrig. Ein Homosexueller war im Urteil der Öffentlichkeit ein Abartiger, ein Schänder deutscher Sittlichkeit. Wer Kontakt zu einem Homosexuellen hielt, auch wenn dieser platonisch blieb, was freilich als unwahrscheinlich galt, wurde als Mittäter betrachtet. Was die damaligen Deutschen einem Mitbürger nicht vergaben, hätten sie erst recht nicht dem Kaiser verziehen, der immer noch weithin als Wahrer und Hüter deutscher Moral angesehen wurde.

Vor ein paar Jahren – 1902 – hatte es Wilhelm gewagt, für einen anderen, ihm nicht fernstehenden Deutschen, der als Homosexueller verdächtigt worden war, ein Wort einzulegen. Friedrich Alfred Krupp, das Oberhaupt der Industriellendynastie, war 1902 auf Capri gestorben. »In seiner verschwenderisch ausgestatteten Villa«, hatte der sozialdemokratische »Vorwärts« behauptet, »huldigt er mit den jungen Männern der Insel dem homosexuellen Verkehr.« Der Beschuldigte erlag einem Schlaganfall; von Selbstmord wurde gesprochen. Der Kaiser erschien zur Beisetzung in Essen und erklärte: »Die besonderen Umstände, welche das traurige Ereignis begleiteten, sind Mir zugleich Veranlassung gewesen, Mich als das Oberhaupt des Deutschen Reiches hier einzufinden, um den Schild des Deutschen Kaisers über dem Hause und dem Andenken des Verstorbenen zu halten.«

Diese Ehre erwies Ritter Wilhelm seinem Knappen Eulenburg nicht. Der Fall war anders gelagert. Krupp hatte ihm Kanonen und Kriegsschiffe geliefert, was von Sozialdemokraten kritisiert, doch von den meisten Deutschen gutgeheißen wurde. Eulenburg hatte ihm Ratschläge gegeben, die – obwohl er sie nur teilweise befolgte – nun in einer breiten Öffentlichkeit als Einflußnahmen eines sittlich nicht einwandfreien Höflings auf den Hofherrn angesehen wurden, der sich politisch und vielleicht auch moralisch nicht resistent genug verhalten habe.

Und die Zeiten hatten sich geändert. Zwischen den Verdächtigungen Krupps und den Beschuldigungen Eulenburgs lag ein halbes Jahrzehnt, in dem die Popularitätskurve des Monarchen stetig nach unten gegangen war und weiter zu fallen drohte. Er durfte es sich nicht leisten, seine Hand über Eulenburg zu halten, konnte es aber nicht verhindern, daß ihm, dem man es verübelte, eine Natter am Busen genährt zu haben, nun auch noch angekreidet wurde, daß er einen Freund fallenließ.

Ohnedies schlug Harden weiter den Sack und meinte den Esel. Nach der »Daily-Telegraph-Affäre« stieg noch mehr Staub auf und verdunkelte das Bild des Monarchen.

»Wilhelm II. hat der Nation nie Nützliches geleistet und für seinen Willen dennoch die höchste Geltung verlangt«, war in der »Zukunft«

zu lesen. »Die Nation glaubt nicht, daß der fast Fünfzigjährige sich ändert, ›sich Zurückhaltung auferlegen‹ könnte.« Zur Erledigung politischer Geschäfte sei er nicht fähig und auch nicht willens. Was habe er denn gemacht, wo sei er während der Novemberkrise 1908 gewesen, als das Reich erschüttert wurde? Der Kaiser habe sich der Jagd, »den Einzugsfreuden und dem Bänkelvergnügen« hingegeben. »Für einen Jupiter, der aus der Wolke hervorblitzt, danken wir.« Am liebsten hätte Wilhelm den Berliner Staub für immer von seinen Füßen geschüttelt, wäre ständig auf Reisen gegangen, auf der Suche nach einer Welt, in der er sich ungetrübt widerspiegeln könnte, mit einer Gesellschaft, die ihn so nahm, wie er war, und sich so benahm, wie er es erwartete.

Aber auch dies wäre nicht mehr so wie früher gewesen. Mit Wehmut blickte er auf einstige Nordland-Fahrten zurück, bei denen »Phili« Eulenburg sein liebster Reisegefährte gewesen war.

Wilhelms 1893 in Dienst gestellte Jacht »Hohenzollern« entführte ihn mit ihrem 4187 Tonnen, 9000 Pferdestärken und einer Besatzung von rund 300 Mann weiterhin jeden Sommer aus dem Alltag, der ihn belastete und beengte, in die Ferien, in denen er zu sich selber zu finden glaubte.

Auf der Steuerbordseite des Deckes hin und her gehend, wobei ihm keiner in die Quere kommen durfte, genoß er die Eigenart der Fjorde und den Zauber der Mitternachtssonne, eine Natur, welche die germanischen Saiten in seiner Brust zum Klingen brachte.

Die »Hohenzollern« war freilich auch, wie Bülow bemerkte, eine »Hauptstadt im Kleinen«. Im Deckhaus gingen Telegramme ein, nahm er Vorträge entgegen und fällte manche Entscheidung, von der er glaubte, sie sei mit einer dem Ausblick entsprechenden Weitsicht getroffen worden.

Nur von Amtspersonen seines Vertrauens, die seinen Anweisungen gehorchten, und Reisegefährten seiner Zuneigung, die seine Ansichten wie seine Vergnügungen teilten, ließ er sich auf der »Hohenzollern« begleiten. Es war eine Männergesellschaft, in der Weibliches nur in Form einer Damenkapelle aus verkleideten jungen Matrosen geschätzt wurde. Der Monarch wachte über Glaube und Sitte, las aus der Bibel vor und hielt Andachten ab. Und sorgte für die Einhaltung des Leitsatzes »Mens sana in corpore sano«, indem er sich als Vorturner bei der Morgengymnastik betätigte.

»Ein ulkiger Anblick, wenn all die alten Kracher von Militärs gemeinsam die Kniebeuge machen müssen mit verzerrten Gesichtern«, berichtete ein Diplomat. »Der Kaiser lacht manchmal laut auf und hilft mit Rippenstößen nach. Die alten Knaben tun dann so, als ob diese Auszeichnung ihnen eine besondere Freude machen würde, ballen aber die Faust in der Tasche und schimpfen nachher unter sich über den Kaiser wie alte Weiber.«

Mehr Spaß machten ihnen die Herrenabende im Kasinoton. Wenn dann lange genug getrunken und geschwätzt worden war, konnte es vorkommen, daß – wie sich Eulenburg erinnerte – um Mitternacht »plötzlich die laut lachende, schreiend schallende Stimme des Kaisers« zu vernehmen war, der die Exzellenzen »durch die Gänge des Schiffs zu Bett« jagte.

»Alles, was Mich drückt, ist auf einige Wochen von Mir abgelöst, und das, was Mich freut, das verübeln Mir vielfach die Leute«, sagte Wilhelm. Selbst Eulenburg hatte sich letzteren zugesellt. Vierzehnmal war »Phili« auf Nordland-Fahrt dabeigewesen. Schließlich mochte er das »geradezu ekelhafte Schauspiel«, das »unter Geschrei und Witzen« der Vorturner und die Mitturner darboten, nicht mehr mitmachen. Er ärgerte sich über die Kameraden, die ihre Knie vor dem Kaiser beugten, und sorgte sich um den Freund, der immer weniger der alte zu sein schien.

»Es quält Ihn nicht irgend *ein* schweres Etwas, das Ihn nicht ruhen läßt, sondern Er ist in *allen* Dingen, in allen Kleinigkeiten schwierig zu behandeln und kompliziert«, bemerkte Eulenburg im Jahre 1903, als er zum letztenmal mit auf Nordland-Reise war. Der Kaiser, »sich selbst unaufhörlich widersprechend«, beschimpfe »in heftigen Ausfällen Menschen und Dinge«, schien bisweilen »*ganz* die Disziplin über sich verloren zu haben«. Eulenburg resümierte: »Nicht gesund – ist wohl die gelindeste Form eines Urteils.«

Richtig gesund war der verkrüppelt zur Welt gekommene Wilhelm eigentlich nie gewesen. Seine körperliche Behinderung war von Anfang an offenbar gewesen, eine geistige Beeinträchtigung schien sich allmählich herauszustellen.

Wegen Wucherungen im inneren Ohr, deren Übergreifen auf das Gehirn befürchtet wurde, war er 1878 behandelt und 1898 operiert worden. 1896 bezeichnete der Kehlkopfspezialist Dr. Semon die Unstetigkeit Wilhelms »als die genau bestimmbare Anfangsphase eines psychiatrischen Zustandes, der aber zunächst noch mehr physiologisch als psychologisch zu beurteilen und zu behandeln sei.« 1903 mußte sich der Kaiser einer Stimmlippen-Operation unterziehen; die Befürchtung, es könnte sich, wie bei seinem Vater, um Krebs handeln, bestätigte sich nicht. 1909 sprach der Arzt Dr. Renvers von Pseudologia fantastica, »Hang zum Fabulieren, vulgo Lügen«. 1914 diagnostizierte der Psychiater Dr. Neipp eine »maniaco-depressive Psychose«.

Schon seit längerem war die Frage gestellt worden, ob ein solcher mehr oder weniger kranker Mann voll und ganz regierungsfähig sei. Das Ausland sah sich einem Deutschen Kaiser gegenüber, der – wie am Quai d'Orsay behauptet wurde – »temporär unzurechnungsfähig« oder – wie im Foreign Office bemerkt wurde – »nicht ganz normal« sei.

In Deutschland wurde an den Hohenzollern Friedrich Wilhelm IV., den Großonkel Wilhelms II., erinnert, der wegen eines Gehirnleidens für regierungsunfähig erklärt worden war. Und an den Wittelsbacher Ludwig II. gedacht, der in geistiger Umnachtung geendet hatte.

In vielen Köpfen wurde der Gedanke erwogen, den Kaiser für unzurechnungsfähig zu erklären, ließ Kardinal Gustav Adolf Hohenlohe Eulenburg wissen, der bei allem Verständnis, das er seinem Freund Wilhelm entgegenbrachte, nicht um die Feststellung herumkam: Eine Krise sei unvermeidlich, auch wenn sie nicht »in der Form einer geistigen Störung«, sondern in der »eines Zusammenbruchs der Nerven« eintreten würde.

In Bayern werde ein »Reichs-Staatsstreich« erwogen, hatte 1897 Graf Monts, der preußische Gesandte in München, Eulenburg berichtet. Bülow deutete ihm 1900 die Möglichkeit einer Absetzung des Kaisers durch ein gemeinsames Vorgehen der Bundesfürsten mit dem Reichstag an.

Doch dazu konnte es selbst in der schweren Krise des Jahres 1908 nicht kommen. Die Bundesfürsten waren nicht imstande, sich zu gemeinsamem Handeln aufzuraffen. Und der Reichstag, selbst wenn er es gewollt hätte, war nach Verfassungstext wie Verfassungswirklichkeit nicht in der Lage, eine diesbezügliche Initiative zu ergreifen.

Eine Palastrevolution im Hause Hohenzollern war ausgeschlossen. Immerhin spielte Wilhelms Schwester Charlotte, die mit dem Erbprinzen von Sachsen-Meiningen verheiratet war, mit dem Gedanken einer gemeinsamen Regentschaft der deutschen Fürsten für den in eine Klinik gehörenden Kaiser. Kronprinz Wilhelm erzählte, er sei im Novembersturm 1908 zu seinem stark mitgenommenen Vater gerufen worden. »Am Ende wurde vereinbart, daß ich für eine kurze Zeit und bis er von seiner Erkrankung völlig wiederhergestellt sei, eine Art von Stellvertretung des Kaisers übernehmen solle. Ich habe mich bei der Ausübung dieses Amtes völlig zurückgehalten und konnte mich seiner rasch genug ganz entledigen, denn schon nach wenigen Wochen war der Kaiser scheinbar wieder obenauf.«

Aber nur scheinbar. Denn er war – wie der Kronprinz konstatierte –, nicht mehr der alte. »Unter dem äußeren Mantel seines alten Selbstbewußtseins«, den er, was er seiner Person wie seiner Stellung schuldig zu sein glaubte, nicht fallen ließ, verbarg sich ein schwer angeschlagener Mensch.

»Ein Sichtreibenlassen unter dem Zwang des Schicksals, mit einem leisen Beigeschmack von Tragik«, glaubte Eulenburg erkannt zu haben. 1908 war nicht nur ein Wendejahr des Reiches, sondern auch ein Schicksalsjahr des Kaisers gewesen.

Wilhelm II. schien gespürt zu haben, daß es keinen Ausweg aus der Situation gab, in die er hineingestellt worden war und in die er sich hineingebracht hatte: zwischen die Zeiten, der alten monarchischen und der neuen demokratischen. Und zwischen die Lager, welche die Vergangenheit und die Zukunft vertraten.

Diesem Zwiespalt seiner Ära entsprach zwar die Zwiespältigkeit seiner Person, aber gerade deshalb war sie untauglich und unfähig, die Kluft zwischen den Fronten überbrücken zu helfen.

»Ein Bezauberer und ein Gezeichneter. Eine zerrissene Natur, die den Riß nicht spürt; er geht dem Verhängnis entgegen«, urteilte Walther Rathenau. »Dem, der nur Sonne zu sehen gewohnt war, blieb ein Menschenalter jedes Todeszeichen verborgen.«

Doch das Menetekel von 1908 schien ihn nicht unberührt gelassen zu haben. Es dämmerte ihm, daß der Tag des Sonnenkaisers dahinschwand und die Nacht des Schattenkaisers hereinbrach.

Dem Konflikt entgegen

ALS MONARCH VON GOTTES GNADEN, der »nicht von Parlamenten, Volksversammlungen und Volksbeschlüssen« abhängig sei, stellte er sich weiterhin in Positur. Immer mehr glich er jedoch einer Herrscherstatue, die zwar das Zepter hochhielt, aber auf das unter dem Postament sich abspielende Leben nur herabblicken, nicht in das Geschehen einzugreifen vermochte.

»Das deutsche Volk will gar keinen Schattenkaiser, das deutsche Volk will einen Kaiser aus Fleisch und Blut«, hatte Reichskanzler Bülow 1903 im Reichstag erklärt und diese Behauptung 1906 wiederholt. Selbst wenn er damals dieser Auffassung gewesen wäre – im Entscheidungsjahr 1908 hatte er sie jedenfalls eingeschränkt, als er den Kaiser die Eigenmacht des Reichskanzlers und des Reichstages spüren ließ und ihn in den Schatten zu rücken begann.

Im Jahr darauf schob er ihn noch ein Stück weiter. Bülow, den der Monarch loswerden wollte, ihn jedoch nicht zu entlassen wagte, ging von allein, nicht ohne ihm eine Verfassungslektion zu erteilen. Nachdem der Bülow-Block aus Konservativen und Liberalen, der bereits brüchig geworden war, sich in der Auseinandersetzung um die Erbschaftssteuer selbst gesprengt hatte, reichte Bülow mit dem Hinweis, daß er die parlamentarische Mehrheit verloren habe, am 26. Juni 1909 seinen Abschied ein. Dem Kaiser wurde bedeutet, daß sich der Kanzler mehr der Volksvertretung als dem Monarchen von Gottes Gnaden verantwortlich fühlte, und angezeigt, daß die Parlamentarisierung wiederum einen Schritt vorangekommen war.

Wilhelm II. versuchte sein Gesicht zu wahren. Der Monarch sei stark genug, die Vorrechte der Krone zu schützen, erklärte er Bundesratsvertretern; er entlasse und ernenne seine Kanzler selbst. Daher habe er Bülow verabschiedet und Bethmann Hollweg berufen, der »mit festen konservativen und monarchischen Grundsätzen« den »freien Blick für die auf allen Gebieten des politischen, wirtschaftlichen und sozialen Lebens in liberaler Richtung sich bewegende Entwicklung unseres Zeitalters« verbinde.

Der Blick habe freilich am Kaiser und König haftenzubleiben, und der Liberalismus müsse in der Bahn, in die ihn Bismarck gelenkt hatte, gehalten werden, dürfe keine Gelegenheit erhalten, in Richtung Parlamentarismus auszubrechen. Diesen Anforderungen

schien der neue deutsche Reichskanzler und preußische Ministerpräsident zu entsprechen.

Theobald von Bethmann Hollweg, mit dreiundfünfzig nur drei
Jahre älter als Wilhelm II., kam Theodor Fontanes Idealbild eines
preußischen Staatsdieners »mit griechischer Seele, altfritzischem
Geist und märkischem Charakter« nahe. Der Herr aus Hohenfinow
war kein Exemplar militärischen Preußentums in wilhelminischer
Verzeichnung, wie es Karikaturisten des Münchner »Simplicissi-
mus« gepaßt hätte. Bethmann Hollweg erschien als Muster preußischen Beamtentums, in dem zivile mit humaner und gemäßigt-
liberaler Gesinnung in einer Weise verwoben war, das auch Süd-
deutsche nicht ohne Respekt betrachteten.

Wer genau hinsah, bemerkte einen Hang zum Bürokratismus, dem
preußische Beamte nur schwer widerstanden. Sie waren als Räder
oder Rädchen in einen Apparat eingebaut, hatten ihre Funktionen
nach einem Plan, den sie nicht gemacht hatten, und für Aufgaben,
die ihnen vorgeschrieben waren, zu erfüllen, wobei die Funktionäre
wenig eigenes Format entwickeln und einem – mehr oder weniger
ausgeprägten – Formalismus kaum entgehen konnten.

Bethmann Hollweg war sein ganzes Leben lang Beamter gewesen,
doch da er ein Jahrzehnt lang als Landrat in einer gewissen Eigenständigkeit amtiert hatte, war er weniger anfällig, wenn auch nicht
gänzlich immun gegen den Bazillus des Bürokratismus geworden.
Die Verwaltung war und blieb seine Welt: als Regierungspräsident in
Bromberg, Oberpräsident der Mark Brandenburg, preußischer Minister des Innern, Staatssekretär des Reichsamtes des Innern und
Vizepräsident des preußischen Staatsministeriums.

In allen Ämtern war er durch berufliche Tüchtigkeit wie menschli-
che Untadeligkeit aufgefallen. Wilhelm II. hatte die Bethmann
Hollwegs, den Vater Felix, der einem Gutsherrn aus einem Fontane-
Roman glich, und den Sohn Theobald, der dem Alten nachschlug,
bereits als Prinz kennen- und schätzengelernt. Nun schien er anzunehmen, daß ihn dieser Preuße von echtem Schrot und Korn aus der
Bredouille, in die er geraten war, heraushauen könnte.

Diese Meinung wurde von Kennern der Person und der Dinge nicht
geteilt. »Wie kann ein so edles Pferd einen so schweren und verfahre-
nen Karren aus dem Sumpf ziehen?« fragte sich die Baronin von
Spitzemberg. Wie sollte ein Reichskanzler Erfolg haben, wenn er –

wie er dem Unterstaatssekretär Wilhelm Stemrich eröffnete – die Entwicklung zum Parlamentarismus für unaufhaltsam hielt? Damit würde er sich nur zwischen die Stühle setzen: zwischen den Kaiser, der ihn als Bremser einer solchen Entwicklung bestellt hatte, und den Reichstag, dem dieses Motiv seiner Berufung nicht verborgen geblieben war. Generalstabschef a.D. Schlieffen soll bezweifelt haben, daß es dem »Frankfurter«, dem Nachfahren einer aus dem Rheinland stammenden, liberale Traditionen pflegenden Familie gelingen werde, als Ministerpräsident Preußen zu regieren.

Gerade preußische Beamteneigenschaften Bethmann Hollwegs begannen den König von Preußen zu enervieren. »Seine Veranlagung zur Ergründung der Probleme und sein Wunsch, nur das vorzubringen, was er in seiner peinlichen Bedenklichkeit für völlig ausgereift hielt, wirkten im Laufe der Zeit doch recht hemmend«, bilanzierte Wilhelm. »Es war schwer, ihn zu Entschlüssen zu bringen, solange er nicht von ihrer absoluten Einwandfreiheit überzeugt war.«

Auch mit dem Außenpolitiker Bethmann Hollweg, der freilich dieses Metier nie gelernt hatte und auch nicht zu beherrschen lernte, war der Kaiser immer weniger zufrieden, kam zu dem Schluß: »Er war im Grunde seines Wesens Pazifist und hatte sich in den Gedanken verrannt, mit England zu einer Verständigung zu kommen, koste es, was es wolle.« Im Laufe seiner Kanzlerschaft habe sich immer mehr herausgestellt, »daß die Realitäten der Politik ihm recht fern lagen«.

Auch wenn er den Realitäten näher gewesen wäre, hätte er sie nicht so zu beeinflussen oder gar zu ändern vermocht, wie dies Wilhelm II. vorschwebte. Bethmann Hollweg blieb nichts anderes übrig, als zwischen den Realitäten zu lavieren: in der Innenpolitik zwischen den Parlamenten im Reich und in Preußen, deren Ansprüchen er Verständnis entgegenbrachte, und dem Monarchen, dem er sich primär verantwortlich fühlte; und in der Außenpolitik zwischen einem Kaiser, der immer noch glaubte, Direktiven geben zu können, und dessen Umgebung, die zunehmend die Richtung bestimmte.

Anläßlich der Entlassung Bülows und der Ernennung Bethmann Hollwegs hatte Wilhelm II. Vertretern des Bundesrates erklärt: Zwei Jahrzehnte lang hätten weder der Kaiser noch der Kanzler regiert, sondern Friedrich von Holstein, der aus dem Hintergrund die Stichworte gegeben, und Maximilian Harden, der sie in die Öffentlichkeit getragen habe.

Soweit war es mit ihm, unter der Schockwirkung der Novemberkrise 1908, schon gekommen, daß er eingestand, zumindest eine Zeitlang nicht der verantwortliche Regent gewesen zu sein, der er als Monarch sein wollte und als Verfassungsorgan sein mußte. Die Erkenntnis blieb ihm versagt, daß er zunehmend eine Marionette an den Fäden von unverantwortlichen Ratgebern, seiner militärischen Umgebung zu werden drohte.

Bethmann Hollweg mußte bald erfahren, daß Kabinette, Flottenleitung und Generalstab mit dem direkten Einfluß auf den Kaiser eine Macht im Reiche gewannen, die zwar dem Herkommen der preußischen Militärmonarchie, nicht aber den Bestimmungen der Reichsverfassung und den Forderungen einer wachsenden Mehrheit der Reichsbevölkerung entsprach. Die politische Führung ging in die Hände der Militärs über, die zunehmend die Taktik in der Innenpolitik und die Strategie in der Außenpolitik bestimmten und daran gingen, die militärische Führung dem Obersten Kriegsherrn zu entwinden.

Eine überfällige Reform des preußischen Dreiklassenwahlrechtes, die Bethmann Hollweg versuchte, scheiterte am Widerstand der Konservativen im allgemeinen und der Militärs im besonderen, die das Ansinnen stellten, zu den »Kulturträgern«, die in die höhere Wählerklasse eingereiht werden sollten, nicht nur Akademiker, sondern auch ausgediente Unteroffiziere zu zählen.

Das Reichsland Elsaß-Lothringen wurde zwar endlich – durch die Initiative Bethmann Hollwegs – verfassungsrechtlich den anderen Bundesstaaten gleichgestellt und bekam eine nach allgemeinem und gleichem Wahlrecht gewählte Volksvertretung. Aber nach wie vor wurde es von preußischen Beamten administriert und von preußischen Militärs kujoniert.

Viele Elsässer und Lothringer hatten ihre Trennung von Frankreich noch nicht verwunden und sich an die neuen Herren noch keineswegs gewöhnt. »Wenn die Dinge so weitergehen, dann schlage ich Ihre Verfassung in Scherben, und wir verleiben Sie in Preußen ein«, sagte Wilhelm II. 1912 dem Bürgermeister von Straßburg.

Ein Jahr später erfolgte ein Schlag gegen die renitenten Reichsbürger. In Zabern ließ ein Regimentskommandeur Demonstranten verhaften, wozu er nach Recht und Gesetz nicht befugt war. Er wurde jedoch von einem Kriegsgericht salviert, das sich auf eine preußische Kabinettsorder von 1820 berief, daß ein Eingreifen der Militärgewalt gerechtfertigt sei, wenn die Zivilverwaltung Ruhe und Ordnung nicht aufrechtzuerhalten vermöge.

Ein Exempel müsse statuiert werden, hatte Kronprinz Wilhelm dem Regimentskommandeur telegraphiert, »um den Herren Eingeborenen die Lust an derartigen Vorfällen zu versalzen«. Der Reichstag sprach mit Mehrheit seine Mißbilligung aus, ohne die vom Primat des Militärischen bestimmten Machtverhältnisse ändern zu können.

Der Reichskanzler hatte mit seinen Hinweisen auf die Rechtslage bei dem von seiner militärischer Umgebung beeinflußten Kaiser kein Gehör gefunden.

Der Außenpolitiker mußte ähnliche Erfahrungen wie der Innenpolitiker machen. Sein Handlungsspielraum war durch militärische Grundsatzentscheidungen beträchtlich eingeengt worden, vor allem durch den von Tirpitz vorangetriebenen Schlachtflottenbau.

Nicht nur der Kanzler, in erster Linie der Kaiser selbst geriet unter die Kuratel der Militärs. Generalstabschef Helmuth von Moltke – der Neffe, der dem Onkel nicht das Wasser reichen konnte – bedeutete seinem Obersten Kriegsherrn, daß er als solcher in einem künftigen Krieg gar nicht gebraucht würde. Denn nicht nur die Planung, sondern auch die Ausführung der Operationen sei so kompliziert geworden, daß sie nur noch ein automatisch funktionierender, keines Lenkers am Schalthebel mehr bedürfender Militärapparat auszuführen vermöchte.

Tirpitz wußte dafür zu sorgen, daß ihm bei seiner Flottenfahrt gegen England keiner aus dem Ruder lief, nicht einmal der Großadmiral Wilhelm II., und schon gar nicht eine Landratte wie der Kanzler und der diesem unterstellte Botschafter Graf Paul Wolff-Metternich, der – ganz im Sinne seines Vorgesetzten – den Faden nach London nicht abreißen lassen wollte. Er wurde auf Betreiben von Tirpitz, wogegen sich Bethmann Hollweg vergebens wehrte, vom Kaiser abberufen und in den Ruhestand versetzt.

Auf der Brücke des Reichsschiffes führte der Kapitän eigentlich nur noch pro forma das Kommando, das heißt, er befahl, was ihm von seinen Offizieren eingeflüstert und angegeben wurde. Die Mannschaft folgte immer unwilliger den Kommandos, die ihr immer unsinniger und gefährlicher erschienen. Noch dachte sie nicht an eine Meuterei, die erst 1918 – und nicht von ungefähr bei der Flotte – beginnen sollte.

Doch schon an der Wende vom ersten zum zweiten Jahrzehnt des neuen Jahrhunderts artikulierte sich Unzufriedenheit in einer Lautstärke, die den Kapitän und die Offiziere hätte alarmieren müssen, wenn jener sich nicht die Ohren zugehalten hätte und diese, von ihrer Fehlerlosigkeit und Unentbehrlichkeit überzeugt, die Warnungen nicht in den Wind geschlagen hätten.

Der Gegenwind war um so beunruhigender, als er nicht mehr nur von links, sondern zunehmend auch von rechts wehte. Die Kritik an Person und Politik Wilhelms II., die auch unter loyalen Monarchisten und treuen Reichsgenossen um sich griff, brachte Axel von Varnbüler, der württembergische Gesandte in Berlin, auf den Nenner: »Erst großes Gefallen an der mächtigen, lebenssprühenden Persönlichkeit, danach bittere Enttäuschung über das oberflächliche, dilettantenhafte, präpotente Wesen angesichts ernsterer Angelegenheiten und Lagen, was in förmliche Wut übergeht.«

Einen Führer der Nation vermißte Heinrich Claß, der Vorsitzende des Alldeutschen Verbandes, der – unter dem Pseudonym Daniel Frymann – 1912 ein Buch mit dem Titel: »Wenn ich der Kaiser wäre – Politische Wahrheiten und Notwendigkeiten« veröffentlichte. Darin hieß es: »Das Bedürfnis lebt heute noch in den Besten unseres Volkes, einem starken, tüchtigen Führer zu folgen; alle, die unverführt geblieben sind von den Lehren undeutscher Demokratie, sehnen sich danach.« Denn Großes könne nur bewirkt werden »durch die Zusammenfassung der Einzelkräfte, was sich wiederum nur durch die Unterordnung unter einen Führer erreichen läßt«.

Von allen Seiten wurde Wilhelm II. kritisiert – von rechts, wo man immer weniger, und von links, wo man immer noch zuviel Führung erblickte. Die Zahl der Royalisten nahm ab und die Zahl der Demokraten zu. Die Parteienlandschaft begann sich den Gegebenheiten einer Industriegesellschaft und den Erfordernissen eines modernen Staates anzugleichen.

Linksliberale Parteien, die sich in den Bülow-Block eingefügt hatten und die in der Debatte um die Reichsfinanzreform ausgebrochen waren, schlossen sich 1910 zur Fortschrittlichen Volkspartei zusammen, die von den Konservativen abrückte und sich den Sozialdemokraten näherte. Die neue Reichstagsmehrheit aus Konservativen und Zentrum war eine problematische Koalition, keine verläßliche Stütze für die Reichsleitung. Selbst der Kaiser – freilich mehr aus Ärger über das Auseinanderfallen des Bülow-Blocks als aus Überzeugung – meinte bemerken zu müssen: »Von ostelbischen Junkern aus dem Sattel und mit der Reitpeitsche, von Römlingen aus dem Beichtstuhl« lasse sich das Deutsche Reich nicht mehr regieren. Nach den Reichstagswahlen 1912 wäre er an diese Äußerung von 1909 nicht mehr gerne erinnert worden. Die Konservativen, immer noch die ergebensten Gefolgsleute des Monarchen, schmolzen von 60 auf 43 (Deutschkonservative) und von 24 auf 14 (Freikonservative) Mandate zusammen. Das Zentrum fiel von 105 auf 91 Sitze zurück. Die Nationalliberalen, die Wilhelms Wunsch nach einer Erhaltung der Reichsgründungskoalition aus Aristokratie und Bourgeoisie am meisten entsprachen, zogen statt mit 54 nur noch mit 45 Abgeordneten in den Reichstag ein.

Wahlsieger waren die Sozialdemokraten. Sie erhielten statt 29 nun 34,8 Prozent der Stimmen und statt 43 nun 110 Reichstagssitze. Die Benachteiligung durch die Wahlkreiseinteilung und das Mehrheitswahlrecht hatten sie teilweise durch Wahlbündnisse mit der linksliberalen Fortschrittlichen Volkspartei wettgemacht, die 42 Mandate erhielt.

Wilhelm II. war wie vom Schlag gerührt. Obgleich die Sozialdemokraten ihren Triumph nicht zuletzt der Tatsache verdankten, daß in ihren Reihen die Reformer im Vormarsch waren, hielt er sie nach wie vor für zum letzten Gefecht angetretene Revolutionäre. Die Lähmung, die den Monarchen 1908 befallen hatte, war 1912 unheilbar geworden.

Seiner persönlichen Bewegungsunfähigkeit entsprach ein innenpolitischer Immobilismus. Die Reichsleitung hatte ihre alte Reichstagsmehrheit aus Konservativen und Zentrum verloren. Eine neue Mehrheit konnte und wollte sie nicht finden. Sie hätte nur die Wahl zwischen Übeln gehabt: Eine Kooperation mit Sozialdemokraten, Linksliberalen und Zentrum hätte ihr die konservative Basis entzogen, die für die konstitutionelle Monarchie lebenswichtig war. Ein Beharren auf dieser verhinderte jedoch die Entwicklung in Richtung einer parlamentarischen Monarchie. In dieser Zwickmühle begannen die Regierungsräder in einen Leerlauf zu geraten, bei der Verfassungsreform und der Sozialgesetzgebung zum Stillstand zu kommen.

Festgefahren waren auch die auswärtigen Angelegenheiten. Das in die Mitte Europas hineingesetzte Reich hatte die durch seine fatale geographische Situation bedingten Gefahren durch eine dilettantische Diplomatie und ein militärisches Auftrumpfen zugespitzt. Nun war es, wie Wilhelm klagte, von allen Seiten eingekreist. Jeder Anlauf, die Mauer zu durchbrechen, mußte dem Versuch eines Eingesperrten gleichen, mit dem Kopf durch die Wand zu wollen.

DIE ISOLATION des Deutschen Reiches wurde von Österreich-Ungarn geteilt. Der Zweibund, von Bismarck als Zweckkoalition geschlossen, war unter Wilhelm II. zur Schicksalsallianz geworden. Die deutsche Außenpolitik vermochte es nicht zu verhindern, half sogar mit, daß Deutschland das Leitseil fremder Interessen um den Hals gelegt wurde, was Bismarck zu verhindern versucht hatte. Zunehmend wurde Berlin in die Balkanpolitik Wiens hineingezogen und lief dadurch Gefahr, in einen Konflikt mit Rußland, dessen Interessen in diesem Raum mit denen der Donaumonarchie kollidierten, verwickelt zu werden. Andererseits konnte sich das Reich schwerlich dem Ersuchen Österreichs, seines einzig verbliebenen Bundesgenossen, entziehen, ihm bei der Stärkung seiner Position gegenüber Rußland beizustehen, das sich mit Frankreich fest und mit England locker gegen Deutschland alliiert hatte.

Das Dilemma, in das die deutsche Außenpolitik geraten war, wurde in den Jahren 1908 und 1909 in der sogenannten Annexionskrise offenbar. Nach der Jungtürkischen Revolution, die auf eine Neubelebung des Osmanischen Reiches zielte, sah Österreich-Ungarn seine Stellung in Bosnien und der Herzegowina gefährdet. Der Berliner Kongreß von 1878 hatte ihm die Okkupation dieser unter türkischer Oberhoheit verbleibenden Balkangebiete zugestanden. Um ganz sicher zu gehen, wandelte es nun auf eigene Faust das Besatzungsrecht in ein Besitzrecht um, annektierte Bosnien und die Herzegowina.

Pulverdampf lag in der Luft. Die Serben machten Miene, gegen Österreich-Ungarn zu marschieren, und dessen Generalstabschef Conrad von Hötzendorf war nicht abgeneigt, Serbien, das sich alle südslawischen Gebiete der Donaumonarchie einzuverleiben gedachte, in seine Schranken zu weisen. Belgrad konnte indessen nichts ohne seinen Protektor Petersburg unternehmen, und Wien wollte Berlin an seiner Seite sehen.

Die Zwangslage, in die das Reich hineingeraten war, spiegelte sich in der Reaktion des Kaisers wider. Einerseits war er verstimmt, daß Österreich ohne rechtzeitige und hinreichende Konsultation seines Verbündeten gehandelt hatte, die befreundete Türkei verletzt und das beiden gefährliche Rußland herausgefordert hatte. Andererseits stand der Hohenzoller in Nibelungentreue zum Habsburger. Er billigte die Hilfeleistung der Wilhelmstraße für den Ballhausplatz, eine diplomatische Intervention in Petersburg zugunsten Wiens, und die Antwort des deutschen Generalstabschefs auf eine Anfrage seines k.u.k. Kollegen: Falls Rußland einen Krieg Österreichs gegen Serbien zum Anlaß nehme, den Krieg gegen Österreich-Ungarn zu beginnen, sei für das Deutsche Reich der Bündnisfall gegeben.

Rußland, das noch nicht kriegsbereit war, blieb nichts anderes übrig, als einzulenken, die Annexion hinzunehmen und die Serben zurückzuhalten. Wilhelm II. äußerte, er habe sich in »schirmender Wehr« neben Franz Joseph I. gestellt und dadurch einen friedlichen Sieg der Mittelmächte ermöglicht.

Wie seine Militärs und Diplomaten erkannte er nicht, daß sie eine folgenschwere Niederlage erlitten hatten. Im Zweibund war Deutschland in den Sog der österreichischen Balkanambitionen geraten und trieb einem Konflikt mit Rußland und dessen westlichen Partnern entgegen. Die Dreier-Entente war – obgleich in der Annexionskrise Franzosen und Engländer den Russen nicht beigesprungen waren – keineswegs geschwächt, eher gestärkt worden. Die Westmächte nahmen sich vor, die mit ihr verbündete Ostmacht nicht noch einmal allein zu lassen und dadurch den Mittelmächten zu einem billigen Triumph zu verhelfen. Und Rußland, das Deutschland fortan in gleicher Feindseligkeit wie Österreich gegenüberstand, schloß sich noch enger an Frankreich und England an, sann auf Vergeltung und rüstete für die Revanche.

Daran vermochten auch Versuche Wilhelms II. nichts zu ändern, durch die Pflege eines monarchischen Einvernehmens mit Nikolaus II. zu einer Entspannung des deutsch-russischen Verhältnisses beizutragen. Im November 1910 trafen sich Kaiser und Zar in

Potsdam. Auf der Hofjagd waren sie ein Herz und eine Seele, bei den politischen Gesprächen verstanden sie sich weniger gut. »Nicky« war zwar nicht abgeneigt, mit »Willy« das eine und andere zu bereinigen. Aber zu von deutscher Seite gewünschten vertraglichen Festlegungen, beispielsweise einer gemeinsamen Anerkennung des Status quo auf dem Balkan, kam es nicht.

Denn Nikolaus II. war noch weniger als Wilhelm II. Herr der Politik seines Landes. In Petersburg hielt man an der Entente mit Frankreich und England gegen Deutschland und Österreich fest. Selbst wenn die Regierung eine Korrektur der bisherigen Außenpolitik hätte vornehmen wollen, wären ihr die vom Panslawismus erfaßten Russen nicht gefolgt.

Slawische Brüder und Schwestern galt es nicht nur in Österreich-Ungarn, sondern auch im Deutschen Reich zu befreien. Die starke polnische Minderheit im östlichen Preußen – rund 3 Millionen Menschen – war einer Germanisierungswelle ausgesetzt. Sie ging von deutschen Nationalisten aus, die Sonderart und Eigenleben eines Volkes, die sie für sich in Anspruch nahmen, anderen Völkern, namentlich den Polen, vorenthalten wollten.

Selbst Max Weber fand, Deutschland habe ein Recht, den deutschen Charakter der polnischen Provinzen zu betonen und zu stärken. Als ihm der Publizist Hellmut von Gerlach entgegenhielt, man dürfe die zu Deutschland gekommenen Polen nicht als Staatsbürger zweiter Klasse behandeln, entgegnete ihm Max Weber: »Wir haben die Polen erst zu Menschen gemacht.«

Auch Wilhelm II. meinte, daß die Polen für das Glück, in einem deutschen Staatswesen leben zu dürfen, dankbar zu sein hätten, und zu züchtigen wären, wenn sie sich als undankbar erwiesen. »Es ist zu Meiner Kenntnis gekommen, daß leider die polnischen Mitbürger hierselbst sich nicht so verhalten, wie man es erwarten und wünschen sollte«, erklärte er 1894 in Thorn an der Weichsel. »Sie mögen es sich gesagt sein lassen, daß sie nur dann auf Meine Gnade und Teilnahme in demselben Maße wie die Deutschen rechnen dürfen, wenn sie sich unbedingt als preußische Untertanen fühlen.«

Er könne »sehr unangenehm« werden, fügte er hinzu. Seine Regierung wurde es. Sie mutete den Polen zu, die in der Katholischen Kirche einen Hort ihrer Nationalität sahen, in den Volksschulen der Provinz Posen den Religionsunterricht in deutscher Sprache hinzunehmen. Im Jahre 1906 konnte ein Schulstreik von 60 000 Kindern erst nach Monaten durch Strafmaßnahmen gegen die Eltern gebrochen werden. Im Jahre 1908 erhielt die preußische Regierung die Ermächtigung, bis zu 70 000 Hektar polnischen Landbesitzes zu enteignen. Obwohl sie davon wenig Gebrauch machte, wuchs die Erbitterung der Polen in Preußen und verstärkte sich der Vorsatz der Panslawisten in Rußland, einen Befreiungskrieg zu wagen.

Die preußisch-deutsche Polenpolitik wurde auch im Westen angeprangert: in England, das für fremde, wenn auch nicht für eigene Minderheiten ein Herz hatte; und in Frankreich, das seit jeher mit den Polen gefühlt hatte und jetzt in ihnen Leidensgenossen der unter deutsche Herrschaft geratenen Elsässer und Lothringer erblickte.

Deutsche Nationalisten sorgten dafür, daß Frankreich, England und Rußland ideologisch zusammengeführt wurden, und deutsche Außenpolitiker taten das ihre, um sie machtpolitisch zusammenzuhalten.

Das Gegenteil war beabsichtigt. Als sie 1911 die zweite Marokko-Krise auslösten, hofften sie, die Entente auseinanderdividieren zu können. In der Wilhelmstraße schien man vergessen zu haben, daß es in der ersten Marokko-Krise der Jahre 1905 und 1906 nicht einmal gelungen war, das damals noch nicht gefestigte Einvernehmen zwischen England und Frankreich zu beeinträchtigen.

Staatssekretär Kiderlen-Wächter, ein Schüler des Geheimrates Holstein, wiederholte dessen Fehler, versuchte mit einer Drohung, die ein Bluff war, Frankreich deutschen Forderungen gefügig zu machen und England von einer Unterstützung seines Entente-Partners abzuhalten.

Frankreich setzte sich in Marokko fest und begann, das Land auszubeuten. Deutschland, das einen Anteil verlangt, aber nicht erhalten hatte, forderte als Kompensation das französische Kongo-Gebiet.

Wilhelm II. hatte schon das erstemal gezögert, sich wegen Marokkos mit Frankreich anzulegen. Das für das Reich unerfreuliche Ergebnis der Konferenz von Algeciras wie die dem Kaiser unangenehme Erinnerung an seinen Auftritt in Tanger waren nicht dazu angetan, ihn für ein Dacapo zu erwärmen.

»Es ist nichts zu machen, französisch wird es doch«, hatte er 1908, nach Ausbruch der bosnischen Krise, seine Meinung zu Marokko ausgedrückt. »Also mit Anstand aus der Affäre heraus, damit wir endlich aus den Friktionen mit Frankreich herauskommen, jetzt, wo große Fragen auf dem Spiele stehen.«

An dieser Meinung hielt er auch noch 1911 fest, aber er widersetzte sich nicht – er war gerade in der Kieler Woche engagiert – der von Bethmann Hollweg gebilligten Maßnahme Kiderlen-Wächters, mit der diese Affäre im Affront gegen Frankreich erledigt werden sollte. Das Kanonenboot »Panther« wurde in den marokkanischen Hafen Agadir entsandt. Mit dem »Panther-Sprung« sollte den Franzosen die Kralle gezeigt und nach der verlangten Kompensation gegriffen werden.

Deutschland müsse »sehr kräftig auftreten«, erklärte Kiderlen-Wächter. Als dies der Kaiser an Bord der »Hohenzollern« vernahm, dachte er daran, seine Nordland-Reise abzubrechen, begnügte sich jedoch damit, seine Auffassung zu bekräftigen, über die der auf der Jacht diensttuende Beamte des Auswärtigen Amtes berichtete: Es werde sehr schwer sein, »Seine Majestät für Schritte zu gewinnen, von denen Allerhöchstderselbe annimmt, daß sie den Krieg herbeiführen würden«.

Die Reaktion in Frankreich und England zeigte ihm, wie recht er gehabt hatte, vor einem martialischen Auftreten in einer wenig versprechenden Angelegenheit zu warnen. In Paris wurde die Trikolore geschwungen und die Marseillaise gesungen. In London tönte Schatzkanzler Lloyd George: Eine Erhaltung des Friedens unter Beschädigung der Weltstellung und Beeinträchtigung von Lebensinteressen Englands wäre »eine Erniedrigung«, die »ein großes Land wie das unsrige nicht ertragen könnte«. Der englische und der französische Generalstab entwarfen gemeinsam Pläne für den Fall eines Krieges mit Deutschland, die von den beiden Regierungen bestätigt und bekräftigt wurden.

Zu einer Verteidigungsallianz war die Entente Cordiale geworden, die durch den »Panther-Sprung« zerschlagen werden sollte. Die deutsche Katze zog den Schwanz ein und begnügte sich mit den Brocken, die Frankreich bot: für die Anerkennung des französischen Protektorats über Marokko ein paar Gebietsfetzen im französischen Äquatorial-Afrika zum Anstückeln an das deutsche Kamerun.

Als die Deutschen auf einer größeren Gegenleistung bestanden hatten, war ihnen bedeutet worden, daß im Hafen von Agadir zu beiden Seiten des »Panthers« ein französisches und ein englisches Kanonenboot anlegen könnten. »Das ist eine neue Unverschämtheit«, wetterte der Kaiser. Wenn der Franzose nicht binnen vierundzwanzig Stunden um Verzeihung bitte, »mich in der frechen Weise behandelt zu haben«, breche er die Verhandlungen ab. Doch er ließ sie weiterlaufen und gab sich schließlich mit der zugestandenen Kleinigkeit zufrieden.

Wilhelm II. war froh, daß »die elende Marokko-Affäre« endlich zum Abschluß gebracht worden war. Viele Deutsche jedoch meinten, daß mit diesem Ausgang der Abstieg des Reiches begonnen habe, an dessen Spitze ein Kaiser stehe, der in einem unaufhaltsamen Abbau begriffen sei.

Wenn die Führung nicht bereit sei, die von ihr aufgestellten Forderungen mit dem Schwert zu erzwingen, dann verzweifle er an der Zukunft des Reiches, drückte Generalstabschef Moltke die vorherrschende Meinung der Militärs aus. Nationalbewegte Deutsche, die den »Panther-Sprung« als herrliche Demonstration deutscher Macht gefeiert hatten, beklagten das Kleinbeigeben nach dem Großangeben als Zeichen deutscher Schwäche. »Was ist mit den Hohenzollern geschehen?« fragte die freikonservative Berliner »Post«. »Der Kaiser soll die stärkste Stütze der englischen und der französischen Politik sein, eine Stütze, viel stärker als fünfzig französische Divisionen?«

Dem Kaiser hätte diese Andeutung von so viel Macht gefallen können, wenn sie nicht mit einer Unterstellung des Vaterlandsverrates verbunden gewesen wäre. Er schien es seinen Deutschen nicht mehr recht machen zu können. Er war kritisiert worden, als er das Schwert blitzen ließ, und er wurde nun kritisiert, da er mit dem Ölzweig winkte. Aber so und nicht anders waren sie nun einmal, pendelnd zwischen Auftrumpfen und der Befürchtung, die eigene Karte könnte nicht stechen und das Spiel verlorengehen.

Glich er ihnen nicht in seinem Schwanken zwischen verwegenem Vorpreschen und der Angst vor der eigenen Courage? Zu Beginn des zweiten Jahrzehnts des 20. Jahrhunderts schien in Deutschland das Pendel zugunsten kämpferischer Anmaßung auszuschlagen und sein Kaiser das Bedürfnis zu verspüren, sich der öffentlichen, zumindest veröffentlichten Meinung anzugleichen. Und den Generälen und

Admirälen zu folgen, die auf Kollisionskurs mit dem Feind gegangen waren.

Seine Selbstachtung wie seine Herrschaftsauffasung duldeten es nicht, für einen Kapitulanten gehalten zu werden. Wie in seinen Jungsiegfried-Tagen wollte er wieder als Ritter ohne Furcht vor dem Ausland und ohne Tadel im Inland dastehen. Der von den Jahren und Erfahrungen angeschlagene, müde gewordene Held wollte indessen nicht die Hoffnung fahren lassen, daß es ihm erspart bleiben könnte, bis zum Äußersten gehen zu müssen.

Von diesen einander entgegengesetzten Gefühlen wurde sein Verhältnis zu England bestimmt, das von Anfang an zwischen Verständigungswillen und Kampfbereitschaft geschwankt hatte.

Nachdem Eduard VII., der ungeliebte Onkel und verabscheute »Einkreiser«, im Jahre 1910 gestorben war, versuchte er ein neues Kapitel in den Beziehungen zur Familie seiner Mutter und und zum Rivalen seines Landes aufzuschlagen. Wilhelm II. nahm an den Trauerfeierlichkeiten in London teil. In Westminster Hall trat er mit dem neuen König Georg V. vor den Sarg, »legte einen Kranz nieder und sprach ein stilles Gebet, nach dem sich meine Rechte und die meines königlichen Vetters ganz von selbst fanden und sich fest ineinander schlossen«.

Der Händedruck, der von Augenzeugen »als ein gutes Zeichen für die Zukunft« gewertet wurde, war gut gemeint, vermochte jedoch nicht die in ihn gesetzte Hoffnung zu erfüllen. König Georg V. schätzte zwar den Jäger und Königin Mary den Reiter Wilhelm, aber sie sahen sich einem Kaiser gegenüber, der es nicht bei flotten Sprüchen gegen England beließ, es vielmehr mit einer immer stärkeren Kriegsflotte konfrontierte.

Davon konnte die Beziehung zwischen Georg und Wilhelm, die sich gut, jedenfalls besser als diejenige zwischen Eduard und Wilhelm anzulassen schien, nicht unberührt bleiben.

»Er ist Engländer durch und durch und haßt alle Ausländer, wogegen ich nichts habe, solange er die Deutschen nicht mehr haßt als alle anderen«, sagte der Kaiser über den neuen König am Rande der Trauerfeierlichkeiten für dessen Vorgänger. Georg V. gelangte zu dem Schluß: »Er hat für sein Volk große Taten vollbracht, aber seine Ambitionen waren so groß, daß er die Welt beherrschen wollte und zu diesem Zweck baute er seine Militärmaschinerie aus.«

In erster Linie trieb er den Flottenbau voran, aus persönlicher Passion und auf Drängen von Großadmiral Tirpitz, der immer mehr Macht über den Monarchen gewann und Einwände des auf eine Verständigung mit England bedachten, an ein Neutralitätsabkommen denkenden Reichskanzlers Bethmann Hollweg aus dem Weg zu räumen verstand.

Im Jahre 1912 versuchte die englische Regierung noch einmal, zum letztenmal, die Flottenrüstung im gegenseitigen Einvernehmen zu beschränken. Alarmiert durch eine deutsche Flottennovelle, die zusätzliche Schlachtschiffe vorsah, schickte sie im Februar 1912 Lordkanzler Haldane zu Verhandlungen nach Berlin.

Seine Mission scheiterte. Wilhelm II., von Tirpitz beeinflußt, war nicht bereit, auf weitere deutsche Dreadnoughts zu verzichten oder wenigstens das Bautempo zu verlangsamen – auch nicht um den Preis eines politischen Abkommens, den Bethmann Hollweg dafür von den Engländern fordern wollte. Das wäre eine »Preisgabe unserer Defensivchance gegen England«, bedeutete Wilhelm dem Kanzler. »Ich muß als Kaiser im Namen des Deutschen Reiches und als Oberster Kriegsherr im Namen Meiner bewaffneten Macht ein solches Ansinnen als mit unserer Ehre unvereinbar ein für allemal zurückweisen.«

Die Flottennovelle wurde dem Reichstag vorgelegt und von diesem angenommen. Er habe dem deutschen Volke »sein Anrecht auf Seegeltung und sein Selbstbestimmungsrecht in Rüstungsangelegenheiten gerettet«, brüstete sich Wilhelm II. »Der Deutsche Kaiser«, bemerkte der englische Außenminister Grey, »ist wie ein Schlachtschiff unter Volldampf und Hochdruck, aber ohne Ruder, und er wird eines Tages irgendwo auflaufen und eine Katastrophe verursachen.«

SEINE ENGLANDFAHRT im Jahre 1911 war mehr eine »Sentimental journey« in eine unbeschwerte Vergangenheit als ein Renkontre mit einem gegenwärtigen Rivalen und künftigen Feind gewesen. Georg V. hatte Wilhelm II. eingeladen, der Enthüllung des Denkmals beider Großmutter, der Queen Victoria, beizuwohnen.

Noch einmal genoß er den Vorzug, im Hause Sachsen-Coburg-Gotha als Familienmitglied empfangen zu werden, und bewunderte die Großartigkeit, mit der Großbritannien seine Feste zu feiern und seine Geltung zu demonstrieren wußte.

Auf dem Platz vor dem Buckingham Palace, dem würdigen Ort des

Monuments der Königin von England und Kaiserin von Indien, paradierten Truppen aller Waffengattungen mit einer Exaktheit, die dem Preußen mit Eifersucht gepaarten Respekt abnötigte: »Der Vorbeimarsch vollzog sich auf dem kreisrunden Platze in einer andauernden Schwenkung; die äußeren Flügel mußten ausschreiten, die inneren verhalten, eine schwierige Aufgabe für die Truppe. Sie wurde glänzend gelöst, kein Mann kam aus der Richtung.«

Dies hatte der Vorbeimarsch der englischen Truppe, was der Kaiser weniger bemerkte, mit dem Vorgehen der englischen Diplomatie gemeinsam: Sie avancierte mal zügiger, mal verhaltener, ohne aus dem Tritt zu kommen und die Richtung zu verlieren, löste ihre Aufgabe, die Interessen ihres Landes zu vertreten – wo notwendig an der Seite ihrer Entente-Partner, wenn möglich ohne Distanzierung von Deutschland.

Ziel war die Sicherung des Friedens. Denn, wie der englische Diplomat Spring Rice bemerkte, ein Krieg in Europa würde Zustände wie im Dreißigjährigen Kriege zeitigen und nur noch Amerikaner und Chinesen übriglassen.

Das Bemühen, dies gemeinsam mit allen Europäern, auch den Deutschen, zu vermeiden, wurde dem Kaiser vor Augen gestellt. Im Theater Drury Lane, wo er eine Aufführung des englischen Schauspiels »Money« besuchte, fiel im Zwischenakt ein Vorhang, auf dem Georg V. und Wilhelm II. zu sehen waren, die militärisch salutierend aufeinander zuritten.

In den nächsten Jahren ließen es beide Seiten nicht an Versuchen fehlen, diplomatisch aufeinander zuzugehen und nicht militärisch gegeneinander loszureiten. Georg V. ermunterte dazu seine Minister, während Wilhelm II. seinen Kanzler Bethmann Hollweg am kurzen Zügel hielt.

Immerhin wurde einiges erreicht, das Hoffnung auf Vermeidung eines Zusammenpralls aufkommen ließ. In der orientalischen Frage kam es zu einer Verständigung zwischen dem Foreign Office, das sich an der Türkei weniger interessiert zeigte, und der Wilhelmstraße, die Wilhelms II. Ambition, Erbe des Osmanischen Reiches zu werden, nicht ernst nahm. »Entweder flattert die deutsche Fahne bald auf den Festungen des Bosporus«, erklärte er in einer merkwürdigen Mischung aus Kurzsicht und Weitsicht, »oder mich trifft dasselbe Schicksal des großen Verbannten auf der Insel St. Helena.«

Kleinasien wurde weiterhin von der deutschen Außenpolitik als Einflußzone und von der deutschen Wirtschaft als Interessengebiet beansprucht. Politische wie ökonomische Ziele wurden mit dem Bau der Bagdad-Bahn verfolgt, die Berlin mit der Hauptstadt Mesopotamiens und darüber hinaus mit dem Persischen Golf verbinden sollte. Als ihre Domäne betrachteten diesen die Engländer, die das Ölgeschäft witterten und aus strategischen Gründen vor allem die Russen, aber auch die Deutschen fernzuhalten suchten. Der Verzicht Berlins auf die Endstrecke zum Persischen Golf ermöglichte im Juni 1914 den Abschluß eines Abkommens, in dem London dem Bau durch die deutsche Bagdad-Bahn-Gesellschaft zustimmte.

Das Verhandlungsklima war durch ein gemeinsames Management der neuen Balkankrise verbessert worden. Wiederum wurde die Erfahrung bestätigt, daß ein zerbrechendes Imperium, in diesem Falle das Osmanische Reich, für die Welt eine noch größere Gefahr darstellte als im Vollbesitz seiner Macht. Um ihm Stücke zu entreißen, wurden erneut Kriege begonnen: Im Oktober 1911 von den Italienern, um Tripolis zu gewinnen, und im Oktober 1912 von Serbien, Bulgarien, Griechenland und Montenegro, um Albanien, Mazedonien und Thrazien zu erobern.

Wilhelm II., dessen Türkenfreundschaft nachgelassen hatte, seitdem er – nach dem Erwerb eines Refugiums auf Korfu – seine griechische Seele entdeckt hatte, äußerte spontan: Die Balkanstaaten nähmen nur das gleiche Recht wie Preußen in den Schlesischen Kriegen, sich zu vergrößern, in Anspruch, und wie die deutsche Frage Anno 1866 sei auch die orientalische Frage der Gegenwart nur mit dem Schwert zu lösen. Mit Genugtuung verfolgte er den »berechtigten Siegeslauf« der Griechen, Bulgaren, Serben und Montenegriner, den aufzuhalten keine europäische Macht sich einfallen lassen sollte.

Der Kaiser bedachte nicht, daß eine Niederlage der Türken einen Schatten auf seine eigene Waffenehre werfen würde; denn deutsche Instrukteure hatten das osmanische Heer ausgebildet. Und seine erste Reaktion nahm wenig Rücksicht auf den österreichisch-ungarischen Bundesgenossen, der unmittelbar von einer Machtverschiebung auf dem Balkan, vor allem zugunsten Serbiens, betroffen worden wäre.

Die Balkanstaaten siegten in einem Blitzfeldzug, eroberten beinahe das ganze Gebiet der europäischen Türkei. Serbien beanspruchte einen Zugang zur Adria.

Nun drohte sich der kleine Konflikt auf dem Balkan zu einem großen Konflikt in Europa auszuweiten. Österreich-Ungarn mußte Serbien, das nicht nur zur Befreiung der unter osmanischer, sondern auch unter habsburgischer Herrschaft lebenden Slawen angetreten war, in Schranken halten. Rußland durfte seinen serbischen Bundesgenossen nicht noch einmal, wie in der bosnischen Krise, im Stich lassen. In einen Streit zwischen Österreichern und Russen drohten deren Alliierte hineingezogen zu werden – auf der einen Seite das Deutsche Reich, auf der anderen Seite England und Frankreich.

Die englische Diplomatie, die an der Aufrechterhaltung der friedenssichernden Balance of power auf dem Balkan wie in ganz Europa interessiert war, suchte eine Ausweitung des Konfliktes zu verhindern. London ließ Petersburg wissen, daß es nicht auf sein Eingreifen rechnen könne, wenn es wegen der russischen Unterstützung zu weit gehender Territorialansprüche Serbiens zu einem Krieg kommen sollte. Und Berlin wurde bedeutet: Wenn Deutschland und Österreich-Ungarn die Balkanwirren ausnützten, um gegen Rußland und Frankreich loszuschlagen, würde England an die Seite seiner Entente-Partner treten.

Aus Wilhelm brach der Zorn gegen Albion hervor, den er seit Haldanes Ansinnen, seine Flotte zu verringern, nur mühsam zurückgehalten hatte. Jetzt sei endgültig klargeworden: »Der event. Existenzkampf, den die Germanen in Europa (Österreich, Deutschland) gegen die von Romanen (Galliern) unterstützten Slawen (Rußland) zu fechten haben werden, findet die Angelsachsen auf der Seite der Slawen.«

Der Bündnisfall für Deutschland würde nicht eintreten, wenn Rußland von Österreich, wohl aber, wenn Österreich von Rußland angegriffen würde, erklärte Wilhelm II. und verwies darauf, daß dann ein Krieg an zwei Fronten geführt werden müßte: »Um gegen Moskau marschieren zu können, muß Paris erst genommen werden. Paris wird zweifellos von London unterstützt werden. Es muß also Deutschland in einen Existenzkampf mit drei Großmächten eintreten, bei dem alles aufs Spiel gesetzt werden muß und eventuell es untergehen kann.«

Wilhelm begann sich zu fragen, ob man ein solches Risiko eingehen sollte, nur »weil Österreich die Serben nicht in Albanien oder Durazzo haben will«. Und er wollte wissen, ob das Deutsche Reich ein solches Wagnis überhaupt auf sich nehmen könnte. Am 8. Dezember 1912 rief der Oberste Kriegsherr seine Militärs zusammen, um ihre Meinung einzuholen.

Das Treffen verlief wie das Hornberger Schießen, das heißt, es führte zu keinem eindeutigen Ergebnis. Zwar erklärte der Generalstabschef Moltke, er halte den Krieg für unvermeidbar, und ließ seine Entschlossenheit zu einem Präventivkrieg erkennen; »denn die Gegner rüsten stärker als wir«. Aber er fügte hinzu, die Presse müßte erst »die Volkstümlichkeit eines Krieges gegen Rußland« der deutschen Öffentlichkeit klarmachen. Das Heer wollte seine Rüstung verstärkt sehen, die zugunsten der Marine vernachlässigt worden war. Dennoch sei die Marine noch nicht soweit, bemerkte Tirpitz; sie würde »gern das Hinausschieben des großen Kampfes um eineinhalb Jahre sehen«.

Den »Kriegsrat« kritisierte Reichskanzler Bethmann Hollweg, der darangegangen war, zusammen mit den Engländern die Balkankrise zu entschärfen und einen europäischen Krieg zu vermeiden. Der Kaiser schwenkte auf diese Linie ein, ob nun aus Enttäuschung, daß die Militärs noch nicht zum Kampf bereit waren, oder weil die Sorge vor dem Risiko eines Ringens, bei dem es um Sein oder Nichtsein ginge, seine Kriegslust schwächte und seinen Friedenswillen stärkte. Wie so oft zwischen großsprecherischem Vorpreschen und kleinmütigem Rückzug schwankend, fand er sich wieder einmal in der Retraite wieder.

Ohnehin hatten ihn seine Diplomaten vor vollendete Tatsachen gestellt. Parallel zu den englischen Kollegen, von denen die russischen Kampfhähne zurückgehalten worden waren, hatten sie für eine Abkühlung der österreichischen Heißsporne gesorgt. Diese mußten sich damit zufriedengeben, daß Serbien von der Adria ferngehalten wurde, und jenen blieb die Genugtuung, daß ihr serbischer Außenposten durch mazedonisches Gebiet verstärkt werden konnte.

Wilhelm II. atmete auf, schrieb an Franz Ferdinand, der die k.u.k. Falken zu zähmen geholfen hatte: »Du hast Dir ein unsterbliches Verdienst erworben, denn Du hast Europa von seinem Bann, der es bedrückte, erlöst.« Selbstverständlich wollte er sich einen Anteil an dieser Friedenstat zugeschrieben wissen, in das Gebet der »Millionen dankbarer Herzen« eingeschlossen werden.

In Friedensschwung geraten, trieb es ihn noch ein Stück weiter. Im zweiten Balkankrieg, im Sommer 1913, stritten sich Bulgarien einerseits und Serbien, Montenegro und Griechenland, verstärkt durch Rumänien, andererseits um die Beute des ersten Balkankrieges. Als die Bulgaren sich der erdrückenden Übermacht nicht gewachsen zeigten, dachten die Österreicher daran, ihnen zu Hilfe zu kommen. Doch dies wurde ihnen vom deutschen Zweibundpartner freundlich, aber bestimmt ausgeredet.

Der Deutsche Kaiser empfahl sogar, die Donaumonarchie sollte sich nicht mit dem allein gebliebenen, sich von dem seine Feinde unterstützenden Rußland abwendenden und Österreich-Ungarn zuwendenden Bulgarien einlassen, sondern Griechenland und vor allem Serbien an seine Seite zu ziehen versuchen. Er sorgte damit für Verstimmung in Wien, das die Kluft zu Belgrad, seinem Hauptfeind auf dem Balkan, für unüberbrückbar hielt, und für Verärgerung in Petersburg, das sich seinen Hauptfreund auf dem Balkan nicht abspenstig machen lassen wollte.

Damit beeinträchtigte er seine Bemühungen, das Zarenreich auf seine Friedenslinie zu bringen, es zumindest davon abzuhalten, sich in eine Kriegsfront gegen Deutschland einzureihen. Er hoffe, »daß die Balkanwirren bald endgültig ohne weitere Verwicklungen erledigt sind, und bin sehr darauf bedacht, zu diesem Zweck mit Dir zusammenzubleiben«, hatte »Willy« an »Nicky« im Februar 1913 geschrieben, als sich die Gewitterwolken des ersten Balkankrieges gelichtet hatten.

Im Vorjahr, im Juni 1912, waren Wilhelm II. und Nikolaus II. in Baltisch-Port zusammengetroffen. Die Einladung war vom Zaren ausgegangen. Äußere Einträchtigkeit wurde dadurch demonstriert, daß die beiden Jachten nebeneinander ankerten. Persönlich gab man sich offen, politisch hielt man sich bedeckt.

Der Zar verriet kein Sterbenswörtchen über den unter russischer Schirmherrschaft geschlossenen Balkanbund zwischen Serbien, Griechenland und Bulgarien, der direkt gegen die mit Deutschland befreundete Türkei und indirekt gegen das mit Deutschland verbündete Österreich-Ungarn gerichtet war.

Der Kaiser scheute sich, die verstärkten russischen Rüstungen anzusprechen, genoß jedoch den »vortrefflichen Eindruck«, welchen das seinem deutschen Chef vorgeführte Infanterie-Regiment »Wiborg Nr. 85« auf ihn machte. »Es war in Feldausrüstung - braungraue Blusen und Mütze – ausgerückt, welch letztere, von allen keck auf dem einen Ohr getragen, den sonnenverbrannten, martialischen Gesichtern der kräftigen jungen Soldaten einen verwegenen Anstrich verlieh, der jedes Soldatenauge erfreuen mußte.« Für einen Augenblick schien er zu übersehen, daß auch dieses Regiment einexerziert war, nicht nur vor ihm zu paradieren, sondern auch gegen ihn zu marschieren.

Im Sommer 1912 war der Kaiser zum letztenmal in Rußland, im Frühjahr 1913 der Zar zum letztenmal in Deutschland. Bevor sie Felduniformen anlegten, demonstrierten sie noch einmal eine Solidarität der Monarchen, die von ihren Staaten und ihren Völkern nicht mehr geteilt wurde.

Die Gekrönten, die in derselben Kutsche fuhren, schienen vergessen zu haben, daß sie in einer Zeit, deren Zeichen auf Demokratie und Republik standen, in einem Boote saßen, mit dem sie, wenn sie es zum Kentern brächten, gemeinsam untergehen würden.

Durch ein Spalier preußischer Garde-Infanterie, eskortiert von preußischer Garde-Kavallerie in Paradeuniform, fuhren am 22. Mai 1913 Nikolaus II. und Wilhelm II. die Linden in Berlin entlang. »Die zum Helm gehende Handbewegung, mit der Nikolaus die höflichen Grüße erwiderte, erschien noch automatischer als sonst«, bemerkte der Journalist Theodor Wolff, »und die beiden Cousins saßen so steif und stumm nebeneinander, als führen sie zu einem Begräbnis und nicht zu einem fröhlichen Hochzeitsfest.«

Anlaß für die Begegnung der Monarchen war die Vermählung der einzigen Tochter Wilhelms, Viktoria Luise, mit Herzog Ernst August von Braunschweig-Lüneburg. Die Eheschließung sollte die Versöhnung zwischen zwei Herrscherhäusern besiegeln: den Hohenzollern, die 1866 das Königreich Hannover annektiert hatten, und den entthronten Welfen. Aus diesem Grund waren auch König Georg V. und Königin Mary von England nach Berlin gekommen – zu einer Privatvisite, nicht zu einem offiziellen Besuch, worauf das Foreign Office Wert gelegt hatte.

Blut sei dicker als Wasser, pflegte Wilhelm II. zu sagen, seine Hoffnung ausdrückend, daß die familiären Verbindungen der mit-

einander verwandten Dynastien ihre sich immer mehr auseinander-
lebenden Staaten zusammenzuhalten vermöchten. Aber das Wasser
war viel zu tief; mit den Völkern konnten auch die Königskinder
nicht mehr zueinanderkommen.

»Es war das letztemal, daß die drei Monarchen sich sahen«, resümierte Theodor Wolff. »Zwischen ihnen an der Festtafel saß der
Steinerne Gast.«

IM JUNI 1913, kaum waren der russische Zar und der englische König
abgereist, um nie wiederzukommen, wurden die Linden neu geschmückt, diesmal für ein ausschließlich nationales Fest – das
fünfundzwanzigjährige Regierungsjubiläum Wilhelms II.

Die Lichtmasten waren patriotisch verkleidet, trugen Kronen aus
gestanztem und vergoldetem Zinkblech. »Die Schattenseiten bleiben im wohltätigen Dunkel«, bemerkte Bethmann Hollweg. Der
Monarch neigte dazu, im Rückblick auf das wilhelminische Vierteljahrhundert nur Glanz und Gloria zu sehen, und vermochte, wenn er
sich in der wilhelminischen Gegenwart umschaute, nur Gratulanten
erkennen.

»In den Blättern keine byzantinischen Verhimmlungen des Kaisers,
wohl aber manche ehrliche Anerkennung und gerechte Beurteilung
seines Wesens«, bemerkte die Baronin von Spitzemberg. »Es ist mir
eine Herzensfreude, daß unser Volk trotz aller Mißtöne, die es
durchklingen, sei es auch nur für Tage zu einer ehrlichen Festfreude
und Huldigungsstimmung für den Kaiser sich aufraffen kann, als
Beweis besonders dafür, wie tief doch die monarchische Gesinnung
noch sitzt, und die Freude am Deutschen Reich.«

Wilhelm II. genoß noch einmal die Zustimmung weiter Kreise seiner
Preußen und Deutschen, die in ihm weiterhin die Symbolgestalt der
Nation, die Integrationsfigur des Reiches und neuerdings auch
einen Bewahrer des europäischen Friedens zu sehen schienen.

Am Vorabend der Feiern seines Regierungsjubiläums, am 15. Juni,
dem Todestag Friedrichs III., scharte sich im Neuen Palais zu
Potsdam die Familie um den 54jährigen Vater. Der 31jährige Kronprinz Wilhelm, seit fünf Jahren verheiratet, verkörperte die Zukunft
der Dynastie, allerdings in einer zu seiner Husarenuniform passenden Weise. Wenn dem Kaiser seine eigenen Anfänge bewußt geblieben wären, hätte er dafür Verständnis aufbringen müssen. Doch

älter und, wenn schon nicht viel reifer, so doch ziemlich müde geworden, betrachtete er seinen Thronerben mit kritischem und besorgtem Blick.

Mit dem Knaben hatte er im Weißen Saal des Berliner Schlosses Fußball gespielt, wobei ein Kronleuchter zu Bruch gegangen war. Sportliche Betätigungen in der Öffentlichkeit nahm er dem Herangewachsenen übel, selbst das Turnierreiten. Über das Niveau eines Potsdamer Leutnants wuchs der Sohn kaum hinaus, was dem Vater weniger mißfallen hätte, wenn er ein Offizier alten Schlages geblieben und nicht dessen neu-deutschem Zerrbild zunehmend geähnelt hätte. Einmal mußte der Monarch den Kronprinzen vor dem Offizierskorps rügen, weil dieser statt in die Garnisonkirche zum Sektfrühstück gegangen war. Im Jahre 1908, während der schwersten Krise des Menschen und Monarchen Wilhelm, ließ sich der Sohn die Erfindung eines Manschettendoppelknopfes patentieren.

Nach der Familie gratulierten dem Regierungsjubilar die deutschen Bundesfürsten, und auch dabei wurde ihm ein Freudenbecher mit Wermutstropfen gereicht.

Sprecher war der neue bayerische Prinzregent Ludwig. Das mochte Wilhelm II. zwar an die Reichsgründung erinnern, als König Ludwig II. im Namen der deutschen Monarchen seinem Großvater Wilhelm I. die deutsche Kaiserwürde angetragen hatte. Aber dieser Wittelsbacher, der seit 1866 eine preußische Kugel im Bein trug und sich nicht gescheut hatte, 1871 als Reichstagskandidat der antipreußischen bayerischen Patriotenpartei aufzutreten, war ihm persönlich unsympathisch und politisch verdächtig. Diesen Prinzregenten, der noch im selben Jahr als Ludwig III. den Thron des Königreiches Bayern bestieg, hielt er für einen Partikularisten unter der Tarnkappe eines Föderalisten.

Vor allem Bayern pochte auf seine Eigenständigkeit in dem von ihm mitgeschlossenen Fürstenbund mit dem Namen Deutsches Reich. Doch auch die anderen Oberhäupter der Bundesstaaten beharrten auf den ihnen im Verfassungstext zugestandenen Rechten, was Wilhelm II. immer weniger mit der Verfassungswirklichkeit vereinbar schien. Denn der König von Preußen – das Oberhaupt des Staates, der das Reich gegründet hatte und mit einer Zweidrittelmehrheit faktisch beherrschte – beanspruchte, aber genoß als Kaiser nicht alle Vorrechte, die er seiner Hausmacht für angemessen hielt.

Weit mehr, wenn auch nicht ganz in Friedenszeiten, konnte der König von Preußen als Deutscher Kaiser über die bewaffnete Macht des Reiches verfügen. Am meisten erfreuten daher die militärischen Ehrungen den Jubilar, der vor fünfundzwanzig Jahren nicht nur Monarch, sondern auch Oberster Kriegsherr geworden war. 125 Mann der 2. Kompanie des Ersten Garderegiments zu Fuß marschierten unter dem ergrauten Feldwebel Hartmann vor ihrem ehemaligen Hauptmann auf.

Die Paraden der aktiven Garde vor dem Monarchen mit den Abzeichen eines Feldmarschalls demonstrierten ihm die geforderte Disziplin, die, wenn schon nicht in seinem Staat, so doch in seiner Armee herrschte. Der Zauber der Montur schwand jedoch dahin: Der bunte Rock taugte nur noch zur Parade, nicht mehr für das Feld. Schon seit Jahren wurde die feldgraue Uniform bei Gefechtsübungen getragen.

Der Verlust an traditioneller Farbe war ein Preis, den Deutschland nicht nur für sein Avancement zu einer modernen Militärmacht, sondern auch für seinen Aufstieg zu einer Wirtschaftsmacht ersten Ranges zu entrichten hatte.

Zum Regierungsjubiläum schwebten über der Berliner Friedrichstraße, zwischen Geschäftshäusern, Grandhotels und Bierpalästen, Girlanden und Baldachine mit einem goldenen »W II«. Darunter fuhren Omnibusse mit Reklametafeln für Zigarettenmarken und Kosmetikartikel, riß der Strom der Herrschaftsautomobile und Kraftdroschken nicht ab, pulsierte ein modernes Leben, das der ersten Residenz des Kaisers und Königs, der Hauptstadt eines Reiches mit über 65 Millionen und der drittgrößten Metropole Europas mit über 2 Millionen Einwohnern angemessen war.

Im Vierteljahrhundert der Regierung Wilhelms II. war Deutschland in der Schwerindustrie, nach der Gesamtproduktion von Eisen und Eisenwaren, führend geworden. Der Außenhandel war von 1891 bis 1911 vom 7,3 auf 17,8 Milliarden Mark gestiegen. Das nominale Volkseinkommen, das sich zwischen 1851 und 1913 verfünffacht hatte, war am stärksten zwischen 1891 und 1913 gewachsen. Das gesamte Volksvermögen betrug an die 300 Milliarden Mark, war etwas höher als in England und deutlich höher als in Frankreich.

»Stärker noch als die in interessanten Zahlen klingenden Erfolge wirkt auf den Beschauer das Gefühl elementarer Lebenskraft, das in den Adern des deutschen Volkskörpers steckt und alle seine Glieder dehnt und reckt«, schrieb der Nationalökonom Karl Helfferich, der Schwiegersohn des Finanzmagnaten Georg von Siemens, in seinem Beitrag »Deutschlands Volkswohlstand 1888-1913« zum Jubiläumswerk »Soziale Kultur und Volkswohlfahrt während der ersten 25 Regierungsjahre Kaiser Wilhelms II.«.

Die Jubelschrift, zumindest ihr Titel, schien davon auszugehen, daß noch viele weitere Regierungsjahre Wilhelms II. folgen würden, nach dem Silbernen ein Vierteljahrhundert später ein Goldenes Jubiläum ins Regierungshaus stehen könnte. Dann wäre Wilhelm 79 Jahre alt geworden, was er auch erlebte, freilich als Exmonarch im holländischen Exil. Denn die Hoffnung auf eine goldene Zeit mußte schon im Jahr darauf, bei Beginn des Ersten Weltkrieges, begraben werden.

Anzeichen für ein heraufziehendes Unwetter waren bereits 1913 zu bemerken. Die glänzenden wirtschaftlichen Aussichten, die allen Deutschen eine weitere Verbesserung ihres Lebensstandards versprachen, wurden durch den Umstand beeinträchtigt, daß die soziale Kluft zwischen Bürgertum und Arbeiterschaft noch nicht überbrückt werden konnte und unter Beibehaltung der wilhelminischen Herrschaftsform wie der von Adel und Bürgertum bestimmten Gesellschaftsstruktur auch schwerlich zu überbrücken war.

Innenpolitische Folgen waren bereits in den Wahlen 1912 sichtbar geworden. Die Linksopposition wuchs, der Reichstag erstarkte, die Forderungen nach Parlamentarisierung und Demokratisierung, nach einer Staatsform, die der Wirtschaftsevolution und der Gesellschaftsentwicklung angemessen gewesen wäre, wurden zunehmend lauter und konnten kaum länger überhört werden.

Frauen, die in der wilhelminischen Männergesellschaft viele Pflichten und wenig Rechte hatten, verlangten immer vernehmlicher, an den Wahlen teilnehmen zu dürfen und in die Parlamente gewählt werden zu können. Wie die Frauenbewegung strebte die Jugendbewegung aus wilhelminischen Konventionen heraus: 1913 schaute sie beim Treffen der Freideutschen Jugend auf dem Hohen Meißner über die Niederungen des Heute in einen schöneren und besseren Morgen.

Kein Zukunftsgefährt war die Monarchenkutsche. Auch Wilhelm II., der für seine Person eine schnelle Fortbewegungsart vorzog, war längst in die Eisenbahn, einen Sonderzug mit zwölf Waggons in Blau, Blaßgelb und Gold, und schon in das Automobil umgestiegen. Wenn er mit einem seiner siebzehn elfenbeinfarbenen Kraftwagen durch Berlin fuhr, ertönte ein Trompetensignal mit einem besonderen Zweiklang, den Berliner als »Tatü, tata, bald hier, bald da« interpretierten.

Mit dem Spott wuchs der Zweifel, ob der Kaiser eines Reiches, das an Komplexität wie an Kompliziertheit zunahm, seinen Amtspflichten in jener ambulanten Weise nachkommen könnte, deren sich Wilhelm II. befleißigte. Allein auf seiner Jacht »Hohenzollern« befand er sich von 1893 bis 1914 fast viereinhalb Jahre. Weniger als die Hälfte eines Jahres verweilte er in seinen Residenzen Berlin und Potsdam, die meiste Zeit war er zu Lande wie auf dem Wasser unterwegs.

Sein Leibautomobil wurde zum Silbernen Regierungsjubiläum reich mit Blumen geschmückt. Es war ein Sinnbild: Ein modernes Gefährt erlaubte ihm ein schnelles Enteilen in Gefilde, in denen er nach Bürofrost und Regierungsfrust aufblühen wollte, in denen ihm Rosen ohne Dornen zu winken schienen.

Seit einiger Zeit suchte er sein Refugium nicht nur im hohen Norden, sondern auch an den Küsten Griechenlands. Die Ausschau nach Walhall wurde durch die Sehnsucht nach Arkadien ergänzt, wie es für einen Mann, der die Mitte seines Lebens überschritten hatte, nicht unangebracht war.

Seit 1907 besaß er ein Absteigequartier und ein Aussteigergefilde auf der Insel Korfu. Von Kaiser Franz Joseph hatte er die Villa »Achilleion« erworben, die Kaiserin Elisabeth als Fluchtburg und Traumschloß gedient hatte. Der Ausblick über die blaue Adria auf die Berge Albaniens und in die Schluchten des Balkan erinnerte ihn bald an die Probleme, die sich im Südosten Europas zusammenballten. So wandte er sich der Archäologie zu, um unter der Erde eine Welt zu finden, die ihm besser gefiel und weniger bedrückte.

»Es wäre besser, sich mit dem Balkan zu befassen, mit Albanien, mit den Alldeutschen, mit den neuen Konflikten im Orient«, meinte die Fürstin Marie Radziwill. Aber »sechs bis acht Stunden«, wie Admiral von Müller berichtete, »brachte er, mit seiner kleinen Schippe bewaffnet, bei den Erdarbeiten zu«, den Ausgrabungen auf Korfu, bei denen die Fundamente eines Tempels freigelegt wurden.

Die Irrfahrten des Odysseus schienen ihn mehr zu interessieren als die Kreuz- und Querzüge der deutschen Außenpolitik. Den Homer wie den Baedeker in der Hand, ließ er sich vom Archäologen Wilhelm Dörpfeld Stationen der antiken Odyssee zeigen. Er kam nach Ithaka, in das der griechische Sagenheld schließlich heimgefunden hatte, während er weiterhin unterwegs war.

Eines Platzes in der Geschichte glaubte er sicher sein zu können. Im Park des »Achilleion« ließ er eine vom deutschen Bildhauer Johannes Götz geschaffene überlebensgroße Statue des Achilles aufstellen und die Inschrift anbringen: »Dem Größten der Griechen der Größte der Deutschen«.

Wenn er die Gorgo mit der herausgestreckten Zunge, jenes Reliefhaupt eines antiken Ungetüms, auf das er bei den Ausgrabungen auf Korfu gestoßen war, richtig betrachtet hätte, wären ihm vielleicht Zweifel an seiner gegenwärtigen Rolle und seinem künftigen Schicksal gekommen.

Erst im Exil erinnerte er sich: »Derweilen ich in Korfu über Gorgonen, dorische Säulen und Homer forschte und diskutierte, wurde im Kaukasus und in Rußland schon gegen uns mobil gemacht.« Auf die Frage nach seinen Reisedispositionen im Jahre 1914 habe Zar Nikolaus II. geantwortet: »Ich werde in diesem Jahr zu Haus bleiben, weil wir Krieg bekommen.«

DER SCHATTENKAISER

Wilhelm II. an der Ostfront. Photographie 1917.

Wilhelms Krieg?

EINES KRIEGES, der vor hundert Jahren stattgefunden und mit einem Sieg Preußens geendet hatte, wurde 1913 gedacht: des Kampfes gegen Napoleon I. Am 16. Oktober wurde das Völkerschlachtdenkmal bei Leipzig eingeweiht. Mächtig und wuchtig sollte es unübersehbar an den Sieg über den damaligen Feind erinnern und die Feinde von heute nachdrücklich mahnen, daß Deutschland so unübertrefflich und unüberwindlich dastünde wie der Granitturm auf dem Schlachtfeld von gestern.

Offiziell wurde der Kampf vor hundert Jahren nach wie vor als Befreiungskrieg und nicht als Freiheitskrieg bezeichnet. Denn nicht die damals geweckte und immer noch nicht hinreichend erfüllte Hoffnung deutscher Liberaler und Demokraten sollte ins Gedächtnis gerufen werden, sondern die Wiedererstarkung des von der französischen Revolution wie vom französischen Empereur gefährdet gewesenen Königreiches Preußen. Auf die Voraussetzung der Gründung des preußisch-deutschen Reiches wurde verwiesen und dessen Bereitschaft herausgestellt, seine Geltung mit derselben monarchischen Gewalt und militärischen Macht durchzusetzen, die 1813/14/15 wie 1866 und 1870/71 erfolgreich gewesen waren.

Die Erfolge der Vergangenheit lehrten, daß »wir Männer alle kriegerischen Tugenden pflegen sollen«, erklärte Wilhelm II. »Wie in der Zeit der Erhebung jung und alt herbeiströmte und das letzte hergab, wie selbst Frauen und Mädchen ihr Haar nicht schonten, so sollen auch wir stets bereit sein, um vor allem unsere Rüstung lückenlos zu erhalten, im Hinblick darauf, daß unsere Nachbarmächte so gewaltige Fortschritte gemacht haben.«

Wie 1813 galt noch 1913 Frankreich als der Erzfeind. Aber von den damaligen Verbündeten war Preußen-Deutschland nur Österreich-Ungarn geblieben. Die anderen Alliierten, Rußland und England, hatten sich auf die Seite Frankreichs gestellt, in die gegnerische Front eingereiht. Die Rüstungsanstrengungen, die sie unternahmen, ließen Wilhelm daran zweifeln, daß es ihnen nur um die

Errichtung eines Verteidigungsringes um die Mittelmächte ging. Mehr und mehr gelangte er zu der Überzeugung, daß es sich um Vorbereitungen für einen Angriffskrieg handele.

»Ich als Militär hege nach allen meinen Nachrichten nicht den allergeringsten Zweifel, daß Rußland den Krieg systematisch gegen uns vorbereitet, und danach führe ich meine Politik«, schrieb er an den Rand eines Botschafterberichtes aus Petersburg. Die Politik, die er zu führen vorgab, drückte sich in erster Linie in Marginalien aus. Denn seine Militärs – wie die Militärs in den Nachbarstaaten – bekamen zunehmend das Heft in die Hand. Und der Rüstungswettlauf, den sie begonnen hatten und dessen Tempo sich fast automatisch steigerte, schien sich unaufhaltsam dem Ziele zu nähern, das die Rüstungsplaner im allgemeinen im Visier hatten: einem Krieg.

Militärs aller Länder und Lager pflegten zwar ein lateinisches Wort zu zitieren: »Si vis pacem, para bellum – Wer den Frieden will, muß zum Kriege rüsten«. Doch schon die Römer hatten damit kriegerische Absichten getarnt, und die Pax romana war erst eingekehrt, als sie die Welt erobert und die Völker unterworfen hatten.

Ob Militärs des anhebenden 20. Jahrhunderts, die nicht mehr Schwerter und Wurfspieße schliffen, sondern sich mit Maschinengewehren und Riesenkanonen einschossen, es mit dem lateinischen Wort ernst meinten oder nicht – jedenfalls hatten sie und ihre von militärischen Gesichtspunkten geleiteten Regierungen die Chancen für eine internationale Rüstungsbeschränkung und Schiedsgerichtsbarkeit ungenützt verstreichen lassen.

Nicht nur Militaristen, auch Pazifisten hatten das neue Jahrhundert betreten. 1889 war der Roman »Die Waffen nieder!« der Österreicherin Bertha von Suttner erschienen, den der russische Dichter Leo Tolstoj als »Onkel Tom's Hütte« der Friedensbewegung bezeichnete. Selbst der Besitzer des russischen Herrenhauses schien als Friedensfürst erscheinen zu wollen. Der bewaffnete Frieden sei nicht der wahre Frieden, sondern eine wachsende Gefahr für den Fortschritt der Menschheit, erklärte Zar Nikolaus II. und plädierte für die Einberufung einer internationalen Abrüstungskonferenz.

Die Friedensbewegung mißtraute dem Zaren, der in der einen Hand den Ölzweig hielt und mit der anderen die Knute schwang. In Berlin wurde nach Beweggründen des Russen gesucht und eine Erklärung gefunden: Rußland vermöge den Rüstungswettlauf nicht mehr durchzuhalten; nicht von ungefähr sei der Finanzminister der Urheber des Friedensmanifestes.

Der deutsche Botschafter in Paris berichtete über eine Äußerung des französischen Außenministers: Im vorliegenden Falle hätten Frankreich und Deutschland dasselbe Interesse, nämlich ihre Wehrkraft nicht einzuschränken, auf Abrüstungsvorschläge nicht einzugehen.

Wilhelm II. weigerte sich, »seine durch jahrhundertelange Tradition geheiligten Regimenter aufzulösen« und »sein Land dem Anarchismus und der Demokratie« preiszugeben. Die Einberufung der 1. Haager Friedenskonferenz im Jahre 1899 konnte er nicht verhindern; denn außer der internationalen Zustimmung hatte er die Friedenssehnsucht vieler Deutscher zu berücksichtigen. Er wies jedoch seine Delegierten an, »mit gesundem Menschenverstande den ganzen russischen Heucheleien, Quatsch und Lügen den Garaus zu machen«.

Die Deutschen waren nicht die einzigen, die eine allgemeine Rüstungsbeschränkung als Eingriff in die Souveränität eines Staates und eine wirksame Schiedsbarkeit als Hindernis bei der Durchsetzung von Nationalinteressen verwarfen. Eine wohlklingende Resolution kam, wie später noch öfter, zustande: Eine Kürzung der Kriegsbudgets und Beschränkung der Land- und Seestreitkräfte sei »für das moralische und materielle Wohlergehen der Menschen in höchstem Maße wünschenswert« und sollte »weiterhin geprüft« werden.

»Wenn es das Wohl Englands gebietet, wird es sich den Teufel um völkerrechtliche Abmachungen scheren«, erklärte der englische Admiral Fisher. Der Deutsche Kaiser betonte: »In der Praxis werde ich jedoch auf Gott und die Schärfe meines Schwertes vertrauen und mich einen Scheißdreck um alle ihre Beschlüsse kehren.«

Einigung, auf geduldigem Papier, wurde nur über Schiedsgerichtsverfahren in Bagatellfällen erzielt, und darüber, daß Kriege, wenn sie unvermeidlich wären, in einer den Humanitätsidealen des fortgeschrittenen Zeitalters entgegenkommenden Weise geführt werden sollten.

Die Verhandlungen darüber wurden auf der 2. Haager Friedenskonferenz des Jahres 1907 fortgesetzt und erbrachten die Haager Landkriegsordnung. Wilhelm II. suchte es zu verhindern, daß über Abrüstungsfragen gesprochen wurde, denn – wie er bemerkte: Kaiser und

Reich könnten es niemals dulden, »uns von Fremden irgendwelche Vorschriften über unsere militärischen und maritimen Verhältnisse machen zu lassen«. Doch England, unter innenpolitischem Druck, und die Vereinigten Staaten von Amerika, in puritanischem Eifer, schnitten das Thema auf der 2. Haager Friedenskonferenz an. Wilhelm II. schimpfte über die Pharisäer und war erleichtert, als sie sich als solche erwiesen: Denn auch dortzulande wollten sich die Militärs nicht ins Handwerk pfuschen lassen.

Es wurde weiter und immer schneller aufgerüstet. Angesichts der Balkankrise gingen die Mächte, die sich auf diesem Konfliktfeld gegenüberstanden, mit schlechtem Beispiel voran: Rußland erhöhte 1913 seine sogenannte Friedenspräsenzstärke, die eigentlich eine Kriegsbereitschaftsstärke war, von 1,2 auf 1,42 Millionen Mann; bis 1917 sollten 1,8 Millionen Landsoldaten unter Waffen stehen. Österreich-Ungarn suchte einigermaßen mitzuziehen: Die Truppenstärke stieg von 385 000 (1912) auf 470 000 Mann.

Frankreich, das die russische Aufrüstung mit einer neuen Anleihe unterstützte, beschloß 1913 die dreijährige Dienstzeit und berief zwei Rekrutenjahrgänge auf einmal ein, so daß die Präsenzstärke des französischen Landheeres auf 750 000 Mann erhöht wurde.

Das war die französische Antwort auf die deutsche Heeresvermehrung, die ihrerseits eine Antwort auf die russische Heeresvermehrung gewesen war. Der sogenannte »Kriegsrat« im Dezember 1912 hatte zwar keinen strategischen Kriegsplan, aber eine neue Aufrüstungswelle gezeigt. Die Wehrvorlage von 1913 sah bis 1915 eine Verstärkung der Landstreitmacht um 136 000 Mann vor; im Frühjahr 1914 war eine Präsenzstärke von 748 000 Mann erreicht.

Der Generalstab wollte noch mehr haben, aber der preußische Kriegsminister bremste: Es fehle an erforderlichen Ausbildern, Unteroffizieren und Offizieren. Und im Reichstag wurden die Kosten der Heeresvermehrung kritisiert. Zwar waren die jährlichen Rüstungsausgaben in Deutschland mit 21,17 Mark pro Kopf der Bevölkerung niedriger als mit 27,08 Mark in Frankreich und 32,18 Mark in England. Doch angesichts der defizitären Reichskasse meinten selbst regierungsfreundliche und militärfromme Abgeordnete, die Vorlage genauestens prüfen zu müssen, von jenen ganz zu schweigen, welche an eine Besteuerung der Bundesfürsten dachten.

»Je eher solche Halunken an die Luft gesetzt werden, um so besser!

Der deutsche Parlamentarier und Politiker wird eben mit der Zeit ein Schwein«, machte sich Wilhelm in einem Telegramm an den Reichskanzler Luft. Die Reichstagsmehrheit tat ihre Pflicht und Schuldigkeit, genehmigte die Mittel für die Heeresvermehrung, beschloß eine einmalige Ergänzungsabgabe für höhere Vermögen und Einkommen sowie eine Vermögenszuwachssteuer.

So bekam Deutschland eine Armee, von der Wilhelm sagte, »daß sie ein Instrument darstellte, das seinesgleichen nicht gehabt hat«. Weiterhin meinte er, daß er und nur er es handhabe. Er brauche keinen Generalstab, er mache alles allein mit seinen Flügeladjudanten, hatte er erklärt und blieb dabei, obschon ihm das Instrument von seinen Militärs aus der Hand genommen worden war. Doch sie ließen ihn im Glauben, daß er es nach wie vor wie seinen Feldmarschallstab führe. Er wurde darin durch die Hauptrolle bestärkt, die er bei Paraden und Manövern spielte.

Im Jahre 1913 fanden die letzte Herbstparade auf dem Tempelhofer Feld und in Schlesien das letzte Kaisermanöver statt. Noch immer traf zu, was Waldersee schon vor Jahren bemerkt hatte: Wilhelm II. wolle stets befehlen und wünsche immer zu siegen. Einem Manövergast, dem britischen Generalstabschef French, dem späteren Oberkommandierenden des britischen Expeditionskorps in Frankreich, bedeutete er: »Sie haben jetzt gesehen, wie lang mein Schwert ist, Sie mögen finden, daß es ebenso scharf ist.«

Wollte er es wirklich ziehen, wie Engländer bald behaupteten, die den Weltkrieg »des Kaisers Krieg« nannten? Wie immer, ja noch mehr als früher, schien er zwischen Übermut und Kleinmut zu schwanken: dem Drang, den Befehl zur Attacke zu geben, um – nach der Devise Friedrichs des Großen, daß der Angriff die beste Verteidigung sei – den Einkreisungsring um Deutschland zu sprengen; und der Befürchtung, daß sich die vorpreschenden Reiter an der Rundummauer totlaufen könnten, wie die Kürassiere 1870 an der Feuerwand der Franzosen, die in dem in deutschen Lesebüchern stehenden Gedicht »Die Trompete von Vionville« von Ferdinand Freiligrath beklagt wurden.

Doch schon sprach er von der Unausweichlichkeit eines großen Rassenkrieges. »Der Kampf zwischen Slawen und Germanen ist nicht mehr zu umgehen, er kommt sicher. Wann? Das findet sich.« Dann wieder verwies er auf die Notwendigkeit, den Russen, die in einigen

Jahren übermächtig sein würden, mit einem Präventivkrieg zuvorzukommen. Da immer noch der Schlieffenplan des Generalstabs gelte, bedeute dies, zuerst und bald Frankreich anzugreifen, damit man sich danach und nicht zu spät gegen Rußland wenden könnte.

Einmal zeigte er sich besorgt, daß Deutschland durch einen Krieg Österreich-Ungarns gegen Serbien in einen Krieg mit Rußland hineingezogen werden würde. Ein andermal ermunterte er Generalstabschef Conrad von Hötzendorf, das Haupt der Kriegspartei in Wien: »In ein paar Tagen müßt ihr in Belgrad stehen. Ich war stets ein Anhänger des Friedens: aber das hat seine Grenzen. Ich habe viel über den Krieg gelesen und weiß, was er bedeutet. Aber endlich kommt die Lage, in der eine Großmacht nicht länger zusehen kann, sondern zum Schwert greifen muß.«

Wenn es brenzlig wurde, ließ er es in der Scheide. »Es handelt sich um unser Ansehen in der Welt, gegen das von allen Seiten gehetzt wird! Also Nacken steif und Hand ans Schwert«, tönte er, als die Russen Miene machten, die Entsendung einer deutschen Militärmission unter Liman von Sanders in die Türkei und dessen Ernennung zum Militärbefehlshaber im Bereich Konstantinopel mit Krieg zu beantworten. Wilhelm grollte, aber lenkte ein, verzichtete auf die deutsche Kommandogewalt über türkische Truppen.

»Was der Deutsche Kaiser, König von Preußen für das richtige und beste hält, das tut er«, hatte er betont. Wilhelm II. sei »groß in Worten, schlapp in Taten«, hatte General Lyncker, der Chef seines Militärkabinetts, erkannt. Schein und Sein klafften bei ihm wie immer auseinander. Er wollte als Kämpfernatur dastehen, doch er scheute die Anstrengungen und Entbehrungen, die mit der Beweisführung verbunden gewesen wären.

Das Hin und Her zwischen Attacken in der Theorie und Retraiten in der Praxis war nicht nur in seiner Person angelegt, sondern entsprach auch der Problematik der deutschen Situation, der sich die Militärs und Staatsmänner, die in seinem Namen, wenn auch nicht unbedingt nach seinem Willen zu handeln begonnen hatten, ebenfalls nicht zu entziehen vermochten.

Generalstabschef Moltke glich einmal einem altpreußischen General, der »uff de Plaine« drängte und »immer feste druff« hauen wollte, und dann wieder dem Fabius Cunctator, der wußte, was auf dem Spiele stand, und ahnte, was verlorengehen könnte. Ihn drückte sein persönliches Problem, daß er der Neffe des Siegers von Königgrätz und Sedan war, in den man ähnliche Erwartungen setzte, der sich jedoch eingestehen mußte, daß er sie wegen seiner geringeren Befähigung wie angesichts einer schwierigeren Lage nicht zu erfüllen vermöchte.

Reichskanzler Bethmann Hollweg schwankte zwischen Optimismus und Pessimismus. Einerseits wollte er die Hoffnung nicht aufgeben, daß durch ein neues Krisenmanagement mit London ein Konflikt doch noch zu vermeiden wäre. Andererseits zweifelte er am Vermögen Englands, seine Entente-Partner Rußland und Frankreich zurückhalten zu können, und zunehmend an der Absicht des mit der unter Dampf gesetzten deutschen Schlachtflotte konfrontierten Albions, dies überhaupt noch tun zu wollen.

»Wird uns ein Krieg aufgenötigt, so werden wir ihn schlagen und mit Gottes Hilfe nicht dabei untergehen. Unsererseits aber einen Krieg heraufbeschwören, ohne daß unsere Ehre oder unsere Lebensinteressen tangiert sind, würde ich für eine Versündigung an dem Geschicke Deutschlands halten, selbst wenn wir nach menschlicher Voraussicht den völligen Sieg erhoffen könnten.« Diese Erklärung Bethmann Hollwegs, aus der ebenso sein Vorsatz, den Frieden zu bewahren, wie sein Zweifel, einen Krieg zu vermeiden zu können, sprach, war an seine innenpolitischen Kritiker gerichtet. Zaudern und Zagen wurden dem Kanzler nicht nur bei Hofe und in den Stäben, sondern auch von großen Teilen der öffentlichen Meinung vorgehalten.

Sie war – ähnlich wie in Rußland oder Frankreich – weithin auf Krieg gestimmt, drängte darauf, den Gordischen Knoten der ökonomischen und sozialen, politischen und psychologischen Probleme mit dem Schwert zu durchhauen. Im Juni 1913 bemerkte die »Allgemeine Evangelisch-lutherische Kirchenzeitung«, daß »das ganze Volk, nicht etwa nur die Alldeutschen« in Erwartung eines entscheidenden Waffenganges »nachgerade nervös« werde.

Der Nationalökonom Gustav von Schmoller stellte zwei Ursachen heraus, durch welche die nationale Gespanntheit und die internationale Spannung gesteigert würden: »1. durch die steigende Demokratisierung der Verfassungen und die Verstärkung der öffentlichen Meinung selbst in autokratisch regierten Staaten, und 2. durch die Tatsache, daß neben den leitenden Regierungen die großen Geld-

und Spekulationsmächte einen wachsenden Einfluß auf Krieg und Frieden bekommen haben«.

Gegenstimmen gingen in nationalistischen Bekundungen unter. Selbst Anhänger der SPD waren antifranzösisch und vor allem antirussisch gestimmt. Der sozialdemokratische Parteiführer August Bebel warnte bereits 1911 im Reichstag vor den Folgen eines Schlagens des in ein Schlachten führenden großen Generalmarsches. Hinter dem Krieg »steht der Massenbankrott, steht das Massenelend, steht die Massenarbeitslosigkeit, die große Hungersnot«. Das Protokoll vermerkte: »Zuruf von rechts: Nach jedem Krieg wird es besser!«

»Sie stehen heute auf dem Punkte, Ihre eigene Staats- und Gesellschaftsordnung zu untergraben«, rief der Linke der Rechten zu. »Meine Nachfolger sollen einmal wissen, daß ich forsch war«, erklärte der Monarch, der glaubte, daß er seinen Thron dadurch erhalten könnte, wie er sich gab, und meinte, so und nicht anders wolle ihn sein Volk, zumindest dessen staatstragende und gesellschaftserhaltende Schicht, jetzt und fürderhin haben.

Mit seinem martialischen Auftreten und seinen bombastischen Reden hatte er sein Publikum aufgeputscht, das er – wie stets auf Beifall bedacht und immer mehr darauf angewiesen – nun nicht enttäuschen durfte. Zunehmend sah er sich genötigt, seine Posen nicht nur beizubehalten, sondern zu übertreiben. Sie begannen Reflexbewegungen der Publikumserwartungen zu gleichen, die ihn zu Eskapaden verleiteten, die er gerne vermieden hätte, und in eine Richtung trieben, in die er die Blicke gelenkt hatte.

Napoleon III. war es ähnlich ergangen. Der Kaiser der Franzosen hatte so nachhaltig die Gloire der Grande Nation beschworen, daß sie ihn schließlich zu einem Kriege drängte, den er persönlich nicht wollte und militärisch nicht gewinnen konnte.

AUCH IM JAHRE 1914 wollte Wilhelm nicht von seinen Gewohnheiten lassen, die in ihrer Regelmäßigkeit die Selbsttäuschung festigten, daß alles so weiterginge und daß er immer so weitermachen könnte wie bisher.

Während Nikolaus II. angesichts des heraufziehenden Gewitters zu Hause blieb, standen bei Wilhelm II., wie alljährlich, Korfu, die Kieler Woche und die Nordland-Reise auf dem Programm. In

Arkadien wollte er sich der Archäologie hingeben, an der Ostsee mit dem Angenehmen des Segelvergnügens das Nützliche einer Demonstration der Seegeltung verbinden und im Norden mehr denn je Abstand von einer schwieriger gewordenen Politik gewinnen.

Die Kieler Woche wurde ihm durch eine Depesche verdorben, die ihn erreichte, als er auf seiner Segeljacht »Meteor« an einer Regatta teilnahm: die Nachricht von der Ermordung des österreichisch-ungarischen Thronfolgers Franz Ferdinand und seiner Gemahlin durch einen serbischen Nationalisten in Sarajewo.

Der 28. Juni 1914, ein Sonntag, der für ihn so strahlend begonnen hatte, wurde durch Wolken verdüstert. »Meinen Sie, daß man das race besser abbrechen soll?« fragte er den Chef seines Marinekabinetts, der ihm die Hiobsbotschaft überbrachte. Vielleicht ahnte er, daß es nicht allein eine Regatta einzustellen galt, man vielmehr darauf gefaßt sein mußte, daß die Reihe der schönen und guten Tage abriß und das noch schönere und bessere Zukunftsziel, das man anvisiert hatte, unerreichbar geworden war.

War es nicht ein böses Omen, daß mit dem Habsburger Franz Ferdinand nicht nur ein Mitglied der Monarchenfamilie, sondern auch der Thronfolger ermordet worden war, der – nach dem Ausgleich mit den Ungarn in der Vergangenheit – für die Zukunft einen Ausgleich mit den Slawen angestrebt hatte?

Nun war in Sarajewo mit der Hoffnung auf eine Erhaltung des Vielvölkerreiches die Erwartung auf eine Bewahrung der internationalen Friedensordnung getroffen worden. Mit dem serbischen Nationalismus triumphierte der Panslawismus, und als Widerhall erschallte deutscher Nationalismus und französischer Chauvinismus. Die europäischen Mächte, deren Staatsräson durch die Volksemotion übertönt wurde, gingen auf Konfrontationskurs.

Wilhelm II. hatte sich mit dem Thronfolger Franz Ferdinand, der ihm in manchem glich, besser verstanden als mit dem Kronprinzen Rudolf. Und er war davon ausgegangen, daß er mit einem Throninhaber Franz Ferdinand besser zusammenarbeiten könnte als mit dem alten Kaiser Franz Joseph, der seine Person beargwöhnte und seiner Politik mißtraute.

»Wenn nur dem Deutschen Kaiser nicht noch einmal sein Temperament durchgeht«, hatte der österreichisch-ungarische Monarch das sporenklirrende Auftreten seines Bundesgenossen im Frühjahr 1914 in Wien kommentiert.« Er ist zwar genauso wie ich auf die Erhaltung des Friedens bedacht, aber in dieser ostentativen Hervorhebung des deutschen Schwertes sehe ich eine Gefahr.«

Dem Thronfolger hatte Wilhelm versichert: Wenn das Prestige der Donaumonarchie in Frage stünde, würde sich Deutschland nicht einmal vor einem Weltkrieg fürchten. Das war ein starkes Wort, mit dem er »dem lieben Franzi« zu imponieren und seine Angst vor dem Ausbruch eines Weltkonfliktes zu übertönen suchte. Noch 1912 hatte er mitgewirkt, die Österreicher von einem Angriff auf Serbien, der Rußland auf den Plan gerufen hätte, zurückzuhalten. Nun – vielleicht beeinflußt vom Wiener Genius loci – begann er zu schwanken, ob er bei einer neuen Balkankrise als Bremser oder als Beschleuniger auftreten sollte.

Er hatte nur die Wahl zwischen Übeln: Eine Ermunterung der österreichischen Anti-Serben könnte sogleich den großen Krieg mit Rußland und dessen Entente-Partnern auslösen. Ein Dämpfer für die österreichische Kriegspartei würde in Wien als Affront aufgefaßt, den er sich kaum leisten durfte, weil der einzig verbliebene Bundesgenosse in einem früher oder später doch ausbrechenden großen Konflikt für ihn unentbehrlich war.

Noch am 12. Juni 1914 war Wilhelm mit Franz Ferdinand durch dessen Rosengarten im böhmischen Konopischt gewandelt und hatte dabei die Hoffnung gehegt, durch den vom Thronfolger anvisierten Ausgleich mit den Slawen einer Wahl zwischen den Übeln enthoben zu werden. Mit der Nachricht von der Ermordung des Erzherzogs durch einen Serben, dessen Auftraggeber keine Verständigung, sondern die Auseinandersetzung mit Österreich-Ungarn suchten, schwand diese Zuversicht dahin: »Jetzt muß ich wieder von vorn anfangen!«

Er verließ Kiel und begab sich nach Potsdam, wo er eine Regierung antraf, die wie er unschlüssig war, welcher Kurs in den vom Sturmwind aus Sarajewo aufgewühlten europäischen Gewässern einzuschlagen wäre.

Zunächst neigte Bethmann Hollweg dazu, Österreich-Ungarn von einem Angriff auf Serbien zurückzuhalten. Das wäre schwerer gewesen als beim erstenmal: denn nun wurde in Wien nicht nur auf die Aufwiegler, sondern auch auf die Mörder in Belgrad gezielt. Nach wie vor dachte der Kanzler daran, im Zusammenspiel mit England, das von Emotionen am wenigsten bewegt war, ein Eingreifen Rußlands und damit Frankreichs zu verhindern, einen Krieg zwischen Österreich-Ungarn und Serbien, wenn er schon nicht zu vermeiden wäre, zu lokalisieren.

Bethmann Hollweg blieb die Erfahrung nicht erspart, daß mit alter Kabinettspolitik, wie sie von Bismarck betrieben worden war und wie er sie nachzuahmen suchte, im Jahre 1914 eine Krise nicht mehr zu meistern war. Die »Macht der öffentlichen Meinung« machte ihm wie jedem anderen Staatsmann zu schaffen. Die Ansprüche der »großen Geld- und Spekulationsmächte« beeinflußten wie überall das diplomatische Handeln. Der Primat des Politischen war vom Primat des Militärischen verdrängt worden. Die gewaltige Aufrüstung hatte die Militärmaschinerien vervollkommnet, das Gewicht der sie bedienenden Generalstäbe verstärkt, die Gefahr eines Automatismus der Kriegsapparate vergrößert.

So kam Bethmann Hollweg, dessen Beziehung zu Bismarck sich im allgemeinen darin erschöpfte, daß er dessen vierter Nachfolger als Reichskanzler war, vom schmalen Weg einer Kriegsverhütung ab und begab sich auf den Pfad eines Kriegsrisikos, das er zwar anfänglich beschränken wollte, aber bald nicht mehr begrenzen konnte.

Auf die abschüssige Bahn wurde er hingezogen: von den militärischen Gewalten, die glaubten, durch einen sofortigen Präventivkrieg einem in Bälde zu erwartenden Angriff zuvorkommen zu müssen; von den ökonomischen Mächten, die sich von einem Krieg und erst recht von einem Sieg wirtschaftliche Gewinne erwarteten; von einer nationalistisch aufgestachelten Menge, die allen Feinden die Stirn zu bieten verlangte. Und halb sank er hin, in der eher resignativen als aggressiven Vermutung, daß nur durch eine diplomatisch begonnene und notfalls militärisch fortgesetzte »Flucht nach vorn« eine bevorstehende Strangulation des Reiches durch die es einkreisenden Gegner zu verhindern wäre.

Der noch schwankende Kaiser schwenkte bald auf diese Linie ein und – wie es seine Art war – schoß sofort darüber hinaus. So konnte er von Deutschen, welche die Kriegsstimmung anheizten und die Kriegsrüstung anlegten, als Paravent benützt werden. Und im Ausland als der Hauptkriegsschuldige hingestellt werden.

Bereits in den ersten Julitagen bemerkte Wilhelm II., dessen Kriegswille sich hauptsächlich in Marginalien äußerte, am Rande eines

Berichtes des deutschen Botschafters in Wien, der nach Sarajewo den Österreichern Zurückhaltung gegenüber Serbien angeraten hatte: »Wer hat ihn dazu ermächtigt? Das ist sehr dumm! Geht ihn gar nichts an, da es lediglich Österreichs Sache ist, was es hierauf zu tun gedenkt. Nachher heißt es dann, wenn es schief geht, Deutschland hat nicht gewollt! Tschirschky soll den Unsinn gefälligst lassen! Mit den Serben muß aufgeräumt werden, und zwar bald.«

Auch in Österreich schob die Kriegspartei ihren Kaiser vor, den auf Mitte achtzig zugehenden Franz Joseph I., der sich persönlich zu müde fühlte, um einen Krieg zu beginnen, und zu alt, um sich davon noch etwas zu versprechen. Aber er unterschrieb dann doch den Brief, den sie ihm aufgesetzt hatten, und den der österreichisch-ungarische Botschafter in Berlin am 5. Juli 1914 dem Deutschen Kaiser beim Lunch im Neuen Palais zu Potsdam übergab.

Hinter dem Anschlag in Sarajewo, hieß es darin, stecke die vom russischen Panslawismus gedeckte Politik Belgrads, die »auf die Vereinigung aller Südslawen unter serbischer Flagge« gerichtet sei. »Die Andauer dieses Zustandes« gefährde mit der Donaumonarchie auch das mit ihr verbündete Deutschland. Deshalb müsse Serbien als politischer und propagandistischer Faktor des Panslawismus auf dem Balkan ausgeschaltet werden.

Wie dies geschehen könnte und sollte war im Schreiben Franz Josephs wie im gleichzeitig überreichten Memorandum seiner Regierung offengeblieben. Aber es wurde kein Zweifel daran gelassen, daß Österreich-Ungarn eine Abstimmung mit dem Deutschen Reich suchte, Wien an einem Einvernehmen mit Berlin gelegen war, der direkt provozierte vom indirekt herausgeforderten Bundesgenossen bei einem Vorgehen gegen Serbien Beistand, zumindest Rückendeckung erwartete.

Dies könnte zu europäischen Verwicklungen führen, bedeutete Wilhelm II. dem Botschafter, und deshalb müsse er eine Antwort mit dem Reichskanzler beraten. Doch László Szögyényi–Marich, den er »den Zigeuner« nannte, verstand es, ihm Äußerungen zu entlocken, die – ob nun vom Botschafter überbewertet oder nicht – in Wien für bare deutsche Münze genommen wurden.

Der Deutsche Kaiser – hieß es im Bericht des Botschafters – habe zugesichert, der Kaiser von Österreich könne bei einer Aktion gegen Serbien selbst im Falle einer »ernsten europäischen Komplikation«

auf volle deutsche Unterstützung rechnen. Nach Wilhelms II. Meinung, so Szögyény-Marich, dürfe eine solche Aktion nicht aufgeschoben werden. »Rußlands Haltung werde jedenfalls feindselig sein, doch sei er hierauf schon seit Jahren vorbereitet, und sollte es zu einem Krieg zwischen Österreich-Ungarn und Rußland kommen, so können wir davon überzeugt sein, daß Deutschland in gewohnter Bundestreue an unserer Seite stehen werde.«

Diesen »Blankoscheck« hätte man in Wien vielleicht nicht so hoch bewertet, wenn er nicht vom Reichskanzler Bethmann Hollweg gedeckt worden wäre. Er war Bestandteil seiner Krisenstrategie, die darauf zielte, daß durch einen Blitzkrieg Österreichs gegen Serbien vollendete, für die Mittelmächte positive Tatsachen geschaffen werden könnten, die, wenn schon nicht Rußland, so doch vielleicht Frankreich und wahrscheinlich England hinnehmen würden. Sicher war er sich nicht, doch er nahm das Risiko in Kauf: »Eine Aktion gegen Serbien kann zum Weltkrieg führen.«

Wäre Deutschland dazu hinreichend gerüstet? Wilhelm II. schien sich Gewißheit verschaffen zu wollen, bevor man die Österreicher noch mehr anspornte. Doch seine wichtigsten Militärs waren auf Urlaub, Generalstabschef Moltke in Karlsbad, Großadmiral Tirpitz im Engadin. So ließ er sich, unmittelbar nach seiner Unterredung mit dem österreichisch-ungarischen Botschafter, am Nachmittag des 5. und am Morgen des 6. Juli nacheinander vom Reichskanzler, dem preußischen Kriegsminister, seinem Generaladjutanten, dem Chef seines Militärkabinetts und Vertretern der Marineleitung Vortrag halten. Entscheidungen wurden nicht getroffen, schienen auch nicht dringend ins Haus zu stehen. Er habe »sie nur von der gespannten Situation unterrichten wollen«, sagte er zum Vertreter von Tirpitz, damit sie sich das Weitere überlegten.

Die Österreicher schossen nicht so schnell. Und die Russen hielt der Deutsche Kaiser, wie er dem österreichisch-ungarischen Botschafter gesagt hatte, gegenwärtig nicht für kriegsbereit und kriegswillig. Der Zar werde sich hüten, erklärte er einem zum Vortrag erschienenen Militär, auf seiten der serbischen »Königsmörder« einen Kampf gegen die Monarchen in Wien und Berlin zu beginnen.

So trat er denn noch am Nachmittag des 6. Juli seine alljährliche Nordland-Reise an. Bethmann Hollweg hielt ihn nicht zurück, riet ihm dazu. Wenn der Kaiser in Ferien ginge und Erholung suche, würde dies der Entspannung dienen, sagte der Kanzler, und verschwieg, daß dies auch zu seiner eigenen Beruhigung beitrüge. Denn er wollte sich die komplizierter werdenden Kreise seiner Krisenstrategie nicht auch noch durch spontanes Dazwischenreden und impulsive Eingreifversuche des Monarchen stören lassen. Und die Kriegsbereiten wollten ihn fern von Berlin, am Nordkap sehen, weil sie befürchteten, daß er, wenn es zum Kriegsschwur käme, ihnen in den Arm fallen würde.

Wilhelm war es nicht unangenehm, die Entwicklung der Dinge aus der Ferne zu betrachten, aus der sie weniger dramatisch erscheinen würden, als wenn er sie aus der Nähe erleben müßte. Auf jeden Fall könnte er darauf verweisen, daß er an dem, was in Berlin ausgeheckt würde, nicht unmittelbar beteiligt gewesen wäre. Er sei »vom Auswärtigen Amt nur spärlich mit Nachrichten versehen« worden, sei »hauptsächlich auf die norwegische Presse angewiesen« gewesen, behauptete er dann auch hinterher.

Aber die drahtlose Nachrichtenübermittlung war erfunden. Sie teilten ihm freilich nicht alles und auch nicht sofort mit. So erfuhr er erst am Morgen des 25. Juli auf seiner »Hohenzollern« den Wortlaut des österreichischen Ultimatums an Serbien, das bereits am 23. Juli gestellt worden war.

Die »Begehrnote«, wie sie in Wien genannt wurde, verlangte eine Entschuldigung für Sarajewo, Verfahren gegen die Schuldigen, die Einstellung der panslawistischen Agitation und die Mitwirkung österreichisch-ungarischer Organe an der »Unterdrückung der gegen die territoriale Integrität der Monarchie gerichteten subversiven Bewegung« – begehrte also ein Nachgeben Serbiens, das einer Ergebung gleichgekommen wäre.

»Was, das ist doch einmal eine forsche Note«, kommentierte Wilhelm II. Das sei die Sprache, die man gegenüber einer »Räuberbande, die für Verbrechen gefaßt werden muß«, anschlagen müsse, meinte er. Er hoffte, daß Serbien einlenken würde, Österreich-Ungarn keinen Krieg beginnen müßte. Aber noch am selben Tag wurde er von der Nachricht überrascht, daß Rußland bei einem Einmarsch der Österreicher in Serbien nicht untätig bleiben würde.

An diesem 25. Juli 1914 hatte der russische Kronrat entschieden, »Serbien zu unterstützen, auch wenn man dazu die Mobilmachung erklären und Kriegshandlungen beginnen müsse«. Dementsprechend enthielt die Antwort Belgrads auf das auf 48 Stunden befristete Ultimatum Wiens nur ein halbes, nicht das ganze geforderte Entgegenkommen. Am Abend brach Österreich-Ungarn die Beziehungen zu Serbien ab; beide Staaten mobilisierten.

Obwohl er noch nicht über alles und im einzelnen unterrichtet war, trat Wilhelm II. noch am 25. Juli die Rückreise an. Ein Abbrechen der Nordland-Reise könnte in diesem brisanten Augenblick zu unerwünschten Spekulationen im Ausland und seine Heimkehr zu unwillkommenen Demonstrationen im Inland führen, bedeutete ihm Bethmann Hollweg. »Das wird immer toller«, bemerkte Wilhelm, »jetzt schreibt Mir der Mann sogar vor, daß Ich Mich Meinem Volke nicht zeigen darf!«

Der Kanzler hätte es lieber gesehen, wenn der Kaiser weit weg vom Schuß, den Lokalisierungsbemühungen im letzten und den Vermittlungsversuchen im allerletzten Moment ferngeblieben wäre. Doch am 27. Juli traf Wilhelm II. in Potsdam ein und schickte sich an, dem Lenker der Politik in die Zügel zu fallen.

Vorsichtshalber gab man ihm wichtige Akten überhaupt nicht oder mit Verspätung zu lesen. Die serbische Antwortnote auf das österreichisch-ungarische Ultimatum, die den Forderungen teilweise entgegenkam, bekam er erst am Morgen des 28. Juli zu Gesicht, als Wien die Beziehungen zu Belgrad bereits abgebrochen hatte und auf beiden Seiten mit der Mobilmachung begonnen worden war.

Wilhelms Hoffnungen, die er mit der serbischen Note verband, waren von den Ereignissen bereits überholt. »Das ist mehr, als man erwarten konnte«, kommentierte er; »damit fällt jeder Kriegsgrund fort«. Noch am selben Tage erklärte Österreich-Ungarn den Krieg an Serbien.

Wenn sie schon marschierten, sollten sie wenigstens »Halt in Belgrad« machen, meinte Wilhelm II., dessen Zwischenrufe in Berlin nicht beachtet und in Wien nicht befolgt wurden. Der Kanzler verzögerte die Übermittlung der Anregung des Kaisers, die Österreicher begannen mit dem Bombardement von Belgrad. Der Zar schien ein besseres Gehör für Wilhelms Vermittlungswünsche zu haben: jedenfalls nahm er nach Erhalt eines Telegramms des Kaisers in der Nacht vom 29. zum 30. Juli den am Tage ergangenen Befehl zur allgemeinen Mobilmachung zurück; doch für vier an Österreich-

Ungarn angrenzende Militärbezirke wurde eine Teilmobilmachung angeordnet.

Der Kaiser war vom Kanzler zu dieser telegraphischen Intervention veranlaßt worden. Bethmann Hollweg hatte erkennen müssen, daß sein Krisenmanagement – die Österreicher daran zu hindern, gegen die Serben loszugehen und die Russen wie deren Verbündete von einem Eingreifen abzuhalten – ein Mißmanagement war. Am 30. Juli mußte er zugeben: »Es sei die Direktion verloren und der Stein ins Rollen geraten.«

Die letzte Hoffnung, ihn noch aufhalten zu können, wurde auf England gesetzt. Nachdem der Zar von seiner Regierung gedrängt worden war, am 30. Juli doch die Vollmobilmachung anzuordnen, beklagte sich Wilhelm II. bei Georg V.: »Er hat nicht einmal die Ergebnisse der Vermittlung abgewartet, an der ich arbeite.«

Doch diese war bereits gescheitert, ehe sie noch recht begonnen hatte. Die Österreicher waren nicht mehr zu bremsen, die Russen standen bereits Gewehr bei Fuß, und die Allianzautomatik, die Deutschland in Österreichs Anliegen verwickelt hatte, drängte Frankreich und schließlich auch England an die Seite Rußlands.

Wilhelm II. vermochte – wie schon seit geraumer Zeit – nur noch Marginalien zum Geschehen zu schreiben, das nicht mehr, und schon gar nicht von ihm, zu ändern war. In der Nacht vom 30. auf den 31. Juli machte er die Randbemerkung, nun sei ihm klar: »Leichtsinn und Schwäche« – selbstredend die der anderen – »sollen die Welt in den furchtbarsten Krieg stürzen, der auf den Untergang Deutschlands schließlich abzielt. Denn das läßt jetzt für mich keinen Zweifel mehr zu: England, Rußland und Frankreich haben sich verabredet – unter Zugrundelegung des casus foederis für uns Österreich gegenüber – den Österreichisch-Serbischen Konflikt zum Vorwand nehmend gegen uns den Vernichtungskrieg zu führen.«

Die »Einkreisung«, von Eduard VII. begonnen, ziehe sich jetzt um Deutschland lebensgefährlich zusammen. »Und da hat es Leute gegeben, die geglaubt haben, man könnte England gewinnen oder beruhigen«, bemerkte er, in erster Linie auf Bethmann Hollweg gemünzt, der bis zuletzt daran glaubte, England aus dem von der Einkreisung zur Umzingelung übergehenden und zur Kessel-schlacht antretenden Feindverband heraushalten zu können.

Der Kaiser meinte, vom Kanzler überspielt worden zu sein, und Bethmann Hollweg sah sich von der Militärmaschine überfahren, die sich selbständig machte und eigengesetzlich in Bewegung setzte. Die russische Mobilmachung löste mit einer gewissen Automatik die deutsche Mobilmachung aus. Die Kriegspläne traten gleichsam selbständig in Kraft.

Unter Umgehung des Kanzlers wie des Kaisers forderte der deutsche Generalstabschef Moltke den österreichischen Generalstabschef Conrad von Hötzendorf auf, nun auch gegen Rußland mobil zu machen, und kündigte die Mobilmachung der deutschen Streitmacht an, die sich – gemäß dem Schlieffenplan – zunächst gegen Frankreich wenden würde, während Österreich-Ungarn die russische Dampfwalze aufzuhalten hätte.

Die Kriegsmaschine war angerollt. Sie war nicht mehr aufzuhalten, schon gar nicht durch die Ultimaten Bethmann Hollwegs vom 31. Juli, die er hauptsächlich zur Beruhigung seines Gewissens, nicht in Erwartung einer Annahme stellte: Rußland wurde die deutsche Mobilmachung angedroht, wenn es nicht binnen zwölf Stunden seine eigene rückgängig mache. Petersburg ersparte sich eine Antwort. Frankreich wurde aufgefordert, binnen achtzehn Stunden zu erklären, ob es im Falle eines Krieges zwischen Rußland und Deutschland neutral bleiben würde. Das war nicht anzunehmen, denn Frankreich war genau so an seine Allianz mit Rußland wie Deutschland an seine mit Österreich-Ungarn gebunden.

Dem Kaiser blieb nichts anderes mehr übrig, als am 1. August 1914 den Mobilmachungsbefehl und die Kriegserklärung an Rußland und am 3. August die Kriegserklärung an Frankreich zu unterzeichnen. Am selben Tage marschierten deutsche Truppen in Vollzug des Schlieffenplans im neutralen Belgien ein. Am nächsten Tage trat England an der Seite seiner Alliierten in den Krieg ein.

Das war für Wilhelm, den Enkel der Queen Victoria, der schwerste Schlag: England gebe vor, Frankreich wegen Aufrechterhaltung der Balance of power in Europa helfen zu müssen, in Wirklichkeit wolle es Deutschland vernichten. Jetzt müsse Albions »pharisäische Friedensheuchelei an den Pranger gestellt werden!! Und unsere Konsuln in Türkei und Indien, Agenten etc. müssen die ganze mohammedanische Welt gegen dieses verhaßte, verlogene, gewissenlose Krämervolk zum wilden Aufstande entflammen; denn, wenn wir uns verbluten sollen, dann soll England wenigstens Indien verlieren.«

Derartige Ausbrüche waren nicht dazu angetan, daß er in der Stunde der Gefahr an das politische Ruder gelassen oder ihm gar die militärische Führung überlassen worden wäre. Aber eine Rolle, die ihm auf den Leib geschrieben war, wurde ihm zugesprochen: als Symbolgestalt eines kriegerischen Reiches wie als Integrationsfigur einer herausgeforderten Nation »ein einzig Volk von Brüdern« zum Kampfe aufzurufen und ihm Siegesgewißheit einzureden.

AM 1. AUGUST 1914, gegen 18 Uhr 30, erschien Wilhelm II., von Hurrarufen der vor dem Schloß versammelten Menschenmenge begrüßt, am mittleren Fenster des ersten Stockwerks und sprach – wie berichtet wurde – »mit weithin vernehmbarer, langsam stärker werdender Stimme«: »In dem jetzt bevorstehenden Kampfe kenne Ich in Meinem Volke keine Parteien mehr. Es gibt unter uns nur noch Deutsche.«

»Wir wollen den Kaiser sehen«, hatten die Untertanen gerufen, und als er gesprochen hatte, brach ein Jubel los, »wie er wohl noch niemals in Berlin erklungen ist«. Nach Bekanntwerden des Mobilmachungsbefehls »wußten die Hunderttausende, die zwischen dem Denkmal des Alten Fritz und dem Lustgarten auf- und abwogten, daß Deutschland jetzt die Waffen sprechen lassen wollte«. Wenn sie am Zeughaus vorbeikamen, erblickten sie an der Fassade die Trophäen, die an vergangene Waffenerfolge erinnerten und an künftige Triumphe denken ließen. Die Masken sterbender Krieger im Innenhof blieben unbeachtet. Als sie dann den Kaiser sahen und hörten, glaubten sie den Obersten Kriegsherrn vor sich zu haben, der sie tapfer in den Kampf und tatkräftig zum Siege führen würde.

»Heil dem Kaiser!« wurde gerufen und schon jetzt »Heil Dir im Siegerkranz!« gesungen. Indessen prophezeite Walther Rathenau: »Nie wird der Augenblick kommen, wo der Kaiser, als Sieger der Welt, mit seinen Paladinen auf weißen Rossen durchs Brandenburger Tor zieht. An diesem Tage hätte die Weltgeschichte ihren Sinn verloren.« Mit dem Triumph von Kaiser und Reich hätte sie erst ihre Sinnerfüllung gefunden, meinten wilhelminische Deutsche, die in diesen Augusttagen auszogen und annahmen, im Herbst, wenn die Blätter von den Linden fielen, lorbeergeschmückt heimzukehren.

Selbst Volksvertreter, die dem wilhelminischen System opponiert hatten, scharten sich nun um den Monarchen, der als Verkörperung des Kriegswillens und der Siegeszuversicht des ganzen Volkes erschien.

Wie verloren geglaubte, endlich zurückgekommene Söhne empfing sie Wilhelm II.: »Und welche von den Parteien auch im Laufe des Meinungskampfes sich gegen Mich gewandt haben sollten, Ich verzeihe ihnen allen«, hatte er schon am 1. August zum Volke vor dem Schloß gesagt, und wiederholte, den Helm auf dem Haupte, am 4. August vor den im Weißen Saal des Schlosses versammelten Volksvertretern: »Ich kenne keine Partei mehr, Ich kenne nur Deutsche.« Und forderte die Reichstagsabgeordneten auf: »Zum Zeichen dessen, daß sie fest entschlossen sind, ohne Parteiunterschiede, ohne Stammesunterschiede, ohne Konfessionsunterschiede durchzuhalten mit Mir durch dick und dünn, durch Not und Tod, fordere Ich die Vorstände der Parteien auf, vorzutreten und Mir das in die Hand zu geloben.«

»Die Parteiführer kamen dieser Aufforderung nach unter stürmischem, andauerndem Bravo«, vermerkte das Protokoll. »Während Seine Majestät, nach allen Seiten mit Dank grüßend und vielen Abgeordneten die Hand huldvoll reichend, den Saal verließen, ertönten fortgesetzte brausende Hurrarufe.«

Auch die sozialdemokratische Reichstagsfraktion, die bis zuletzt ihren Friedenswillen demonstriert hatte, reihte sich in die Reichsfront ein, billigte die Kriegskredite, stimmte der Erklärung des Kaisers zu: Die Kriegsursache sei »das Ergebnis eines seit langen Jahren tätigen Übelwollens gegen Macht und Gedeihen des Deutschen Reichs«, und so seien die Deutschen gezwungen worden, »in aufgedrungener Notwehr mit reinem Gewissen und reiner Hand« das Schwert zu ergreifen.

In einen aufgezwungenen Nationalkrieg, nicht in einen vom Zaun gebrochenen Dynastenkrieg meinten die Deutschen zu ziehen. Von einem Kulturkrieg war in der »Erklärung der Hochschullehrer des Deutschen Reiches« die Rede: »Jetzt steht unser Heer im Kampfe für Deutschlands Freiheit und damit für alle Güter des Friedens und der Gesittung nicht nur in Deutschland. Unser Glaube ist, daß für die ganze Kultur Europas das Heil an dem Siege hängt, den der deutsche ›Militarismus‹ erkämpfen wird.«

Ähnliche Töne, nur mit anderen nationalen Vorzeichen, waren bei den Kriegsgegnern Deutschlands zu vernehmen.

In Paris, wo am 31. Juli der Sozialist und Pazifist Jean Jaurès von einem Chauvinisten erschossen worden war, erklärte bei Kriegsbeginn der Präsident der Kammer: »Hier gibt es keine Gegner mehr. Es gibt nur noch Franzosen.« Ein sozialistischer Gewerkschaftsführer stimmte zu: »Im Namen des Syndikats, im Namen aller Arbeiter, die zu ihren Regimentern geeilt sind, und jener, die wie ich morgen ausrücken werden, verkünde ich, daß wir bereitwillig auf das Schlachtfeld ziehen, um den Angreifer zurückzuschlagen.« Die kriegerische Marseillaise erklang, und unisono tönte es: Die »Union sacrée« der Franzosen habe die Zivilisation gegen die Hunnen zu verteidigen.

»Gott sei des Zaren Schutz« wurde in Rußland gesungen. »Der deutsche Botschafter hatte geweissagt, eine Kriegserklärung würde eine Revolution hervorrufen«, bemerkte der britische Botschafter in Sankt Petersburg. »Anstatt eine Revolution hervorzurufen, schmiedete der Krieg ein neues Band um Herrscher und Volk. Die Arbeiter schworen allen Streiks ab, und die verschiedensten politischen Parteien ließen ihre Zänkereien beiseite.«

In London, wo das »Rule Britannia« ertönte und deutsche Geschäfte geplündert wurden, bemerkte Außenminister Sir Edward Grey: »In ganz Europa gehen die Lichter aus; wir werden es nicht mehr erleben, daß sie wieder angezündet werden.«

In Berlin sagte der französische Botschafter, unter dessen Fenstern am Pariser Platz kriegsbegeisterte Deutsche vorbeizogen, zum englischen Botschafter: »Es gibt heute abend drei Leute in Berlin, die bedauern, daß der Krieg ausgebrochen ist: Sie, ich und Kaiser Wilhelm.«

In der Tat: Wilhelm II., der vor seinem Volk als Oberster Kriegsherr posierte und dafür einen Beifall, wie er ihn schon lange nicht mehr bekommen hatte, als Zustimmung zum Monarchen wie zur Monarchie quittierte, war nach der Proklamation in Depression verfallen.

Erinnerte er sich vielleicht an das am 15. Mai 1890 in Königsberg Gesagte: »Ich habe das Gefühl, daß denjenigen, die den Frieden umzustoßen wagen sollten, eine Lehre nicht erspart bleiben wird, welche sie in hundert Jahren nicht vergessen werden«? Nun war er umgestoßen worden, und Wilhelm stand am Rande des Abgrundes, an den er nicht hatte gehen wollen, an den er gestoßen worden war.

Die fürchterlichen Ereignisse der letzten vierzehn Tage hätten ihn sehr mitgenommen, gestand Wilhelm seinem Exkanzler Bülow, der ihm dies ansah: »Ich war bis ins Innerste ergriffen, als ich sein bleiches, erschrockenes, ich möchte sagen verstörtes Antlitz erblickte. Er sah erregt und doch abgespannt aus. Die Augen flackerten unruhig. Er schien mir um zehn Jahre gealtert.«

Eine Schuld am Weltkrieg von sich zu weisen, war ihm schon zu Beginn des Völkerringens nicht allein ein politisches, sondern vornehmlich ein persönliches Anliegen. »Seit der Reichsgründung ist es durch 43 Jahre Mein und Meiner Vorfahren heißes Bemühen gewesen, der Welt den Frieden zu erhalten und in Frieden unsere kraftvolle Entwicklung zu fördern«, erklärte er am 6. August 1914.

Nach dem bitteren Ende, das Deutschland die Niederlage und ihm die Entthronung brachte, wusch er wie Pontius Pilatus seine Hände in Unschuld: »Nicht Deutschland, sondern der Feindbund« habe »den Krieg planmäßig vorbereitet und absichtlich herbeigeführt«. Im übrigen sei nicht der Kaiser, sondern der Reichskanzler Bethmann Hollweg für die Reichspolitik verantwortlich gewesen.

Er erwähnte nicht mehr sein »persönliches Regiment«, das freilich seit geraumer Zeit nur noch eine Fassade gewesen war, hinter der andere agierten. Er gestand sich nicht ein, daß er die Engländer durch seinen Schlachtflottenbau, die Franzosen durch seine Heeresverstärkung und die Russen durch seine Nibelungentreue zu den Österreichern herausgefordert hatte. Und er bedachte nicht, daß seine nationalistischen Worte für kriegerische Absichten, die er nicht hatte, genommen wurden und seine bramarbasierenden Reden zu Taten, die er nicht wollte, gerinnen konnten.

»Er wollte nie den Krieg, sein Ideal wären weitere Kaisermanöver geblieben, bei denen er möglichst als siegreicher Führer auftreten und schwungvolle Kritiken« hätte halten können, erklärte sein Adjutant Ilsemann, der das Exil mit ihm teilte. »Aber den Ernst des Krieges, nein, den wollte er ganz gewiß nicht.«

Trug Deutschland die Hauptschuld, sogar die Alleinschuld am Ersten Weltkrieg? Sie wurde dem Verlierer aufgebürdet, obgleich der britische Staatsmann Lloyd George feststellte: Alle Staaten seien, ohne ihn zu wollen, in den Krieg hineingetaumelt.

Der Nationalismus war nicht auf Deutschland beschränkt, Machtpolitiker, die Rivalen ausmanövrieren, und Militärs, die ihren Beruf praktizieren wollten, gab es überall. Der Automatismus der Allianzen, die sich von Friedensbündnissen zu Kriegsbündnissen entwickelt hatten, trieb Deutschland an die Seite Österreichs, Frankreich und England an die Seite Rußlands und alle zum Waffengang.

Aber hatte nicht Wilhelm II., wie der britische Staatsmann Churchill bemerkte, mit der Ausstellung des »Blankoschecks« für Österreich eine brennende Zigarette in den Vorraum des Pulvermagazins Europa geworfen? Trugen die Kriegserklärungen an Rußland und Frankreich nicht seine Unterschrift? War es gänzlich unangebracht, daß die Sieger ihn »wegen schwerster Verletzung des internationalen Sittengesetzes und der Heiligkeit der Verträge unter öffentliche Anklage« gestellt sehen wollten?

Am Ersten Weltkrieg war nicht allein Deutschland schuld, und Wilhelm II. kann nicht Vorsätzlichkeit, nur Fahrlässigkeit vorgeworfen werden.

Eine konstitutive Ursache des europäischen Konflikts, der – weil Europa noch der Mittelpunkt der Welt war – sich zu einem Weltkonflikt ausweitete, lag allerdings in der Gründung des preußisch-deutschen Nationalstaates in der Mitte des Kontinents. Zu seiner Behauptung war eine militärische Machtstellung erforderlich, von der sich Anrainer herausgefordert fühlten. Alle begannen aufzurüsten – die Deutschen, um einem Angriff von allen Seiten widerstehen zu können, und die Nachbarn, weil sie einen Ausbruch aus der Zitadelle im Zentrum Europas befürchteten.

Bereits der Reichsgründer war vom »Alpdruck der Koalitionen« geplagt gewesen, hatte das Reich der Mitte durch ein Bündnissystem abzusichern versucht. Es war noch zu seinen Amtszeiten so brüchig geworden, daß selbst Bismarck befürchtete, es auf die Dauer nicht mehr zusammenhalten zu können. Seine diplomatischen Schüler, die nicht an den Meister heranreichten, vermochten es schon gar nicht.

Bereits der ältere Moltke, der das Reich durch seine Siege bei Königgrätz und Sedan militärisch mitbegründet hatte, meinte die Zweifrontengefahr durch einen Präventivkrieg beseitigen zu müssen. Bismarck hatte ihn mit Hilfe Wilhelms I. daran gehindert. Der jüngere Moltke glaubte sich einem wachsenden Zweifrontendruck gegenüber zu sehen, den er – bevor die »Einkreiser« so stark geworden wären, um zu einem Zweifrontenkrieg überzugehen – durch eine rechtzeitige Ausführung des Schlieffenplans aus der Welt zu schaffen suchte. Diesmal war kein Kanzler da, der den Militär hätte zurückhalten wollen, und kein Kaiser, der ihn hätte aufhalten können.

Es war nicht Wilhelms Krieg. Er hatte ihn zwar herbeireden helfen, aber nicht herbeigeführt. Sie ließen ihn den Krieg auch nicht führen. Der Schattenkaiser, der er schon war, wurde nun zum Schatten-kriegsherrn.

Gefangener seines Systems

»WIR WOLLEN SIEGEN, und wir müssen siegen«, rief Wilhelm II. am 27. August 1914 den Soldaten zu, die vor ihm im Großen Hauptquar-tier zu Koblenz paradierten. Der Vormarsch im Westen ging zügig voran: Lüttich war erobert, Brüssel besetzt, in Lothringen wurden die Franzosen zurückgeworfen, und die Deutschen marschierten auf Verdun.

»Viele unserer Kameraden sind bereits im Kampfe gefallen«, gestand der Kaiser ein. »Wir haben noch manche blutige Schlacht vor uns.« Jahrzehntelang hatte er den Krieg glorifiziert, noch vor wenigen Wochen Kriegsbegeisterung entflammt, Mars als den Vater aller großen und guten Dinge beschworen. Kaum hatte der Kampf begon-nen, wurden dessen Schrecken offenbar. Noch wurden sie durch Siegesmeldungen verdrängt, doch schon begannen sich in die Triumphreden die ersten Durchhalteparolen zu mischen.

»Wir lassen nicht nach und werden dem Feinde ans Leder gehen. Wir verlieren nicht die Zuversicht im Vertrauen auf unseren guten alten Gott dort droben«, tönte Wilhelm und suchte damit auch eigene Besorgnisse zu übertönen.

Für die Paroleausgabe wurde er weiterhin gebraucht, als Deutscher Kaiser, auf den an der Front wie in der Heimat gehört wurde, als Oberster Kriegsherr, zu dem in den Kampf ziehende Truppen aufblickten. Führen sollte und durfte er ihn aber nicht. Das besorg-ten die Militärs, die ihren »Oberfeldherrn« im Großen Hauptquar-tier sozusagen à la suite mitführten.

Der Generalstab leitete die Operationen und »der Generalstab sagt mir gar nichts und fragt mich auch nicht«, eröffnete der Kaiser im November 1914 dem Prinzen Max von Baden. »Wenn man sich in Deutschland einbildet, daß ich das Heer führe, so irrt man sich sehr. Ich trinke Tee und säge Holz und gehe spazieren und dann erfahre ich von Zeit zu Zeit, das und das ist gemacht, ganz wie es den Herren beliebt.«

Die Militärs glaubten gute Gründe zu haben, warum sie ihn nur vor Photographen an den Kartentisch ließen. Sie wußten, daß es ihm nicht nur an Befähigung, sondern auch am Willen fehlte, Entscheidungen in einem Krieg, den er im Grunde nicht gewollt hatte, entschlossen und erfolgversprechend zu fällen. Sie kannten sein schwaches Nervenkostüm und sein ungenügendes Stehvermögen, das er mit schneidigen Auftritten zu kaschieren versucht hatte. Ein Arzt verwies auf die Möglichkeit eines »völligen Zusammenbruches des nervös verbrauchten Mannes«, von dem »wir uns alle vor dem Krieg eine falsche Vorstellung gemacht haben«.

An forschen Sprüchen ließ er es auch im Kriege nicht fehlen. Dazu ermunterte ihn seine unmittelbare Umgebung, die ihre Aufgabe – wie Generaladjutant Plessen bekannte – darin sah, »mit allen Mitteln die Stimmung des Kaisers hochzuhalten«. Auf Siegesmeldungen wurde angestoßen, und in Champagnerlaune fiel manches unbedachte, unverzeihliche Wort. In Katerstimmung verfiel er bei schlechten Nachrichten, die sie ihm ohnehin nur dosiert zu servieren wagten.

Vielleicht war es ihm ganz recht, daß sie ihm nicht alles sagten, denn das hätte seinen Pessimismus genährt, und daß er von Entscheidungen ferngehalten wurde, was ihm Verantwortung von sich zu schieben erlaubte. Als am 20. August 1914 im Hauptquartier die Chefs des Militär- und Marinekabinetts nicht auf seiner Bank Platz nahmen, sondern eine andere vorzogen, sagte er, von der Selbstsicherheit zum Selbstzweifel und schon zum Selbstmitleid übergehend: »Verachtet ihr mich schon so, daß sich niemand mehr neben mich setzen will?« Womöglich war es ihm gar nicht unlieb, daß er nicht mit ihnen auf einer Bank saß, die eine Anklagebank werden könnte.

Eben war das Große Hauptquartier von Berlin nach Koblenz, in die Etappe der Westfront verlegt worden – das ambulante Entscheidungszentrum des im Kriege stehenden Reiches, aus dem sich der

Reichskanzler, der nicht mehr zu Worte kam, nach vier Monaten verabschiedete, und in dem der verbliebene Kaiser, ohne entscheiden zu können, weiterhin die Entschlüsse zu decken hatte.

»Majestät, solange Sie dieses Offizierskorps haben, können Sie sich freilich alles erlauben; sollte das nicht mehr der Fall sein, so ist es ganz anders«, hatte ihm Bismarck, auf seine militärische Umgebung deutend, bei seinem letzten Besuch in Friedrichsruh gesagt. Seine Entourage war ihm verblieben, aber sie hatte ihn so umringt, daß er keinen Raum mehr für eigene Verfügungen hatte, sich keine selbständigen Schritte erlauben konnte.

Wilhelm II. war der Gefangene des preußisch-deutschen Systems geworden, in dem das Militär von Anfang an das Alpha war und nun das Omega wurde. Was in der hohenzollernschen Militärmonarchie angelegt war, kam in ihrem Existenzkampf voll zum Tragen.

Nach einem preußischen Gesetz von 1852 ging 1914 die Exekutive von den Zivilbehörden auf die Militärorgane über. »Politik hält im Kriege den Mund, bis Strategie ihr das Reden wieder gestattet«, erklärte Wilhelm. In der Theorie verfügte der Kaiser und König über beide Gewalten. In der Praxis hatte er schon im Frieden die militärische Macht für wichtiger gehalten. Im Kriege mußte er es nun erleben, daß sie ihm aus der Hand genommen wurde, weil er deren Anforderungen nicht genügte.

Wie es in Preußen der Brauch war, zog Wilhelm II. mit seinen Soldaten ins Feld. Aber – im Gegensatz zu Friedrich dem Großen und noch Wilhelm I. – führte er sie nicht. Auch sein Großvater hatte – 1866 und 1870/71 – das militärische Hauptquartier zur Staatszentrale erhoben. Wilhelm I. hatte die Operationen geleitet, freilich von Generalstabschef Moltke und Kriegsminister Roon angeleitet; der in Kürassieruniform mitgeführte Zivilist Bismarck hatte sich mitunter vergebens gegen den Primat des Militärischen aufgebäumt. Bethmann Hollweg zeigte sich handsam und konnte deshalb nach Berlin entlassen werden. Wilhelm II., der nominelle Oberfeldherr, mußte bleiben, weil man ihn für die Unterschriften brauchte.

Indessen war die Kriegführung schwieriger geworden als in den beiden letzten Feldzügen. Das zeigte sich schon bei der Frage, wohin man das Hauptquartier verlegen sollte, denn man hatte zwei

Fronten zu berücksichtigen. Sie wurde gemäß dem Schlieffenplan beantwortet, der zunächst eine möglichst rasche Entscheidung im Westen suchte.

Während es gegen Frankreich planmäßig voranging, verlief es im Osten nicht wie vorgesehen. Die Österreicher konnten die Russen nicht aufhalten, wurden in Galizien zurückgeworfen. In Ostpreußen wichen die deutschen Verteidiger der russischen Übermacht; die Kosaken bestätigten ihren Ruf in der Fortsetzung der Kampfhandlungen gegen die Zivilbevölkerung.

Auf dem Plan und in der Geschichte erschienen General Paul von Beneckendorff und von Hindenburg und sein Stabschef Erich Ludendorff. Sie orientierten sich an der Vernichtungsstrategie des älteren Moltke, schlossen die russische Narew-Armee ein und vernichteten sie, Ende August 1914, in der Schlacht bei Tannenberg. Wilhelm II., dessen Skrupel durch die Leiden seiner Ostpreußen vermehrt worden waren, atmete auf, machte sich durch den Ausbruch Luft: Die 90 000 russischen Kriegsgefangenen sollten auf die Kurische Nehrung getrieben und dort dem Tode durch Hunger und Durst ausgesetzt werden.

Der jüngere Moltke, der Chef des Generalstabes des Heeres, hatte die Strategie seines Onkels vor Augen und visierte ein zweites Sedan an. So stießen die deutschen Armeen mit einem Elan und in einem Tempo, die an Anno 70 erinnerten, nach Frankreich hinein, standen nach einem Monat an der Marne, bedrohten Paris, zwangen die Regierung zur Flucht nach Bordeaux.

Da geschah, was die Franzosen das »Wunder an der Marne« nennen konnten und die Deutschen als »Wende an der Marne« bezeichnen mußten. In der Schlacht an der Marne, vom 5. bis 12. September 1914, brachte ein französischer Gegenangriff den deutschen Vormarsch zum Stehen. Die Hoffnung auf eine Kesselschlacht à la Sedan war dahin, der Bewegungskrieg, der eine rasche Entscheidung bringen sollte, erstarrte zum Stellungskrieg, dessen Ende und Ergebnis nicht abzusehen waren.

Die französische Militärführung hatte alle verfügbaren Truppen in den Kampf geworfen. Die deutschen Kräfte hatten sich zu einer operativen Überholung, für eine Umgehungsschlacht als unzureichend erwiesen. Der jüngere Moltke hatte sich nicht an die Mahnung »Mach mir den rechten Flügel stark!« seines unmittelbaren

Vorgängers Schlieffen gehalten und sich nicht an die Erkenntnis Friedrichs des Großen erinnert: »Wer alles defendieren will, defendiert nichts.« Ohnehin durch die Gewaltmärsche geschwächt, hatten die drei deutschen Armeen des rechten Flügels vier Korps zur Verteidigung Ostpreußens abgeben müssen.

Generalstabschef Moltke, von Krankheit gezeichnet und von Pessimismus befallen, hatte die Marneschlacht abgebrochen, zum Rückzug geblasen, eine Frontbegradigung befohlen und dem Kaiser gemeldet: »Majestät, wir haben den Krieg verloren!«

Wilhelm, der in den Krieg mit großen Worten und unguten Gefühlen eingetreten war, hatte nach den Anfangserfolgen einige Zuversicht gewonnen, die er durch Soldatenlatein zu bewahren und zu vermehren suchte – beispielsweise durch Wiederholung und Ausschmückung der Geschichte von jenem Feldwebel, der angeblich mit fünfundvierzig Schüssen siebenundzwanzig Franzosen getroffen hatte.

Nun meinte er, wieder unmittelbar am Rande des Abgrundes zu stehen, von dem er sich inzwischen etwas entfernt zu haben schien. Dorthin fühlte er sich von Moltke gestoßen, und dessen Entfernung, glaubte er, könnte ihn vor einem Absturz bewahren. Noch hatte er das Recht, einen Generalstabschef abzusetzen und einen neuen zu ernennen, und der allgemeine Unwillen über den Versager erleichterte es ihm, davon Gebrauch zu machen.

Mit der Ernennung des preußischen Kriegsministers General Erich von Falkenhayn zum Chef des Generalstabes des Feldheeres und damit zum Leiter der Kriegsoperationen hatte er wiederum die unglückliche Hand, die er in letzter Zeit so oft bewiesen hatte. Der Dreiundfünfzigjährige war zwar gesünder und optimistischer als sein sechsundsechzigjähriger Vorgänger und kam den Vorstellungen Wilhelms von einem stattlichen Mann und schneidigen Offizier entgegen. Aber seine strategischen Fähigkeiten blieben weit hinter den Erwartungen zurück, die er zu wecken verstanden hatte.

Immerhin war Falkenhayn Taktiker genug, um dem Kaiser den Eindruck zu vermitteln, daß dessen Meinung, sein Rat, ja seine Entscheidung mehr als vorher gefragt wären.

Dadurch wurde, bis auf weiteres, die Stimmung Wilhelms angehoben. Sein Glauben, daß es besser, jedenfalls nicht schlechter werden würde, bedurfte schon jetzt einer Abstützung durch den Aberglauben: Das Hufeisen, das er am 1. Oktober 1914 vor dem Dorf Machault bei Reims fand, erkor er zu seinem Talisman.

»DEUTSCHLAND, Deutschland über alles«, sangen die kriegsfreiwilligen Studenten, die im November 1914 bei Langemarck in den Tod stürmten. »Wir aber wissen, daß es ein höheres Leben gibt: das Leben des Volkes, das Leben des Staates. Und wir wissen darum mit tiefstem Weh im Herzen, daß das Einzelleben bestimmt ist, sich für das höhere Leben zu opfern, wenn dieses bedroht ist«, hatte Professor Werner Sombart gelehrt.

Den Nationalhaß nährten Schreibtischtäter. »O, Deutschland, jetzt hasse:/ geharnischt in Erz:/ Jedem Feind einen Bajonettstoß ins Herz!/ Nimm keinen gefangen! Mach jeden gleich stumm!/ Schaff zur Wüste den Gürtel der Länder ringsum!«, hatte Heinrich Vierordt den Deutschen zugerufen, und der Franzose Bruneau seinen Landsleuten: »Vorwärts! Vorwärts! Damit der Boden Frankreichs,/ Den sie uns rauben wollen, einmal ihr Grab wird./ Menschendünger ist gut. Wir brauchen Dünger./ Tausend Ähren werden sich erheben über einem Boche, der fällt.«

Wilhelm II. hatte von höchster Stelle und damit in größter Verantwortung an der Entfachung dieses Ungeistes mitgewirkt. Reden vor dem Kriege hatten den Kampfwillen angestachelt, und Äußerungen im Kriege ertönten im Gleichklang mit nationalistischen Haßpredigten. Im engeren Kreise ließ er Bemerkungen fallen, die bereits in einem Friedenskasino unqualifiziert gewesen wären und ihn in einem Kriegshauptquartier disqualifizierten: »Macht keine Gefangenen!« oder »Tötet so viele von den Schweinen, wie ihr könnt!«

Die Mühlen der feindlichen Kriegspropaganda wurden durch Kaiserworte angetrieben. Was sie verschwieg, waren Handlungen, die den neuen Hunnen, den deutschen Barbaren in ein anderes Licht gerückt hätten. Im Herbst 1915 enthüllte er in Anwesenheit einer französischen Abordnung in Saint-Quentin ein Denkmal »zur Ehre der Gefallenen von Freund und Feind«. Er hatte die Anregung gegeben, den Bildhauer ausgesucht, Geld aus seiner Privatschatulle beigesteuert und Entwurfszeichnungen zweier trauernder antiker Krieger geliefert.

Deutsche und französische Soldaten, wie vom Bildhauer geplant, wollte er auf dem Denkmal nicht sehen. Der Krieg erschien ihm in mythologischer Gestalt und weniger als Nationalkrieg neuer denn als Dynastenkrieg alter Art. Saint-Quentin hatte er als Denkmalsort gewählt, weil hier 1557 gegen Philipp II. von Spanien der französische Admiral Gaspard de Coligny kämpfte, den Wilhelm zu seinen Vorfahren zählte. Der Hugenottenführer war der Urgroßvater von Louise Henriette von Oranien, der ersten Gemahlin des Großen Kurfürsten von Brandenburg.

Das Volk – das war und blieb Wilhelms Auffassung – hatte für seinen Monarchen zu kämpfen, und da dieser von Gottes Gnaden war, auch mit und für den Allerhöchsten.

Seine Soldaten sah er als »Meine Leute« und als Dienstmannen »unseres großen Alliierten dort oben« an. An sie appellierte er am 5. März 1915 bei einem Feldgottesdienst in Polen: »Wir wissen es aus unserer Kinderzeit, und als Erwachsene haben wir es beim Studium der Geschichte gelernt, daß Gott nur mit den gläubigen Heeren ist. So war es unter dem Großen Kurfürsten, so war es unter dem Alten Fritz, so war es bei meinem Großvater, und so ist es auch unter Mir. Wie Luther es aussprach: ›Ein Mann mit Gott ist immer die Majorität‹.«

Den mit »Helm ab zum Gebet« unter »Gottes freiem Himmel« angetretenen Soldaten sagte der Kaiser im Anschluß an den Feldgottesdienst: »Für das, was Ihr geleistet, spreche Ich Euch Meinen Dank und Meine vollste Anerkennung aus, und überall in der Heimat und bei den Truppen, die im Westen kämpfen, blickt man dankbar und stolz auf Eure Taten.«

Während im Westen die Front auf der ganzen Linie – von der Kanalküste bis zur Schweizer Grenze – durch Schützengräben markiert wurde, hatte im Osten der Bewegungskrieg begonnen, der gegen Frankreich gescheitert war.

Aus der Defensive waren die deutschen und österreichisch-ungarischen Armeen im Frühjahr 1915 zur Offensive übergegangen, weit nach Polen, Litauen und Kurland vorgestoßen, ohne im weiten Raum den starken Gegner umfassen oder gar zerschlagen zu können. Bereits im Herbst 1915 war auch im Osten die Front zwischen dem Rigaer Meerbusen und der Bukowina erstarrt.

Falkenhayn hatte, durch Wilhelm II. gedeckt, Truppenverstärkungen für die Ostfront abgelehnt. Beide gerieten dadurch in den Geruch, einen Sieg im Osten verhindert zu haben. Doch der Generalstabschef und sein Kaiser konnten darauf verweisen, daß auch Napoleon I. mit den objektiven Schwierigkeiten in Rußland nicht fertig geworden war und daß es eher möglich wäre, auf dem nicht unermeßlichen westlichen Kriegsschauplatz wie 1870/71 eine Entscheidung herbeizuführen.

Die Gefahr einer Verzettelung der nicht unerschöpflichen Kräfte Deutschlands wurde ohnehin immer größer. Neue Kriegsschauplätze wurden eröffnet: im Süden durch den Abfall des Dreibundpartners Italien und – im Mai 1915 – seinen Kriegseintritt an der Seite der Entente, auf die auch Rumänien und Griechenland traten. Die Türkei und Bulgarien hielten zu den Mittelmächten, was deren Lage nicht verbesserte. Die Frontlinien wurden immer länger; zunehmend galt es, Löcher mit deutschen Truppen und deutschem Material zu stopfen.

Aus dem Zweifrontenkrieg war ein Mehrfrontenkrieg geworden, aus dem kontinentalen ein globaler Konflikt. Denn nicht nur in Europa, auch in anderen Erdteilen wurde gekämpft: am Rande Kleinasiens, an den Dardanellen, in Mesopotamien und im Fernen Osten, wo Tsingtau von den Japanern erobert wurde. Und an der Grenze zu Afrika, am Suezkanal, und in Schwarzafrika, wo die deutschen Kolonien – außer Deutsch-Ostafrika – rasch in Feindeshand fielen.

Zu Neujahr 1916 widmete dem Kaiser der Marinemaler Hans Bohrdt ein Aquarell, das den Kampf zwischen dem deutschen Adler und einem Großbritannien versinnbildlichenden Riesenpolypen darstellte. Es war ein Gleichnis, das jedoch auch anders gedeutet werden konnte, als es sich Geber und Empfänger vorstellten. Denn der Raubvogel schwebte in der Luft, verlor sich in Seemachtträumen, während das Meerungeheuer im Wasser war und blieb, auf dem Britannia herrschte.

England verhängte eine Seeblockade gegen Deutschland, die zwar dem Seekriegsrecht widersprach, aber sich nach der Devise »Right or wrong, my country« als eine entscheidende Waffe erwies, weil sie – durch die Verhinderung von lebenswichtigen Einfuhren – hinter der Front die Heimat traf.

Die Frage stellte sich, ob der Versuch unternommen werden sollte, die englische Fernblockade zwischen den Shetlandinseln und Norwegen durch die deutsche Schlachtflotte aufzubrechen. Ihr Bau war mit der Notwendigkeit begründet worden, die Stellung des Reiches in der Welt zu sichern und England von einem Krieg gegen Deutschland abzuhalten. Doch England war in erster Linie wegen der Flottenkonkurrenz auf Feindkurs gegangen, und die Auslandskreuzer, die nicht durch Schlachtschiffe zu verstärken waren, hatten gegen die englische Übermacht keine Chance.

Die Sinnlosigkeit einer mächtigen deutschen Schlachtflotte wurde noch durch ein weiteres Moment bestätigt. Sie konnte auch in der Nordsee nicht so eingesetzt werden, wie es die Flottenplaner vorgesehen hatten. Das Wagnis war zu groß, denn die Engländer zeigten sich den Deutschen überlegen. Auch Teilerfolge hätten nicht zu dem notwendigen Ergebnis geführt: der Gewinnung der Seeherrschaft in der Nordsee und damit der Aufhebung der existenzgefährdenden Blockade.

Tirpitz, der Schöpfer der Schlachtflotte, wollte das Risiko eingehen. Aber er hatte, obgleich er den Titel Großadmiral führte, keine Kommandogewalt, war und blieb Staatssekretär des Reichsmarineamtes. Wilhelm II. hatte – zumindest in den Kriegsanfängen – in Marineangelegenheiten mehr zu sagen als bei der Heeresleitung. Er konnte aus Kompetenzstreitigkeiten zwischen dem Staatssekretariat und dem Admiralstab Nutzen ziehen und wollte es auch, denn sein Hauptinteresse galt nach wie vor der Seemacht.

Der Kaiser, der auch Großadmiral war, scheute das Risiko. »Ich kann doch nicht meine herrliche Flotte in diese Gefahr bringen«, erklärte er, ob nun aus Einsicht in die strategische Nutzlosigkeit eines Einsatzes der Schlachtflotte oder nur aus Sorge um den Verlust seines Riesenspielzeuges. Dennoch wich er Schritt um Schritt vor der wagemutigeren Marineleitung zurück: Wenn es denn wirklich nicht so gefährlich auf der Nordsee sei, möge sich die Flotte rühren, auf einen Mittelkurs zwischen »vernünftiger Kühnheit und gebotener Vorsicht« gehen.

Sie rührte sich eher kühn, und so kam es am 31. Mai und 1. Juni 1916 zur Seeschlacht am Skagerrak. Die Deutschen, obwohl mit 21 gegenüber 37 Großkampfschiffen der Engländer in der Minderheit, brachten dem Feind weit größere Verluste bei, als sie selbst erlitten: 111 980 gegen 62 233 Tonnen Schiffsraum, 6945 gegen 2921 Mann.

Der Kaiser sah die Flagge Schwarz-Weiß-Rot siegreich am Maste seiner Schiffe wehen. Skagerrak habe bewiesen, was die deutsche Flotte bedeutete und wert war, behauptete er noch in seinen Memoiren, als sich längst herausgestellt hatte, daß dieser taktische Sieg eine strategische Niederlage gewesen war. Denn es war Freund wie Feind demonstriert worden, daß durch eine Seeschlacht kein kriegsentscheidender Erfolg gegen England zu erzwingen war. So blieb es dann auch bei diesem einzigen großen Flottenkampf des Weltkrieges. Die Deutschen wagten keinen mehr, und die Engländer brauchten sich nicht zu stellen; sie konnten die Wirkung ihrer Seeblockade abwarten.

Indessen war auch Britannia zur See nicht unverwundbar, freilich nicht durch deutsche Dreadnoughts, mit denen Wilhelm die Engländer das Fürchten hatte lehren wollen, sondern durch Unterseeboote, die Tirpitz nur für ein Kleinkampfmittel gehalten hatte, weshalb bei Kriegsbeginn nur wenige zur Verfügung standen. Nun lief ein U-Boot nach dem anderen vom Stapel, denn diese Waffe wurde die Ultima ratio der deutschen Seekriegsführung.

Auch Tirpitz hielt sie nun für ein Schwert, das die Arme des englischen Polypen abhauen, die Blockade lockern und die auf Einfuhren über See angewiesenen Inseln empfindlich treffen könnte. Am 4. Februar 1915 wurden die Gewässer um Großbritannien und Irland zum Kampfgebiet erklärt, und am 22. Februar 1915 der U-Boot-Handelskrieg gegen England befohlen.

Bethmann Hollweg sträubte sich dagegen, weil er bezweifelte, daß England ausgehungert werden könnte, und Komplikationen mit den Vereinigten Staaten von Amerika befürchtete, die einen regen Seeverkehr mit dem angelsächsischen Bruderland unterhielten. Auch dem Kaiser ging ein U-Boot-Krieg gegen den Strich. Dies sei, wie der ergraute Jung-Siegfried meinte, kein Kampf mit offenem Visier. Wenn er U-Boot-Kommandant wäre, behauptete der von seinem Vater zu altpreußischer Ritterlichkeit und von seiner Mutter zu humanitärem Benehmen angehaltene Wilhelm, würde er nie ein Schiff torpedieren, auf dem Frauen und Kinder zu vermuten wären.

Am 7. Mai 1915 versenkte ein deutsches U-Boot den englischen Passagierdampfer »Lusitania«. Unter den 1198 Opfern waren 139 Amerikaner. Der scharfe Protest Washingtons wurde vom Kanzler wie vom Kaiser ernst genommen. Befehl erging, neutrale Schiffe und feindliche Zivilpassagiere zu schonen. Bald war der U-Boot-Krieg bis zur Unwirksamkeit eingeschränkt.

Wilhelm II. und Bethmann Hollweg hatten sich über die Einwände von Tirpitz und Falkenhayn hinweggesetzt, die sich der Hoffnung hingaben, durch einen uneingeschränkten U-Boot-Krieg, durch Angriffe ohne Warnung auf alle, auch neutrale Handelsschiffe, England aushungern und zum Frieden zwingen zu können, bevor ein provoziertes Amerika wirksam in den Krieg einzugreifen vermöchte.

Staatssekretär Tirpitz, der alle seine Felle davonschwimmen sah, trat Mitte März 1916 zurück. Wilhelm II. ließ ihn »schweren Herzens« gehen, wohl mit dem Gefühl, daß ein Hoffnungsträger von Kaiser und Reich ein sinkendes Schiff verließ. Jedenfalls äußerte er an diesen Iden des März: »Dieser Krieg endet nicht mit einem großen Sieg.«

Gegen die Ostfront rannten die Russen an, erzielten Einbrüche in Wolhynien und Galizien, zwangen die Österreicher zur Räumung der Bukowina. Nach dem Kriegseintritt Rumäniens und dessen rascher Niederwerfung reichte die Frontlinie von der Ostsee bis zum Schwarzen Meer. Deutsche Truppen, im Osten eingesetzt und gebunden, fehlten im Westen, wo eine Entscheidung erzwungen werden sollte.

Im Verlauf des Jahres 1915 hatten Franzosen und Engländer vergeblich versucht, die deutschen Linien zu durchbrechen. Zu Beginn des Jahres 1916 unternahm Falkenhayn einen neuen Anlauf. »In unserer Reichweite liegen im französischen Abschnitt der Westfront Ziele, für deren Erhaltung der französische Generalstab gezwungen wäre, alles bis zum letzten Mann einzusetzen. Wenn er das tut, werden sich die französischen Streitkräfte – da ein freiwilliger Rückzug nicht in Frage kommt – verbluten, ob wir unser Ziel erreichen oder nicht«, bedeutete der Generalstabschef dem Kaiser. »Die Ziele, von denen ich spreche, sind Belfort und Verdun. Die oben dargelegten Erwägungen gelten für beide, doch verdient Verdun den Vorzug.«

Die Schlacht bei Verdun, die vom 21. Februar bis Anfang Juli 1916 dauerte, forderte 362 000 französische Tote und Verwundete und 336 831 deutsche Tote und Verwundete. Ausgeblutet, aber nicht verblutet waren beide Heere. Die Franzosen erhielten Blutzufuhr von den Engländern, aber auch ihre Großoffensive, die sie am 1. Juli 1916 gegen die deutschen Stellungen an der Somme begannen, brachte zwar Verlustziffern von über 600 000 auf alliierter und über 400 000 auf deutscher Seite, führte jedoch so wenig zu einem Durchbruch wie der deutsche Großangriff auf die Festung Verdun.

Die Materialschlachten, in denen Menschenmassen dahingeschlachtet wurden, zeitigten für keinen der Kriegführenden operative Erfolge. Aber es zeichnete sich ab, daß die materiellen wie menschlichen Ressourcen der Franzosen und der Engländer, welche die allgemeine Wehrpflicht eingeführt hatten, größer waren als die der Deutschen. An den Führungsqualitäten der Feldherren wurde auf beiden Seiten gezweifelt. Drüben wurde Generalissimus Joffre abgesetzt, hüben Generalstabschef Falkenhayn.

Nach einem starken Mann wurde an der Front wie in der Heimat gerufen. An Wilhelm II. dachten dabei die wenigsten, denn es hatte sich herumgesprochen, daß der nominelle Oberfeldherr, weil er nicht führen konnte und auch nicht wollte, nicht befehlen durfte. Paul von Hindenburg, der Sieger von Tannenberg, schien der in der Krise von 1916 gesuchte Mann zu sein. Genaugenommen war es dessen Generalstabschef Erich Ludendorff, der seinem Generalfeldmarschall, der die verlangte sichere Haltung und ruhige Zuversicht ausstrahlte, die militärischen und politischen Energien lieferte.

Wilhelm II. hätte lieber Falkenhayn behalten, der ihm persönlich sympathisch war und ihm den Anschein, der Oberste Kriegsherr zu sein, nicht genommen hatte. Hindenburg war ihm zu hölzern und Ludendorff zu unheimlich. Er wußte, daß er mit der von der militärischen wie politischen Führung geforderten und am 29. August 1916 vollzogenen Ernennung des ersten zum Chef des Generalstabes des Feldheeres und des zweiten zum Ersten Generalquartiermeister ein weiteres Stück seiner Macht abgab, von der ohnehin nicht viel übriggeblieben war. Und er ahnte vielleicht, daß er mit den Bestallungsurkunden de facto seine Abdankung unterzeichnet hatte.

Auch Bethmann Hollweg, der die Berufung Hindenburgs und Ludendorffs mitbetrieben hatte, mußte bald erkennen, daß er damit letzte Reste seiner Kanzlerkompetenz an die militärische Führung abgetreten hatte. Die neue Oberste Heeresleitung, die dritte und stärkste, übernahm das Gesamtkommando über das um seine Existenz ringende Reich.

Ein totaler Krieg erfordere eine totalitäre Gewalt in der kriegführenden, der militärischen Hand, argumentierten die neuen Machthaber und verordneten das »Hindenburgprogramm«: Deutschland könne den Krieg nur gewinnen, »wenn wir dem Heere so viel Kriegsgerät zuführen, daß es den feindlichen Armeen gleich stark gegenübersteht und wenn wir die Ernährung des gesamten Volkes sicherstellen«. Das sei nur möglich, »wenn alles, was unser Land an Bodenschätzen birgt und was die Industrie und der Acker hergeben können, ausgenützt wird, lediglich für die Förderung des Krieges«.

Durch das »Vaterländische Hilfsdienstgesetz« sollten der Kriegsindustrie und der Landwirtschaft hinreichend Arbeitssoldaten zugeführt werden. Doch die Rüstungsproduktion stieß bald an ihre durch Mangel an Rohstoffen und Arbeitskräften gezogenen Grenzen, und die Lebensmittel wurden immer knapper. Der »Steckrübenwinter« 1916 auf 1917 zeigte an, daß der General Hunger in den Kampf gegen Deutschland eingetreten war.

Auch der Kaiser mußte den Gürtel enger schnallen, sich – wenigstens auf für die Öffentlichkeit bestimmten Photographien – mit Feldküchenrationen begnügen. Sein Hofzug war feldgrau angestrichen worden, und er trug die feldgraue Uniform seiner Soldaten. Wie die Farbe war seine Stimmung, die immer düsterer wurde.

SEINEN 58. GEBURTSTAG am 27. Januar 1917 feierte er in Pleß in Schlesien, wohin das Große Hauptquartier unter seinen neuen Chefs, den »Ostlern« Hindenburg und Ludendorff, verlegt worden war. Beim Geburtstagsmahl saß Gräfin Keller, Hofdame der Kaiserin, zwischen den beiden Militärführern. »Sie sind doch wohl sehr stolz über diesen Platz«, rief ihr Wilhelm II. über den Tisch zu. Er selber blieb auf Abstand von den – wie er sie nannte – »siamesischen Zwillingen« bedacht, die selbst an seinem Hof als Dioskuren angesehen wurden, die das Blatt zugunsten des Reiches wenden könnten.

Als kurz darauf das Große Hauptquartier von Schloß Pleß nach Bad Kreuznach umzog, wäre er ihm am liebsten für immer fern geblieben. »Was soll ich in Kreuznach? Ich bin da doch nur Adjutant von Hindenburg und habe gar nichts zu sagen.«

Selbst in seine Haupt- und Residenzstadt Berlin begab er sich nur noch ungern. Neben der Siegessäule, die an die Triumphe in den deutschen Einigungskriegen erinnerte, war der »Eiserne Hindenburg« aufgestellt. Eigentlich war sein monumentales Standbild aus

Holz, aber zum eisernen Titanen in der Vorstellung der Patrioten wurde er dadurch, daß sie mit Nägeln ihre Hoffnungen in die Figur einschlugen.

Der Generalfeldmarschall trug die höchste Klasse des Eisernen Kreuzes, den »Hindenburgstern«, der wie seinerzeit der »Blücherstern« eigens und einzig für ihn geschaffen worden war. Dadurch wurde die Erwartung geweckt, er könnte wie weiland der »Marschall Vorwärts« die Feinde zu Paaren treiben.

Diese nahmen indessen an Zahl und Kraft zu. Am 6. April 1917 wurde dem Deutschen Reich von den Vereinigten Staaten von Amerika der Krieg erklärt. Schließlich standen 28 Staaten, davon – wenn man Italien und Japan dazuzählte – 6 Großmächte gegen das Deutsche Reich, dessen Potenz abnahm, und gegen Österreich-Ungarn, das zu zerfallen begann.

Deutsche hatten das amerikanische Wirtschaftswunder bestaunt, die amerikanische Militärmacht unterschätzt, die USA als Weltmacht nicht ernst genommen. Als solche trat sie nun in den Weltkonflikt und in die Weltpolitik ein – mit ihrem Potential und einem Programm, das dem wilhelminischen System den Kampf ansagte: »Die Welt«, erklärte der amerikanische Präsident Thomas Woodrow Wilson, »muß für die Demokratie gesichert, ihr Friede muß auf die erprobten Grundlagen politischer Freiheit gestellt werden.«

Die ganze Nacht habe ihn der Gedanke gequält, bekannte Wilhelm, Deutschland in einen Krieg mit Amerika verwickelt zu haben. Daran trug er, wie bei so vielem, eine Mitschuld, die Hauptschuldigen jedoch saßen in der Obersten Heeresleitung und im Admiralstab. Sie hatten ihm die Anordnung des uneingeschränkten U-Boot-Krieges abverlangt und damit den unmittelbaren Anlaß zum Kriegseintritt der USA geliefert.

Vergebens hatte Bethmann Hollweg auf diese Konsequenz hingewiesen. Der Kaiser neigte zur Ansicht des Kanzlers. Aber Hindenburg und Ludendorff bezeichneten den uneingeschränkten U-Boot-Krieg, den Versuch, den Engländern den Lebensfaden abzuschneiden, als die unerläßliche Antwort auf die von diesen gegen Deutschland verhängte Blockade, als ein letztes Mittel, »der schwer bedrängten Westfront zu Hilfe zu kommen und den Feind durch Mittel der Kriegführung friedenswillig zu machen«. Nach sechs Monaten wäre

England ausgehungert, behauptete die Marineleitung, bevor noch, wenn die USA wirklich in den Krieg eintreten sollten, amerikanische Truppen an der Westfront eingesetzt werden könnten.

Vor der Drohung Hindenburgs und Ludendorffs, ihre Kommandos abzugeben, wenn die U-Boot-Waffe nicht voll und ganz eingesetzt werden sollte, wichen Kanzler und Kaiser zurück. Am 1. Februar 1917 wurde der uneingeschränkte U-Boot-Krieg erklärt. Die Admiräle schienen recht zu bekommen: Bis zum 31. Dezember wurden alliierte Schiffe mit über 6 Millionen Bruttoregistertonnen und neutrale Schiffe mit über 1 Million Bruttoregistertonnen versenkt.

Bald stellte sich heraus, daß das strategische Ziel des U-Boot-Krieges unerreichbar blieb. England war nicht auszuhungern, der Nachschub aus Amerika nicht nachhaltig zu unterbinden. Bereits Anfang Juli 1917 landeten die ersten amerikanischen Truppen in Europa, und immer mehr griffen an der Seite der Franzosen und Engländer in die Kämpfe ein.

Die militärische Gefahr aus dem Westen wurde durch eine ideologische Herausforderung gesteigert. Die Amerikaner, die seit jeher Machtpolitik und Prinzipienpolitik zu verbinden gewußt hatten, verstärkten die in der Agitation der Franzosen und Engländer zum Ausdruck gekommene Auffassung, daß dieser Krieg vornehmlich ein Konflikt zwischen dem demokratischen System und dem monarchischen Regime sei.

Der Westen kämpfe für die Befreiung der Völker, »mit Einschluß des deutschen«, hieß es in Wilsons Kriegsmanifest. Der Aufruf richtete sich in erster Linie an die nichtdeutschen Völker der Habsburgermonarchie. Seit dem Tode Franz Josephs am 21. November 1916, des alten Kaisers, dem selbst radikale Nationalisten einen gewissen Respekt nicht versagten, rüttelten sie vernehmlicher an den Gittern des Vielvölkerreiches, ihres Völkerkerkers. Auch in Deutschland verhallte Wilsons Appell nicht ungehört. Liberale und Demokraten, die als deutsche Patrioten kämpften und darbten, verlangten für ihre Opfer mehr Freiheit für das Volk und mehr Befugnisse für die Volksvertretung.

Wilsons Aufruf zur Vereinigung der Demokraten aller Länder zur Herstellung eines gesicherten Friedens schien selbst in Rußland ein Echo zu finden. Die Glaubwürdigkeit der alliierten Propaganda war bisher durch den Umstand beeinträchtigt worden, daß in den Reihen der Gegner des deutschen und des österreichischen Kaisers der russische Zar stand, der offenkundig der schlimmste Autokrat von allen war. Durch die Februarrevolution von 1917 wurde Nikolaus II. von Liberalen und Sozialisten gestürzt, die sich nicht nur in die ideologische Einheitsfront gegen die Mittelmächte einreihten, sondern auch neue Kriegsanstrengungen unternahmen.

Wilhelm II., das Hauptziel der alliierten Propaganda, vermochte nur mit den Pfeilen zurückzuschießen, die ihm im Köcher verblieben waren: mit wütenden Worten im Kreis von Vertrauten und zornigen Bemerkungen am Rande von Akten, die man ihm zu lesen gab.

Wenn es zum Halsabschneiden komme, sagte er, sollte Wilson als erster drankommen. Als die deutschen Truppen einen ihrer letzten großen Erfolge im Westen erzielten, erklärte er: Wenn die Engländer einen Parlamentär schicken, um Frieden bitten sollten, müßte dieser erst vor der Kaiserstandarte knien, denn es sei der Sieg der Monarchie über die Demokratie.

So äußerte er sich, um vor anderen und vor sich selber noch im Nimbus des Monarchen zu erscheinen. Insgeheim nagte der Zweifel an ihm, ob die Monarchie auch in Deutschland fortbestehen könnte – nach der Februarrevolution in Rußland und nach dem Kriegseintritt Amerikas mehr denn je.

Daher hielt er den Vorschlag Bethmann Hollwegs nicht für unangebracht, die unruhig gewordenen Deutschen durch ein Versprechen zu besänftigen: Um sie für ihre »gewaltigen Leistungen« im Kriege zu belohnen und im Frieden »für die freie, freudige Mitarbeit aller Glieder unseres Volkes Raum zu schaffen«, kündigte Wilhelm II. in der »Osterbotschaft« vom 7. April 1917 eine Reform des Dreiklassenwahlrechtes in Preußen an.

Mit der Abschaffung des undemokratischen und der Einführung eines allgemeinen Wahlrechtes, woran Bethmann Hollweg dachte, würde ein Grundpfeiler des Königreiches Preußen und damit der Stützpfeiler des Deutschen Reiches gefällt, meinten die preußischen Staatsminister, die dem Vorstoß ihres Ministerpräsidenten die Spitze nahmen. Der unmittelbar betroffene König von Preußen teilte selbstredend diese Auffassung und war deshalb ganz froh, daß er das Reformversprechen nur in vagen Formulierungen abzugeben hatte.

Nicht nur in Preußen, auch im Reich war die Verfassungsdiskussion nicht in monarchischen Bahnen zu halten. Im Unterschied zum preußischen Abgeordnetenhaus wurde zwar der Reichstag allgemein und gleich gewählt, aber seine Befugnisse entsprachen, trotz einiger Errungenschaften, noch nicht dem westlichen Parlamentsstandard, den Wilson für allgemeinverbindlich erklärte.

Der Reichstag begann über die Umgestaltung der Reichsverfassung zu beraten. Auf der Linken und in der Mitte wurde eine parlamentarische Monarchie verlangt, die Rechte beharrte auf der konstitutionellen Monarchie. Die ersteren erklärten, die heimkehrenden Soldaten müßten ein erneuertes Vaterland vorfinden, die zweiten meinten, darüber sollte, wenn überhaupt, erst nach dem Kriege befunden werden.

Im Juli 1917 spitzte sich die Kontroverse zu. Eigentlich war der Reichstag zur Bewilligung neuer Kriegskredite einberufen worden. Aber andere Fragen traten in den Vordergrund: Sollte der Krieg, angesichts einer Welt von Feinden, weitergeführt oder – bevor das bedrängte Deutschland und das angeschlagene Österreich-Ungarn erdrückt würden – ein Frieden angeboten werden? Wäre es nicht an der Zeit, dem deutschen Volk durch eine durchgreifende Verfassungsreform eine Entschädigung für seine Opfer zu geben und anderen Völkern zu zeigen, daß sich ein liberalisiertes und demokratisiertes Deutschland in eine auf der Freiheit aller beruhende Friedensordnung einzufügen gedenke?

Die über eine Mehrheit verfügenden drei Parteien – Sozialdemokraten, Zentrum und Linksliberale – setzten einen interfraktionellen Ausschuß ein, der eine Parlamentarisierung in Angriff nahm. Die Einführung des allgemeinen und gleichen Wahlrechtes in Preußen noch vor Kriegsende wurde von Bethmann Hollweg erneut auf die Tagesordnung gesetzt. Diesmal fand er bei seinen Ministerkollegen mehr Verständnis. Wilhelm II. gab, nach anfänglichem Zögern, schließlich nach, und eine entsprechende Proklamation wurde am 11. Juli 1917 erlassen.

Hindenburg und Ludendorff eilten nach Berlin, um die von ihnen befürchteten Einbrüche in die Heimatfront abzuwenden. Der Kaiser schickte den Kronprinzen ins Gefecht, der zuerst die Meinung der wichtigsten Parteiführer auskundschaftete. Er erfuhr, daß sich Bethmann Hollweg durch sein Lavieren zwischen rechts und links ausmanövriert hatte. Hindenburg und Ludendorff drohten mit ihrem Rücktritt, falls der ihnen in den Rücken gefallene Bethmann Hollweg nicht entfernt würde.

Das letzte Wort kam immer noch dem Kaiser und König zu, der die Reichskanzler und preußischen Ministerpräsidenten zu entlassen und zu ernennen hatte. Zunächst schien es, als wollte er sich an dieses verbliebene Vorrecht klammern. »Da kann ich ja gleich abdizieren«, war seine erste Reaktion auf die Forderung der Heeresleitung wie des Parlaments, Bethmann Hollweg abzuberufen. Die peinliche Situation, nach einem Aufbäumen wieder umzufallen, ersparte ihm der Kanzler durch sein am 13. Juli 1917 eingereichtes Abschiedsgesuch, das angenommen wurde.

Ein Kanzlerkandidat stand nicht in Reserve, mußte in aller Eile gesucht werden. Mit der Findung wurde der Chef des Geheimen Zivilkabinetts, Rudolf von Valentini, beauftragt. Generaladjutant Hans von Plessen verwies ihn auf Georg Michaelis, den preußischen Staatskommissar für Volksernährung. Valentini traf ihn »die Losung der Brüdergemeinde lesend« an, was er für eine gute Empfehlung hielt. Hindenburg und Ludendorff waren einverstanden, und Wilhelm II. nahm ihn, obgleich er ihn nicht kannte.

»So wollen wir es mit Gott wagen«, sagte Michaelis bei Annahme des Amtes. Bethmann Hollweg verließ es mit der Voraussage: Die angeblichen Schutztruppen von Thron und Altar dienten unbeabsichtigt als Hilfstruppen des Parlamentarismus, trügen zu dessen Siege bei.

Auf seine Prätorianer schien sich Wilhelm II. nach wie vor zu verlassen. Parteiführern erzählte er, daß die preußische Garde in Galizien den Russen den demokratischen Staub aus den Röcken geklopft habe, und folgerte daraus: »Wo die Garde auftritt, gibt es keine Demokratie.«

Mit solchen und ähnlichen Äußerungen meinte er sich an der Spitze halten zu können. Da sie durch sein Verhalten keineswegs gedeckt waren, erschütterte er damit selbst die Autorität seiner Person und seines Systems, ebnete der Monarch den Weg zur Republik.

Bethmann Hollweg war von der Heeresleitung und vom Parlament, die getrennt marschiert waren, vereint geschlagen worden. Nun bekämpften sie sich gegenseitig. Zwischen die Fronten einer sich verhärtenden Militärdiktatur und einer anlaufenden Parlamentarisierung, ins Niemandsland geriet der Kaiser.

Sein neuer Kanzler Michaelis reihte sich sogleich hinter die Militär-
führer ein. Mit Hindenburg und Ludendorff erschien er zu einer
Besprechung mit den Fraktionschefs über die vom Reichstag vorbe-
reitete Friedensresolution. Die Oberste Heeresleitung hielt diese
zunächst für eine Bekundung der Feigheit vor dem Feind, billigte
dann eine abgeschwächte Fassung, die der Reichskanzler noch
weiter entschärfte. Durch seine Interpretation vor dem Reichstag,
beschwichtigte er den Kronprinzen, habe er ihr »die größte Gefähr-
lichkeit geraubt. Man kann schließlich mit der Resolution jeden
Frieden machen, den man will.«
In der »Friedensresolution«, die am 19. Juli 1917 mit den Stimmen
der Sozialdemokraten, des Zentrums und der Linksliberalen angenommen wurde, hieß es: »Der Reichstag erstrebt einen Frieden der
Verständigung und der dauernden Versöhnung der Völker.«
Wilhelm II. vermochte dieser Entschließung einiges abzugewinnen,
nicht zuletzt deshalb, weil sie sich auf sein Wort vom 4. August 1914
berief: »Uns treibt nicht Eroberungssucht.« Er unterstrich den Satz:
»Mit einem solchen Frieden sind erzwungene Gebietserwerbungen
und politische, wirtschaftliche oder finanzielle Vergewaltigungen
unvereinbar.« Der Kaiser dachte dabei in erster Linie an Gebietsfor-
derungen der Alliierten. Und erwartete, daß bei einer Ablehnung
des nicht ohne Absicht verschwommen formulierten Angebotes die
Wirkung erzielt werde, die im vorletzten Abschnitt der Friedensresolution angesprochen war: »Solange jedoch die feindlichen Regierungen auf einen solchen Frieden nicht eingehen, solange sie
Deutschland und seine Verbündeten mit Eroberungen und Vergewaltigungen bedrohen, wird das deutsche Volk wie ein Mann zusammenstehen, unerschütterlich ausharren und kämpfen, bis sein und
seiner Verbündeten Recht auf Leben und Entwicklung gesichert
ist.«
Die Friedenssuche stieß an die Hindernisse der Kriegsziele. Alle
hatten behauptet, daß sie einen Verteidigungskrieg gegen den Angriffskrieg der anderen führten. Aber alle verfolgten offensive
Kriegsziele auf Kosten der Gegner.
Eine Schwächung, wenn nicht gar eine Auflösung des preußisch-
deutschen Reiches und die Amputation von Teilen und bald die
Zerstückelung der Donaumonarchie strebte die Entente an. Die
Franzosen wollten das Elsaß und Lothringen wiederhaben und

womöglich das ganze linke Rheinufer bekommen. Rußland hatte ganz Polen und preußische Ostprovinzen, England deutsche Kolonien ins Auge gefaßt.

Bereits am 9. September 1914 hatte Reichskanzler Bethmann Hollweg deutsche Kriegsziele aufgezählt: Annexion von Luxemburg, Teilen Belgiens und des Nordens Frankreichs, das so geschwächt werden sollte, »daß es als Großmacht nicht neu erstehen kann«. Im Osten sollte »Rußland von der deutschen Grenze nach Möglichkeit abgedrängt und seine Herrschaft über die nichtrussischen Vasallenvölker gebrochen werden«.

An ein zusammenhängendes mittelafrikanisches Kolonialreich war ebenso gedacht wie an die »Gründung eines mitteleuropäischen Wirtschaftsverbandes durch gemeinsame Zollabmachungen unter Einschluß von Frankreich, Belgien, Holland, Dänemark, Österreich-Ungarn, Polen, eventuell Italien, Schweden und Norwegen« unter deutscher Führung, zur Stabilisierung der wirtschaftlichen Vorherrschaft Deutschlands auf dem Kontinent.

Deutsche Wirtschaftsführer waren damit noch nicht zufrieden. Hugo Stinnes forderte weitere Erz- und Kohlegebiete Frankreichs. August Thyssen wollte im Westen ganz Belgien und ein großes Stück Frankreichs sowie im Osten das Baltikum, das Don-Gebiet, die Krim und den Kaukasus haben.

Deutsche Militärs visierten Kriegsziele an, die – wie es Bethmann Hollweg formulierte – die »Sicherung des Deutschen Reichs nach West und Ost auf erdenkliche Zeit« gewährleisten sollten – durch möglichst weit vorgeschobene Stellungen, die zur Verteidigung wie auch für einen Angriff günstig wären.

Wilhelm II. schaltete sich in die Diskussion um die Kriegsziele ein. Entgegen seiner Versicherung, daß ihn nicht Eroberungslust treibe, wollte er endlich den »Alpdruck der Koalitionen« loswerden, die Gefahren eines Mehrfrontenkrieges für immer bannen, die Festung Deutschland durch Außenforts gesichert und zu einer Zwingburg Europas ausgebaut sehen.

Noch am 19. April 1917, als Hoffnungen auf einen Siegfrieden verblaßt waren, forderte er Malta, die Azoren, Madeira, die Kapverdischen Inseln, den Belgischen Kongo und – vor der Haustüre – das französische Erzbecken von Briey-Longwy. Polen, Kurland und Litauen sollten zumindest indirekt annektiert, die Ukraine, Lettland und Estland unabhängig werden. Von den »Plutokratien« Amerika und England wollte er je 30 Millionen und vom Erbfeind Frankreich 40 Millionen Dollar an Reparationen eintreiben.

Ludendorff stellte noch maßlosere Forderungen, denen Wilhelm II. nicht nachstehen wollte. Am 13. Mai 1917 verlangte er zusätzlich den Französischen Kongo und das Protektorat über das zwischen Flamen und Wallonen geteilte Belgien. Hart sollte England gestraft werden: durch die Abtretung Gibraltars an Spanien sowie Zyperns, Ägyptens und Mesopotamiens an die Türkei.

Er werde das Schwert erst wieder in die Scheide stecken, wenn er den Frieden diktieren könne, hatte der Kaiser kurz nach Kriegsausbruch erklärt. Doch ein Diktatfrieden war nicht in Sicht, und eine Reaktion auf die Friedensresolution des Reichstages, die Hoffnungen auf einen Verständigungsfrieden hätte wecken können, blieb aus. Die Vermittlungsversuche von Papst Benedikt XV. blieben erfolglos. Friedensbemühungen des österreichischen Kaisers Karl I., der ein untergehendes Schiff übernommen hatte, wurden von den Alliierten für unzulänglich gehalten und in Deutschland als verräterisch empfunden.

Auch die an die Friedensresolution geknüpfte Erwartung, daß das deutsche Volk wie ein Mann für Kaiser und Reich einstehen würde, wenn der Feind die Friedenshand zurückwiese, erfüllte sich nicht. Mit der schwindenden Aussicht auf ein baldiges Kriegsende, angesichts der steigenden Verluste an der Front und der grassierenden Not in der Heimat wuchs die Unzufriedenheit mit dem Regime, das keinen Ausweg aus der Misere fand.

Der Burgfriede, der 1914 geschlossen worden war, wurde nicht mehr eingehalten, und der Burgherr, der ihn verkündet hatte, geriet ins Kreuzfeuer der Kritik von links und rechts.

Großadmiral Tirpitz, der seine Schlachtflotte aufgegeben, nachdem sie sich als unnütz erwiesen hatte, beteiligte sich an der Gründung der Deutschen Vaterlandspartei. Sie wandte sich direkt gegen »nervenschwache Friedenskundgebungen« des Reichstages und indirekt gegen den Kaiser, der sie hatte passieren lassen.

Von der Sozialdemokratischen Partei, deren Mehrheit sich immer noch an den Schwur von 1914 hielt, das Vaterland in der Stunde der Gefahr nicht im Stich zu lassen, spaltete sich 1917 die Unabhängige Sozialdemokratische Partei Deutschlands ab, die gegen den Krieg und das kriegführende Regime Stellung bezog. Und der Spartakusbund unter Karl Liebknecht und Rosa Luxemburg agitierte für die Revolution.

Schon kam es zu Massenstreiks in der Rüstungsindustrie und zu Gehorsamsverweigerungen in der Flotte. »Die Stimmung in der Heimat ist tief gesunken und hat tatsächlich schon vereinzelt auf das Heer übergegriffen«, bemerkte Ludendorff. Es gelte, »die Liebe zum Kaiser und den Landesherren und ein starkes deutsch-vaterländisches Gefühl immer von neuem zu beleben, stark zu halten und ferner dafür zu sorgen, daß aus dem Heer heraus den Hetzern, Flaumachern und Schwächlingen daheim und im Heere entgegengetreten« werde.

Der Erste Generalquartiermeister half indessen mit, Rußland zum Standquartier der kommunistischen Revolution zu machen, deren Signale auch in Deutschland gehört und befolgt wurden. Der Bolschewist Lenin gelangte mit der deutschen Eisenbahn aus dem Schweizer Exil nach Petersburg, wo er die Oktoberrevolution begann, welche die liberal-demokratische Regierung hinwegfegte und zu einem kommunistischen Regime hinführte.

Von der Transporthilfe für die Weltrevolution wurde Wilhelm II. erst im nachhinein unterrichtet. Ludendorff wollte zwar im Volke »die Liebe zum Kaiser« als Stimulans für den Durchhaltewillen konservieren, doch dessen Person, die er den »Flaumachern und Schwächlingen« zuzählte, den kriegswichtigen Entscheidungen fernhalten.

In seiner Einschätzung der Folgen des Umsturzes in Rußland für Deutschland konnte Ludendorff mit der Zustimmung Wilhelms rechnen. Beide hielten die Gefahr, die von der Oktoberrevolution für das monarchische System ausging, für – zumindest vorerst – geringer als den Nutzen, den man unmittelbar daraus zu ziehen vermochte. Der Frieden, den Lenin anbot, eröffnete der Heeresleitung die Möglichkeit, frei werdende Truppen aus dem Osten an die Westfront zu werfen. Wilhelm begann neue Hoffnung zu schöpfen.

Kaum hatte man Morgenluft gewittert, war die Maßlosigkeit wieder da. Nach dem Abschluß eines Waffenstillstandes zwischen Sowjetrußland und dem Reich am 15. Dezember 1917 drängten die Militärs auf Friedensbedingungen, die Lenin zu schaffen machten und selbst Wilhelm II. als zu hart erschienen. Nach der Anhörung des Generals

Hoffmann, eines Ostexperten, der maßvolle Territorialforderungen empfahl, machte er sich dessen Ansicht zu eigen und trug sie im Kronrat vor. Ludendorff verbat sich die Befragung untergeordneter Offiziere über den Kopf der militärischen Führung hinweg.

Die Oberste Heeresleitung diktierte, unter Rücktrittsdrohung, zuerst dem Kaiser und dann den Sowjets die Bedingungen des am 3. März 1918 unterzeichneten Friedens von Brest-Litowsk.

Als »einen der größten Erfolge der Weltgeschichte« bezeichnete ihn Wilhelm II. Die Sowjets hatten es hinzunehmen, daß Rußland auf seine Herrschaft in Polen, Litauen und Kurland verzichten mußte, Estland und Livland auf den Weg zur Unabhängigkeit gebracht und die Ukraine und Finnland als selbständige Staaten anerkannt wurden.

Die Oberste Heeresleitung hatte ihre Kriegsziele im Osten durchgesetzt, ohne alle die Truppen frei zu bekommen, die sie im Westen dringend benötigt hätte. Denn sie ging daran, die im Osten direkt wie indirekt gewonnenen Gebiete zu einem deutschen Ostimperium auszubauen. Deutsche Soldaten rückten bereits auf die Krim und nach Transkaukasien vor.

Deutschland begann sich im Osten totzulaufen, während es im Westen, trotz größtmöglichem Einsatz von Menschen und Material, bislang keinen Fußbreit vorangekommen war. Ludendorff und Hindenburg beschlossen, im Frühjahr 1918 mit einer Großoffensive in Frankreich eine Entscheidung zu erzwingen.

Zu der Konferenz, in der dieser Beschluß gefaßt wurde, war der Kaiser nicht zugezogen worden. Ihm blieb nichts anderes übrig, als zum Ergebnis ja und amen zu sagen. Er werde von der Militärführung wie von den Zivilbehörden ignoriert, klagte Wilhelm, ohne dagegen etwas machen zu wollen und zu können.

Vieles war faul im Staate Deutschland. Hamlet zog sich zurück und Fortinbras wartete auf seinen Auftritt.

»SIEG UND EIN DEUTSCHER FRIEDE« lautete die Parole, die Wilhelm II. am 10. Februar 1918 vor Bürgern von Bad Homburg ausgab, die ihn anläßlich des Friedensschlusses mit der Ukraine feierten. »Ausbrüche von Cäsarenwahn« bemerkte Admiral von Müller, der Chef des Marinekabinetts, »wenn es einigermaßen gut geht«.

Wenn er, was immer seltener wurde, in der Öffentlichkeit auftrat, trug er Zuversicht auf einen Siegfrieden zur Schau. Dann schien er sich schon wie Caesar auf dem Triumphwagen stehen zu sehen. War das Hurra verklungen, die Begeisterung verebbt, mochte er sich eher wie ein Besiegter fühlen, der im Triumphzug mitgeführt wurde.

Gerade in Bad Homburg war ein solcher Alptraum nicht so leicht zu verscheuchen. Hier hatte er 1870 die Siegesfeier für Sedan miterlebt. Damals war er elf gewesen, nun war er neunundfünfzig geworden. Dazwischen lag fast ein halbes Jahrhundert großer Erwartungen, vor ihm lagen große Enttäuschungen. Von Vorahnungen bedrückt, hätte er am liebsten von all dem, was im Kriegsjahr 1918 vorging, nichts mehr gesehen und gehört.

Der Oberste Kriegsherr mied das Große Hauptquartier, in dem »der große Hindenburg«, wie er ihn öffentlich nannte, das Kommando führte, und die Reichshauptstadt, in welcher der Reichstag das Wort ergriff. An der Front, das heißt hinter der Linie, ließ er sich nur noch blicken, wenn es Erfolge zu feiern und Eiserne Kreuze zu verleihen galt.

Im Frühjahr 1918 keimten Hoffnungen auf. Obgleich im Ostimperium, das man dank der Kriegsmüdigkeit der russischen Revolutionäre gewonnen hatte, deutsche Truppen gebunden blieben, waren doch so viele verfügbar geworden, daß Ludendorff mit dieser Verstärkung zu einem entscheidenden Schlag im Westen ausholen zu können glaubte.

Zusammengetrommelt wurden zweihundert Divisionen mit dreieinhalb Millionen Mann, so daß ein Gleichstand mit den Alliierten erreicht war. Da dieser – durch den laufenden Nachschub aus den USA – nicht lange aufrechtzuerhalten war, wollte das Große Hauptquartier schnellstens die neue und vielleicht letzte Chance nützen.

Am 21. März 1918 begann der deutsche Großangriff. Im ersten Ansturm wurden Engländer und Franzosen zurückgeworfen, beträchtliche Geländegewinne erzielt. »Die Schlacht ist gewonnen, die Engländer total geschlagen«, triumphierte Wilhelm II., nachdem bei Saint-Quentin 90 000 Engländer gefangengenommen worden waren.

Er glänzte mit seiner Anwesenheit in Hindenburgs Hauptquartier in Avesnes. Der Generalfeldmarschall tat ihm den Gefallen, einen Tagesbefehl zu erlassen, der mit den Worten begann: »Unter dem persönlichen Befehl Seiner Majestät des Kaisers...« So wurde von der »Kaiserschlacht« gesprochen, was Wilhelm nicht unbedingt gefiel: Dies höre sich an, als hätten die anderen siegreichen Schlachten nichts mit ihm zu tun gehabt.

Die »Kaiserschlacht« war ein Pyrrhussieg. Die Angreifer ermüdeten bald, und die Verteidiger erholten sich rasch. Die Deutschen drangen zwar wiederum bis zur Marne vor; schon wurde Paris von Ferngeschützen beschossen. Doch zum zweitenmal wurde die Marne zur Schicksalslinie. Mitte Juli 1918 stockte die deutsche Offensive, und die Alliierten gingen zum Gegenangriff über.

Franzosen und Engländer waren laufend durch Amerikaner verstärkt worden. Ihre Überlegenheit an Menschen und Material wurde erdrückend. Vor allem den in Massen auftauchenden Tanks hatten die Deutschen wenig entgegenzusetzen. »Es ist doch merkwürdig«, bemerkte Wilhelm, »daß sich unsere Leute so gar nicht an die Tanks gewöhnen.«

Am 22. Juli 1918 gestand ihm Hindenburg ein, daß die alliierte Gegenoffensive an Boden gewann. Beim Abendessen nannte sich Wilhelm einen geschlagenen Feldherrn. Er habe die Nacht nicht geschlafen, erzählte er am anderen Morgen, und eine schreckliche Vision gehabt: Die anderen Monarchen, seine englischen und russischen Verwandten sowie die Minister und Generäle aus seiner Regierungszeit seien mit teilweise höhnischen Mienen an ihm vorübergezogen; nur die kleine Königin von Norwegen sei freundlich zu ihm gewesen.

Am 8. August 1918 durchbrachen die Engländer mit 450 Tanks die deutschen Linien an der Straße von Amiens nach Saint-Quentin. Dies sei »der schwarze Tag des deutschen Heeres«, bemerkte Ludendorff.

»Das kann natürlich so nicht bis ins Unendliche weitergehen, wir müssen einen Weg suchen, um zum Schluß zu kommen«, pflichtete der Kaiser bei. Doch aufgeben wollte und konnte er nicht, und wie es unter diesen Umständen weitergehen sollte, wußte er nicht zu sagen.

Um Fragen zu entgehen und sich Antworten zu entziehen, verließ er das Hauptquartier im belgischen Kurort Spa und zog sich auf Schloß Wilhelmshöhe bei Kassel zurück. »Wir tun so«, notierte der Chef des Marinekabinetts, »als ob uns das gar nichts anginge« – das Trommelfeuer und das Blutvergießen, der Rückzug auf die Siegfriedstellung, die eine letzte Verliererposition war.

Nachrichten von der Westfront mußte er sich anhören. Alles sagte man ihm ohnehin nicht, doch das, was ihm dosiert zur Kenntnis gebracht wurde, war niederschmetternd genug. Als ein Durchbruch der Engländer zwischen Amiens und Cambrai gemeldet wurde, legte er sich mit einer Nervenkrise zu Bett. Er habe vierundzwanzig Stunden geschlafen, sagte er hinterher, und nun sei er wieder wie neu.

Er blieb der alte, hin- und hergerissen zwischen himmelhoch jauchzend und zu Tode betrübt. Wähnte er sich oben, sprach er vom »zweiten Punischen Krieg«, in dem es das angelsächsische Karthago zu besiegen, die »preußisch-deutsche-germanische Weltanschauung« gegen den »Götzendienst des Geldes« durchzusetzen gelte.

Wenn er in Hochstimmung war, versuchte er die Deutschen zu sich emporzureißen. Am 10. September 1918 appellierte er an die Belegschaft der Krupp-Werke in Essen, ohne sie in Reih und Glied stellen zu können; aber er glaubte, er habe mit seiner Rede »die Arbeiter verpflichtet«. Am 25. September befahl er in Kiel U-Boot-Offiziere in die Große Messe seiner Jacht »Meteor«, sprach vom »in die Knie zwingen« des Feindes und schloß: »Das Ziel erkannt, die Muskete gespannt, die Flaumacher an die Wand!«

Wen er damit meinte, hatte er deutlich gemacht: Der Reichstag müsse mit einer Landsturmkompanie auseinandergejagt werden; denn dessen in das Stadium der Verwirklichung eintretende Versuche, eine parlamentarische an die Stelle der monarchischen Regierung zu setzen, seien »reine Revolution«.

Die Heimat wankte, und die Front brach zusammen. Als Wilhelm II. am 29. September 1918 wieder im Hauptquartier Spa eintraf, wurde er mit einer Hiobsbotschaft empfangen: An diesem Tage kapitulierte Deutschlands Bundesgenosse Bulgarien; die alliierte Saloniki-Armee hatte die mazedonische Front durchbrochen. Deutschlands

Bundesgenosse Türkei, dessen Palästina-Front wenige Tage zuvor von den Briten durchstoßen worden war, wurde von zwei Seiten bedrängt: von Europa und von Asien aus. Und Österreich-Ungarn, dessen letzte Offensive an der Italien-Front gescheitert war, die Habsburgermonarchie, die sich in ihre nationalen Bestandteile aufzulösen begann, hatte am 14. September eine Friedensnote an alle kriegführenden Mächte gerichtet.

»Das kann den ganzen Krieg zu Ende bringen, aber nicht so, wie wir es uns gedacht haben«, erkannte Wilhelm II. Der Weltkrieg war militärisch verloren und das Kaiserreich auf dem Wege zu Revolution und Republik.

Das Schlimmste sei nur noch durch eine sofortige Waffenruhe und Verfassungsreform aufzuhalten, erklärten Ludendorff und Hindenburg dem in Spa eingetroffenen Monarchen, der dagegen nichts einzuwenden hatte. Der 75jährige Reichskanzler Hertling, der vor zehn Monaten den konturlosen Michaelis abgelöst hatte, zeigte sich standhafter als Wilhelm II. Er sei als monarchischer Minister berufen worden und wolle kein parlamentarischer Minister werden, erklärte der bayerische Zentrumsmann und trat zurück.

Wilhelm II. verkündete am 30. September 1918, was ihm Ludendorff vorgesagt hatte: »Ich wünsche, daß das deutsche Volk wirksamer als bisher an der Bestimmung der Geschicke des Vaterlandes mitarbeitet. Es ist daher Mein Wille, daß Männer, die vom Vertrauen des Volkes getragen sind, in weitem Umfange teilnehmen an den Rechten und Pflichten der Regierung.«

Vom Vertrauen der auf Demokratisierung drängenden Volksvertreter getragen und von Ludendorff »zugleich im Namen des Feldmarschalls« abgesegnet war Prinz Max von Baden, den Wilhelm II. am 3. Oktober 1918 zum Reichskanzler und preußischen Ministerpräsidenten ernannte.

Am Vetter hätte der Hohenzoller und am badischen Thronfolger der Kaiser wenig auszusetzen gehabt, dem Monarchen mißfiel jedoch die Fortschrittlichkeit des Blaublütigen aus dem liberalen »Musterländle«. Aber er mußte den nehmen, den sie ihm präsentierten. Denn nur noch die Signaturen Wilhelms II. waren verlangt. Und auch vom neuen Reichskanzler wurden Dienstleistungen für die Oberste Heeresleitung erwartet.

Die Militärs hatten den Krieg verloren und gedachten die Niederlage von den Zivilisten ausbaden zu lassen. Ludendorff erklärte, er habe dem Kaiser vorgeschlagen, »jetzt auch diejenigen Kreise an die Regierung zu bringen, denen wir es in der Hauptsache zu verdanken haben, daß wir so weit gekommen sind«.

In sein Reichskabinett nahm Max von Baden Vertreter der Parteien auf, die im Vorjahr die Friedensresolution im Reichstag durchgesetzt hatten, darunter den Zentrumsmann Erzberger und den Sozialdemokraten Scheidemann. Vor den neuen Staatssekretären behauptete der Kaiser: Er habe »den entscheidenden Schritt getan, der das deutsche Volk in neue Verfassungszustände hinüberführt«. Die Deutschen sollten künftig an »politischer Freiheit keinem Volk der Erde« nachstehen.

Am 28. Oktober 1918 unterschrieb der Kaiser die verfassungsändernden Gesetze, die den Weg vom konstitutionellen zum parlamentarischen System öffneten. Nicht mehr dem Monarchen, sondern dem Reichstag waren fortan der Kanzler und seine Staatssekretäre verantwortlich. Auch militärische Anordnungen des Kaisers bedurften nun der Gegenzeichnung; Kriegserklärungen sollten nur noch mit Zustimmung des Bundesrates und des Reichstages erfolgen. Die Presse- und Versammlungsfreiheit wurde weitgehend wiederhergestellt und in Preußen die Reform des Dreiklassenwahlrechtes in Angriff genommen.

Die Zukunft gehörte dem Volksstaat, nicht dem Monarchenstaat. Wilhelm II., der ein »persönliches Regiment« führen wollte, war zunächst von seinen Offizieren abhängig geworden und nun nahe daran, auf die Mannschaft angewiesen zu sein. Als Monarch zwischen den Zeiten angetreten, war es ihm nicht gelungen, die Kluft zwischen dem festzuhaltenden Alten und dem unumgänglichen Neuen zu schließen. Nun stand er am Abgrund, und der Sturz war unausweichlich.

Fünf Minuten vor zwölf meinte er gekommen zu sein, um dann festzustellen, daß es schon fünf nach zwölf war, sagte Max von Baden. Wilhelm II. schien nicht erkannt zu haben, daß die Stunde bereits geschlagen hatte. Er glaubte noch die Wahl zwischen einem kleineren Übel, einer Reform, und dem größeren Übel, der Revolution, zu haben und hatte sich, um nicht alles zu verlieren, mit einer Beschränkung seiner Monarchenherrschaft abgefunden.

Im letzten Moment und unter äußerem Druck war es zur überfälligen Demokratisierung der Reichsverfassung gekommen. Angesichts des militärischen Debakels sollte ein Netz gespannt werden, damit das Reich nicht ins Bodenlose fiele: innenpolitisch in den Rachen der Revolution und außenpolitisch in die Hand des Feindes. Dieser hatte signalisiert, nur mit einem nicht mehr wilhelminischen Deutschland Frieden schließen zu wollen.

Der Nationalstaat war noch zu retten und sollte auch, freilich mit schweren Blessuren, die Niederlage überstehen. Wilhelm II., den Inbegriff des Wilhelminismus, konnte nichts mehr vor dem Absturz bewahren, und mit seiner Person zog er die Monarchie hinab.

Wenn der Kaiser sich weiter so unbesonnen aufführe, hatte bereits 1905 Staatssekretär Posadowsky-Wehner zum Reichskanzler Bülow gesagt, würden eines Tages die Massen das Berliner Hohenzollern-schloß stürmen. Obwohl Wilhelm immer noch der Meinung war, daß sein Verhalten nicht zu beanstanden sei, vermied er es, während der Kriegsjahre im Stadtschloß abzusteigen; er zog, wenn er sich schon in die Reichshauptstadt begeben mußte, das Schloß Bellevue vor. Dort fühlte er sich durch den grünen Kordon des Tiergartens von dem zu rot tendierenden Berlin abgeschirmt. Indessen nächtigte er in einem mit Louis-seize-Möbeln ausgestatteten Schlafzimmer. Vielleicht träumte er vom Bourbonenkönig, den sein Volk abgesetzt und hingerichtet hatte. Jedenfalls verließ er am 29. Oktober 1918, einen Tag nach der Reform der Reichsverfassung, das Schloß und die Stadt, begab sich in das Große Hauptquartier nach Spa.

Der Oberste Kriegsherr gehöre im Kriege zu seinen Soldaten, entgegnete er dem Kanzler, der ihm bedeutet hatte, daß der Kaiser in einem Moment, in dem es um den äußeren wie inneren Frieden gehe, in der Reichshauptstadt bleiben müsse. Doch Wilhelm II. zog in dieser prekären Situation die Gesellschaft seiner Militärs, die ihm den Treueid geschworen hatten, dem Umgang mit Ministern und Parlamentariern vor, die ihn, wie er nach seiner Ankunft im Haupt-quartier klagte, »rauszuschmeißen« sich anschickten.

Wilhelms Entweichen nach Spa war seine Flucht nach Varennes. Doch seine Deutschen, die sich so lange mit ihm identifiziert hatten und sich nun, da er nicht gehalten, was er versprochen hatte, von ihm distanzierten, holten ihn nicht, wie die Franzosen ihren Lud-wig XVI., in seine Hauptstadt zurück. Er sollte Berlin nie wiederse-hen.

EINEM FRIEDENSSCHLUSS stand Wilhelm II. auch weiterhin im Wege, nachdem er die Demokratisierung hatte passieren lassen. Da beides, nicht nur nach Auffassung von Deutschen, sondern auch in der Forderung der Alliierten, miteinander verknüpft war, mußte er schließlich weichen.

Noch vor ihm mußte Ludendorff gehen. Das zeigte, daß die Militärgewalt der Zivilgewalt Platz zu machen begann. Und bestätigte, daß der Monarch, der sich jener unterworfen hatte, gegen diese nicht aufkommen konnte.

Seit Wochen arbeite er daran, das deutsche Haus abzustützen, behauptete der Kaiser, der immer noch nicht begriffen zu haben schien, daß das Gesetz des Handelns schon längst in andere Hände übergegangen war.

Aber diese arbeiteten nicht miteinander, sondern gegeneinander. Die militärische Führung, die auf Waffenstillstand und Parlamentsregierung gedrängt hatte, versuchte nun deren Friedensbemühungen zu hintertreiben und den Krieg bis zum Äußersten fortzusetzen. Die politische Führung beugte sich nicht mehr dem Diktat der Heeresleitung und setzte sich in der letzten und entscheidenden Auseinandersetzung durch.

Der Kaiser, der den Vermittler hätte spielen müssen, schlug sich, wie so oft, auf die Seite der Stärkeren, nun der Politiker. Als Ludendorff, der seine Macht dahinschwinden sah, seinen Rücktritt anbot, genehmigte er ihn mit demselben Kopfnicken, mit dem er allen Entscheidungen des Ersten Generalquartiermeisters zugestimmt hatte.

»Er hat weniger vergewaltigt, als daß man sich vor ihm geduckt hatte«, urteilte Kanzler Max von Baden, der als der politisch Verantwortliche nicht vor Ludendorff kuschen wollte. Vizekanzler Friedrich von Payer, ein schwäbischer Liberaler, zeigte Zivilcourage. Die Einschätzung der politischen Lage und die Folgerung, die daraus zu ziehen sei, stehe denen zu, die davon mehr als die Militärs verstünden, bedeutete er der Heeresleitung, die einen Abbruch der Verhandlungen mit dem Feinde verlangte.

»Dem Kerl werden wir doch nicht antworten«, hatte Ludendorff zu Payer gesagt und damit Präsident Wilson gemeint. Der Amerikaner, der in den Krieg eingetreten war, um das monarchisch-militärische Regime zu bekämpfen, strebte nach einem Frieden, durch den die

Demokratie auf der ganzen Welt, einschließlich Deutschlands, gesichert werden sollte.

Bereits am 8. Januar 1918 hatte Wilson »Vierzehn Punkte« als unabdingbare Paragraphen eines Friedensvertrages festgesetzt. Die wichtigsten lauteten: »Alle Friedensverträge sind öffentlich und werden öffentlich geschlossen.« Freiheit der Meere. Freiheit des Welthandels. Rüstungsbeschränkungen. Internationale Regelung der Kolonialfragen. Räumung und Selbstbestimmung Rußlands. Räumung und Wiederherstellung Belgiens. Räumung aller französischen Gebiete und Rückgabe von Elsaß-Lothringen an Frankreich. Autonome Entwicklung der Völker Österreich-Ungarns. Errichtung eines unabhängigen polnischen Staates. Gründung eines Völkerbundes zur Sicherheit »für die politische Unabhängigkeit und territoriale Unverletzlichkeit der kleinen wie der großen Nationen«.

Amerika wünsche, daß Deutschland »einen Platz einnehme mit gleichem Recht wie die anderen Völker in dieser erneuerten Welt, in der wir jetzt leben, und nicht einen Platz der Vorrechte und Herrschaft«, hieß es in Wilsons Friedensbotschaft. Aber die Welt müsse wissen, in wessen Namen deutsche Unterhändler sprächen, »im Namen der Reichstagsmehrheit oder im Namen der Militärpartei«.

Der für die Reichstagsmehrheit sprechende Reichskanzler Max von Baden bot in der Nacht vom 3. auf den 4. Oktober 1918 dem amerikanischen Präsidenten Wilson einen Waffenstillstand auf der Grundlage der »Vierzehn Punkte« an. Ein Notenwechsel folgte. Die Welt könne »kein Vertrauen in die Worte derjenigen setzen«, die »bisher Herren der deutschen Politik gewesen sind«, erklärte Washington am 23. Oktober. »Wenn die Vereinigten Staaten jetzt mit den militärischen Beherrschern und monarchischen Autokraten verhandeln sollen, oder wenn es wahrscheinlich ist, daß sie später mit ihnen über die völkerrechtlichen Verpflichtungen des Deutschen Reiches zu verhandeln haben würden, müssen sie nicht Friedensverhandlungen, sondern Übergabe verlangen.«

Ludendorff, der militärische Beherrscher, der daraufhin die Verhandlungen abbrechen wollte, trat zurück, nachdem sich ihm die politische Reichsleitung entgegengestellt hatte. Wilhelm II., der militärische Autokrat in den Augen der Alliierten, war immer noch da und gedachte nicht zu gehen. Aber ihm dämmerte, daß – nachdem er als Regierender längst ausgeschaltet war – auch seine Tage als Herrschender gezählt waren. Denn Wilson verlangte kaum verhüllt die Abdankung des Kaisers als Vorbedingung eines Friedensschlusses mit Deutschland.

Ein Nachkomme Friedrichs des Großen danke nicht ab, erklärte Wilhelm II. und suchte eine letzte Zuflucht bei denen, die Preußen und damit Deutschland groß gemacht hatten: seinen Soldaten. Im Großen Hauptquartier von Spa begann der letzte Akt des Trauerspieles, das farcenhafte Züge annahm.

Mit seinen letzten Illusionen zog er sich in eine neu-gotische Villa am Rande von Spa zurück. Mit Efeu überwachsen, hätte sie ihm wie eine Art Dornröschenschloß vorkommen können, wenn ihn nicht der Luftschutzkeller an die Kriegswirklichkeit und der unterirdische Tunnel daran erinnert hätte, daß er vielleicht schon bald eines Notausganges bedürfen würde. Und die Nachrichten, die zu ihm drangen, waren dazu angetan, ihn aus seinem Wolkenkukkuksheim zu reißen.

Am 29. Oktober 1918, als er aus Berlin nach Spa flüchtete, weigerten sich Matrosen in Kiel, mit der Hochseeflotte zu einem letzten Gefecht auszulaufen. Am selben Tage forderte der sozialdemokratische Staatssekretär Scheidemann den Reichskanzler auf, die Abdankung des Kaisers zu erwirken. Am 1. November sprach der preußische Innenminister Drews in Spa vor, um den Kaiser und König zu einer freiwilligen Thronentsagung mit dem Hinweis zu bewegen: Die Einsetzung einer Regentschaft für den Sohn des zum Thronverzicht aufgeforderten Kronprinzen – also Wilhelms Enkel – sei eine letzte Chance, die Monarchie in Deutschland zu erhalten.

»Meine Abdankung würde der Anfang vom Ende aller deutschen Monarchien sein«, entgegnete Wilhelm II. »Im übrigen haben mir auch meine sämtlichen Söhne in die Hand versprochen, eine Regentschaft an meiner und des Kronprinzen Stelle nicht zu übernehmen.«

Er denke gar nicht daran, »wegen der paar 100 Juden und der 1000 Arbeiter den Thron zu verlassen«, wollte er dem Berliner Abgesandten gesagt haben. Generalfeldmarschall Hindenburg und der Nachfolger Ludendorffs, General Wilhelm Groener, unterstützten ihren Obersten Kriegsherrn, weil sie sich immer noch der Hoffnung hingaben, sie könnten unter seiner Standarte das Schlimmste, den Zusammenbruch der Front und die Auflösung der Armee, verhüten.

Wilhelm war sich seiner immer weniger sicher. »Mag ich nun regiert haben wie ich will, gut oder schlecht, davon jetzt einmal ganz abgesehen – das meiste war natürlich schlecht. Aber ich habe nun doch einmal 60 Jahre und davon 30 Jahre auf dem Thron.« Das sei mehr als genug, meinten diejenigen, die auf ihn zunehmend Druck ausübten: die Reichsregierung von oben und von unten die wachsende Zahl derer, die auf eine Beendigung des Krieges wie des Regimes drängten, das sie für Not und Elend verantwortlich machten.

Am 4. November 1918 wurde in Kiel auf Kriegsschiffen, die sein ganzer Stolz gewesen waren, die rote Flagge gehißt. In den nächsten Tagen wehte sie an vielen deutschen Orten, in denen Arbeiter- und Soldatenräte gebildet wurden. Am 7. November forderte die Sozialdemokratische Partei ultimativ die Abdankung des Kaisers.

Am 8. November begannen die Waffenstillstandsverhandlungen, denen sich die Heeresleitung nicht länger hatte entziehen können. In München wurde der König von Bayern gestürzt und die Republik ausgerufen. Max von Baden appellierte nicht nur als Kanzler, sondern auch als Verwandter an den Hohenzollern: »Deine Abdankung ist notwendig geworden, um den Bürgerkrieg in Deutschland zu vermeiden« und die Friedensverhandlungen zu erleichtern. Wenn sie nicht noch an diesem Tage erfolge, »so kann ich nicht mehr mitarbeiten. Auch die deutschen Fürsten können sich nicht mehr vor den Kaiser stellen«.

In Spa dachte Wilhelm II., angespornt von seinen letzten Prätorianern, an eine Flucht nach vorn: Er werde »an der Spitze des Heeres die Ordnung in der Heimat wiederherstellen«, äußerte er am Vormittag des 8. Novembers. Am Abend bezeichnete Groener das Vorhaben eines Marsches gegen die Heimat als aussichtslos. Hindenburg schloß sich dieser Ansicht an. Der Kaiser, der schon zu Bett gegangen war, wurde davon nicht mehr verständigt.

Am Morgen des 9. November 1918 wurde er aus seinen letzten Träumen gerissen. Fröstelnd an den Kamin des zugigen Gartensaals seiner Villa gelehnt, empfing er Hindenburg und Groener. Der Chef der Obersten Heeresleitung brachte kein Wort über die

Lippen, überließ es dem Ersten Quartiermeister, die bittere Wahrheit auszusprechen: Die Fronttruppen, die nicht mehr gegen den äußeren Feind standhielten, könnten erst recht nicht gegen den inneren Gegner, mit dem sie fraternisierten, eingesetzt werden.

Schulenburg, der Generalstabschef des Kronprinzen, und Plessen, der Generaladjutant des Kaisers, widersprachen, meinten im Namen des Monarchen zu sprechen. Doch wie gewohnt wagte es dieser nicht, sich der Auffassung der Heeresleitung zu widersetzen: Er wolle dem Vaterland einen Bürgerkrieg ersparen, aber nach dem Waffenstillstand in friedlicher Weise an der Spitze des Heeres in die Heimat zurückkehren. Groener nahm ihm die letzte Illusion: »Das Heer wird unter seinen Führern und kommandierenden Generalen in Ruhe und Ordnung in die Heimat zurückmarschieren, aber nicht unter dem Befehl Euerer Majestät; denn es steht nicht mehr hinter Euerer Majestät.«

»Hat mir das Heer nicht den Fahneneid geschworen?« warf Wilhelm ein. Der sei jetzt nur noch eine Fiktion, entgegnete Groener. Seine Auffassung wurde durch eine Befragung von 39 Generalen und Regimentskommandeuren bestätigt, die er in das Hauptquartier beordert hatte: Die Truppe sei »müde und gleichgültig«, wolle nur »Ruhe und Frieden« haben, werde nicht gegen die Heimat, »auch nicht gegen den Bolschewismus« marschieren; »sie will einzig und allein bald Waffenstillstand haben«.

Das Feldheer hatte sich von seinem Imperator getrennt, und Heimattruppen schlossen sich den Republikanern an. Aus Berlin, das an diesem 9. November 1918 von der Revolution ergriffen worden war, meldete der Stadtkommandant: »Alles übergelaufen, keine Truppen mehr in der Hand.«

Auch das Kaiser-Alexander-Garde-Grenadierregiment war – wie es nun hieß – »zum Volke übergegangen«. An seine »Alexandriner« hatte der Monarch vor siebzehn Jahren appelliert: Er erwarte von ihnen, daß sie »alle Unbotmäßigkeit und Ungehörigkeit« gegen ihren »Königlichen Herrn nachdrücklich in die Schranken zurückweisen« würden, daß die in nächster Nähe des Hohenzollernschlosses kasernierte Gardetruppe dieses »in erster Linie zu schützen stets bereit« sein würde.

Nun hatte Wilhelm II. nicht einmal mehr wie Ludwig XVI. eine Garde, die sich für ihn in Stücke hätte hauen lassen. Der Militärmonarch hatte mit der Streitmacht die tragende Stütze seines Thrones verloren. Die Militärmonarchie brach zusammen.

Der letzte König von Preußen, der auch der letzte Deutsche Kaiser war, hatte immer noch nicht begriffen, daß dies das Ende war. Sonst hätte er kaum die Hoffnung gehegt, aus den Fluten, die Kaiser und Reich mit sich fortrissen, sich auf den »Rocher de bronze« des preußischen Königtums retten zu können.

Für die Idee, nur als Deutscher Kaiser abzudanken, aber als König von Preußen zu bleiben, schien einiges zu sprechen. Als Kaiser meinte er eine Art Bundespräsident zu sein, der das ihm angetragene Amt angenommen hatte und nun, da sie es ihm absprachen, wieder ablegen könnte. König von Preußen glaubte er »von Gottes Gnaden« zu sein, und das bedeutete für ihn: Nur der Allerhöchste vermöchte ihn abzuberufen oder er höchstselbst freiwillig die Krone auf seinen vorausbestimmten Nachfolger zu übertragen.

Es war ein Trugschluß. Das Kaiserreich war durch preußische Militärmacht und Monarchengewalt gegründet worden; Preußen blieb die Vormacht und sein König als Kaiser der Oberfeldherr. Beide Ämter waren untrennbar miteinander verbunden; eine Teilabdankung war nicht möglich. Und beide Machtfunktionen hatte der Doppelmonarch bereits eingebüßt: die königlich-preußische durch das nicht mehr zu ihm stehende Heer und die kaiserlich-deutsche durch die zum Siege schreitende Revolution.

In Spa hinkte Wilhelm den Ereignissen in Berlin hinterher. Am 9. November, gegen 14 Uhr, ließ der Monarch dem Kanzler fernmündlich übermitteln: »Um Blutvergießen zu vermeiden, sind Seine Majestät bereit, als Deutscher Kaiser abzudanken, aber nicht als König von Preußen.« Bereits gegen 12 Uhr hatte die Reichskanzlei durch das Wolffsche Telegraphenbüro verbreiten lassen: »Der Kaiser und König hat sich entschlossen, dem Throne zu entsagen.« Kurz nach 12 Uhr hatte Max von Baden die Geschäfte des Reichskanzlers auf den sozialdemokratischen Parteiführer Friedrich Ebert übertragen. Nach 14 Uhr proklamierte der Sozialdemokrat Scheidemann vom Reichstagsgebäude aus die »Deutsche Republik« und um 16 Uhr der Kommunist Karl Liebknecht vom Schloß aus die »Freie sozialistische Republik Deutschland«. Am Mast, an dem die Standarte Wilhelms II. geweht hatte, stieg die rote Fahne hoch.

»Verrat, schamloser, empörender Verrat!« rief Wilhelm aus, als er erfuhr, daß der Reichskanzler über seinen Kopf hinweg die Abdankung verkündet hatte. Sein Urteil über Max von Baden stand fest: Als Marionette Scheidemanns habe er »den Kaiser, die Fürsten, das Reich« preisgegeben, sei er zum »Zerstörer des Reiches« geworden.

Er sah weniger klar denn je. In dem Moment, da mit der Monarchie seine Welt zusammenstürzte, war sein Blick durch den aus den Trümmern aufsteigenden Staub und Rauch getrübt und sein Gemüt durch die quälende Ungewißheit seiner persönlichen Zukunft verwirrt. Erinnerte er sich an Napoleon III., der sich glücklich geschätzt hatte, in die Hände des deutschen Feindes und nicht in diejenigen der französischen Republikaner gefallen zu sein? Dachte er an Nikolaus II., der von Demokraten abgesetzt und von Bolschewisten samt seiner Familie erschossen worden war?

»Heutzutage machen die Völker ihre Regierungen für verlorene Kriege verantwortlich«, hatte Bismarck gesagt, der die seinen gewonnen hatte. Wilhelms Niederlage hatte sich bereits im Frieden abgezeichnet, weil er es unterlassen hatte, seinem Volke den Weg zu einer parlamentarischen Monarchie zu öffnen. Dieses Volk war für den Krieg gebraucht und mißbraucht worden, und da er auch noch verlorenging, wurde die Verkörperung des wilhelminischen Systems, Wilhelm II., dafür verantwortlich gemacht. Für eine parlamentarische Monarchie war es nun zu spät. Die demokratische Republik war unabwendbar.

Dabei hatte er den Krieg weder gewollt noch geführt. Die Oberste Heeresleitung, die dafür verantwortlich war, bestimmte nun auch über das persönliche Schicksal des Hohenzollern.

»Mein Gott! Sind Sie schon wieder da?« empfing er Hindenburg und Groener, die ihm am Nachmittag des 9. November 1918 ihren Entschluß mitzuteilen hatten: Unter den gegebenen Umständen müsse Wilhelm II. geraten werden, »die Krone niederzulegen und nach Holland zu gehen«. Die Grenze des neutralen Landes lag nur fünfzig Kilometer von Spa entfernt, so daß die Wahrscheinlichkeit bestand, unbehelligt durch revoltierende Truppen dorthin zu gelangen.

Gab es einen anderen Ausweg? Groener dachte daran, Wilhelm II. an die Front zu schicken, ihm die Möglichkeit zum Soldatentod und der Monarchie eine Überlebenschance durch die Selbstaufopferung dieses Monarchen zu geben. Aber Hindenburg war dagegen, und der Kaiser machte nicht mit.

Hätte er in einem letzten Angriff mit verbliebenen Getreuen den Tod gesucht und gefunden, rechtfertigte er sich, wäre nicht nur der dringend notwendige Waffenstillstand verzögert, sondern »auch das Leben vieler, und gerade der besten und treuesten Soldaten, nutzlos geopfert worden«. Ein Selbstmord sei für ihn aus religiösen und moralischen Gründen nicht in Frage gekommen, und auch deshalb, weil er sich nicht nachsagen lassen wollte, er habe sich durch einen Freitod aller Verantwortung entzogen.

Der Kronprinz, der am Mittag des 9. November in Spa ankam, traf einen Vater an, der »mit heftig mahlenden Bewegungen der Rechten« auf seine Umgebung einredete, und erkannte beim Nähertreten, »wie verstört seine Züge waren, wie es in dem hager und gelb gewordenen Gesicht zuckte und flatterte«. Am frühen Nachmittag fuhr der Sohn in sein Hauptquartier zurück. Der »tiefgebeugte Vater« schrieb ihm am späten Nachmittag: Da Hindenburg »mir meine Sicherheit hier nicht mehr gewährleisten kann und auch für die Zuverlässigkeit der Truppen keine Bürgschaft übernehmen will, so habe ich mich entschlossen, nach schwerem inneren Kampfe das zusammengebrochene Heer zu verlassen«.

Dann begab er sich in seinen Hofzug, in dem er sich sicherer fühlte und mit dem er jederzeit abfahren konnte. Beim Abendessen schien er wieder neuen Mut geschöpft zu haben. »Ich habe gefürchtet, die Erregung der vorhergegangenen Stunden würde bei ihm eine Lethargie auslösen. Das ist jedoch nicht der Fall«, bemerkte der Verbindungsoffizier Alfred Niemann, der gegen 21 Uhr mit dem Gepäck erschien. »Voller Lebensenergie blickt er mich an; ruhige Entschlossenheit liegt auf dem Antlitz. Man sagt mir, der Kaiser habe das Ansinnen, nach Holland abzureisen, ganz entschieden zurückgewiesen.«

Am frühen Morgen des 10. November 1918, gegen fünf Uhr, fuhr er dann doch. Aus Furcht, in Lüttich in die Hände von revoltierenden Soldaten zu fallen, stieg er in ein Auto um, mit dem er um 6 Uhr 30 den holländischen Grenzort Eijsden erreichte.

»Wie Gott mich führt, so geh ich mit«, stand am 9. November in den Losungen der Brüdergemeinde, die Wilhelm täglich las und mit Randbemerkungen versah. »Wurde von Max v. Baden gestürzt«, notierte er an diesem Schicksalstag, und »Max v. Baden wird von den Bolschewiki gestürzt und reist ab«.

Eine Tageslosung des 11. November hieß: »Siehe, unser Gott, den wir ehren, kann uns wohl erretten aus dem glühenden Ofen.« Für ihn gab es kein Zurück aus dem Fegefeuer des Exils.

DREIUNDZWANZIG JAHRE VERBANNUNG erwarteten ihn nach dreißig Jahren Herrschaft. In Amerongen, wo ihn Graf Godard Bentinck, ein holländischer Johanniter, fürs erste aufnahm, dankte er am 28. November 1918 formell ab:

»Ich verzichte hierdurch für alle Zukunft auf die Rechte an der Krone Preußens und die damit verbundenen Rechte an der deutschen Kaiserkrone.« Er entband alle Soldaten und Beamten des Treueides und erwartete von ihnen, »daß sie bis zur Neuordnung des Deutschen Reiches den Inhabern der tatsächlichen Gewalt in Deutschland helfen, das Deutsche Volk gegen die drohenden Gefahren der Anarchie, der Hungersnot und der Fremdherrschaft zu schützen«.

Noch war offen, ob Deutschland nach dem Sturz der Monarchien eine Räterepublik nach sowjetischem Modell oder eine demokratisch-parlamentarische Republik nach westlichem Vorbild werden würde. Eine Diktatur des Proletariats wie nach der russischen Oktoberrevolution konnte verhindert werden. Wie nach französischen Revolutionen wurde am 19. Januar 1919 eine konstituierende Nationalversammlung gewählt, die am 11. August 1919 die Weimarer Reichsverfassung beschloß. Aus dem Kaiserreich war ein republikanischer Nationalstaat geworden.

In der neuen Staatsform lebte der alte, der spezifisch deutsche Nationalismus weiter und erhielt Auftrieb durch die Behandlung des Besiegten durch die Sieger. Hart waren die Bedingungen des am 11. November 1918 abgeschlossenen Waffenstillstandes: Räumung aller besetzten Gebiete sowie des linken Rheinufers, Ablieferung von Kriegsmaterial und Verkehrsmitteln; die Blockade, die zu Hunger und Not in Deutschland beigetragen hatte, blieb vorerst bestehen.

Noch härter waren die Auflagen des Diktatfriedens von Versailles, den Deutschland am 28. Juni 1919 unter Druck und Protest annehmen mußte: Abtretung von 70 580 Quadratkilometern Land mit fast 6,5 Millionen Bewohnern, Verlust der Kolonien, Besetzung des Rheinlandes, Beschränkung der Streitkräfte, Reparationen in astronomischer Höhe, Nichtaufnahme in den Völkerbund, der nach

Wilsons Zusicherung auch einem demokratischen Deutschland offenstehen sollte.

Der Amerikaner habe sein Wort nicht gehalten, das er mit seinen »Vierzehn Punkten« gegeben hatte, grollte Wilhelm. Die Deutschen, die an Wilsons Versprechen geglaubt hatten, sie könnten durch eine Preisgabe ihres Monarchen einen milderen Frieden bekommen, seien betrogen worden. Die Quittung, die sie nun erhielten, hätte der Gestürzte mit einiger Schadenfreude registrieren können, wenn er nicht selber, bereits am Boden liegend, getreten worden wäre.

Deutschland sei der Urheber des Krieges und habe daher für alle Verluste und Schäden aufzukommen, lautete Artikel 231 des Versailler Vertrages. Der Exkaiser, der die Verantwortung für das Reich getragen hatte, auch wenn deren Wahrnehmung im System wie in der Person liegende Grenzen gesetzt gewesen waren, gedachte dieses Urteil nicht hinzunehmen. Er wies jedoch nicht nur die Alleinschuld von sich, was gerechtfertigt war. Er bestritt jegliche Mitschuld am Krieg, was ihn unglaubwürdig machte.

Fehler in den »politischen und diplomatischen Operationen im Laufe der Jahrzehnte« seien gemacht worden, aber – wie er behauptete – aus »der übergroßen Sorge« um die Erhaltung des Friedens. »Solche Fehler sind keine Schuld.« Doch Talleyrands Nachfahren hielten politische Fehler für schlimmer als Verbrechen. Die Engländer pardonierten in Siegermanier nur von der eigenen, nicht aber von der deutschen Nation begangenes Unrecht. Und Amerikaner, die seit ihrem Unabhängigkeitskampf einen Monarchen im allgemeinen und seit dem U-Boot-Krieg den Deutschen Kaiser im besonderen für einen Beelzebub hielten, stimmten in den alliierten Rachechor ein, der Wilhelm II. als Kriegsverbrecher Nummer eins anklagte.

Die »Strafbestimmungen« des Versailler Vertrages verlangten ein internationales Tribunal gegen den »vormaligen Kaiser von Deutschland« und die Spitzen seines Systems – von Hindenburg und Ludendorff bis Bethmann Hollweg und Rupprecht von Bayern. Ein Gerichtshof mit je einem Richter aus England, Frankreich, Italien, den USA und Japan sollte eingesetzt werden, um »auf Grundlage der erhabensten Grundsätze der internationalen Politik«, wie es hieß, »die Strafe zu bestimmen, die er für angemessen erachtet«. Die Anklagepunkte reichten von »Mord, Massenmord, systematischer Terror« bis »Vergiftung von Brunnen«.

Sollte er vor ein solches Gericht treten, um nicht nur seine Person, sondern auch sein Land vor der Weltöffentlichkeit zu rechtfertigen? »Ich mußte das Ansinnen der Selbststellung ablehnen«, befand Wilhelm. »Ich durfte nicht die Rolle des Vercingetorix spielen, der bekanntlich im Vertrauen auf die Großmut seiner Feinde diesen seine Person auslieferte, um dadurch für sein Volk ein besseres Los zu erlangen.« Caesar hatte den Gallierfürsten in Ketten gelegt, im Triumphzug mitgeführt und dann hinrichten lassen.

Inzwischen war die Menschheit, wie sie vorgab, zur Menschlichkeit fortgeschritten, doch Wilhelm nahm nicht an, daß sich der Franzose Clemenceau, der Brite Lloyd George und der Moralprediger Wilson anders als Caesar verhalten würden. Selbst König Georg V. von England nannte seinen Vetter »den größten bekannten Verbrecher«, weil »er die Welt in diesen schrecklichen Krieg gestürzt hat«.

Wilhelm konstatierte: »Ein Gerichtshof, in dem der Feindbund gleichzeitig Ankläger und Richter wäre, würde nicht ein Organ des Rechtes, sondern ein Instrument politischer Willkür sein und nur dazu dienen, durch meine selbstverständliche Verurteilung die uns auferlegten unerhörten Friedensbedingungen nachträglich zu rechtfertigen.«

Die Exkaiserin, die nach Amerongen gekommen war, seelisch niedergedrückt und herzkrank, sah ihren Mann bereits vor einem Erschießungskommando an der Wand oder mit der Schlinge um den Hals am Galgen stehen. »Sie kommen und holen ihn!« schreckte sie in der Nacht auf. Von diesem Alpdruck befreite sie die holländische Regierung, die neutral geblieben und monarchisch gesinnt war. Sie widerstand englischem wie französischem Druck und lehnte die Auslieferung Wilhelms ab, untersagte ihm jedoch jegliche politische Betätigung.

Auguste Viktoria kam über das Unglück ihrer Familie nicht hinweg. Die dreiundsechzigjährige Exkaiserin starb am 11. April 1921, zwei Monate nach ihrem vierzigsten Hochzeitstag. Der Witwer durfte die Tote nicht begleiten, die nach Potsdam überführt und am 19. April im Antikentempel im Park des Neuen Palais beigesetzt wurde.

Die Glocken der Friedenskirche läuteten, Tausende und Abertausende säumten den Trauerzug, in dem Repräsentanten der dahingegangenen Monarchie vorüberzogen. Der ehemalige Oberhofprediger Dryander hielt die Gedenkrede über den 120. Psalm: »Wenn der Herr die Gefangenen Zions erlösen wird, so werden wir sein wie die Träumenden.«

Der »Gefangene« in Holland träumte vielleicht davon, noch als Lebender nach Potsdam zurückzukehren. War die Beisetzung seiner Frau nicht eine Demonstration gewesen, die Hoffnungen auf eine Auferstehung der Monarchie zu wecken vermochte? Glich Auguste Viktoria nicht der Königin Luise, der die Erniedrigung Preußens das Herz gebrochen und deren Tod die Patrioten angefeuert hatte, die Monarchie aus der Asche der Niederlage wiedererstehen zu lassen?

Jedenfalls ging der Exilant daran, an der Legende mitzuweben, die einer Restauration jetzt wie damals bedurfte, und seine Rechtfertigung als Voraussetzung einer Wiederkehr zu betreiben.

Zuerst mußte die für einen Hohenzollern unerträgliche Anschuldigung entkräftet werden, er habe Fahnenflucht begangen. »Wie Sie wissen, habe ich mich zu dem schweren, furchtbaren Entschluß, außer Landes zu gehen, nur auf Ihre und meiner übrigen berufenen Ratgeber dringende Vorstellungen durchgerungen, daß es nur allein auf diesem Wege möglich sei, unserem Volke günstigere Waffenstillstandsbedingungen zu verschaffen und ihm einen blutigen Bürgerkrieg zu ersparen«, schrieb er Hindenburg, der – nach langem Zögern – die »Mitverantwortung« dafür übernahm. Schon vorher hatte ihm der ehemalige Chef der Obersten Heeresleitung bescheinigt, daß »Euerer Majestät Arbeit während Ihrer ganzen Regierungszeit der Erhaltung des Friedens gegolten hat«.

Mit seinen 1921 in Leipzig erschienenen »Vergleichenden Geschichtstabellen von 1878 bis zum Kriegsausbruch 1914« suchte Wilhelm nachzuweisen, daß Kaiser und Reich keine Schuld am Ausbruch des Krieges träfen. Die 1922 veröffentlichten Memoiren »Ereignisse und Gestalten aus den Jahren 1878–1918« dienten der Vertiefung dieser These und der Verbreitung der Behauptung, die preußische und deutsche Monarchie sei primär vom »deutschen Kerenski« Max von Baden und den sich als Bolschewisten entpuppenden Sozialdemokraten zerstört worden.

Die Dolchstoßlegende, jene Ansicht, der Krieg sei nicht an der Front, sondern durch Sabotage in der Heimat verlorengegangen, wurde vom Exkaiser genährt: »Nach über vier glänzenden Kriegsjahren mit unerhörten Siegen« mußte die Armee »unter dem von hinten gegen sie geführten Dolchstoß der Revolutionäre zusammenbrechen, gerade in dem Augenblick, als der Friede in Greifnähe stand!«

Als Meuchler prangerte er all jene an, die »auf Befehl der Feinde das Kaisertum stürzen und das Reich zerschlagen« hätten lassen, insbesondere Sozialisten, die »unter die Führung von kulturell meilenweit tiefer stehenden russischen Verbrechern« geraten und den deutschen Frontsoldaten in den Rücken gefallen seien.

»Angehetzt und verführt« worden seien die deutschen Reichszerstörer, schrieb Wilhelm am 2. Dezember 1919, »durch den ihnen verhaßten Stamm Juda, der Gastrecht bei ihnen genoß! Das war sein Dank! Kein Deutscher vergesse das je, und ruhe nicht bis diese Schmarotzer vom Deutschen Boden vertilgt und ausgerottet sind! Dieser Giftpilz am Deutschen Eichbaum!«

Gefällt worden sei dieser nicht nur durch eine Weltverschwörung von Juden, Freimaurern und Jesuiten, sondern auch von Deutschen selbst, behauptete der Gestürzte. Zwar hätten sie »Deutschland über alles« gesungen, dabei aber ihre Selbsterniedrigung betrieben. Sogar die preußische Elite habe sich daran beteiligt und müßte dafür bestraft werden: »Blut muß fließen, viel Blut, bei den Offizieren und den Beamten, vor allem beim Adel, bei allen, die mich verlassen haben.«

Öffentlich dankte er »den genialen Führern« im Krieg, »vor allem dem Generalfeldmarschall v. Hindenburg, dem getreuen Eckart des deutschen Volkes«. Im Kreise von Vertrauten schob er ihm Verantwortung für die Niederlage zu, äußerte die Erwartung, daß »das nächste Mal« der Krieg zu gewinnen sei, denn dann »gibt es neben mir keine Oberste Heeresleitung«. Er konnte es nicht vergessen, daß ihn der Feldmarschall daran gehindert hatte, die Republikaner zu bekämpfen, und nicht verstehen, daß er sich als Reichspräsident zur Verfügung stellte, was die Hoffnungen auf eine monarchistische Wende eher dämpfte als beflügelte.

Die Weimarer Republik war und blieb für den Exmonarchen eine Ausgeburt der Revolution, die es aus Deutschland auszustoßen galt. Als er 1920 vom Putsch des Rechtskonservativen Kapp und des Generals von Lüttwitz hörte, bestellte er – wie im Kriege, wenn eine Siegesnachricht eintraf – für den Abend Champagner. Aber der

Kapp-Putsch scheiterte am Widerstand der Republikaner wie an der Unentschlossenheit der Monarchisten. Wilhelm mußte sich bis auf weiteres mit Hoffnungen auf eine Restauration begnügen und es bei Schmähungen der »Saurepublik« belassen.

Auch mit der Aktivität jener, die im Rahmen des neuen Systems das alte Regime vertraten, war er unzufrieden. »Es gibt eben keinen Führer«, äußerte er 1924, »und die es sein könnten, sind zu feige. Ludendorff und Tirpitz sind nun in den Reichstag gewählt, aber keiner von beiden wagt den Mund aufzumachen. Keiner tut eben etwas. Alle sind Mittelmäßigkeiten, auch die Deutschnationalen.«

Die Demokratie egalisiere den Staat, der Parlamentarismus nivelliere die Politik, meinte Wilhelm, der das Volk wieder in der kaiserlich-königlichen Uniform haben wollte.

Es gelte, erklärte er 1927, alle monarchistischen Kräfte »nicht für, sondern gegen das Parlament« zu sammeln, das »System erst geistig zu überwinden« und dann »von außen her zu Fall zu bringen«. Es bleibe, fügte er 1928 hinzu, »uns nur noch eins übrig: Mit ganzer Leidenschaft, mit schärfster Logik, mit klarstem Zielbewußtsein Entfachung der großen Nationalen Bewegung mit dem Ziel der Wiederherstellung der Monarchie, und uns auf diese Weise ein neues Deutsches Reich unter mir erobern«.

Die verbale Maßlosigkeit, der er stets verfallen war, riß ihn, nach dem realen Machtverlust, ins Uferlose hin. Die Wirklichkeitsferne, die ihm von Anbeginn eigen gewesen war, verlor sich, nachdem er den Herrschaftsboden unter seinen Füßen verloren hatte, vollends in den Wolken.

Seine Tiraden wären Nachworte eines von der Geschichte Überholten geblieben, wenn sie nicht einer wachsenden Zahl von Deutschen als Vorworte einer Zukunft in dem in ihnen zum Ausdruck gekommenen Geiste der Vergangenheit gegolten hätten.

»Der größte Teil aller bürgerlichen Parteien ist überzeugt, daß es so nicht weitergehen kann. Aber es fehlt die Persönlichkeit, die die Kraft aufbringt, alle diese Kreise zu einem geschlossenen Angriff gegen unsere Volksverderber zusammenzufassen«, schrieb ihm 1929 der Deutsche Reichskriegerbund Kyffhäuser. »Dann hole man sie sich aus dem Ausland zurück«, bemerkte der Exilkaiser.

Wie der Staufer Friedrich Barbarossa fühlte sich der Hohenzoller Wilhelm II. in die Tiefen des Berges Kyffhäuser versetzt und träumte davon, zur Wiederherstellung der Einheit und Macht des Reiches herausgeholt und heimberufen zu werden.

HAUS DOORN in Holland war Wilhelms Kyffhäuser, in dem er eingeschlossen blieb. Der in der Provinz Utrecht gelegene Landsitz von 60 Hektar wurde im Sommer 1919 für 1,35 Millionen holländische Gulden erworben und nach Renovierung und Erweiterung im Frühjahr 1920 bezogen.

Mehr eine große Villa als ein kleines Schloß, bot ihm das Anwesen die Bequemlichkeiten des Country life, um das er englische Landedelleute beneidet hatte. Aber es war etwas anderes, sich ein Leben im Grünen vorzustellen, als es führen zu müssen.

Der Spaziergang im Park bot keinen Ersatz für den Auslauf, den der reiselustige Monarch gesucht und gefunden hatte. Er bestieg nie wieder ein Pferd, denn er wäre damit schnell an die Mauer gestoßen, die sein winziges Reich umgab. Zur Gartenarbeit, deren Ergebnisse auf sich warten ließen, mangelte es ihm an Geduld. Das Fällen von Bäumen verschaffte ihm Befriedigung. Kaum in Doorn, hatte er bereits 470 umgehauen und zersägt. Später schaffte er sich eine Motorsäge an. Die Aufforstung hinkte weit hinter dem Kahlschlag her.

In Zivil, mit Strohhut und Spazierstock, glich er einem reichen Rentier, der er auch war. 1929 verfügte er in Deutschland über ein Vermögen von rund 55 Millionen Reichsmark, das ihm ein jährliches Einkommen von 1,9 Millionen Reichsmark einbrachte.

Den Schnurrbart trug er nicht mehr so schneidig hochgezwirbelt, und er hatte sich einen Kinnbart wachsen lassen. Er war grau und bald weiß geworden, hatte – wie es dem Besucher Reinhold Schneider dünkte – glanzlose, wie ausgeweinte Augen. Da er nicht mehr ständig auf Zehenspitzen stehen mußte, wirkte er nach außen hin gelassener. Seine Nerven, die bis zum Zerreißen gespannt gewesen waren, schienen sich einigermaßen entkrampft zu haben.

Der 63jährige Witwer hatte 1922 wieder geheiratet, die 35jährige Hermine, geborene Prinzessin Reuß ältere Linie, verwitwete Prinzessin von Schönaich-Carolath, Mutter von fünf Kindern und Großgrundbesitzerin in der Lausitz. Sie war temperamentvoller und politisch interessierter als Auguste Viktoria. Da sie sich frei bewegen konnte, besuchte sie Hindenburg in Hannover und den bayerischen

Exkronprinzen Rupprecht in Berchtesgaden, spielte die Sendbotin Wilhelms, der seinen monarchischen Sendungsglauben nicht aufgegeben hatte.

Zehntausende von Photographien, die ihn in voller Uniform und mit großem Ordensschmuck zeigten, wurden an Zeitungen und Anhänger verschickt. In Öl ließ er sich, als sei er noch der Oberste Kriegsherr, in der Felduniform des 1. Garderegiments zu Fuß porträtieren, und in der Friedensuniform des Leib-Garde-Husarenregiments vor einer Schloßkulisse stehend, als herrsche er noch in Potsdam und Berlin. Dieses Gemälde hing in Doorn im Wohnbereich seiner zweiten Frau, das andere im Speisesaal als Pendant zu dem 1908 entstandenen Porträt seiner ersten Frau, das an bessere Zeiten erinnerte. Auf dem ersten Bild verwies nur ein Sockelrelief, das im Kampfe des Herkules mit der Hydra die Auseinandersetzung des Exmonarchen mit der Republik versinnbildlichte, auf seine Exilsituation.

Mit Souvenirs der Vergangenheit war Haus Doorn vollgestopft. In den Schränken hing Uniform an Uniform, die Wände waren mit Gemälden von Paraden und Schlachten geradezu tapeziert, und in der Toilette führten Sammelbilder der Schokoladenfirma Stollwerck »die Armee Friedrichs des Großen in ihrer Uniformierung« vor.

Fridericus Rex war und blieb sein Vorbild, an dem er sich in der Verbannung aufzurichten suchte. Man könne wohl auf Kant und Goethe verzichten, »aber niemals auf Friedrich den Großen und dessen Erbe, den ›Frontgeist‹«, sagte er 1928 zu seinem Adjutanten Ilsemann. »Dieser Frontgeist müsse wieder in das Volk hineinkommen, er bilde die einzige Säule, auf der Deutschland wiederaufgebaut werden könne. Und dieser Frontgeist müsse von einer Stelle geleitet werden« – vom Monarchen, der wieder an die Spitze zu treten habe.

Er schaute sich Fridericus-Filme an, die diesen monarchischen Geist einem republikanischen Publikum vorführten. Im »Choral von Leuthen« schlug der große König die Generäle in Bann und flößte der Mannschaft neuen Mut ein. »Das Flötenkonzert von Sanssouci« klang mit einem Vorbeimarsch friderizianischer Truppen aus. Diese Apotheose hielt Wilhelm für eine Ouvertüre. Die politische Lage, bemerkte er, sei heute genauso wie damals vor dem

Siebenjährigen Krieg: »Auch jetzt müßten die Truppen bald marschieren und die Fahnen flattern.«

Er mußte sich damit begnügen, sich in der Gestalt des Filmschauspielers Otto Gebühr mit Friedrich dem Großen zu identifizieren, die Zeichnungen Adolph von Menzels in Friedrich Kuglers Fridericus-Werk mit Buntstiften auszumalen und am Stock des Alten Fritz auf- und abzugehen – in seinem Armeemuseum, das ein Ruhmesgrab war.

Der alte Wilhelm hielt es für ein Spiegelkabinett, in dem er sich größer sah, als er war, und vergangene Größe in die Zukunft verlängert zu sein schien. Vor den Bildern von gestern mochte er mitunter den Eindruck haben, an einer Ikonenwand zu stehen, mit deren Betrachtung sich der Mann zufriedengeben mußte, der im Allerheiligsten der Macht, das ihm nun verschlossen blieb, zelebriert hatte.

Hof hielt er, als ob er noch Kaiser und König wäre, indessen en miniature, wie es nur noch möglich war. Doch es fungierten Hausmarschall, Hofmarschall, Haushofmeister und Flügeladjutanten; der Exil-Hofstaat umfaßte circa 50 Personen. Bei der Abendtafel erschien der Exmonarch in voller Uniform. Weiterhin verlieh er Orden, sprach Beförderungen aus, setzte hinter seine Unterschrift die Kürzel »I« (für Imperator) und »R« (für Rex).

»Mir gehört der erste Platz zu Hause«, betonte Wilhelm, und damit meinte er nicht nur das Haus Doorn, sondern auch Preußen und Deutschland. Im Rauchzimmer, in das er sich mit Gefolge und Gästen nach dem Abendessen zurückzog, setzte er sich auf einen Stuhl, auf dem ein hoher Lederpolster lag, so daß er alle überragte. Gleichsam vom hohen Roß herab sprach er über die Welt und das Vaterland, vergaß das neue Ceterum censeo nicht: Die Republik müsse beseitigt, die Monarchie restauriert werden.

Es waren Plaudereien am Kamin. Die Zuhörerzahl blieb beschränkt, und so griff er zur Feder, um eine – wie sich herausstellte – beträchtliche Leserschaft daran zu erinnern, was sie mit ihm und seiner Dynastie gehabt und verloren hatte. 1927 erschien ein weiterer Memoirenband »Aus meinem Leben 1859–1888«, zwei Jahre später folgte »Meine Vorfahren«.

Nun hatte er mehr als genug Zeit, seinen Liebhabereien zu frönen. Die »Erinnerungen an Korfu« verwiesen auf die Anfänge der Beschäftigung mit der Archäologie, die er in seinen »Studien zur Gorgo« vertiefte.

Seitdem der Afrikaforscher Leo Frobenius im Oktober 1923 in Doorn einen Vortrag gehalten hatte, interessierte er sich noch mehr als zuvor für dessen Kulturmorphologie – die Lehre, daß eine Kultur eine Seele habe und eine Ganzheit bilde, sich wie ein Naturwesen entwickle, geboren werde und sterben müsse.

»Wohl am meisten interessierte S. M. die Folgerung von Frobenius, daß alle Westmächte, vor allem England, Amerika und Frankreich, kulturell auf den absteigenden Aste sind und infolgedessen untergehen werden. Hingegen prophezeit er Rußland und Deutschland eine große Zukunft«, notierte Flügeladjutant Ilsemann, dem »Seine Majestät« nach dem Vortrag sagte: »Ich bin wie erlöst! Endlich weiß ich, welche Zukunft wir Deutschen haben, wozu wir noch berufen sind!«

Die »Doorner Arbeits-Gemeinschaft« entstand, die zwischen 1927 und 1938 jährlich im Refugium Wilhelms tagte. Seine Hoffnungen auf neue hohenzollernsche Größe und deutsche Macht wurden durch die Kulturmorphologie beflügelt. »Das Abendland kann untergehen, nicht aber die Deutschen! Denn sie gehören nicht dazu, sie sind das Gesicht des Ostens gegen den Westen«, schrieb er 1923 auf sein Bild, das er Frobenius zum Dank für dessen Vortrag schenkte, den er kommentierte: »Wir werden die Führer des Orients gegen den Okzident!«

Zwei Urkulturen glaubte Frobenius in Afrika ausgemacht zu haben: die eher rational geprägte »hamitische«, die sich in Westeuropa und Nordamerika weiterentwickelt habe und nun am Verlöschen sei. Und die eher emotional bestimmte »äthiopische«, die in den Osten ausstrahlte und Deutschland erleuchte, zum Erwachen bringe.

Sonnenzeichen wurden von Frobenius und Wilhelm ausfindig gemacht: die Monade und das Hakenkreuz. »Als Sonnensymbol ist die Swastika vor allem ein Sinnbild der Bewegung«, hieß es in einer unter Anleitung von Frobenius verfaßten, 1934 erschienenen Schrift des einstigen Sonnenkaisers. »Entsprechend der Bewegung der Sonne sind die Haken nach rechts gewendet. In dieser der Sonnenbewegung entsprechenden Form bedeutet die Swastika: Sonne, Sommer; sie bringt Ruhm, Glück, Reichtum.«

»Monade und Hakenkreuz« sollte der Titel dieser Schrift heißen, aber man entschied sich für »Die chinesische Monade«. Denn unter dem Hakenkreuz, das sie nicht für ein orientalisches, sondern für ein frühgermanisches Kultzeichen hielt, hatte die nationalsozialistische Bewegung ihren Marsch angetreten und inzwischen ihr Ziel erreicht: die Beseitigung der Weimarer Republik und die Errichtung eines Führerstaates.

Die Nation brauche einen Führer, schrieb Wilhelm 1932 an Frobenius, und weil sie seit vierzehn Jahren ohne einen solchen ihre »Rolle als Deutsches Volk weiter zu spielen« versucht habe, sei sie »elend gescheitert«. Aber er wollte dieser Führer selber sein, keinen anderen an der Spitze sehen, schon gar nicht diesen Adolf Hitler, den Hindenburg den »böhmischen Gefreiten« nannte und der die Hohenzoller nicht für satisfaktionsfähig hielt.

Der Gegner des Parlamentarismus verachtete Parteien, selbst solche, die wie die Deutschnationale Volkspartei monarchistische Gesinnung zeigten. Auch deren Rechtsaußen Alfred Hugenberg machte es ihm nicht recht: Dieser könne die Uhr nur auseinandernehmen, aber richtig zusammensetzen und genau in Gang halten könne sie nur der Monarch.

Mehr oder weniger sah Wilhelm alle Parteien auf dem Boden der Weimarer Republik, mit Ausnahme der Kommunisten, die er als von Sowjetrußland gelenkte Bolschewisten verabscheute, und der Nationalsozialisten. Sie präsentierten sich nicht als Partei, sondern als Bewegung. Sie avancierten in quasi-militärischen Formationen, was dem Preußen nicht unsympathisch war. Und sie marschierten auf der Bahn der Alldeutschen weiter, was dem aufgehaltenen Imperator nicht von vornherein mißfiel. Die nationalsozialistische Bewegung, äußerte er 1931, die ihm nicht »in allen Einzelheiten gefalle«, verkörpere nationale Energien, die Deutschland brauche, um wieder hochzukommen.

Durfte er nicht annehmen, daß – wenn überhaupt – nur die nationalsozialistischen Kämpfer in der Lage wären, »das gesamte durch und durch verlogene parlamentarische Gebilde in Schutt und Trümmer« zu schlagen? Konnte er nicht hoffen, daß ihn die braunen Antirepublikaner, die ein »Drittes Reich« anvisierten, auf den Schild erheben würden? Mußte ihm in seiner Situation nicht jede Hilfstruppe gelegen kommen, die ihn seinem Ziel, einer Restauration der Monarchie, näher zu bringen versprach?

Trotzdem legte er sich Reserven gegenüber den Nationalsozialisten auf. Er fand, daß SA-Männer und Garde-Grenadiere nur wenig miteinander gemein hätten. Und er begann zu ahnen, daß sich jene als braune Jakobiner entpuppen könnten, die den Thron, wenn er noch stünde, sogleich umstürzen und den bereits am Boden liegenden nicht wieder aufrichten würden.

Eine Restauration dürfe nur von Preußen, nicht von Bayern aus erfolgen, bemerkte er 1923 nach dem Putschversuch Hitlers in München, an dem sich auch Ludendorff beteiligt hatte. Kein Diktator, nur er, der König und Herr, vermöge »Deutschland wieder aus dem Dreck herauszuführen«, wozu er bereit sei, nicht »aus Liebe zum Volk«, sondern aus »Pflichtbewußtsein«.

Nationalsozialisten, die Hitler als Nachfolger Friedrichs des Großen und Otto von Bismarcks bezeichneten, hätten auch Wilhelm II. gerne für ihre Propaganda benutzt. Lediglich seine Söhne August Wilhelm und Oskar ließen sich dazu aktivieren.

Zweimal, im Januar 1931 und im Mai 1932, kam Hermann Göring nach Doorn. Als Träger des Pour-le-Mérite war er Wilhelm willkommen, weniger als »Diplomat der Nazis«, der Beziehungen zu Adel und Militär zu pflegen hatte. Göring spielte seine Rolle so gut, daß der Exmonarch den Eindruck gewann, daß er sich für seine Rückkehr einsetzen werde. Aber er äußerte auch: Wenn er erst wieder an der Regierung wäre, würde er dafür sorgen, »daß sie alle sofort wieder in ihr Nichts verschwinden, aus dem sie gekommen sind«.

An die Macht kam am 30. Januar 1933 Adolf Hitler. Wilhelm begrüßte die Bildung der »nationalen Regierung«, der nicht nur Nationalsozialisten, sondern auch Deutschnationale und Parteilose angehörten. Er meinte, der »Nazischwung« müsse für seine Rückholung »mitbenützt« werden. Das sei ausgeschlossen, erwiderte der »Führer und Reichskanzler«. Göring, nun preußischer Ministerpräsident, gab zu verstehen, daß die Gelder, die aus den ehemaligen Krongütern den Hohenzollern zuflossen, gesperrt werden könnten, wenn sich der Exilant nicht still und wohl verhalte.

Die Nationalsozialisten »behandeln mich viel schlechter, als die Sozialisten mich je behandelt haben«, erklärte Wilhelm, der nicht nur sein eigenes Schicksal beklagte, sondern auch die Geschicke der Deutschen unter Hitlers Herrschaft zu bedauern begann. Nach der »Reichskristallnacht« im Jahre 1938, angesichts der Judenverfolgung bemerkte er: »Es ist ja eine Schande, was da jetzt zu Hause vor sich geht.« Dennoch hielt er »Juda« weiterhin für seinen Sturz mitverantwortlich und schob ihm Schuld am Unglück zu, das sich am Horizont abzeichnete.

Als die Kriegsgefahr durch das Münchner Abkommen fürs erste gebannt zu sein schien, schrieb er der englischen Königinwitwe Mary: Wie sie und das deutsche und britische Volk danke er Gott dafür, »daß Er uns vor der fürchterlichsten Katastrophe errettete, indem er den verantwortlichen Staatsmännern half, den Frieden zu erhalten!« Das Haus Windsor, das im Krieg seinen Namen Sachsen-Coburg-Gotha abgelegt hatte, machte seinen Frieden mit der so tief gefallenen Dynastie Hohenzollern: Zum 80. Geburtstag am 27. Januar 1939 empfing Wilhelm Glückwünsche des neuen Königs Georg VI. und weiterer Mitglieder der englischen Königsfamilie.

Der Jubilar war immer noch nicht so weise geworden, wie es seinem patriarchalischen Alter entsprochen hätte. Seine Aussagen waren so widersprüchlich wie eh und je, schwankten, nach Stimmungslage, zwischen Kritik an Hitler, der den Kriegsbogen spannte, und Lob für das, was er für Deutschland anvisierte.

Als Frankreich getroffen am Boden lag, depeschierte er Hitler und der Wehrmacht seine Glückwünsche zum Sieg über den Erbfeind, der ihm und dem preußisch-deutschen Heer nicht vergönnt gewesen war. Wilhelm fühlte sich am Erfolg beteiligt: »Die brillant führenden Generäle dieses Krieges kommen aus meiner Schule, sie fochten unter meinem Kommando im Weltkrieg als Leutnants, Hauptmänner oder junge Majore.«

Grund zum Feiern war für ihn der Abschluß des Waffenstillstandes am 22. Juni 1940 in Compiègne, im Salonwagen des Marschalls Foch, in dem am Ende des Ersten Weltkrieges die Deutschen den Waffenstillstand hatten annehmen müssen. Wilhelm erklärte: »Die Schmach vom November 1918 im Wald von Compiègne ist ausgelöscht und das Diktat von Versailles für immer zerrissen.«

Es blieb die Hoffnung, daß nach dem Erbfeind Frankreich sein Intimfeind England fallen würde. Zu Beginn des Westfeldzuges hatte ihm Georg VI. Asyl in England angeboten. Wilhelm lehnte dankend ab. Dies sei nur ein Trick des »perfiden Albions«, sagte er zu seinem Flügeladjutanten, um ihn in einem »politischen Schachspiel gegen Deutschland benutzen zu können«.

Jetzt standen die Deutschen in Holland und holten zum Schlag gegen England aus. Wilhelm blieb in Doorn, nun nicht mehr in der Obhut der Holländer, sondern als Gefangener Hitlers, von SS bewacht und am Kontakt mit der Wehrmacht gehindert.

Am 4. Juni 1941 – ein paar Wochen vor dem deutschen Angriff auf Rußland und wenige Monate vor dem Kriegseintritt der USA – starb der zweiundachtzigjährige Wilhelm an einer Lungenembolie.

Hakenkreuze, hatte er verfügt, sollten bei der Beerdigung in Doorn nicht zu sehen sein. Auf der Schleife des Kranzes Hitlers und an den Uniformen des Ehrenbataillons der Wehrmacht traten sie dann doch in Erscheinung.

An das alte Preußen erinnerte der Yorcksche Marsch, an das verbliche Zweite Reich die Kaiserstandarte auf dem Sarg, und an die Geringschätzung des zweiten Wilhelm im Dritten Reich die Anordnung des Propagandaministers Goebbels, die Todesnachricht in den Zeitungen nur mit einspaltigen Schlagzeilen auf der unteren Hälfte der ersten Seite zu veröffentlichen.

1859	27. Januar: Wilhelm als erstes Kind des Prinzen Friedrich Wilhelm von Preußen, des späteren Kaisers Friedrich III., und der Prinzessin Victoria, Tochter der englischen Königin Victoria, geboren.
1861	Der Großvater wird als Wilhelm I. König von Preußen.
1866	Der Kalvinist Dr. Georg Hinzpeter übernimmt die Erziehung des Prinzen Wilhelm (bis 1877).
1871	Wilhelm I. wird während des Deutsch-Französischen Krieges in Versailles zum Deutschen Kaiser proklamiert.
1874–77	Prinz Wilhelm auf dem Gymnasium in Kassel; Abitur.
1877	Beginn des aktiven Wehrdienstes als Premierleutnant im Ersten Garde-Regiment zu Fuß in Potsdam.
1877–79	Student in Bonn.
1881	Heirat mit Auguste Viktoria von Schleswig-Holstein-Sonderburg-Augustenburg (sechs Söhne und eine Tochter).
1885	Oberst und Kommandeur des Garde-Husarenregiments.
1888	Dreikaiserjahr: Tod Wilhelms I., 99-Tage-Herrschaft Friedrichs III., Wilhelm II. König von Preußen und Deutscher Kaiser (15. Juni).
1890	Nach der Entlassung Bismarcks wird Caprivi Reichskanzler und preußischer Ministerpräsident. Nichterneuerung des Rückversicherungsvertrages mit Rußland.
1891	Erneuerung des Dreibundes zwischen Deutschland, Österreich-Ungarn und Italien.
1892	Russisch-französische Militärkonvention, die sich zu einem Bündnis verfestigt.
1894	Chlodwig zu Hohenlohe-Schillingsfürst tritt die Nachfolge Caprivis an.
1896	»Krüger-Depesche« Wilhelms II. (Beglückwünschung des Buren-Präsidenten Ohm Krüger) belastet die Beziehungen zu England.
1898	Erstes Flottengesetz. Erwerb von Kiautschou. Tod Bismarcks. Palästina-Reise des Kaisers.
1899	Erweiterung des Kolonialbesitzes in der Südsee.
1900	Zweites Flottengesetz. »Hunnen-Rede« Wilhelms II. (Boxer-Aufstand in China). Bülow wird Reichskanzler und preußischer Ministerpräsident. Bürgerliches Gesetzbuch tritt in Kraft.
1901	Tod der Königin Victoria, der Großmutter, und der Kaise-

rinwitwe Friedrich, der Mutter Wilhelms II. Einstellung der seit 1898 unternommenen Bündnis-Sondierungen zwischen England und Deutschland.

1904 Entente Cordiale zwischen England und Frankreich. Aufstände der Hereros und Hottentotten in Deutsch-Südwestafrika (erst 1907 niedergeschlagen).

1905 Erste Marokko-Krise; Besuch Wilhelms II. in Tanger. Der Deutsche Kaiser und Zar Nikolaus II. unterzeichnen auf Björkö einen Neutralitätsvertrag, der in Berlin kritisiert und in Sankt Petersburg verworfen wird.

1907 Entente zwischen England und Rußland. Bülow-Block aus Konservativen und Liberalen gegen Zentrum und Sozialdemokraten. Artikelserie in der »Zukunft« gegen Mitglieder der Umgebung Wilhelms II.

1908 Nach dem »Daily Telegraph-Interview« des Kaisers wachsende Kritik am »Persönlichen Regiment«. Außenpolitische Krise wegen der Annexion Bosniens und der Herzegowina durch Deutschlands Zweibund-Partner Österreich-Ungarn.

1909 Bethmann Hollweg wird Nachfolger Bülows.

1910 Scheitern einer Reform des Dreiklassenwahlrechtes in Preußen. Elsaß-Lothringen, das bisherige Reichsland, wird den deutschen Bundesstaaten gleichgestellt.

1911 Zweite Marokko-Krise; Entsendung des deutschen Kanonenbootes »Panther« nach Agadir.

1912 Sozialdemokraten stärkste Partei und Fraktion im Reichstag. Englands Versuch (Haldane-Mission) einer Beschränkung der Flottenrüstung wird von Deutschland abgelehnt. Nach den Flottennovellen von 1906 und 1908 wird das Reich hinter England zweitgrößte Seemacht. Erster Balkankrieg.

1913 Zar Nikolaus II. und König Georg V. in Berlin. 25jähriges Regierungsjubiläum Wilhelms II. Verstärkte Aufrüstung in Rußland, Deutschland, Frankreich und Österreich-Ungarn. Zweiter Balkankrieg.

1914 Ermordung des Thronfolgers Franz Ferdinand in Sarajewo. Juli-Krise. Ausbruch des Ersten Weltkrieges. Hauptgegner: Deutsches Reich/Österreich-Ungarn und Rußland/Frankreich/England. Innenpolitischer Burgfrieden in Deutschland. An der Marne scheitert die deutsche Offensive gegen Frankreich; Übergang zum Stellungskrieg im Westen.

1915 Deutsche und österreichisch-ungarische Erfolge an der Ostfront. Italien tritt aus dem Dreibund aus und in den Krieg gegen die Mittelmächte ein.

1916 Nach der verlustreichen Schlacht bei Verdun wird Generalstabschef Falkenhayn durch die Sieger der Schlacht bei Tannenberg in Ostpreußen (1914), Hindenburg und Ludendorff, abgelöst. Die Oberste Heeresleitung entwickelt sich zur Militärdiktatur.

1917	Februar-Revolution in Rußland. Uneingeschränkter U-Boot-Krieg. Kriegseintritt der Vereinigten Staaten von Amerika. Osterbotschaft Wilhelms II. verspricht innenpolitische Reformen. Friedensresolution des Reichstages. Rücktritt des Reichskanzlers Bethmann Hollweg. Oktober-Revolution in Rußland.
1918	Friedensprogramm des amerikanischen Präsidenten Wilson. Friede von Brest-Litowsk zwischen Deutschland und Sowjetrußland. Revolution in Deutschland. Reichskanzler Prinz Max von Baden verkündet am 9. November eigenmächtig die Abdankung Wilhelms II., der nach Holland flieht und am 28. November formell abdankt.
1919	Weimarer Republik. Versailler Vertrag. Exkaiser Wilhelm II. erwirbt Haus Doorn in der Provinz Utrecht.
1920	Die Niederlande lehnen die Auslieferung des Exilanten an die Siegermächte ab.
1921	Tod der Exkaiserin Auguste Viktoria.
1922	Wilhelm heiratet Hermine, verwitwete Prinzessin von Schönaich-Carolath, geborene Prinzessin Reuß ältere Linie.
1940	Einmarsch deutscher Truppen in den Niederlanden.
1941	4. Juni: Wilhelm II. stirbt in Doorn.

Auswahlbibliographie

Diese auf dem gegenwärtigen Forschungsstand basierende Biographie ist für einen weiten Leserkreis geschrieben. Sie enthält keinen wissenschaftlichen Apparat und nur Angaben über ausgewählte, den interessierten Leser weiterführende Quellen und Literatur in deutscher Sprache.

Quellen

WILHELM II.

Wilhelm II.: Aus meinem Leben 1859–1888 (1927).– Ders.: Ereignisse und Gestalten aus den Jahren 1878–1918 (1922) .– Reden Kaiser Wilhelms II. Hrsg. von J. Penzler und B. Krieger (4 Bde., 1897–1913) .– Kommentierte Auswahl: Reden des Kaisers, Hrsg. von E. Johann (1966) .– Briefe Wilhelms II. an den Zaren 1894–1914. Hrsg. von W. Goetz (1920) .– Chamberlain, H. St.: Briefe 1882–1924 und Briefwechsel mit Kaiser Wilhelm II. (2 Bde., 1928) .– Schriftstücke und Marginalien Wilhelms II. in: Die Große Politik der europäischen Kabinette 1871–1914. Sammlung der diplomatischen Akten des Auswärtigen Amtes. Hrsg. von J. Lepsius, A. Mendelssohn Bartholdy, F. Thimme (40 Bde., 1922–1927).

ZEITGENOSSEN

Bismarck, Otto von: Die gesammelten Werke (15 Bde., 1924–1935, Ndr. 1972); Werke in Auswahl (8 Bde., 1962–1983) .– Bismarck, Herbert von: Aus seiner politischen Privatkorrespondenz. Hrsg. von W. Bußmann (1964) .– Bülow, Bernhard von: Denkwürdigkeiten. Hrsg. von F.X. von Stockhammern (4 Bde., 1930–1931) .– Eulenburg, Philipp zu: Politische Korrespondenz. Hrsg. von J.C.G. Röhl (3 Bde., 1976–1983) .– Friedrich I. von Baden und die Reichspolitik 1871–1907. Hrsg. von W.P. Fuchs (4 Bde., 1968–1980) .– Hatzfeldt, Paul von: Nachgelassene Papiere, Hrsg. von G. Ebel (2 Bde., 1976) .– Hertling, Georg von: Briefwechsel Hertling-Lerchenfeld 1912–1917. Hrsg. von E. Deuerlein (2 Teile, 1973) .– Hohenlohe-Schillingsfürst, Chlodwig zu: Denkwürdigkeiten der Reichskanzlerzeit. 1894–1900. Hrsg. von K.A. von Müller (1931) .– Holstein, Friedrich von: Die geheimen Papiere. Hrsg. von N. Rich und M.H. Fisher. Dt. Ausg. von W. Frauendienst (4 Bde., 1956–1963).
Ilsemann, Sigurd von: Der Kaiser in Holland. Hrsg. von H. von Koenigswald (2 Bde., 1967–1968) .– Keller, Mathilde von: Vierzig Jahre im Dienst der Kaiserin (1935) .– Lerchenfeld-Köfering, Hugo von: Kaiser Wilhelm II. als Persönlichkeit und Herrscher. Hrsg. von D. Albrecht (1985) .– Max

von Baden: Erinnerungen und Dokumente. 1917–1919. Neu hrsg. von
G. Mann und A. Burckhardt (1968) .– Moltke, Helmuth von: Erinnerungen,
Briefe, Dokumente 1877–1916 (1922) .– Müller, Georg Alexander von:
Regierte der Kaiser? Kriegstagebücher, Aufzeichnungen und Briefe des
Chefs des Marinekabinetts... 1914–1918. Hrsg. von W. Görlitz (1959) .–
Ders.: Der Kaiser... Aufzeichnungen des Chefs des Marinekabinetts...
1871–1914. Hrsg. von W. Görlitz (1965) .– Niemann, A.: Kaiser und Revolu-
tion (1922) .– Riezler, Kurt: Tagebücher, Aufsätze, Dokumente. 1914–1918.
Hrsg. von K.D. Erdmann (1972).

Spitzemberg, Hildegard von: Das Tagebuch... Aufzeichnungen aus der
Hofgesellschaft des Hohenzollernreiches. 1859–1914. Hrsg. von R. Vierhaus
(1960) .– Tirpitz, Alfred von: Erinnerungen (1919) .– Ders.: Politische
Dokumente (2 Bde., 1924–1926) .– Treutler, Karl Georg von: Die graue
Exzellenz. Aus den Papieren... Hrsg. von K.-H. Janßen (1971) .– Waldersee,
Alfred von: Denkwürdigkeiten des Generalfeldmarschalls. Hrsg. von H.O.
Meisner (3 Bde., 1922–1923, Ndr. 1967) .– Wilhelm, Kronprinz: Erinnerun-
gen. Aus den Aufzeichnungen, Dokumenten, Tagebüchern und Gesprä-
chen. 1882–1918. Hrsg. von K. Rosner (1922) .– Wolff, Theodor: Tagebücher 1914–1919. Hrsg. von B. Sösemann (2 Teile, 1984) .– Zedlitz-Trütz-
schler, Robert von: Zwölf Jahre am deutschen Kaiserhof. 1898–1910 (1923).
Kracke, F.: Prinz und Kaiser. Wilhelm II. im Urteil seiner Zeit (1960).

BILDER UND DOKUMENTE

Zentner, K.: Wilhelm II. und seine Ära (1964) .– Das Kaiserreich. Hrsg. von
H. Dollinger (1966) .– Schüddekopf, O.-E.: Herrliche Kaiserzeit. Deutschland 1871–1914 (1973).

Weitergehende Hinweise in Band 5 der Quellenkunde zur deutschen
Geschichte der Neuzeit. Hrsg. von W. Baumgart. Teil 1: Akten und Urkunden; Teil 2: Persönliche Quellen (1977).

Literatur

WICHTIGE WERKE DER JÜNGSTEN ZEIT

Der letzte Kaiser. Wilhelm II. im Exil. Ausstellungs-Katalog. Hrsg. im
Auftrag des Deutschen Historischen Museums von H. Wilderotter und K.-
D. Pohl (1991). Mit Beiträgen u. a. von K.-D. Pohl, I.V. Hull, H.-M. Körner,
D. Cannadine, H. Wilderotter, B. Sösemann, W. Rogasch, J. Bank, S. And-
ler, S. Leider. – Röhl, J.C.G.: Kaiser, Hof und Staat. Wilhelm II. und die
deutsche Politik (1987) .– Ders.: Wilhelm II. In: Die Kaiser der Neuzeit
1519–1918. Hrsg. von A. Schindling und W. Ziegler (1990) .– Ders. (Hrsg.):
Der Ort Kaiser Wilhelms II. in der deutschen Geschichte (1991).

BIOGRAPHIEN

Darstellungen englischer Historiker – aus der Distanz und nicht ohne Sympathie. Die beste: Balfour, M.: Der Kaiser. Wilhelm II. und seine Zeit (1967) .– Cowles, V.: Wilhelm der Kaiser (1965) .– Palmer, A.: Kaiser Wilhelm II. (1982) .– Eine gute Einführung gibt Schüßler, W.: Kaiser Wilhelm II. Schicksal und Schuld (1962). Nach wie vor lesenswert: Ludwig, E.: Wilhelm der Zweite (1925) und Rathenau, W.: Der Kaiser (1919).

MONOGRAPHIEN

Eyck, E.: Das Persönliche Regiment Wilhelms II. Politische Geschichte des Deutschen Kaiserreiches von 1890 bis 1914 (1948) .– Krieger, B.: Der Kaiser im Felde (1917) .– Gutsche, W.: Ein Kaiser im Exil (1991).

PERSÖNLICHKEITEN DER ZEIT

Vietsch, E.v.: Bethmann Hollweg (1969) .– Gutsche, W.: Theobald von Bethmann Hollweg (1973) .– Gall, L.: Bismarck (1980) .– Engelberg, E.: Bismarck (2 Bde., 1985–1990) .– Herre, F.: Bismarck (1991) .– Meisner, H.O.: Der Reichskanzler Caprivi (1969) .– Brook-Shepherd, G.: Der Pate Europas. Eduard VII. König von England (1977) .– Herre, F.: Kaiser Friedrich III. (1987) .– Freund, M.: Das Drama der 99 Tage. Krankheit und Tod Friedrichs III. (1966) .– Wheeler-Bennett, J.W.: Der Hölzerne Titan. Paul von Hindenburg (1969) .– Wocker, K.H.: Königin Victoria (1978) .– Corti, E.C.: Wenn... Sendung und Schicksal einer Kaiserin (Victoria, Kaiserin Friedrich) 1954 .– Herre, F.: Kaiser Wilhelm I. (1980).

GESCHICHTE DER ZEIT

Ziekursch, J.: Politische Geschichte des neuen deutschen Kaiserreiches (3 Bde., 1925–1930) .– Wehler, H.-U.: Das Deutsche Kaiserreich 1871–1918 (1973) .– Stürmer, M.: Das ruhelose Reich. Deutschland 1866–1918 (1983) .– Nipperdey, Th.: Deutsche Geschichte 1866–1918. 1. Band: Arbeitswelt und Bürgergeist (1990) .– Born, K.E.: Von der Reichsgründung bis zum 1. Weltkrieg .– Treue, W.: Gesellschaft, Wirtschaft und Technik Deutschlands im 19. Jahrhundert. In: Gebhardt, Handbuch der Deutschen Geschichte (Bd. 3, 1970) .– Erdmann, K.D.: Der Erste Weltkrieg. In: Gebhardt, Handbuch der Deutschen Geschichte (Bd. 4/1, 1973) .– Frauendienst, W.: Das Deutsche Reich von 1890 bis 1914 .– Mommsen, W.J.: Die latente Krise des Deutschen Reiches 1909–1914. In: Handbuch der Deutschen Geschichte, neu hrsg. von L. Just (Bd. 4/1, 1973) .– Baumgart, W.: Deutschland im Zeitalter des Imperialismus 1890–1914 (5/1986) .– Stürmer, M. (Hrsg.): Das kaiserliche Deutschland. Politik und Gesellschaft 1870–1918 (1970).
Guter Überblick über Geschehen und Forschung: Hildebrand, K.: Deutsche

Außenpolitik 1871–1918 (1989) .– Dehio, L.: Gleichgewicht oder Hegemonie (1948) .– Ders.: Deutschland und die Weltpolitik im 20. Jahrhundert (1955) .– Hillgruber, A.: Deutschlands Rolle in der Vorgeschichte der beiden Weltkriege (1967) .– Ders.: Deutsche Großmacht- und Weltpolitik im 19. und 20. Jahrhundert (1977) .– Ders.: Die gescheiterte Großmacht (1980) .– Calleo, D.P.: Legende und Wirklichkeit der deutschen Gefahr (1981) .– Eley, G.: Wilhelminismus, Nationalismus, Faschismus. Zur historischen Kontinuität in Deutschland (1990) .– Schöllgen, G.: Die Macht in der Mitte Europas. Stationen deutscher Außenpolitik... (1992).

Mommsen, W.J.: Das Zeitalter des Imperialismus (1969) .– Ders. (Hrsg.): Der moderne Imperialismus (1971) .– Ziebura, G. (Hrsg.): Grundfragen der deutschen Außenpolitik seit 1871 (1975) .– Schöllgen, G. (Hrsg.): Flucht in den Krieg? Die Außenpolitik des kaiserlichen Deutschland (1991) .– Helbig, L. (Hrsg.): Imperialismus. Das deutsche Beispiel (1968) .– Wehler, H.-U. (Hrsg.): Imperialismus (1970) .– Hallgarten, G.W.F.: Imperialismus vor 1914 (2/1963) .– Wehler, H.-U.: Bismarck und der Imperialismus (1969) .– Hillgruber, A.: Bismarcks Außenpolitik (1972) .– Weitowitz, R.: Deutsche Politik und Handelspolitik unter Reichskanzler Leo von Caprivi (1978) .– Schöllgen, G.: Imperialismus und Gleichgewicht. Deutschland, England und die Orientalische Frage 1871–1914 (1984) .– Roth, E.: Preußens Gloria im Heiligen Land. Die Deutschen und Jerusalem (1973) .– Pommerin, R.: Der Kaiser und Amerika. Die USA in der Politik der Reichsleitung 1890–1917 (1986) .– Wernecke, K.: Der Wille zur Weltgeltung. Außenpolitik und Öffentlichkeit im Kaiserreich am Vorabend des Ersten Weltkrieges (1970).

Messerschmidt, M.: Militär und Politik in der Bismarckzeit und im Wilhelminischen Deutschland (1975) .– Berghahn, V.R.: und W. Deist (Hrsg.): Rüstung im Zeitalter der wilhelminischen Weltpolitik. Grundlegende Dokumente 1890–1914 (1988) .– Ritter, G.: Staatskunst und Kriegshandwerk. Das Problem des »Militarismus« in Deutschland (4 Bde., 1954–1968) .– Berghahn, V.R.: Der Tirpitz-Plan (1971) .– Schottelius, H. und W. Deist (Hrsg.): Marine und Marinepolitik im kaiserlichen Deutschland 1871–1914 (1972) .– Salewski, M.: Tirpitz (1979) .– Eppenhans, M.: Die wilhelminische Flottenrüstung 1908–1914 (1991) .– Schulte, B.-F.: Die deutsche Armee 1900–1914 (1977) .– Förster, St.: Der doppelte Militarismus. Die deutsche Heeresrüstungspolitik zwischen Status-quo-Sicherung und Aggression 1890–1913 (1985).

Schieder, W. (Hrsg.): Erster Weltkrieg. Ursachen, Entstehung und Kriegsziele (1969) .– Fischer, F.: Griff nach der Weltmacht. Die Kriegszielpolitik des kaiserlichen Deutschland 1914/18 (1961) .– Geiss, I. (Hrsg.): Julikrise und Kriegsausbruch 1914. Eine Dokumentensammlung (2 Bde., 1963–1964) .– Ders. (Hrsg.): Juli 1914 (1965) .– Laqueur, W. und G.L. Mosse (Hrsg.):

Kriegsausbruch 1914 (1967) .– Kielmannsegg, P. von: Deutschland und der Erste Weltkrieg (1968) .– Johann, E. (Hrsg.): Innenansicht eines Krieges. Bilder, Briefe, Dokumente 1914–1918 (1968) .– Dollinger, H. (Hrsg.): Der Erste Weltkrieg in Bildern und Dokumenten (3 Bde., 1969) .– Fischer, F.: Krieg der Illusionen. Die deutsche Politik von 1911 bis 1914 (1969) .– Berghahn, V.R.: Rüstung und Machtpolitik. Zur Anatomie des »Kalten Krieges« vor 1914 (1973) .– Kocka, J.: Klassengesellschaft im Krieg 1914–1918 (1973) .– Hölzle, E.: Die Selbstentmachtung Europas. Das Experiment des Friedens vor und im Ersten Weltkrieg (1975) .– Dülffer, J.: Regeln gegen den Krieg? Die Haager Friedenskonferenzen von 1899 und 1907… (1978) .– Geiss, I.: Das Deutsche Reich und die Vorgeschichte des Ersten Weltkriegs (1978) .– Ders.: Das Deutsche Reich und der Erste Weltkrieg (1978) .– Zechlin, E.: Krieg und Kriegsrisiko. Zur deutschen Politik im Ersten Weltkrieg (1979) .– Schulte, B.-F.: Europäische Krise und Erster Weltkrieg. Beiträge zur Militärpolitik des Kaiserreiches 1871–1914 (1983) .– Dülffer, J. und K. Holl (Hrsg.): Bereit zum Krieg. Kriegsmentalität im wilhelminischen Deutschland 1890–1914 (1986) .– Geiss, I.: Der lange Weg in die Katastrophe. Die Vorgeschichte des Ersten Weltkrieges 1815–1914 (1990) .– Kehr, E.: Der Primat der Innenpolitik. Hrsg. von H.-U. Wehler (1965) .– Fehrenbach, E.: Wandlungen des deutschen Kaisergedankens 1871–1918 (1969) .– Röhl, J.C.G.: Deutschland ohne Bismarck. Die Regierungskrise im Zweiten Kaiserreich 1890–1900 (1969) .– Stegmann, D.: Die Erben Bismarcks. Parteien und Verbände in der Spätphase des Wilhelminischen Deutschlands (1970) .– Wehler, H.-U.: Krisenherde des Kaiserreiches 1871–1918 (1970) .– Witt, P.-Ch.: Die Finanzpolitik des Deutschen Reiches von 1903 bis 1913 (1970) .– Boelcke, W.A. (Hrsg.): Krupp und die Hohenzollern in Dokumenten (1970) .– Kolb, E. (Hrsg.) Vom Kaiserreich zur Weimarer Republik (1972) .– Henning, F.-W.: Die Industrialisierung in Deutschland 1800 bis 1914 (1973) .– Groh, D.: Negative Integration und revolutionärer Attentismus. Die deutsche Sozialdemokratie am Vorabend des 1. Weltkrieges 1909–1914 (1973) .– Domann, P.: Sozialdemokratie und Kaisertum unter Wilhelm II. (1974) .– Saul, K.: Staat, Industrie, Arbeiterbewegung im Kaiserreich. 1903–1914 (1974) .– Hentschel, V.: Wirtschaft und Wirtschaftspolitik im Wilhelminischen Deutschland (1978) .– Loth, W.: Katholiken im Kaiserreich (1984) .– Wellhöner, V.: Großbanken und Großindustrie im Kaiserreich (1989).

Doerry, M.: Übergangsmenschen. Die Mentalität der Wilhelminer und die Krise des Kaiserreichs (2 Bde., 1986) .– Zobeltitz, F. von: Chronik der Gesellschaft unter dem letzten Kaiserreich (2 Bde., 1922).– Tuchman, B.W.: Der stolze Turm. Ein Porträt der Welt vor dem Ersten Weltkrieg 1890–1914 (1969) .– Masur, G.: Das Kaiserliche Berlin (1971).

Personenregister

Bildnachweis